블루 드림즈

한국계 미국인과
로스앤젤레스 폭동

블루 드림즈 한국계 미국인과 로스앤젤레스 폭동

초판 인쇄 2020년 7월 3일 **초판 발행** 2020년 7월 15일
지은이 낸시 에이벨만·존 리 **옮긴이** 이주윤 **펴낸이** 박성모 **펴낸곳** 소명출판
출판등록 제13-522호 **주소** 서울시 서초구 서초중앙로6길 15, 1층
전화 02-585-7840 **팩스** 02-585-7848 **전자우편** somyungbooks@daum.net

값 19,000원
ISBN 979-11-5905-412-9 03330
ⓒ 소명출판, 2020

Blue Dreams
Korean Americans
and the Los Angeles Riots

블루 드림즈

한국계 미국인과
로스앤젤레스 폭동

낸시 에이벨만 · 존 리 지음 | 이주윤 옮김

우리의 부모님

레나(Rena)와 월터 에이벨만(Walter Abelmann)

제인(Jane)과 해리 리(Harry Lie)에게 바칩니다.

1978년, 나는 수학이나 물리학을 전공하기 위해 하버드대학에 입학했지만 1학년 때 가장 흥미로웠던 과목은 정치철학과 비교문학이었다. 당시에는 '소수 정예' 전공이 몇 개 있었는데, 이 학과에서는 학생들을 엄격하게 선발하며, '비주류 지성인'에 속하는 사람들을 매료하는 전공이라는 인식이 있었다. 당시 스스로를 비주류라고 생각했던 나는 자연스레 사회학과 역사, 문학에 끌렸다. 그중에서 나는 사회학을 전공하기로 결정하였다. 면접에서 교수들이 던진 질문들("가장 좋아하는 독일 시인은?"과 같은 질문을 했으며, 괴테라고 답했다)에 당혹했던 기억이 있다. 대부분의 사람들은 본인의 중학교 교육과정을 떠올리며 사회학을 역사와 지리학을 섞은 과목이라고 생각할 것이다. 하지만 나는 1년간 고전사회이론 세미나를 들으면서 애덤 스미스, 존 스튜어트 밀, 알렉시스 드 토크빌, 칼 마르크스, 에밀 뒤르켐, 지그문트 프로이트의 저작을 깊이 공부해야 했다. 1년 내내 그렇게 빠져 있다 보니 대학 입학 전에 전공으로 고려했던 자연과학이나 의학, 법학 등은 나의 관심에서 멀어졌다. 그리고 졸업할 무렵에 나는 하버드에 남아서 사회학이론을 계속 연구해야겠다고 생각했다. 이는 사회학에 대한 나의 이론적 관심과, 또 한편으로는 아직 정의되지 않는 학문이기에 내가 원하는 연구를 마음껏 진행할 수 있을 것이라는 점에서 비롯되었다.

사실, 나는 사회학이 무엇인지 제대로 알지 못했다. 게다가 내가 유일하게 알고 있던 사회학 교수(데이비드 리스먼)는 이미 은퇴한 상태였고, 주변에는 사회학 전공으로 대학원에 진학하고자 하는 나를 말리는 사람들밖에 없었다. 리스먼 교수는 사회학 연구가 지적으로 편협한 경향이 있고, 사회학의 과학성에 대한 견해 때문에 제대로 진행되고 있지 않다고 믿었는데, 나중에 보니 그의 생각이 옳았다. 내 첫 지도교수는 당시 탈공업 사회 이론으로 이름을 떨친 대니얼 벨이었다. 견해의 차이로 인해 우리는 늘 논쟁을 벌였다. 미국 마르크스주의의 전성기였던 대공황 시기에 뉴욕에서 자란 벨 교수는 논쟁을 벌이는 것에 익숙했고, 반대 주장에 대해 자신의 의견을 강하게 피력하는 것에 거리낌이 없었다. 두 번째 지도교수와도 논쟁을 자주 벌이고는 했다. 해리슨 화이트 교수는 이론물리학자 출신이자, 정치적으로 보수주의자였기 때문에 나의 이론과 정치적 성향에 빈번하게 대립했다. 하지만 나는 화이트 교수로부터 지적 자극을 받기도 했다. 내가 사회학 박사과정을 고민할 때에 『미국 사회학 저널』에서 읽었던 화이트 교수의 시장에 관한 글은 선구적이었다고 생각한다. 화이트 교수가 하버드를 떠나면서, 나는 세 번째 지도교수로 노동 시장을 연구한 오게 쇠렌센 교수를 만났다. 나의 박사논문은 사회학을 비롯한 여러 분야의 교수들(마이클 도널리, 허버트 진티스, 스티븐 마글린, 올랜도 패터슨, 스티브 라이타나, 스탠리 탬비아, 로베르토 망가베이라 웅거 등)의 영향을 받기도 했지만, 가장 큰 자극을 준 것은 학부 때 읽었던 칼 폴라니의 책과 화이트 교수의 신고전 경제이론에 대한 사회학 비평이었다. 나는 논문에서 시장에 대한 신고전주의적인 접근에 대한 비평과 사회학적 대안으로서의 '교환 방식' 개념을 제안했다.

1992년 4월, 교환 방식을 다룬 책을 탈고하려던 즈음에 LA 폭동이 일어났다. 나는 TV는 잘 보지 않지만, 신문에서 이에 관련된 기사를 빠짐없이 읽었다. 당시 한국계 미국인을 주제로 강의를 준비하던 낸시

에이벨만이 LA 폭동 현장을 함께 조사하자고 제안하여 이에 동참하게 되었다. 남부 캘리포니아 지역을 구성하는 다양한 민족들의 증언 중에서 한국계 미국인들의 증언은 우리를 강하게 사로잡았다. 같은 해 8월에 나는 미 사회학협회 연례 회의에서 LA 폭동에 대해 논해달라는 요청을 받았다. 이 자리에서 지성을 대표하는 사회학자들이 한국계 미국인과 아프리카계 미국인 간의 증오가 LA 폭동의 원인이라고 추정하는 것을 보고 어안이 벙벙해졌다. 이에 낸시와 나는 이러한 통념에 맞서는 책을 쓰기로 결심했고, 1년간 휴직을 하고 원고를 탈고했다.

나는 사건과 관련 인물들로부터 드러난 사실에 기반을 두고 이에 개입하여 분석하는 일 또한 나의 지성을 자극할 수 있다는 사실을 깨달았다. 나는 추상적 이론과 논리적 사고를 선호하지만, 수집된 문서, 실제적 통계, 사람들의 증언과 행동은 사건에 대한 우리의 분석과 성찰에 큰 도움이 되었다. 연구와 원고 집필을 동시에 진행했기 때문에 우리가 계획했던 것보다 체계적이거나 세심하게 연구가 진행되지 않았을 수 있으나, 이것에 대해 후회하지는 않는다. 학자를 비롯한 대부분의 사람들이 LA 폭동의 원인으로 아프리카계 미국인과 한국계 미국인 간의 갈등에만 집중하던 상황에서, 이 책을 통해 사람들이 빈곤과 인종주의와 같은 다른 요인들을 논할 수 있게 되었다고 믿는다.

이 책을 함께 집필한 낸시 에이블만은 2016년 1월에 사망했다. 낸시는 한국학 연구에 많은 영향을 끼친 카리스마 있는 교육자였다. 가족과 친구들을 먼저 떠나 보내야만 하는 시간의 흐름은 우리를 슬픔에 잠기게 한다. 하지만 낸시가 이룬 업적과 영향력은 앞으로도 지속될 것이다.

서문

이 책을 통해 우리는 1992년의 LA 폭동의 맥락에서 한국계 미국인들의 이야기를 서술하고 미국의 이데올로기를 시험대에 올리고자 한다. 이와 함께 우리는 로스앤젤레스의 한국계 미국인의 초국가적인 면모와 그들의 다양성을 논할 것이다. 결과적으로 한국계 미국인들의 현실은 미국 자체와 미국 내 소수민족에 대한 일반적인 추측에 이의를 제기한다. 『블루 드림즈*Blue Dreams*』의 주요 주제는 한인 디아스포라의 초국가적인 특성, 한국계 미국인들 간의 이질성, 그리고 미국의 이데올로기에 대한 비평이다.

초국가적인 관점은 일반적인 범주화와 프레임의 초월을 요구한다. 한국계 미국인에 관한 타당한 해석을 위해서는 한국과 미국의 상호침투를 신중하게 고려해야 한다. 아시아계 미국인에 관한 연구는 그들과 그들의 고국 간의 유대관계는 불변한다는 가정에 이의를 제기하는 것에서 시작해야 마땅하지만, 그렇다고 해서 이들의 이민 전의 배경이나 이민 후의 네트워크를 모두 등한시해서는 안 될 것이다. 이는 특히 1세대 이민자가 대부분인 한국계 미국인을 연구할 때 중요하다. 그들은 고국에서의 경험과 미국에 대한 기대를 가지고 새로운 사회로 진입하였다. 대부분의 경우, 그들은 미국에 온 후에도 한국과의 정치적·경제적·문화적·개인적 유대를 유지했다. 미국만을 준거로 삼아 연구를 진행한다면, 우리는 한인 지역사회 자체와 이 지역사회의 다양한 가치, 신념, 활동을 올바로 이해할 수 없을 것이다.

우선 피상적인 수준에서 왜 대부분의 한국계 미국인들이 LA 폭동을 사이구폭동(4·29폭동)이라고 부르는지 생각해보자. 한국의 정치사에서 중요한 항쟁, 시위, 정치적 전환의 사건은 연속된 숫자로 표기된다. 예를 들어, 일본의 식민지배에 대항한 3월 1일의 시위(1919)는 **삼일운동**(3·1운동)이라하고, 1960년 4월 19일의 학생 혁명을 **사일구**(4·19)라 한다. 물론, 사건을 명명하는 것 자체가 쉽지 않고, 정해진 명칭을 한국인들이나 한국계 미국인들 사이에서 통일시키기도 어렵다. 예컨대, 우리가 서울에 거주하는 친구에게 4·29폭동에 대한 책을 쓰고 있다고 얘기했을 때, 그는 "4·29항쟁이겠지"라고 반문할 수 있을 것이다. 한국적 관점은 폭동의 한국계 미국인 희생자 에디 리^{Eddy Lee}에 대한 애도에서 뚜렷하게 나타났다. 한 청년이 에디 리의 영정사진을 들고 있는 사진은 한국인 시위대가 그들의 정치적 순교자를 애도하고 있음을 연상시켰다. 이러한 한국적 관점은 한국인이나 한국계 미국인들에게만 한정된 것이 아니었다. 코리아타운에 배치된 한 유럽계 미국인 주 방위군 병사는 한국에서 주한 미군으로 복무했던 시절을 회상하며 코리아타운의 거리들이 서울을 떠올리게 한다고 말했다. LA 폭동을 프레이밍하려는 시도는 태평양을 가로지르는 모험과도 같다. 한국계 미국인들을 이해하기 위해서 우리는 국가적 경계를 초월해야 한다.

『**블루 드림즈**』(한국에서 파란색은 맑고 푸른 하늘을 연상시켜, 꿈, 희망, 그리고 염원을 상징한다)는 한인 이민자들과 그들이 떠난 한국을 다시 연결하기 위해서 한국의 현대사, 한국의 계층구조, 이민자들이 미국에 가져온 자원과 그들의 꿈 등 그동안 언급되지 않았거나 억압된 이야기를 재조명하고 있다. 한인 디아스포라의 초국가적 성격은 한국인의 다양성이 '한국인' 혹은 '한국계 미국인'이라는 손쉬운 범주 안에 본질화되었다는 사실을 보여준다. 폭동에 대한 언론 보도의 대부분은 한국계 미국인들을 빈민가의 번영한 상점 주인으로만 인지했다. 그러나 모든 한국계 미국인들이 기업가도 아니었고, 모두 성공한 것도 아니었다. 이와 더불어서 아메리칸 드림의 이상을 그대로 실현한 한국계 미국인 기업가에 대한 전형적인 이미지들은 한인 이민자들이 고된 미국 생활의 현실에 부딪히면서 깨지고 말았다. 한국인들의 꿈은 악몽으로 변했고, 꿈을 상징하던 파란색은 불길함을 상징하는 파란색이 되었다.

로스앤젤레스 코리아타운 안에서도 한국계 미국인들 간의 다양성과 구별이 존재했다는 점은 이들을 쉽게 일반화할 수 없다는 사실을 보여준다. 예를 들어 이민을 온 시기조차도 한국계 미국인들이 서로를 구분 짓는 지표가 되었다. 앞으로 논의하겠지만, 계급의 구분도 두드러지게 나타났다. 한국인은 강한 국가적·문화적 정체성을 가지고 있다는 가정과 폭동 직후에 나타난 민족과 지역사회의 연대에 대한 요구에 의해 가려졌던 소득, 교육, 신분 불평등으로 인한 계급적 차이의 존재는 로스앤젤레스의 한국계 미국인에게서 뚜렷하게 나타났다. 일부 사람들은 부를 누렸지만, 다른 이들은 간신히 생계를 꾸려나가고 있었고, 미국에서 꿈을 실현한 사람들도 있었지만, 그 꿈을 무한히 연기시킬 수밖에 없었던 사람들도 있었다.

이민자의 꿈과 악몽은 미국의 지배적인 이데올로기들을 시험대에 올린다. 한국계 미국인들의 경험 속에서 지속된 계급 구분과 소수민족 집단의 출세를 제한하는 구조적 장애물이 존재했다는 사실이 강조되었다. 또한 이상과 현실의 간극은 '한-흑 갈등'에 대한 주류 미디어의 프레이밍에서 분명하게 나타났다. 한-흑 갈등에 대한 보편적인 해석은 두 인종 집단의 본질만을 분석하는 견해를 구체화시켰을 뿐이었고, 두 집단이 직면한 깨지지 않는 기회 구조를 의미 있게 다루지 않았다. 이에 따라 민족과 문화에 대한 안이한 일반화가 이루어졌고, 각 집단 내에 존재하는 계급적 구분이 간과되었다. 한국계 미국인과 아프리카계 미국인 간의 갈등이 존재했다는 사실 자체를 부인하려는 것은 아니지만, 우리는 미국 이데올로기의 도가니 속에서의 '한-흑 갈등'의 프레임의 위치를 논함으로써 '한-흑 갈등'의 프레임 자체를 비판하고자 한다. 이를 통해 우리는 미국 내 소수민족에 대한 낙관적인 시각에 이의를 제기할 것이다.

한국계 미국인의 삶의 초국가적인 면모, 한국계 미국인 집단의 다양성, 미국적 자기이해를 위한 도전에 관한 논의의 과정 속에서 이 책은 한국계 미국인에 대한 일반적인 인식과 '한-흑 갈등'에 내재된 이데올로기적 가정들을 살펴볼 것이다. 한국계 미국인의 삶을 서술하기 위해서는 LA 폭동의 원인과 결과, 미국의 한인 디아스포라의 역사와 구성, 로스앤젤레스 한국계 미국인 기업의 정치·경제적 측면, 한-흑 갈등을 논의해야 한다. 한편 우리는 LA 폭동에 대한 종합적인 분석이나 심도 있는 한-흑 갈등의 민족지학을 구하는 독자들은 이 책에서 답을 얻을 수 없을 것이라는 점을 서두에서 명시하고자 한다. 이 책은 1992년 LA 폭동 이후에 한국계 미국인들이 직면한 한국과 미국의 이데올로기와 현실을 폭넓게 다룰 것이다.

또한 이 책에서 우리는 미국의 주류 이데올로기들에 이의를 제기하면서, LA 폭동에 대한 대부분의 언론 보도나 분석을 비판할 것이다. 매스미디어는 긴급한 사회 문제에 대한 대중의 인식과 믿음을 형성하는 데 크게 작용한다.[1] 이 가운데 우리는 1992년 LA 폭동과 한국계 미국인에 대한 대부분의 언론 보도에 문제가 있었음을 발견했다. 이러한 사실을 발견하지 못했다면 이 책은 쓰이지 않았을지도 모른다.

하지만 언론이 항상 지배적인 이데올로기를 재생산하고 사회 현실을 왜곡했던 것은 아니며 대중이 모든 언론 보도를 진실로 받아들이지도 않았다. 다양한 해석이 언론을 통해서 전파되었고, 편파적인 보도 속에서도 진실이 존재했다. 그리고 대중은 언론을 통해 전달된 사실과 해석에 종종 의문을 제기했다. 대중 매체는 획일적이지 않았고, 대중은 수동적이지 않았다. 또한, 사회과학자들만이 전문적으로 사회적 현실을 분석할 수 있었던 것은 아니었다. 이들보다 기자들이 사회현실을 더 잘 분석하고 기술하는 경우도 많았다. 그러나, '사운드 바이트(뉴스, 인터뷰, 연설 등의 핵심 내용을 축약한 문구)'의 시대의 문제는 다양한 관점의 부재가 아닌 관점들에 대한 통합과 해석에 대한 지속적인 노력이 부족하다는 것이다. 주류 프레임의 해석은 마치 모든 의견을 대변하는 것처럼 보였고, 이는 다양한 해석의 가능성을 억제하였다. 이러한 맥락에서, 우리는 대안적 해석의 프레임을 제시하고자 한다.

로스앤젤레스 한국계 미국인들의 목소리는 이 책의 중요한 원천이다. 우리는 다양한 사회적 위치를 대변하는 약 50여 명의 한국계 미국인을 연구했다. 우리는 폭동 피해자들뿐만 아니라, 다양한 연령대, 직업군, 이민의 역사, 지역적·교육적·경제적 배경을 가진 한국계 미국인들과 인터뷰했다. 특히 우리는 언론 보도와 로스앤젤레스의 한국계 미국인에 대한 학술적인 논의에서 제외된 사람들을 찾았다. 우리는 세 개의 국가에 집을 보유한 부유한 기업가, 실업자, 대학 교육을 받지 못한 1960년대의 이민자, 천년왕국설을 믿는 젊은 자경단원 등을 인터뷰했다.

우리는 인터뷰를 구성할 때 로스앤젤레스와 폭동 후 1년 이내라는 장소와 시간의 제약을 두었다. 또한 우리는 비구조화된 인터뷰를 진행했다. 우리는 일련의 질문들을 미리 정해놓지 않았고, 질문의 형태나 방법을 모두에게 동일하게 적용하지 않았다. 인터뷰는 상점의 계산대, 건물의 현관, 거실 등의 다양한 장소에서 이루어졌다. 대부분의 인터뷰 대상자들은 한국어에 조금의 영어 문구를 섞어 사용했고, 일부는 영어를 주로 구사하면서 한국어 숙어를 조금 사용했다. 인터뷰 대상자들은 우리에게 질문을 던지기도 했다. 리^{Lie}는 주로 개인 신상에 대한 질문을 받았다. 예컨대, 인터뷰 대상자들은 그에게 언제 미국에 왔냐고 질문했고, 그는 그들에게 그는 서울에서 태어났으며 도쿄와 호놀룰루에서 자랐다고 말했다. 에이벨만^{Abelmann}은 그녀가 어떻게 한국어를 구사할 수 있게 되었고, 한국의 어느 지역에서 살았는지에 대한 질문을 받았다. 그녀는 그녀가 메사추세스에서 나고 자랐지만, 전라북도의 농민운동에 대한 논문을 썼다고 말했다.

우리는 공적으로 알려진 정치인, 지도자, 학자나 서면 자료에 인용되어 있는 사람들의 경우를 제외하고 인터뷰 대상자들의 이름을 가명으로 표기했다.

이 책의 용어 사용 규칙은 다음과 같다. 우리는 일반적으로 '흑인Blacks'을 아프리카계 미국인, '백인Whites'을 유럽계 미국인, '히스패닉Hispanics'을 라티노, 그리고 '한국인Koreans'을 한국계 미국인으로 특정한다. 분명 '라티노Latinos'와 같이 추상적인 범주를 사용하는 것은 적합하지 않은 것으로 볼 수 있다. 라티노는 남성과 여성을 모두 포괄하며, 관례적으로 인정되는 다양한 '인종'과 다양한 출생지, 이민 상태, 계급 배경 등등을 가진 사람들을 모두 지칭할 수 있다.[2] 한편 아이티계 미국인은 '백인'과 '흑인'의 범주에 동시에 속한다. 아이티 사람들은 주로 프랑스어나 프랑스 방언을 사용하기 때문에, 대부분의 사람들이 스페인어를 구사하는 '라티노'의 범주에서 배제된다. '라티노'의 범주에는 마야의 후손들처럼 '라티노'라는 범주에 속하는 것을 거부하는 사람들도 존재한다. 100만 명으로 추정되는 '인종 간 국제결혼' 가정의 자녀들까지 고려한다면 인종의 범주에 대한 문제는 더욱 복잡해진다.[3] 이러한 문제점은 편리성에 대한 추구와 관례적 기준에 따라 인종의 범주화가 이뤄졌음을 나타낸다. 즉, 인종의 분류는 자연적 산물이 아니다. 인종의 분류는 협상과 갈등을 통해 만들어진 역사적 산물이며, 앞으로도 새롭게 구성될 수 있는 여지가 있는 것이다.[4]

우리는 로스앤젤레스가 위치한 나라를 미국으로 지칭할 것이다. 그러나 많은 한국인들과 한국계 미국인들은 미국의 상징적 의미에 초점을 두어 미국을 'United States'보다는 'America'로 지칭한다. 달리 표현할 수 있는 방법이 존재하지 않아서 우리는 종종 United States의 특징을 기술할 때 'American'이라는 표현에 의존했다. 한편 한국이 남한과 북한으로 분단되어 있음에도 인터뷰 대상자들과 서문 자료들은 남한을 한국으로 지칭했다.

우리는 시민권 취득 여부를 불문하고 미국에 거주하는 모든 한국계 혈통을 한국계 미국인으로 지칭한다. 한편 한국계 미국인으로 인식되는 사람들이 대부분이 자신을 '한국인'으로 지칭했다. 데이비드 리프David Rieff는 로스앤젤레스에 관한 그의 글에서 "한국계 혈통의 사람들은 굳건한 국가적 정체성에 의해 자신이 한국인이라는 사실에 의심의 여지가 없었다"라고 기술했다.[5] 이 책에 등장하는 한국인들 대부분이 사실상 미국의 관행을 따르는 한국계 미국인이기 때문에 우리는 성씨가 이름보다 먼저 나오는 한국적 관습이 아닌 미국의 관행을 따를 것이다. 하지만, 미국과 뚜렷한 연결성을 가지지 않는 사람들의 경우 예외적으로 성씨를 이름 앞에 적었다. 이러한 경우, 우리는 성씨를 이탤릭체로 표시했다(예를 들어, *Kim* Chi Ha). 우리는 매큔-라이샤워 표기법McCune-Reischauer system에 근거해서 한국어 단어와 이름을 영어로 변환했다. 유명인의 이름(Kim Il Sŏng이 아닌, Kim Il Sung)과 우리가 사용한 가명의 경우는 예외로 두었다. 추가적으로 언급하지 않은 경우, 한국어로 된 서문과 구술 자료는 우리가 번역했다.

마지막으로, 많은 이들이 폭도들과 약탈자들의 정치적, 의식적 특징을 표현하기 위해 '반란rebellion', '내란insurrection', 혹은 '시민봉기civil uprising'라는 표현들을 선호했지만,[6] 우리는 로스앤젤레스에서 일어난 격변을 일반적으로 알려진 LA 폭동으로 지칭한다. 우리는 '폭도'나 '약탈자'에 어떠한 도덕적 함의도 부여하지 않고, 이를 기술적으로만 사용할 것이다. 또한, 우리는 '폭동riots'이 비정치적이고 무의미한 행동이었다고 가정하지 않을 것이다. 민간소요사태를 폭동이라고 부른다고 해서 이 사태의 정치적 특징이 부정되지는 않는다.[7] 역사가 톰슨E. P. Thompson은 "오로지 근시안적인 역사가들만이 군중을 장님으로 여긴다"[8]고 기술한다.

이 책을 기술하는 과정에서 우리는 많은 사람들의 도움을 받았다. 우선, 우리에게 귀중한 시간을 허락하여 자신의 의견과 경험을 나누어준 사람들에게 감사를 표하고자 한다. 특히 김은미는 이 프로젝트의 초기 단계를 활성화하는 데 큰 도움을 주었다. 스탠 홀위츠Stan Holwitz, 임수환, 앤 리Ann Lee, 캐슬린 맥휴Kathleen McHugh, 케이코 사카모토Keiko Sakamoto, 프랭크 신Frank Shin, 그리고 빌 비테Bill Witte는 로스앤젤레스에서 진행된 우리의 연구를 친절하게 도왔다. 또한 우리에게 힘이 되는 연구지원을 해준 버클리의 티나 최Tina Choi, 캐시 넬슨 그래번Kathy Nelson Graburn, 마히 리Mahee Lie, 그리고 레슬리 살징어Leslie Salzinger; 유진Eugene의 스티븐 도이치Steven Deutsch, 린다 풀러Linda Fuller, 그렉 맥로클란Greg McLauchlan; 어배너-샘페인의 에드 브루너Ed Bruner, 하비 촐딘Harvey Choldin, 클라크 커닝햄Clark Cunningham, 노엄 덴진Norm Denzin, 월터 파인버그Walter Feinberg, 알마 고틀립Alma Gottlieb, 자현 하버시JaHyun Haboush(김자현), 휴 잉Hu Ying, 빌 켈러허Bill Kelleher, 김준황, 데이비드 플라스David Plath, 패트리카 샌들러Patricia Sandler, 그리고 론 토비Ron Toby; 시카고의 노마 필드Norma Field; 보스턴 케임브리지의 찰스 에이벨만Charles Abelmann, 레나Rena 그리고 월터 에이벨만Walter Abelmann, 이브 엡스타인Eve Epstein, 짐 킴Jim Kim, 그리고 카라 세이더만Cara Seiderman; 뉴햄프셔의 루스 에이벨만Ruth Abelmann, 우디 펠프스Woody Phelps; 뉴욕의 히로시 이시다Hiroshi Ishida, 사와코 시라하세Sawako Shirahase; 오스틴의 수잔 킴Susan Kim, 잭 리Jack Lee; 키토의 디에고 끼로가Diego Quiroga; 도쿄의 케이코 나카야마Keiko Nakayama와 히데키 와타나베Hideki Watanabe; 오사카의 무라카미the Murakami 가족; 호놀룰루의 제인Jane과 해리 리Harry Lie; 그리고 청주의 진경과 정병호에게 감사를 전한다. 에리 후지에다Eri Fujieda, 미와코 쿠노Miwako Kuno, 박상아, 그리고 송지숙에게도 감사를 표하고 싶다. 이 책의 효율적인 지도를 제작해준 제인 도미에Jane Domier에게 감사드린다. 또한 우리는 일리노이대학교 어배너-샘페인, 캘리포니아 버클리 대학교, 캘리포니아 로스앤젤레스 대학교의 도서관 직원들 특히, 아시아계 미국인 연구 열람실에 근무하는 직원들에게 감사한다.

우리는 한국계 미국인에 대한 학자들의 인상적인 연구와 저술의 도움을 받았다. 우리가 몇몇 학자들의 해석과 결론에 동의할 수 없었다는 사실이 우리가 그들의 학식을 존경하지 않는다는 것을 의미하진 않는다. 또한, "아시아계 미국인 집단들 중에서 한국계 미국인 집단이 제일 알려진 바가 없다(다른 집단보다 더 한국계 미국인들에 대해서 알려진 것이 없다)"는 1978년의 통탄은 더 이상 사실이 아니라는 점을 발견할 수 있었다.[9] 특히 우리는 허원무, 김광정, 윤인진, 그리고 유의영에게 생각을 함께 나누고 함께 책을 기술해 준 것에 감사를 전하고 싶다.

레나 에이벨만, 월터 에이벨만, 티나 최Tina Choi, 허원무, 앤 리, 이수정, 레베카 매튜스Rebecca Matthews, 로라 넬슨Laura Nelson, 류은희, 그리고 카렌 윈터-넬슨Karen Winter-Nelson은 우리의 원고를 읽고 사려 깊은 의견과 비판을 나누어 주었다. 그들에게 매우 감사한다.

하버드대학 출판부에서 마이클 아론슨Michael Aronson은 처음부터 끝까지 크게 힘이 되어 주었다. 엘리자베스 그레츠Elizabeth Gretz는 훌륭하고 꼼꼼한 편집자였다. 우리는 또한 우리의 원고에 대한 노라 빈센트Norah Vincent의 사려 깊은 관심에 감사를 전한다. 브루스 커밍스Bruce Cumings와 익명의 추천인은 우리에게 유용한 의견을 제시해 주었다.

제사題詞는 존 버거John Berger의 『그리고 사진처럼 덧없는 우리들의 얼굴 내 가슴*And Our Faces, My Heart, Brief as Photos*』에서 따온 것이다(New York : Pantheon Books, 1984, ⓒ 1984 by John Berger).

　마지막으로 우리는 일리노이대학교 어배너-샘페인, 오리건대학교, 그리고 연세대학교에 있는 학생들에게 감사를 전하고자 한다. 우리는 수업을 통해서 LA 폭동에 대한 이해를 정립해 나갈 수 있었다. 1992년의 봄에, 우리는 모두 수업을 맡고 있었다 : 에이벨만은 어배너에서 '한인 디아스포라' 수업을, 리는 유진에서 '아시아계 미국인' 수업과 '민족성 이론' 수업을 맡고 있었다. 폭동에 대한 수업은 한국계 미국인 학생들뿐만 아니라 여러 인종의 학생들에게도 엄청난 영향을 끼쳤다. 토론을 통해 학생들은 우리가 쉽게 답변할 수 없었던 여러 의문을 제기했고, 그들에게 느껴진 고통과 분노, 슬픔과 성찰은 관련 주제에 대한 지속적인 관심이 필요하다고 말하는 것 같았다. 학기가 끝난 후, 우리가 느꼈던 지적인 당혹감과 정서적 절박감이 우리를 로스앤젤레스로 이끌었고, 우리는 한국계 미국인들의 이야기를 듣기 위해 계속해서 그곳을 방문했다. 우리는 당시 학생들이 제기했던 여러 의문을 여전히 기억하고 있으며, 우리의 책은 그들의 질문을 기반으로 작성되었다. 우리가 1992년의 봄날에 답해 줄 수 없었던 질문들이 이 책을 통해서 조금이라도 해결될 수 있었으면 한다.

차례

차례

모든 이민자들은 다시 돌아갈 수 없다는 것을 마음속으로 알고 있었다. 만일 어떤 이가 물리적으로는 돌아갈 수 있다고 하더라도, 이민을 통해서 너무도 많이 변했기 때문에 진정한 의미에서 돌아가는 것이라고 할 수 없을 것이다. 모든 마을이 세계의 중심이었던 역사적 상태로 돌아가는 것 역시 불가능하다. 지구 전체를 다시 그 중심으로 만드는 것이 유일한 희망이다. 오로지 전세계적 연대만이 집의 부재라는 현대적 문제를 해결할 수 있다. 사람들은 카인과 아벨을 잊고 쉽게 형제애를 논한다. 형제애로 이 모든 문제가 해결될 수 있다고 약속한다. 하지만 현실에서는 많은 문제들이 해결되지 않았다. 이러한 현실 속에서 연대는 영구히 필요하다.

―존 버거(John Berger),

『그리고 사진처럼 덧없는 우리들의 얼굴 내 가슴(*And Our Faces, My Heart, Brief as Photos*)』

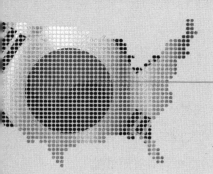

로스앤젤레스 폭동, 그리고 한국계 미국인들의 이야기

LA 폭동의 피해가 한국계 미국인 상인들에게 집중되었다는 점과 폭동 중에 한국계 미국인들이 건물 옥상 위에서 무장한 채 자신의 상점을 지키고 있던 이미지는 대중의 관심을 불러일으켰다. 한국인? 그들은 왜 로스앤젤레스에 왔는가? 그들은 증오의 대상이 되고 있는가? 그들은 증오할 만한 대상인가? 화재, 약탈, 그리고 자경주의의 대혼란은 마치 리들리 스콧Ridley Scott의 영화인 〈블레이드 러너Blade Runner〉의 예고편을 보는 것처럼, 인종 전쟁의 종말론적인 미래를 암시하는 듯했다. 아시아계 미국인 작가인 프랭크 친Frank Chin은 한국계 미국인들이 우지 기관단총과 AK-47 소총을 들고 자신과 동료의 가게를 지키는 모습을 보고 의아해했다 : "알라모Alamo는 코리아타운에 있는 작은 쇼핑몰이었다. 이제 시작된 인종 전쟁 속에서, 우리도 서로 편을 가르고 아군의 쇼핑몰로 찾아가서 그들과 함께 주위에 바리케이드를 치고 있어야 하는 것일까?"[1]

폭동 기간 동안 그리고 그 후에 있었던 언론의 집중적인 보도로 인해 한국계 미국인들은 미국 이데올로기의 구조에서 특정한 지위를 가지게 되었다. 한인 이민자에 대한 이미지는 전형적인 혹은 예외적인 이민자, 문화적으로 이해하기 쉽거나 헤아릴 수 없는 민족, 인종주의자 혹은 억압당하는 민족 등의 상반되는 양상들이 함께 고려되어야 할 만큼 복합적이었다. 그러나 LA 폭동과 한국계 미국인에 대해서 논할 때, 몇몇 연구자들은 그들의 상황을 '이민자의 꿈의 몰락'으로 매도하거나 인종 간 차별만을 강조하여 한국계 미국인과 아프리카계 미국인의 전형적인 문화 차이만을 다루기도 하였다. 이에 이 글에서는 LA 폭동의 배경, 언론의 왜곡, 미국의 자본주의, 인종 그리고 공동체에 대한 그동안의 논의에서 드러나지 않았던 한국계 미국인의 이야기를 다루고자 한다.

LA 폭동의 배경과 이해

1991년 3월 3일, 캘리포니아 알타데나Altadena 출신의, 25살의 아프리카계 미국인인 로드니 킹Rodney King의 차량은 샌 페르난도 밸리San Fernando Valley의 고속도로에서 빠르게 질주하고 있었다. 그의 차량이 가까스로 멈췄을 때, 경찰들은 그를 전기 충격기로 제압한 후, 여러 차례 그를 구타하였다.[2] 인근 주민인 조지 홀리데이George Holiday는 이러한 경찰의 과잉 진압 과정을 비디오로 녹화했다. 이 영상이 미국 전역에서 반복 보도되면서, 로드니 킹 사건은 크게 이슈화되었다. 경찰의 폭력과 인종차별에 대한 혐의 혹은 경찰의 시민의식과 공정성의 실상을 명백히 밝힐 수 있을 만큼 영상이 선명하지는 않았으나, 대부분의 사람들은 이 영상으로 인해 로드니 킹 구타 사건의 악질 가해자들이 기소될 것이고, 응분의 처벌을 받을 것이라고 생각했다.[3] 하지만 1992년 4월 29일, 유럽계 미국인 10명, 히스패닉 1명, 아시아계 미국인 1명으로 이루어진 12명의 배심원들은 스테이시 쿤Stacey Koon, 로렌스 파웰Laurence Powell, 테어도어 브리세노Theodore Briseno 그리고 티모시 윈드Timothy Wind 모두에게 무죄를 평결하

였다.[4]

유죄라는 것이 명백함에도 무죄 평결을 받았다는 사실에 온 나라는 망연자실했다. 이에 대해 『로스앤젤레스 타임스*Los Angeles Times*』는 다음과 같이 보도했다.

> 브래들리(Bradley) 시장은 기자회견에서 무죄 평결에 대한 망연자실함과 격분을 토로했다. "평결을 들었을 때 어처구니가 없어서 말도 나오지 않았습니다. 오늘 내려진 이 평결은 우리가 두 눈으로 본 이 극악무도한 행위가 범죄가 아님을 공언하는 것입니다." 남부기독교지도자협의회(SCLC)의 회장인 조셉 로리(Joseph Lowery)는 남아프리카에서도 백인 경찰이 흑인을 구타하면 처벌을 받는다고 언급하며 미국에 대한 우려를 나타냈다. 전미유색인종발전협회(NAACP)의 전무이사인 벤자민 훅스(Benjamin Hooks)는 너무도 충격적인 평결이었다고 말했다. "이러한 결정을 내린 배심원들이 그 양심 상태로 남은 인생을 제대로 살아갈 수 있을지 의문입니다."[5]

미국 각지에서 격렬한 시위, 시민 불복종, 폭동, 약탈 사건이 발생하였다. 샌프란시스코에서는 1906년 지진 이후 처음으로 통행금지령이 내려졌으며, 라스베이거스에서는 한 달간 주말마다 폭동이 일어났다. 시애틀, 애틀랜타를 포함한 다른 도시에서도 시위와 소요가 끊이지 않았다.[6] 이 가운데 로스앤젤레스에서 폭력성이 가장 두드러지게 나타났다. LA 폭동이 일어난 지 삼일 만에 58명이 사망, 2,400명이 부상, 11,700명이 체포되었고, 717만 달러의 경제적 손실이 발생

제1장_ 로스앤젤레스 폭동, 그리고 한국계 미국인들의 이야기

하였다.[7] 이는 1965년 왓츠 폭동, 더 거슬러 올라가 1863년 뉴욕 징병 거부 폭동 이후의 최악의 도시 폭동이었다.[8] 이에 대해 사회 역사학자인 마이크 데이비스Mike Davis는 다음과 같이 평하였다. "시민권의 진정한 의미를 향한 400년간의 아프리카계 미국인들의 투쟁을 촉발했던 드레드 스콧Dred Scott 사건처럼 로드니 킹 사건이 미국 역사의 분수령이라는 사실이 명백히 드러났다."[9]

이 중대한 사건은 다양한 반응을 불러일으켰다. 분분한 의견들의 유일한 공통점은 로스앤젤레스와 미국에 심각한 문제가 내재되어 있다는 것이었다.[10] 영국의 기자인 마틴 워커Martin Walker는 다음과 같이 발언하였다. "세계에서 가장 부유한 도시 중 하나로, 기회의 땅이라는 그 궁극의 매력을 뽐내던 도시가 스스로 붕괴를 자초했다. 미국의 자유 시장 경제를 바탕으로 한 민주주의가 가난한 이들을 외면함으로 인해 미국은 그 대가를 치르게 되었다. 미국은 신격화된 소비 자본주의로부터 소외당한 이들에 의해 훼손당하였다."[11] 『폭동의 이해』에서 『로스앤젤레스 타임스』의 기자는 다음과 같이 결론을 내렸다. "인종 간의 증오, 악화된 빈부격차, 도시 폭력사태의 증가와 이에 무력한 사회 제도의 모습을 보여주면서 로스앤젤레스는 아메리칸 드림의 추악한 면모를 상징하게 되었다."[12] 흑인인가 백인인가, 한국인인가 라티노인가, 가난한가 부자인가, 진보인가 보수인가의 문제를 떠나서 LA 폭동은 로스앤젤레스와 미국 전반에 깊이 자리하고 있던 문제들을 그대로 보여주었다.

이러한 문제들에 대한 일반적인 해석과 함께 미국의 정계 각층에서 LA 폭동에 대한 다양한 해석을 내놓았다. 언제나 그랬듯이, 대부분의 사람들은 LA 폭동을 이해하는 데에 있어서 그들이 보고 싶은 사건의 단면만을 보려고 했다. 일부 급진주의자들에게 LA 폭동은 오랜 시간 억눌려 왔던 자들의 혁명, 즉 '흑인 반란'[13]의 시작으로 여겨졌다. 자유주의자들에게 LA 폭동은 공화당의 대내 정책 운영 실패를 명백하게 입증하는 사건이었다. 일부의 보수주의자들에게 LA 폭동은 잠재된 폭력성의 발현일 뿐이며, 극빈층의 허무주의를 보여주는 사건일 뿐이었다. 선거가 있는 해면 늘 그랬듯이, 정치인들은 문제를 분석하고 해결책을 제시하는 데에 급급했다.

진보주의자들과 급진주의자들, 이 중 특히 아프리카계 미국인들에게 LA 전역에 퍼진 불길은 '폭동'이 아니라 반란, 더 나아가 '혁명'의 시작이었고, '무분별한 폭력'이 아닌 '체계적인 민란'이었다. 곳곳에서 발발한 폭동을 보고 시인 준 조던June Jordan은 사회 정의를 향한 폭발적인 열망과 인종차별과 억압에 대항하는 정치적 움직임에 대한 희망을 보았다고 말했다. "나는 비로소 자기혐오를 극복한 영혼의 승리를 볼 수 있었습니다. 또한 나는 우리의 믿음을 끝끝내 져버렸던 이 나라에 대응하여 우리가 정의와 평등의 실현, 자유 그리고 행복추구를 향한 장기적인 과업을 현실화시키는 모습을 구상하기 시작했습니다. 자 곳곳에 치솟는 이 불길을 지켜보십시오!"[14] 미시간대학의 교수인 로빈 켈리Robin D. G. Kelley는 다음과 같이 서술하였다. "폭동의 생생한 현장을 담은 비디오를 보면서 재산을 가로채고 지배의 상징물들을 부수던 가난한 흑인들과 라티노들의 얼굴에서 희열감과 권능으로 가득한 표정을 발견하였다. 이를 통해 나는 탈냉전 시대의 미국에서 도심지역이 급진적 운동을 진행시키기에 최적의 장소라고 확신할 수 있었다."[15]

로스앤젤레스 사우스 센트럴South Central의 하원 의원인 맥심 워터스 Maxine Waters는 폭동을 단순명료하게 평가하였다. "옳건 그르건 간에 폭동은 아무도 귀 기울이지 않았던 소리의 외침이다."[16] 디트로이트에 근거지를 둔 신문인 *Against the Current*는 "로스앤젤레스 폭동을 접했을 때 가장 먼저, 기본적으로 나타내야 하는 반응은: 이 폭동은 1965년의 왓츠 폭동과 그 이후의 폭동들처럼 LA 폭동 또한 정당한 반란이라는 것이다"[17]라고 주장하였다. 기자 제임스 리지웨이James Ridgeway 역시 이 견해에 동의하였다. "로스앤젤레스 거리에서 벌어지고 있는 약탈 사건은 레이건과 부시 행정부의 정치 관료들이 공공연하게 12년간 자행한 도적 행위에 비하면 아무것도 아니다."[18]

한편 일부 아프리카계 미국인들은, 특히 중산층에 속하는 경우, LA 폭동에 대해 양면적인 감정을 지니고 있었다. 그들은 폭동의 동기를 이해했지만, 폭동 그 자체와 약탈에 대해서는 비판적인 입장을 취했다. 미들섹스 카운티대학의 교수인 딤프나 오구 오주Dympna Ugwu Oju는 다음과 같은 질문을 던졌다. "내가 나의 후손들을 오도하지 않으면서 흑인 청년들의 무의미한 행위들을 이해한다고 말할 수 있을까요? 내가 나의 자식들에게 나는 그들의 행위를 용납할 수는 없지만, 용서한다고 말할 수 있을까요?"[19] 법률사무소의 매니저로 일하는 한 아프리카계 미국인은 "약탈 행위에는 동의할 수 없지만 그들의 좌절감은 이해할 수 있습니다"라고 말했다.[20] 홍보회사의 전무이사인 미라 바우만Myra Bauman은 다음과 같이 대답했다. "나는 폭동을 용납할 수 없지만 이해할 수는 있습니다. 사람들의 억눌렸던 좌절감이 표출되면서 폭동이 일어났다고 생각합니다. 입을 옷이 없어서, 생활용품이 부족해서 나선 사람들도 있었습니다. (…중략…) 몇몇의 사람들은 그 억눌렸던 좌절감을 표출하고 울부짖기 위해 폭동의 자리에 나왔습니다."[21] "20년간 아프리카계 미국인의 지역사회 조직화를 위해 활동한" 개리 필립스Gary Phillps는 다음과 같이 서술하였다.

경찰권 남용, 경제적 평등의 부재, 취약한 교육제도, 수년간 지속된 방치의 역사라는 폭동의 원인들은 이해할 수 있었다. 27년 전의 왓츠 폭동도 이러한 원인들로 인해 발생하였다. 하지만 나는 법을 따르지 않고 자력으로 이 상황을 해결하려고 거리에 나선 이 사람들을 미화하고 싶지 않다. 이로 인해 흑인 소유의 사업들 (…중략…) 또한 처참한 상황을 맞닥뜨렸기 때문이다. 미국에서 가장 오래된(1941년에 개업) 흑인 소유의 서점인 아쿠아리안 서점(Aquarian Book shop)은 (…중략…) 약탈과 공격의 대상이었던 쇼핑몰 안에 위치해 있었다는 이유만으로 전소되었다. (…중략…) 어떠한 체제도 없이 군중이 사태를 장악하고 있었다.[22]

자유주의 주류세력에게 LA 폭동은 12년간 이어진 공화당 정권을 비난할 여지를 제공하였다. 일례로 빌 브래들리Bill Bradley 상원의원은 정치인들과 대중이 인종과 미국의 도시 문제를 왜곡하고, 이에 대해 침묵하여 LA에서 비극이 일어난 것이라고 말했다. 그는 새로운 민주주의 운동이 필요하며, 이는 노예 제도가 미국의 원죄이며, 인종문제는 여전히 해결되지 않은 딜레마라는 인식에서 시작되어야 할 것이라고 강조했다.[23] 또한 변화, 권한의 위임, 공동체의 노력에 의해 새로운 정치체계가 자리잡고 이에 도시의 모든 요소가 영향을 받아야만 문제가 해결될 수 있을 것이라고 말했다. 제시 잭슨Jesse Jackson 역시 로스앤젤레스를 비롯하여 많은 지역에서 일어난 폭동들은 태만과 방치의 엄청난 대가를 보여준다고 말했다.[24] 아프리카계 미국인 정치인인 브래들리는 사람들에게 희망을 주기 위해서는 도시를 재건하고 사람들에 대한 투자가 필요하다고 피력했다. 유력한 공화당 대통령 후보자였던 빌 클린턴Bill Clinton은 브래들리와 잭슨의 말을 그대로 인용하면서 폭동의 책임을 '12년간 거부와 태만의 정치'를 행한 레이건 부시 정부에 돌렸다.[25]

반면 미국의 보수주의 작가 마크 호로위츠Mark Horowitz는 폭동이 우스꽝스러울 뿐이었다고 말했다. "대다수의 사람들이 LA 폭동이 우스운 일이었다고 생각하지 않았지만, 나는 우습다고 생각했다. 나는 폭동의 그 큰 영향력을 보는 게 즐거웠음을 인정한다. 나는 흥미로운 폭동이었다고 생각한다."[26] 패트릭 뷰캐넌Patrick Buchanan은 종말론적인 경고를 통해 폭동에 대한 불길한 평을 내렸다. 약탈자들을 나치 돌격대와 중국의 홍위병에 비유하면서 그는 "우리가 LA에서 본 것은 악의 승리다"라고 경고했다.[27] 브래들리와 잭슨이 인종차별과 가난에 대해 언급한 반면 뷰캐넌은 미국의 정신을 지키기 위해 계속되는 종교적 전쟁을 선포했다. 인종차별에 대한 반대, 우대정책, 도심 경제의 회복이라는 진보적인 해결책과 대조적으로 뷰캐넌의 해결책은 종교적이었다. "미국의 정신을 지키기 위한 전쟁에서 승리하기 위해서는 오로지 신약과 구약에 명백하게 적힌 근본적인 진실을 따라야 할 것이다."

뷰캐넌을 비롯한 대부분의 보수 세력들은 폭동은 근본 없는 무정부 상태를 보여주며, 극빈층의 병적인 폭력일 뿐이라고 비난했다. 그들은 폭력의 원인을 폭동에 참여한 사람들과 그들이 속한 사회의 도덕적 타락에서 찾고자 하였다. 캘리포니아의 상원의원이었으나 1992년 선거에서 낙선한 존 세모어John Seymour는 "단연코 전통적인 가족적 가치와 공동체에 대한 존중의식으로 회귀가 필요하다"라고 말했다.[28] 미혼모의 삶을 낙관적으로 그려낸 드라마 〈머피 브라운〉에 대해 비판적인 입장을 드러낸 미국의 부통령 댄 퀘일Dan Quayle은 다음과 같이 말했다. "나는 우리가 목격한 무법천지의 사회 무질서 사태가 현재 사회 전반에서 발생하고 있는 가족제도, 개인적 책임감, 그리고 사회 체제의 붕괴와 밀접한 관계를 지닌다고 생각한다."[29] 조지 부시George Bush 대통령은 그의 대변인인 말린 피츠워터Marlin Fitzwater가 폭동의 발생에 대한 책임을 1960년대부터 이어진 생계보조 프로그램에게 돌리는 발언을 한 것에 덧붙여 다음과 같이 발언하였다. "우리가 LA에서 목격한 행위는 시민권을 위한 것도 아니고 모든 미국인들에게 마땅히 지켜져야 할 평등이라는 대의를 위한 것도 아니었다. 사회 저항적 메시지를 전달하기 위함도 아니었다. 우리는 다름 아닌 군중의 잔혹성만을 볼 수 있었다."[30]

선거를 통해 대다수의 유권자들이 전통적 가족관의 유지보다 침체된 경기에 중점을 두었다는 사실이 드러나면서, LA 폭동의 경험이 12년간 이어져온 공화당 정권을 뒤엎었다는 사실에는 의심의 여지가 없는 듯 보인다. 그러나 1992년 대통령 선거 운동 기간 동안 가난과 도심 지역의 문제들이 사실상 전혀 다루어 지지 않았다는 점을 염두에 두어야 한다. LA 폭동의 원인과 그 의미에 대한 국가적 논의는 지금까지도 명료한 합의점에 도달하지 못했다.[31]

제1장_ 로스앤젤레스 폭동, 그리고 한국계 미국인들의 이야기

폭동과 흑백 갈등

초기에 1992년 LA 폭동은 1965년 왓츠 폭동의 재현으로 알려졌다. 34명의 사망자, 1,000명 이상의 부상자 그리고 4,000명에 가까운 인원(이 중 대부분이 아프리카계 미국인이었다)이 구속된 1965년의 민간소요사태는 진보적 사회 개혁과 온건적 시민 평등권 운동 모두의 실패를 전형적으로 보여주었다.[32] 아프리카계 미국인들이 폭동과 약탈을 일삼는 모습들이 텔레비전으로 방송되면서, '태우자 활활 태워버리자!'라고 외치는 그들의 모습은 미국인들의 기억 속에 각인되었다. 이로 인해 왓츠 폭동은 1960년대 미국 전역에서 일어났던 '흑인 폭동'을 대표하게 되었다.[33] 이러한 폭동은 아프리카계 미국인들의 기대상승과 존슨Johnson 행정부와 비폭력 시민 평등권 운동권에 대한 실망감을 보여주었다. 한편, 폭동을 계기로 공화당원들의 '자유주의적 사회 정책'에 대한 맹렬한 비난이 시작되었다.[34] 이리하여 1970년대 이후부터 '인종 폭동'은 미국의 주요 쟁점인 인종, 도시, 가난 그리고 복지에 대한 열띤 정치적 논쟁의 장을 마련하였다.

언뜻 보기에 1992년의 폭동에 대한 이질적인 반응들은 1960년대의 인종폭동으로 촉발된 논쟁의 연장선으로 보인다. 많은 사람들은 1992년의 LA 폭동을 통해서 1968년의 커너 위원회Kerner Commission 보고서를 떠올렸다. 보고서는 다음과 같이 지적했다. "현 정책을 유지한다면 우리 사회는 두 개로 영구히 분열될 것이다. 흑인과 빈곤층이 대부분을 차지하는 한 사회는 도심지역에 형성될 것이고, 백인과 부유층이 압도적인 또 다른 사회는 교외지역에 형성될 것이다."[35] 『이코노미스트The Economist』는 사설을 통해서 "명백히 인종차별적이었던 평결과 뒤이어 발생한 흑인 폭동은 백인과 흑인 사이에 존재하는 내재된 불신감의 존재를 확인시켜주었다"[36]라고 견해를 밝혔다. 『타임 *Time*』은 "로스앤젤레스의 폭동을 계기로, 백인과 흑인 그리고 온 미국은 문제의 평결과 사회 관계의 미래를 이해하려고 노력했다"[37]고 서술했다. 폭동 중에 발생한 트럭운전사 데니 레지날드Denny Reginald 폭행 사건을 언급하면서, 랜스 모로우Lance Morrow는 다음과 같이 평했다. "놀랍게도 이 트럭 운전수 폭행 비디오는 로드니 킹 비디오의 영향력을 완전히 무력화했다. (…중략…) 우리의 논의가 이 수준에 머문다면, 미국인들이 그 수준에 머물기를 택한다면, 분노의 교착 상태만이 이어질 것이다. 즉, 흑인과 백인 서로가 서로를 악한 존재로 여기게 될 것이다."[38]

그러나 흑인 폭동의 흔한 이미지를 1992년 폭동에 그대로 적용하는 것, 즉 1992년의 폭동을 1965년의 폭동의 재현이라고 당연하게 여겼던 것은 착각에 불과하다. 과거의 폭동과 다르게, 폭동의 가해자와 피해자는 다양한 인종으로 구성되었다. 실제로, LA 폭동은 '미국 최초의 다민족적 도시 폭동'[39]으로 간주되었다. 데니 레지날드 폭행 사건과 함께, 한국인 청년들이 우지 기관단총을 들고 경비를 서는 모습을 담은 사진들은 폭동 첫 36시간을 상징적으로 보여준다.[40] 로스앤젤레스의 언론과 시민들이 LA 폭동의 다민족적 특성을 인식하기 시작하면서, 1965년의 폭동과 LA 폭동을 동일하게 여기는 것은 더 이상 적절하지 않았다.[41] 일례로 로드니 킹을 폭행했던 '백인' 경찰관 중 한 명인 테어도어 브리세노는 라틴계 혼혈인 것으로 밝혀졌다.[42] 라티노의 폭동 참여가 아프리카계 미국인에 견줄 정도였으며, 폭동 체포자의 반

이상이 라티노였다.[43] 또한, 폭동으로 인해 가장 큰 피해를 입은 집단은 백인이 아닌 한국계 미국인이었다. LA에 위치한 3,100개의 한인 업소 중 반 이상이 피해를 입었으며, 350만 달러에 이르는 재산적 손실이 발생했다.[44] 이러한 맥락에서, LA 폭동을 노예제도, 남북전쟁, 흑인 차별 정책, 시민권 문제로 나타나는 백인의 흑인에 대한 인종차별의 역사의 일부로만 여긴다면, 한국계 미국인을 비롯한 다양한 민족과 LA 폭동의 연관성을 간과하게 될 것이다.[45]

한국계 미국인의 사회적 역할

현지답사를 통해 로스앤젤레스의 다민족적 현실을 접하면서 놀라지 않을 수 없었다. 코리아타운 쇼핑센터에서 한국인이 아프리카계 미국인으로 보이는 경비요원에게 영어로 말을 걸자, 그 경비 요원은 "나는 한국인입니다. 나에게 영어로 말하지 마세요"라고 한국어로 대답했다. 한국에서 복무하고 있는 아프리카계 미국인 군인인 아버지와 한국인 어머니 사이에서 태어난 그는 사실 한국어의 사용을 선호했다. 같은 날 인터뷰를 위해서 방문했던 귀금속점의 주인인 중년의 한국계 미국인은 그의 처제를 인터뷰해 볼 것을 추천했다. 긴 거리를 운전하여 도착한 곳은 교외 부촌의 거대한 저택이었다. 그곳에서 한국계 미국인 여성이 라티나 보모에게 스페인어로 지시를 내리고 있었다. 로스앤젤레스에서 다시 본부로 돌아가는 길에 우리는 폭동의 피해를 피한 스왑미트(소매상인들이 공동으로 운동장이나 건물을 빌려 장사를 하는 곳. 우리나라의 노천시장과 유사하다—옮긴이)에 들렀다. 유럽계 미국인인 에이벨만이 라티노처럼 보이는 경비요원에게 영어로 길을 묻자, 그 경비요원은 중년의 한국계 미국인 여성에게 "이봐요. 이 사람이 길을 묻는데요"라고 말했다. 에이벨만이 이번엔 한국어로 길을 묻자, 그 여성은 당황하지 않고 돌아가는 길을 한국어로 일러 주었다. 로스앤젤레스에서는 그 어떤 것도 명확히 구분되어 있지 않았다. 폭동은 단지 백인과 흑인 간의 문제에서 발생하지 않았다는 것이 명백해지기 시작했다.

다민족 폭동에 대한 보도 장면 속에서 한국계 미국인들은 전혀 예상치 못한 장소에서 의외의 모습으로 등장하였다. 코리아타운의 존재로 인해 한국어 간판으로 가득했던 로스앤젤레스 시내의 모습은 일부 시청자들에게 전혀 새로운 광경이었을 것이다. 그들에게 더욱 충격적이었던 장면은 무장한 한국계 미국인들이 옥상 위에 서있거나 차를 타고 순찰을 도는 모습이었다. 이는 아시아계 미국인은 온화하고 소심하다는 고정관념을 뒤집었다.

일부 사람들은 LA 폭동의 원인의 중심에 한국계 미국인이 있다고 생각했으며, 한국계 미국인과 아프리카계 미국인 사이의 끊임 없는 갈등에 대해 논하기도 했다. 이들은 '로드니 킹 평결'에 의해 형성된 아프리카계 미국인들의 엄청난 분노는 한국인 두순자에게 가벼운 형량이 구형됐던 이전의 사건과 연관하여 이해해야 한다고 말했다. 한국 식료품 가게를 운영하던 두순자는 15세의 아프리카계 미국인인 라타샤 할린스Latasha Harlins가 가게에서 물건을 훔쳐 달아나려고 하자, 이를 제지하기 위해 몸싸움을 하다가 할린스를 총으로 쏴 살해하였다. 이 냉혹한 총격사건은 가게 내에 설치된 감시 카메라에 녹화되었다. "방송에서 좀처럼 언급되지 않은 이 라타샤 할린스라는 이름은 LA의 흑인사회와 한인사회의 관계가 크게 와해되게 된 근본적 원인이다."[46] 리처드 로드리게스Richard Rodriguez는 "우리는 폭동의 원인을 흑인과 백인의 갈등으로 단정지을 수 없다. 한국계 미국인과 아프리카계 미국인 간의 갈등도 주요한 원인 중 하나이기 때문이다"[47]라고 말했다. 따라서 '한-흑 갈등'은 LA 폭동의 주요한 요인 중 하나로 여겨지게 되었다. 앞으로 더 살펴보겠지만, 다수의 한국계 미국인들은 이러한 해석을 강하게 부정했다. 6장에서 한-흑 갈등의 프레임을 비판적으로 살펴보고자 한다.

　LA 폭동에 대한 다양한 반응만큼이나, 미디어에서 보도한 한국계 미국인들의 모습은 매우 다양했다. 폭동을 일으킨 군중의 폭력성을 강조하기 위해서, 한국계 미국인들은 아메리칸 드림을 달성한 이민 사업가이자, 모범 소수민족model minority으로 설정되었다. 보수주의 작가인 윌리엄 머치슨William Murchison은 "한국계 상인들에게 약탈자들은 보통 이상의 분노를 품고 있다. 요구하건대, 나는 우리 사회가 정직하고 근면하며 사랑받아 마땅한 민족인 한국인들의 안녕을 위해 더 많은 노력을 기울여야 한다고 생각한다. 그들은 흑인 빈민가에서 성공했다는 이유만으로 그들의 고객들로부터 괜한 노여움을 사고 있지 않은가?"[48]라고 기술했다.

　반면 한국계 미국인들은 착취자와 피해자의 역할을 동시에 수행하기도 하였다. 존 에드거 와이드맨John Edgar Wideman은 일반적으로 용인된 사실을 바탕으로 LA 폭동에서의 한국계 미국인들의 역할에 대한 서사적인 해석을 내놓았다.

한국인들은 사업으로 성공하겠다는 각오와 함께 미국에 왔다. 그들은 우선 히스패닉, 흑인 지역의 파산해가는 사업체를 사들였다. 한국인들이 운영하게 된 기업체들은 빈곤 노동자들, 실업자들, 생활보조비를 받는 미혼모들, 사회보장연금을 받는 노인들에게 돌아가는 몇 푼의 돈을 기반으로 운영되었다. 결과적으로, 대기업에서 더 이상 서비스의 대상으로 여기지 않는 소비자들을 착취한 것이다. 노동력이 비쌌기 때문에 대부분의 한인 사업체는 동족회사였다. 장시간 노동, 근면함, 최소의 경비이용, 효율적인 서비스는 한인 사업체의 생존 전략이었다. 마침내 한인 사업체들은 지역사회의 자본을 독점하였고, 번창한 반면, 그들의 기반이 된 지역사회의 경제는 악화되었다. 이러한 결과로 한인과 다른 인종 간의 적대감이 형성되었고, 분열과 분노는 불가피했다.[49]

이러한 와이드맨의 의견에서도, 한국계 미국인의 역할은 LA 폭동의 원인을 규명하는 데 이해되지 않은 간극을 메우는 역할을 할 뿐, 폭동의 주요 원인으로 고려되지 않았다.[50] 테드 코펠Ted Koppel의 〈나이트라인Nightline〉에 출연한 변호사 엔젤라 오Angela Oh를 포함한 소수의 한국계 미국인만이 언론에 나타났으며, 사실상 한국계 미국인들은 미국의 주요 언론 매체로부터 외면당했다. 한국계 미국인의 역할에 대한 논의가 폭넓게 이루어지기는 하였으나, 언론을 통해 알려지지는 않았다.

미국의 이데올로기만을 기준으로 할 때 한국계 미국인의 복잡한 역사와 현실의 본질은 포착되지 못했다. 이는 연구자들이 한국계 미국인을 수동적이고 미미한 폭동의 원인 제공자 중 하나로 여겼기 때문이기도 하다. 정확한 이해를 위해서 우리는 한국계 미국인에 대한 초국가적인 관점과 그들의 다양성을 모두 염두에 두어야 할 것이다. 이러한 맥락에서 한국계 미국인의 목소리를 듣고 그들의 현실을 이해하고자 하는 시도는 미국의 지배적인 가설에 대한 도전인 것이다.

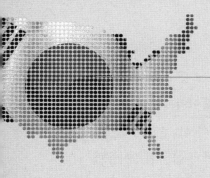

폭동을 통한 한국계 미국인 이해

앞 장에서 우리는 LA 폭동에 대한 국가적 차원의 성찰이 필요함을 시사했다. 이 장에서 우리는 한국계 미국인에 대한 또 다른 시사점을 제시하고자 한다. 1990년에 이르러 미국 전역의 800,000명의 한국계 미국인들 중 4분의 1에 이르는 인구가 캘리포니아 남부 지역에 거주했다.[1]

로스엔젤레스의 한인들은 폭동 피해, 언론 보도, 미국 및 한국 정부의 개입에 다양한 방법으로 대응하였다. 이 장에서는 폭동 피해자들뿐만 아니라, 사회 각계각층의 한인들의 이야기를 다루고자 한다. 이를 통해 로스앤젤레스에 거주하는 한국계 미국인들 간의 다양성을 제시하고, 미국과 한국 각각의 사상과 가치 간의 긴장 관계를 밝히고자 한다.

폭동에 대한 한인들의 대응의 본질을 이해하기 위해서는 한인 디아스포라에 대한 논의가 필요하다.[2] 이러한 논의에는 미국의 이데올로기와 자신이 떠나온 조국에 대한 한국계 미국인들의 감상과 기억이 모두 개입한다. 이로 인해서 문화와 국가, 시간과 공간을 넘나드는 중간 영역적 이데올로기가 두드러지게 나타난다. 다시 말해, 한인들의 이야기는 다민족적인 로스앤젤레스의 초국가적인 현실을 보여준다.

인터뷰를 진행하면서 두 개의 구절이 반복적으로 등장하였다. 그중 하나는 "한국인들이 다 그렇죠, 무슨 뜻인지 아시죠?"였고, 다른 하나는 "한국이 그렇잖습니까"였다. 그들은 폭동에 대해 이야기할 때 그들의 사회와 삶에 편재하는 한국적 특성을 강조했다. 화자들은 한국인이라면 모두 공유하고, 알고 있는 주제에 대해서 언급할 때 이 구절을 사용했다. 또한, 고개를 끄떡이고 '예, 예' 하는 것과 같이 화자의 이야기에 동조하는 반응이 나와야 비로소 다음 논의로 넘어갈 수 있었다.

우리는 불변할 것처럼 보였던 한국과 한국인의 정체성이 흔들리는 모습을 볼 수 있었다. 이러한 맥락에서, 제임스 클립포드James Clifford는 "20세기 말에 '조국'에 대해서 논하는 것은 어떤 의미를 가지는가?"[3]라고 물음을 던졌다. 스튜어드 홀Stuart Hall은 민족성은 "그 영토에 대한 관념들 즉, 어디가 조국이고 어디가 외국인지, 우리에게 가까이 있는 것은 무엇이고 멀리 있는 것은 무엇인지에 대한 관념들 간의 관계 안에서 존재한다"[4]라고 말했다. 이민과 이민자들의 삶 그리고 민족 정체성은 단편적으로 정의할 수 없다. 이민자들은 정치, 경제 그리고 이념의 문제가 혼재하는 환경에 놓여졌고, 이는 그들의 삶이 다양한 갈림길로 나아가도록 하였다. 또한, 그들의 민족성은 끊임없이 변하게 되었다. 요컨대, 이민, 이민자들의 삶, 이민자들의 민족성은 국경을 넘나드는 정치 이념, 물질적 재화, 미디어에서 제시하는 이미지들 속에서 생성되고 성장한다.[5]

폭동에 대한 초국가적 서술

우리는 폭동을 미국적, 한국적 사상과 방식으로 설명한 세 명의 한국계 미국인들의 이야기로 시작하고자 한다. 이어지는 이야기들은 —

라티노를 주 고객으로 하는 소매점을 운영하고 있으며, 폭동의 피해를 빗겨간 최 씨, 과거에 소매점을 운영하였으며 현재는 사회운동가로 일하고 있는 박 씨, 그리고 무역업계의 거물로 불리는 임 씨 — 우리에게 한국계 미국인 사회의 다양성을 상기시킨다.

고등교육을 받은 의류 도매업자인 최 씨는 한국과 미국의 사상 구조를 자유롭게 넘나들었다. 또한 그는 자신이 폭동 참여자들을 깊이 이해하고 있다는 사실에 자부심을 느끼고 있었다. 그는 다양한 관점을 오가며 이야기하면서 자신이 생각하는 폭동의 원인을 제시했다. 또한, 상인, 약탈자, 방관자, 경찰 등의 폭동 관련자들에 감정을 이입하여 자신의 의견을 나누었다. 그는 그의 진술을 "자 내가 만일 그들의 상황에 처했다면, 어떻게 생각했을지 말씀드리죠"라는 말로 마무리했다. 대화가 계속되면서 그의 감정이입은 더욱 고조되었는데, 이 모습을 보고 그의 부인이 웃은 것을 보면 그것은 최 씨의 전형적인 화법인 듯하였다. 또한 그의 진술에서 설교적인 특성이 발견되었다. 실제로 그는 그가 다니는 교회의 목사가 폭동 후의 설교를 통해서 신도들의 이해를 간청했던 일에 대해 언급하기도 했다. 교회에 열심히 나가는 모습은 전형적인 한국계 미국인의 특성이다. 그의 집에는 예수님의 조각상과 커다란 최후의 만찬 그림과 같이 한국 기독교인들의 집에서 공통적으로 발견할 수 있는 전형적인 기독교적 상징물들이 있었다.

최 씨는 성공과 발전에 대한 격언과 발전에 대한 격언과 문화 정체성에 대한 한국적 사고방식에 대해 언급하면서 아프리카계 미국인들의 실패를 한국계 미국인들과 대조하여 설명하였다. 비록 많은 한국계 미국인들 역시 지역사회 리더십의 부재의 문제를 안고 있지만, 이 문제는 아프리카계 미국인 사회에서 더욱 두드러지게 나타난다는 점을 강조했다. "그들은 일에 대한 희망이 없습니다. 지도자가 없으니 희망이 없고, 꿈이 없는 것입니다. 그들에게는 희망을 줄 지도자가 없습니다. 그들은 우리보다 영어와 미국 시스템에 대한 이해가 더 높았지만, 한국인들은 이러한 차이를 2~3년 안에 극복했고, 나아가 그들보다 더 앞서나가게 되었습니다. 그들에게는 '노력하면 성공할 수 있다'(하면 된다)의 정신과 꿈이 필요합니다." '하면 된다'는 한국에서 대중적인 격언으로 공부방, 사무실, 집안 거실의 여러 물건들 위에 이 격언이 새겨진 것을 쉽게 볼 수 있다. 이는 한국의 빠른 경제성장, 한계를 넘어선 노동력의 동원, 치열한 교육제도 속에서 살아가고 있는 국민들을 격려한 격언 중 하나이다. 최 씨는 꿈과 비전이 없는 아프리카계 미국인들은 '고향의식'이 없기 때문에 백인들에 대항할 때 완전히 무기력할 수밖에 없다고 말했다. 이러한 관점은 그가 미국에서 살고 있지만 자신은 여전히 자랑스러운 한국인이라는 한국과의 개인적 동일시와 공고한 한국인 정체성에서 비롯된 것으로 보인다. 그는 다음과 같이 말했다 : "저는 흑인들을 만날 때마다 고향이 어디냐고 물어보는데, 그들 중 어느 누구도 아프리카라고 하거나 알제리, 케냐와 같은 아프리카의 국가를 말하지 않았습니다. 그들은 모두 미국이 고향이라 했습니다. 반대로 내가 한국인들에게 고향이 어디냐고 묻는다면 그들은 모두 한국이라고 할 것입니다. 이것이 바로 아프리카계 미국인들의 문제입니다." 한국계 미국인이라는 명칭은 한국인과 미국인으로서의 두 가지 정체성이 혼재함을 보여주지만, 이들은 이러한 혼재된 정체성을 쉽게 받아들이지 못했다.[6] 그러나 폭동 이후에 한국계 미국인들은 그들이 자기 자신을 당연하게 한국인으로 여기는 것에 대해 다시 생각해보게 되었다.

최 씨는 아메리칸 드림과 고향의식을 모두 중요하게 여겼다. 한국은 세계 경제를 주도하고자 하는 강한 국가적 열망을 가지고 있었기 때문에, 한국에서 '성공'은 국가적 비전으로 여겨지기도 했다. 요컨대 '**하면 된다**' 정신은 아메리칸 드림과 매우 비슷한 속성을 지닌다. 이러한 맥락에서 한인 이민자들은 자신의 정체성을 미국이 아닌 자신의 조국에서 찾는 것을 성공의 핵심으로 여겼다. 한인 이민자들의 성공이 한국의 국가적 성공과 연결되는 아이러니한 현상은 동포들의 삶과 초국가적 이데올로기와 연결지어 다루고자 한다.

박 씨와의 인터뷰에서도 최 씨와의 인터뷰에서 드러난 한국과 미국의 문화적 준거기준의 융합을 발견할 수 있었다. 30대 초반의 박 씨는 폭동 중에 지역민병대에서 활약하였다. 그는 한국계 미국인 사회를 '지키는 것'에 앞장선 한국인 청년 집단의 핵심 멤버이기도 하였다. 그의 말을 빌려 말하자면, 많은 한국계 미국인들이 그 집단을 '미쳤다' 혹은 '무법자들'이라고 평하였다고 한다. 그는 이러한 평가는 자경단이 미성년자들의 총기 소지를 권장한 사실에 대한 반감에서 비롯된 것이라고 스스로 인정했다. 이 청년 집단은 한인들을 배척하고 보복의 대상으로 삼아 악명이 높은 노래인 아이스 큐브Ice Cube의 〈블랙 코리아 Black Korea〉의 배급사에 대한 불매운동을 진행하기도 했다.[7] 그는 아프리카계 미국인들과 맹렬히 싸우는 모습을 담은 방송 영상을 보여주면서 누구인지 알아보기 힘든 형체를 향해 이 사람이 본인이라고 자랑하기도 했다. 자신의 행적에 대한 성급한 판단을 제지하기라도 하듯 그는 민병대로 활동하는 동안 아프리카계 미국인들이 그를 칭찬했다는 이야기를 꺼냈다. 또한 박 씨는 한반도 통일 문제에 대해 별 생각이 없다고 언급하며 자신이 한국 정세에는 별로 관심이 없음을 고백했다. 하지만 그는 한국인의 우수성에 대한 믿음을 가지고 있었고, 한국계 미국인들을 지키기 위해 최전방에서 헌신했다.

박 씨는 그 어떤 언론 매체 관계자들과 인터뷰를 하지 않으려 했지만 우리와의 인터뷰에만은 응해 주었다. 그는 인터뷰의 막바지에 다다랐을 때 우리가 인터뷰 의뢰 전화를 했을 때 인류학에 대해 언급했기 때문에 우리의 인터뷰에 응하기로 결정했다고 말했다. 대다수의 한국인들처럼 그 역시 인류학(말 그대로, 인간 집단 연구)을 전 세계의 인류 혹은 민족의 역사에 관한 연구로 여겼다. 박 씨는 인류 역사에 대한 그만의 해석을 제시했다. "내 말을 믿어도 좋아요. 당신들이 교수라는 사실이나 한국어를 한다는 사실은 별로 중요하지 않아요." 그는 한국어로 출간되는 지역 신문에 세계의 역사에 관한 그의 이론을 연재하고 싶었지만, 이는 항간에 물의를 일으킬 위험성이 있고 나아가 '제2의 폭동'을 야기할 수 있다는 이유에서 거절당했다고 한다. 그는 청년기에 미국으로 이민을 왔을 때 박사가 되고자 했지만, 수십 년이 지난 지금 고등학교도 졸업하지 못했다며 한탄하기도 했다.

우리는 한 제과점에서 군용 작업복 차림의 박 씨를 만났다. 서울의 제과점을 그대로 옮긴 듯한 이 제과점에서 박 씨가 젊은 여점원에게 "여기 뭐가 맛있나?"라고 말을 던지는 모습은 별로 어색해 보이지 않았다. 여느 빵집에서나 볼 수 있는 우유와 빵을 먹으며, 박 씨는 복잡한 도식을 제시하며 세계의 역사와 미래에 대한 그의 생각을 논했다. 그의 인류학 혹은 민족 역사학에 대한 이야기는 세계사 속의 승리자와 패배자를 중점으로 한 개요를 바탕으로 수 세기와 대륙들을 넘나들었다. 그의 이야기 속에서 우리는 LA에 있는 여러 민족에 대한 그의 평가, 특히 근로관계에서의 아프리카계 미국인, 라티노, 한국계 미국인, 그리고 유럽계 미국인들에 대한 평가와 '한국인의 우수성'에 대한 본질주의적 문화 기술을 볼 수 있었다. 그는 백인과 인디언(아메리카 원주민) 간의 관계를 논하기도 했다. "인디언들은 백인들을 위해 일할 용의가 없었습니다. 때문에 백인들에게 맞섰고, 백인들은 그들을 심하게 구타했고 이에 많은 인디언들이 죽었습니다. (…중략…) 인디언들이 백인들을 위해 일하기를 거부하고 대항하였던 이 시기에 흑인들이 노예로 끌려왔습니다." 또한 그는 한국인과 아메리카 원주민을 비교하기도 했다. 아메리카 원주민들이 백인들에게 대항했던 것처럼 한국인들도 일본에 저항했지만 결국 일본의 식민지가 되고 말았다고 말했다. 노예의 등장에 대한 이야기를 시작으로 그는 현 미국에서의 한국계 미국인, 아프리카계 미국인, 라티노 간의 평행적 관계성에 대한 논의를 진행했다. "흑인들은 열심히 일하지 않습니다. 히스패닉들은 최저임금을 받으면서 한국인들을 위해 일할 것이지만 흑인들은 일하지 않을 것입니다." 그는 아메리카 원주민들이 그랬던 것처럼 아프리카계 미국인들도 200년 안에 서서히 자취를 감출 것이라고 예측했다. 한편 현재 흑인의 위치를 라티노들이 차지하여 정치적으로 강력해지게 될 것이라고 말했다. 한국인들에 대해서 그는 "결국 한국인들은 백인들처럼 될 것이고, 200년쯤 후에 백인들은 인디언들과 같은 운명을 맞이할 것입니다"라고 하였다. 한마디로 그는 한국계 미국인과 라티노가 각각 지금의 유럽계 미국인과 아프리카계 미국인의 자리를 차지할 것이라고 예측했다.

다소 공상적이고 인종주의적인 발언과 함께, 박 씨는 유토피아적인 견해도 제시했다. "앞으로 반드시 '우리는 하나'라는 사실을 알고 실현해야 합니다. 우리는 더 이상 서로를 피부색으로 구별해서는 안 될 것입니다." 곧이어 그는 한국인의 우수성과 불과 20년 만에 한국과 미국에서 이뤄낸 그들의 성과에 대해서 말했다. 그는 이에 대해 농담처럼 말했다. "한국인들은 노예입니다. (…중략…) 미국인들이 너무 잘 살기 때문에, 노예인 우리도 잘 사는 것처럼 보이는 것일 뿐이죠. 우리가 분에 넘치는 생활을 하고 있기 때문에 노예임에도 부자처럼 보이는 것입니다."

다소 공상적인 발언들과 함께 그는 아프리카계 미국인들이 한국계 미국인들을 위해 일하지 않는 것은 아메리카 원주민들이 유럽계 미국인들을 위해 일하기를 거부했던 것과 같은 맥락임을 설명했다. 그는 유럽계 미국인들을 가차 없이 비난하기도 했다. "백인들은 우월감에 취해 있습니다. 백인들은 그들을 제외한 다른 인종들은 모두 하등한 동물이라고 생각합니다." 지배층과 노예 간의 인종 전쟁을 기술하는 한편 그는 한국계 미국인에 대한 판단은 보류하였다. 미국의 다민족적인 노동 계층 구조에 대한 박 씨의 논의는 완전히 허황된 이야기는 아니었다. 그의 논의는 일제 강점기 시기(1910~1945)에 대두되었던 천년왕국에 대한 꿈(한국이 다른 나라를 통치하게 될 시기가 도래할 것이라는 믿음)을 떠올리게 했다. 웰스H. G. Wells나 아놀드 토인비Arnold Toynbee의 세계사에 대한 원대한 관점이 유행했던 한국에서 박 씨의 주장은 터무니없는 말이 아니었다.

의류 도매업자 최 씨와 마찬가지로 박 씨 또한 아프리카계 미국인들의 고난을 이해하려고 노력했다. 두 사람 모두 미국의 인종 문제를 초국가적인 관점에서 생각했다. 그들은 폭동과 이로 인한 한국계 미국인의 피해에 대해 언급하지 않았기 때문에 그들의 논의를 폭동에 대한 직접적인 반응으로는 보기 어렵다고 생각할 수도 있다. 하지만 몇 달간 폭동에 대해 연구하면서 접했던 여러 논의들을 종합해 볼 때, 대부분의 한인들은 초국가적인 관점에서 복합적인 논의를 진행하려고 노력했다. 박 씨와의 인터뷰가 끝날 때쯤 그는 아직 우리와 할 얘기가 많다고 말했다. "우리는 아마 다시는 만나지 못할 것입니다. 그러니 지금 이 순간을 허비하지 맙시다." 그는 그의 논의를 마무리하면서 다음과 같이 이야기 하였다. "누구나 철학자가 될 수 있습니다. 모두가 자신의 생각을 기록에 남기지 않았더라도, LA 폭동을 초래한 역사와 배경에 대해 각자 나름대로의 해석을 가지고 있을 것이라고 생각합니다."

이민 전에 이미 한국에서 무역업을 통해 부를 쌓았으며, 아직 한국에 주거지를 유지하고 있는 임 씨 역시 폭동을 초국가적인 관점에서 이해하고자 하였다. 앞의 두 경우와 마찬가지로 그 역시 아프리카계 미국인들의 처참한 처지에 대해 언급했다. 하지만, 앞서 인터뷰한 최 씨나 박 씨의 관점과는 다른 시각을 제시하며 한국계 미국인과 폭동의 관계를 해석하려고 했다.

우리는 센트럴 시티 내의 최고급 호텔의 커피숍에서 임 씨를 만났다. 그는 폭동의 원인에 대해 "한국인들은 어떠한 원인도 제공하지 않았다"라고 말함과 동시에 왜 '한인들이 자초한 일'이었는지 설명하였

제2장_ 폭동을 통한 한국계 미국인 이해

다. 그는 "사우스 센트럴의 한국인들은 20년간 이 사태가 일어날 수밖에 없도록 대립을 자초해 왔다"고 생각했다. 그는 오히려 폭동이 일어나기까지 오랜 시간이 걸렸다는 사실을 놀랍게 여겼다. "만약 한국인들이 사우스 센트럴에 살고 있던 사람들이었고 외부에서 사업이 밀려들어왔다면, 진작에 폭동이 일어났을 것입니다. 20년이 아닌 불과 수년 만에 폭동이 일어났을 것입니다. 미국은 인내심을 가진 국가이고, 그 국민도 인내할 줄 알기에 흑인들도 대단한 인내심을 지니고 있었던 것이죠." 한편 그는 왜 한국인이 폭동의 발생에 어떠한 원인도 제공하지 않았다고 생각하는지에 대해서도 설명했다. 단지 폭동의 대상이 된 지역에 한국인들이 살고 있었기 때문에 피해를 입었다는 것이다. "흑인들은 제가 살고 있는 센추리 시티Century City와 같이 부유한 백인 주거지역으로 떠났습니다."

임 씨와 한 대화는 많은 이들이 마치 한국과 미국이 이웃 동네인 것처럼, 코리아타운을 한국의 하나의 행정교구로 여기고 있다는 것을 보여주었다.[8] 그는 논의에 앞서 로스앤젤레스 한인 상인들의 배경에 대한 이해가 선행되어야 한다고 했다. 최 씨와는 대조적으로, 임 씨는 '미국에 거주하는 한국인'과 '한국에 거주하는 한국인' 간의 큰 간극에 대해 언급하였다. "미국에 거주하는 한국인과 한국에 거주하는 한국인 사이의 거리는 한인과 흑인 간의 거리보다도 멀다고 할 수 있습니다. 한국계 미국인들이 한국으로 돌아갔을 때 어떠한 일이 발생할지 상상해 본다면 이곳 사우스 센트럴에서 흑인들이 한국계 미국인들을 향해 '폭발했다'라는 표현을 쓸 수도 없을 것입니다." 그는 요즘 들어 한국계 미국인들은 한국에서 환영받지 않는 존재가 되었다고 말했다. 그는 "미국에 거주하는 한국인들은 대부분 한국에서 무시당하던 사람들이었다"고 강조했다. 임 씨의 관점에서 대부분의 이민자들은 한국에서 실패를 겪은 후 조국의 동포들과 동년배 집단으로부터 다시 존중받고 구제될 수 있기를 바라는 마음을 가지고 미국으로 온 사람들이었다.

임 씨는 자신도 과거의 삶과 조국에 마음을 두고 온 이민자들 중 한 명이라고 주저하지 않고 말했다. 한편 그는 LA 폭동의 피해를 직접적으로 입은 사람은 아니었다.

왜 한국인들이 이곳에 이민 오는지 아십니까? 많은 사람들이 그 이유에 대해서는 말하지 않죠. 그들은 나 또한 성공할 수 있다는 것을 사람들에게 보여주려고 이곳에 옵니다. 바로 이것이 폭동을 비롯한 모든 문제의 발단입니다. 한국인들은 오로지 조국의 동포들이 자신을 어떻게 생각할지에 대해서만 생각합니다. 그래서 그들은 빠르게 돈을 벌고 부자가되는 방법에만 골몰하고, 미국사회에 기여하고자 하는 생각은 전혀 하지않습니다. 그들은 미국과 미국의 문제들에 대해 전혀 관심이 없죠. 지역사회에 관심이 없고 무지한 한국인들이 벤츠를 몰고 사우스 센트럴을 돌아다니면서 흑인들을 자극하게 되는 것입니다. (…중략…) 한국에 돈을기부하는 이민자들만 추켜세우는 한국 정부의 잘못도 있습니다. 이러한이유에서 한인 이민자들에게는 미국사회의 발전에도 기여해야 한다는의식이 전혀 형성되어 있지 않습니다.

그는 "미국의 한인 이민자들 중에서 자신이 한국에서도 성공할 수 있다고 생각하는 사람은 없다"고 말하면서, 이민자들의 판단 기준이 여전히 한국에 있으며 이를 인지하면 이민 현상과 폭동을 온전하게 이해할 수 있을 것이라고 설명했다. 우리와 점심을 함께한 임 씨의 처제는 임 씨의 주장을 입증했다. 그녀는 한국 시민권자이고 서울에 거주했는데, 그녀의 자녀들을 미국에서 교육시키고 있었다. 그녀는 요즘 한국인들이 한국계 미국인들을 '거지' 혹은 가난한 사람들로 여긴다는 사실을 계속 언급했다.

임 씨는 한인 이민자의 본질은 "한국에서는 부유한 가정에서 태어난 사람들이 허세를 부리지 않으며, 되려 하층민들이 허세가 가득하다는 사실"에서 드러난다고 주장했다. 그는 "한국의 부유한 가정에서 태어난 사람들은 이러한 허세를 부릴 이유가 없다"[9]라고 말했다. 이러한 맥락에서 그는 이민은 소외된 자들의 설욕을 위해 행해진 것이고, 동포 정체성은 자신을 무시했던 사람들에 대한 복수를 함께한다는 인식에서 형성된다고 보았다. 그는 "부유한 가정에서 태어나지 않은 사람들이 되려 허세가 가득하다"라는 말을 반복하면서, 사실 이 말이 자신이 살면서 저지른 모든 실수의 원인이었다고 고백했다. "나는 내가 살면서 저지른 수많은 실수들의 원인을 알게 되었지만 그렇게 살지 않으려 하는 것이 쉽지가 않습니다." 이러한 허세가 가득한 이민자들의 삶의 방식은 지금의 세대가 죽어야만 끝이 날 것이라고 극단적으로 말하기도 하였다. "무시당하며 살아온 경험에서 온 절망감은 전 세대에 지속될 것입니다." 그는 폭동 이후에도 한국계 미국인들은 보란 듯이 성공하기 위해서 어떤 수단과 방법도 가리지 않을 것이라고 예상했다. 후에 그는 '훌륭한 한국 이민자'는 계속적으로 조국에 이

바지해야 한다는 인식을 비판했다. 그는 "한국인들의 원대한 포부에 비해서 한국의 영토가 너무 작기 때문에" 한국인들은 계속 이민을 갈 것이라고 말했다. 그는 이민의 원인을 가난한 집안에서 태어나면서 생긴 절망감에서 기인한 것으로 보았다. 하지만 지금 미국에 거주하는 대부분의 한인들은 당장 돈을 받을 수 있다고 하더라도 — 즉시 2천 달러를 받을 수 있다고 하더라도 — 한국에 다시 돌아가지는 않을 것이라고 했다. 오염된 환경, 밀집된 인구를 비롯한 여러 문제들로 가득한 서울로 이민자들이 돌아갈 일은 없을 것이라고 하였다. 임 씨가 정의한 이민자는 엄격한 사회 계급 질서의 불운한 희생자와 '자업자득'인 뻔뻔한 기회주의자라는 양면적 이미지를 동시에 지녔다.

최 씨, 박 씨 그리고 임 씨의 이야기를 통해서 우리는 사회 계층, 한국의 관습 그리고 폭동 해석의 다양성을 볼 수 있었다. 중간자적 입장에서 서술된 이 이야기들은 폭동과 한국계 미국인에 대한 보편적인 해석에 이의를 제기했다. 그들이 한국의 역사와 과거를 기반으로 자신의 견해를 밝혔다는 점은 많은 한국계 미국인들이 LA 폭동을 한국 역사의 일부로 받아들이고 있다는 것을 알려주었다. 이러한 경향은 무의식과 의식적 차원 모두에서 비롯된 것이다.

한국의 역사를 통한 이해

한국계 미국인들의 LA 폭동에 대한 논의는 민족적 기억과 민족 정체성간의 다채로운 작용을 보여주었다. 한국인들은 20세기 한국의 역사를 통해 폭동에 대해 반추했다. 한국인들에게 LA 폭동은 한국 역사의 일부로 여겨졌으며, LA 폭동에 대한 진술을 통해 한국의 민족적 ·

국가적 모습이 형성되었다.

1970년대에 이민을 온 한 남성은 폭동의 근원이 매우 깊은 곳까지 뻗어 있다고 주장했다. 그는 아무도 이를 제대로 이해하지 못하고 있으며, 그 어떤 매체도 심도 있는 분석을 내놓지 못했다고 비난했다. 우리의 논의는 폭동 이전의 먼 과거에 대한 이야기까지 확장되었다. "폭동의 근원은 과거 깊숙한 곳까지 뻗어 있어서 우리는 남북 분단의 시기까지 거슬러 올라가야 합니다." 이 발언 이전의 그의 한국 이민 역사에 대한 논의는 20년에서 30년 전의 상황을 배경으로 했지만, 분단에 대한 발언 이후에 그는 논의를 1945년에까지 확장시켰다. 이에 그는 분단의 시기까지 확장된 논의가 우리에게 혼란을 주어 우리의 분석에 영향을 주지는 않을까 걱정하기도 했다. 그의 온 가족이 아직 북한에 있기 때문에 그에게 있어서 분단에 대한 논의는 상당히 중요했다. 이와 더불어 그는 탈북에 성공한 수백, 수천 명의 사람들이 지금은 남한마저 떠났다고 말했다. 같은 맥락에서 이민을 온 지 10년이 된 한 삼십대 중반의 남성은 현재 한국계 미국인들의 상황을 남북 분단에 비유하였다. 새로 증축된 코리아타운 광장에서 그는 갑자기 한 노인을 가리켰다. "지금 저기 있는 할아버지 보이시죠? 저 분은 발언의 자유가 없었던 식민시대를 겪으신 분입니다. 곧이어 이승만(1948~1960) 정부와 한국의 분단 상황까지 겪으셨죠. 그 당시 사람들은 무엇이 민주주의고 무엇이 사회주의인지 알 턱이 없었습니다. 이러한 인생을 살아온 분들이 어떤 진영으로 갈지, 어떤 입장을 취할지 어떻게 결정할 수 있겠습니까?" 그는 남북 분단을 외부 세력에 의해 발생한 국가적 비극이라고 강조하는 한편, "또 다시, 한국인들은 어느 쪽에도 속하지 못하는 자신들을 발견하게 되었습니다"라고 말했다. 이리하여 이민에 대한 이야기는 현재 미국의 시점에서 한국의 과거로까지 자연스럽게 흘러 갔다.

우리가 인터뷰했던 이들이 폭동을 회상하면서 가장 많이 연관 지었 던 역사적인 사건은 전쟁이었다. 전쟁(한국전쟁이나 베트남전쟁)을 기억 하는 ─ 흔히 세대를 가르는 기준인 ─ 구세대의 한국계 미국인들은 4·29 폭동(LA 폭동)은 '전쟁'이었다고 말했다. 1993년에 로드니 킹 사 건의 재심이 있기 며칠 전, 주류 판매점을 운영하는 제이 신Jay Shin은 "쇼핑센터의 주차장에서 다른 사람들과 함께 무장한 상태로 자신의 가게를 지키고 있었다." 그는 『보스턴 글로브Boston Globe』의 기자에게 다음과 같이 말했다. "나는 베트남전쟁, 한국전쟁에 참전했고, 지금은 로스앤젤레스 사우스 센트럴에서 주류 판매점을 하고 있습니다. (… 중략…) 그럼 나는 평생을 위험 속에서 살았다고 할 수 있겠네요."[10]

우리의 인터뷰 대상자들의 대부분은 할 말이 많은 듯 보였다. "그 폭 동의 나날들은 나에게 전쟁과 같았습니다."[11] 베트남전쟁에 참전했으 며 1970년대 초부터 미국에서 작은 가게를 운영하고 있는 그는 베트남 에 있었던 한국 군인들의 자기 민족 중심주의에 대한 이야기로 논의를 시작하였다. 자기 민족 중심주의에 대한 이야기는 로스앤젤레스 사우 스 센트럴과 폭동이 일어났던 나날들에까지 확장되었다. 폭동 피해자 들을 담당한 상담사들은 폭동의 충격 정도를 분석할 때의 비교 기준으 로 전쟁 경험을 가장 많이 사용했다고 말했다. 일반적으로 피해자들은 전쟁에서 겪었던 그 어떤 경험보다도 폭동의 경험이 더 최악이었다고 느꼈다고 한다. 하지만, 한 상담사가 지적했듯이 '대부분의 피해자들이 전쟁 당시에는 어린 아이였다'는 사실 또한 고려해야 한다. 또한 많은 피해자들이 한국전쟁은 국가적인 차원에서 경험했지만 폭동은 사회 전체가 아닌 일부만이 경험한 사건이라는 점을 언급했다고 한다. 이로 인한 소외감은 로스앤젤레스 사우스 센트럴의 많은 주류 판매 상인들 사이에서 두드러지게 나타났다. 반면 한인 가게들과 비슷한 정도의 약탈 피해를 입은 시장 상인들에게서는 소외감이 크게 나타나지 않았다.

몇몇의 사람들에게 폭동은 분단이나 전쟁에 대한 기억이 아닌 식민시대의 경험을 떠올리게 했다. 한 남성은 폭동의 양상을 보면서 민심을 수습하기 위한 희생양으로 수천 명의 재일 한국인이 학살당했던 관동대지진 사건(1923)이 떠올랐다고 말했다.[12] "당시 한국인들은 일본인들과 일본 정부 사이에서 이러지도 저러지도 못하는 상황이었습니다. 지금 우리가 흑인과 백인 사이에 끼어있는 것처럼 말입니다." 대학을 갓 졸업한 한 학생은 한국계 미국인 변호사이자 운동가인 엔젤라 오 덕분에 기분이 들떠 있었다. 엔젤라 오는 폭동에 대해 논할 때, "우리나라가 일본으로부터 받았던 억압의 역사와 그 시간을 그대로 겪은 사람들이 아직까지 살아있다는 것"을 언급하였다. 이 젊은 청년은 엔젤라 오가 폭동 피해에 대응하는 방법으로 한국의 역사를 일반 대중에게 알리는 것을 택한 것이 매우 적절했다고 생각했다. 다른 한국계 미국인 학생 역시 폭동 피해의 원인을 역사적인 맥락에서 찾고자 했다. "우리 가족은 일제 강점기 때 번창하던 공장을 빼앗겼습니다. 아시겠지만, 계속되고 있는 파괴의 역사는 과거로부터 상속된 것입니다."

대부분의 한국의 과거에 대한 논의는 역사적으로 유래된 한국의 문화적, 국가적 특성에 대한 언급을 수반했다.[13] '한국인은 이러한 특징을 가지고 있다'고 규정하는 것은 대중뿐만 아니라 정치적 담론 내에서도 쉽게 받아들여지고 있다. 이렇게 공유된 대부분의 국가적 특성은 한국의 역사적인 숙명, 특히 식민지배와 전쟁 경험의 유산으로 여겨진다. 그러나 이 국가적 특성은 개개인에 체화된 정도가 다르고, 특성들이 서로 상충되기도 했다.

10년 전에 '멕시칸 고객들을 상대로 샌드위치를 만들며' 이민 생활을 시작한 도매업자 양 씨는 폭동 중에 무장 정찰대원으로 활동하면서 주변 한인 도매업 지구를 지켰다. 그는 여러 민족들의 본질화된 이미지를 제시하면서 국민성과 다양한 국적의 사람들의 '마음'에 대해 이야기했다. "육식을 하는 사람들, 채식을 하는 사람들 등 세상에는 다양한 사람들이 있죠." 그의 샌드위치 가게에서 그는 라티노 손님들에게 한국의 역사에 대해서 가르치고, '역사를 공유하는 일'의 중요성을 역설하곤 했다. 양 씨는 한국인들이 "어려운 상황 속에서도 굴하지 않고 인내하는 놀라운 능력을 가지고 있다"고 했다. 그는 "왜 이렇게 한국인들이 음식을 급하게 먹는지 아십니까?"라고 질문하고는 그것은 전쟁의 경험으로 인해 생긴 한국적 특성이라고 스스로 답했다. 상류층 고객을 상대로 드라이클리닝 사업을 운영하고 있는 한 한국계 미국인은 다음과 같이 말했다. "한국은 수많은 배고픔의 시기를 이겨낸 나라입니다. 이를 통해 우리는 최선을 다해 일하는 법을 배웠습니다. 우리는 모든 일을 빠르게 — 빨리, 빨리, 빨리 — 하는 것을 좋아합니다. 성공도 빠르게, 부자도 빠르게 되기를 원하죠." 양 씨는 베트남에서 보다 큰 전쟁을 경험하면서 한국인들의 성격이 더 급해졌다고 말했다. 또한 그는 한국계 미국인이 유대인의 뒤를 이은 것처럼 베트남계 미국인이 로스앤젤레스 사우스 센트럴의 한국계 미국인의 뒤를 이을 것이라고 예측하였다. 이에 대해 그는 다음과 같이 경고하였다. "베트남 사람들이 사우스 센트럴로 유입되기 시작하면 문제의 양상이 전혀 달라질 것입니다. 무려 30년 동안 전쟁을 겪은 베트남 사람들은 결코 우리 한국인들처럼 오래 참고 견디고만 있지 않을 것이기 때문입니다."

양 씨의 문화적 서술은 로스앤젤레스 사우스 센트럴의 미래를 설명했을 뿐만 아니라, 폭동에서 표면화된 민족 혹은 인종 갈등의 양상을 분석했다. 그러나 그는 '흑인과 한국인의 갈등'을 폭동의 원인으로써 부각시키지는 않았다. 한편 양 씨는 언어의 중요성을 강조하였다. "한 나라의 언어와 언어 구조를 아는 것은 그 나라의 문화를 아는 것입니다. 일본과 일본의 ぺらぺら(페라페라)와 しんしん(신신, 일본 의성어의 예), 한국과 한국의 미괄식 구조, 러시아의 (…중략…) 언어와 문화의 관계에 대한 연구는 굉장히 어렵지만 연구할 가치가 있는 분야입니다." 양 씨는 로스앤젤레스의 인종 갈등이 서로 간에 소통이 불가능했기 때문에 발생했다고 보았다. 그는 그의 이야기를 더욱 극적으로 만들려고 하는 듯이 등을 뒤로 기대고 우리를 향해 미심쩍은 표정을 보이면서 이야기를 계속 이어갔다.

"사람들이 상대방을 곁눈질하면서 그들이 자신에 대해서 어떤 생각을 할지 의심하기 시작할 때, 사람들은 진실과 전혀 상관없는 생각과 상황들을 자기 멋대로 만들어내고 이를 진실로 받아들입니다." 그의 언어문화에 대한 논의는 자연스럽게 폭동 중에 나타난 문화 갈등에 대한 논의로 옮겨졌다. 그는 빠르고 자신감 넘치는 말투로 전쟁 경험을 본보기로 삼아 사우스 센트럴에서 가게를 지켜내는 수고로움과 폭동의 피해를 감당해내는 한국계 미국인들에 대해 서술하였다.

현대 한국사회의 모습과 식민 시대 이후에 형성된 한국인의 문화 정체성을 알고 있는 사람들이라면 양 씨의 견해를 잘 이해할 수 있을 것이다. 한국에서 한국인이란 무엇인가에 대한 논의는 국가적 차원에서 논쟁적인 주제이다. 세탁소를 운영하는 부모님을 둔 10대 청년은 폭동 이후에 사우스 센트럴 재건을 위해 돌아간 한국계 미국인들의 용기를 높이 샀다. "그들에게는 살아남으려는 용기가 있어요. 이것은 우리의 역사에서 반복되는 삶의 패턴이기도 합니다. 일제 강점기 때, 계속된 침략에도 우리는 언제나 다시 일어섰습니다. 시인이 한 말인지 정치인이 한 말인지 기억이 나지 않지만 그 사람은 한국인들은 밟고 밟아도 다시 살아나는 잡초 같다고 말했습니다. 이것이 바로 한국인들의 모습입니다."

한국인의 통합과 결속 혹은 분열과 불화는 한국계 미국인들의 폭동에 대한 대응의 성공과 실패를 평가할 때 논의되었다. 이념적으로 분단된 국가에서 '통합'과 '분열'은 지역과 세계 모두와 관련되어 있다. 이러한 경향은 다른 맥락에서도 중요하게 여겨졌다. 일제 강점기의 식민사관이 그 예이다. 식민사관은 한국고대사의 분열과 정치적 파벌싸움을 비난했고, 한국이 서구문명을 성공적으로 만나지 못했기 때문에 식민 지배가 시작되었다고 주장한다. '분열'과 '파벌싸움'이 한국인으로서의 자아정체성의 표지가 된 것은 식민 지배의 잔재이다.[14] 이러한 맥락에서 미국 대학에서 한국사를 공부한 2세대 이민자는 그의 아버지가 알려준 한국어 속담인 '뭉치면 살고, 흩어지면 죽는다'를 떠올리며 한국고대사의 정치적 분열, 삼국시대와 삼국통일에 관한 이야기와 현재의 남북 분단의 문제에 대해 말했다.

폭동 중에 한인 가게들을 보호하기 위해서 무장 단체를 결성했던 방 씨는 한국인의 역사적 뿌리를 언급하면서 한국인의 분열만을 강조하려는 시도에 "사람들은 우리들이 연합하거나 하나로 뭉칠 수 없다고 말합니다. 그러나 폭동 이후의 우리의 모습은 우리 한국인들이 하나가 될 수 있다는 것을 보여줍니다"라고 말했다. 그는 호남 출신의 한국계 미국인들이 단결하는 모습에서 볼 수 있듯이, 한국의 지역주의가 미국에서도 지속되고 있다고 했다. 한편 그는 이러한 지역주의가 한국의 문화적·국가적 특질이 아니라 호남 지역의 발전을 좌절시킨 현대 한국의 배타주의 정치에서 비롯된 것이라고 조심스럽게 설명하였다. "삼국시대의 존재 사실만으로는 지역주의 발생의 원인을 설명할 수 없습니다. 실제로 지역주의는 박정희 대통령(1961~1979)에 의해 생긴 것입니다." 방 씨는 한국의 역사적 산물에 대해 의문을 제기했다. 또한 폭동의 대응에서 나타난 한국계 미국인들의 연합을 긍정적으로 부각시키면서 안이하게 규정된 한국인들의 문화 정체성에 대해 이의를 제기했다.

앞서 보았듯이, 일부 한국계 미국인들은 한국의 역사나 개인적 사건들과 폭동을 결부시켜 논했다. 반면 다른 한국계 미국인들은 폭동과 폭동 전후의 상황을 정확히 미국적 맥락 안에서만 이해하고자 했다. 이러한 관점에서 엔젤라 오는 "지금 벌어지고 있는 사건은 한국의 역사가 아닌 미국의 역사입니다"[15]라고 말했다. 두 개의 상반된 관점은 한국계 미국인 사회에 공존하고 있었다.

디아스포라 논의 I — 코리아타운, 한국의 민족주의 그리고 미국적 민족성

한국의 특성과 이데올로기를 논할 때 다루어지는 디아스포라에 대한 논의는 유형화된 한국인의 특징과 한국이라는 국가에 대해 보편적으로 연상되는 요소들에 대한 논의와 관련된다. 동포에 대한 여러 가지 관점의 간극에서 우리는 한국 민족주의의 형태에 대한 논쟁을 엿볼 수 있다. 한국계 미국인들은 자신의 정체성에 대해 논할 때, 한국의 국가적 정서나 특성을 반영하였다. 한국의 정치적 역경에 대한 한인 동포 간의 논쟁은 이민 초창기부터 시작되었다. 이에 대해서는 3장에서 논의할 것이다.

로스앤젤레스 안에서 한국계 미국인들의 지역이 확장되고, 그들의 터전이 교외로까지 퍼져나가면서, 한국계 미국인 거주 지역을 쉽게 특정 지을 수 없게 되었다. 전체적으로, 거주민들 중 한국인의 비율이 월등히 증가하기도 했다. 한국의 전통적 건축방식과의 경미한 차이를 제하고 보면, 로스앤젤레스의 몇몇 장소들은 마치 한국을 그대로 옮겨놓은 듯했다. 게다가 이제는 코리아타운에서 만큼이나 로스앤젤레스 외곽지역에서도 이러한 장소들을 쉽게 찾을 수 있게 되었다. 그럼에도 폭동은 한국계 미국인의 '미국인'성에 주목하게 하여 민족적 편협성을 무너뜨리는 역할을 했다. 몇몇의 한국계 미국인들은 새로운 시대의 도래를 강력히 주장했다. 아시아계 미국문학 교수인 일레인 김Elaine Kim은 "한국 이민자들에게 4월 29일과 30일의 경험은 일종의 세례식으로서, 이를 통해 그들은 1990년대에 한국인이 미국인이 된다는 것의 진정한 의미가 무엇인지를 비로소 깨닫게 되었다"[16]라고 서술했다. 계속해서 그녀는 일본계 미국인에게 "아시아계 미국인들의

폭력적 세례의 유산"이 억류였다면, 한국계 미국인에게는 폭동이었다고 말했다.[17] 엔젤라 오는 폭동은 "미국사회로 진출하기 위한 한국계 미국인의 통과의례"[18]라고 하며 이와 유사한 주장을 펼쳤다.

지금까지 살펴본 바에 따르면, 한국계 미국인들의 대응은 결코 획일적이지 않았다. 코리아타운의 황폐화와 이 지역을 지키고자 했던 많은 시도들은 코리아타운이 어떤 의미를 지닌 지역인지에 대한 논쟁을 촉발시켰다. 실제로 많은 한국계 미국인들이 코리아타운에 거주하지 않았지만, 그들에게 코리아타운은 상징적인 중심지로 여겨졌다. 게다가 폭동을 통해 한인 동포들은 미국을 자신의 진정한 삶의 터전으로 여기게 되었다. 실제로 한 이민자는 "싫든 좋든 간에 이곳이 우리의 공동체입니다. 우리는 여기에 우리의 흔적을 남겨야합니다"라고 말했다. 이러한 필연적 인식에 이르는 과정은 한국계 미국인들 사이에서도 다양했다. 폭동 이후에 몇몇 한국계 미국인들은 한국인만의 중심지를 형성해야 한다고 주장했다. 이에 반해 다른 이들은 코리아타운의 다민족적인 성격을 지지했다.

폭동 이후, 한국계 미국인을 한국어로 어떻게 칭할 것인지에 대한 논의는 한인 동포 논쟁을 대략적으로 보여준다. 단어의 의미 자체를 논하기에 앞서서, 미국에 거주하는 한국계 사람들이 사용하는 다양한 한자어들은 동포사회를 상징적으로 정의한다.[19] 한국계 미국인과 한국인에 대한 연구에 헌신한 미주 동포사회 연구소Korean American Research Center는 설립배경을 밝히는 1993년의 성명서를 통해서 폭동은 한국계 미국인들에게 그들의 '손님 의식'과 '여행자 의식'을 반드시 없애야 한다는 명료한 메시지를 전달했다고 선언했다. 또한 한국계 미국인들이 자신을 남한의 정치적인 객체로 여기지 않아야 한다고 호소했다. 나아가 그들은 한국계 미국인들에게 "사회 개혁의 선두주자로서의, 미국사회의 주인으로서의 위엄을 가지고 살 것"을 요구한다. 여기서 '주인'라는 개념은 명백히 '지배의 객체'라는 속성을 거부한다.

연구소의 이름에는 '해외에 체류하는 한국인' 혹은 '재미한인'의 의미를 가진 교포가 아니라 형제라는 뜻의 동포가 사용되었다.

> 우리(한국계 미국인들)가 보편적으로 사용하는 교포와 교민이라는 단어는 미국사회 전체가 아닌 오로지 우리의 한국계 미국인 사회의 주인이 되고자 하는 좁은 사고방식을 나타낸다. 이러한 일본식 표현은 한국계 미국인들을 한국의 지배의 대상으로 생각하는 조국의 관점을 반영한다. 우리는 한국 행정 관청의 해외 지부가 설립될 때와 같이 중요한 사건이 있을 때마다 '해외의 여행자들' 혹은 '집을 떠나온 사람들'이라는 의식이 널리 선포됨을 알 수 있다. 앞에서 제시된 표현들과 달리, 우리는 한 핏줄(피를 나눈 사람(들))이나 한겨레(동포)라는 의미를 강조하기 위해서 우리의 명칭을 '미주 동포사회'로 할 것이다.[20] 한국계 미국인들이 미국사와 사회 변혁에서 주도적인 역할을 하기 위해서는 (…중략…) 우리는 바른 시각을 가지고 다민족적인 사회의 경험과 문화적 유산을 존중하는 방향으로 나아가기 시작해야 한다. '로마에 가면 로마법을 따르라'라는 표현은 손님이나 여행자를 위한 말이다. 미주 동포 역시 미국 땅의 주인이다.[21]

이와 같이 동포라는 단어는 동포사회가 미국의 정치적, 사회적 변혁의 주체가 되어야 한다는 상징적 요구를 나타낸다. 그들은 동포 정체

제2장_ 폭동을 통한 한국계 미국인 이해

성에 대한 평가와 폭동 후의 개혁에 대한 요구를 통해서 한국계 미국인의 재정의에 관한 문제를 해결해 나갔다.

사실상 재정의에 관한 논쟁은 폭동에 대한 초기 대응의 시기부터 시작되었는데 이는 폭동에 대응할 수 있는 한국계 미국인 단체와 지도자의 부재로 더욱 박차가 가해지기도 했다. 주 정부의 서비스가 부재한 상태에서 라디오 코리아Radio Korea의 한국어 보도는 보호를 필요로 하는 사업체와 민간 의용대의 핵심 간부들 간의 의사소통의 매개체 역할을 했다.[22] 라디오 코리아의 법률 고문인 데이비드 김David Kim은 『로스앤젤레스 타임스』의 기자에게 다음과 같이 말했다. "방송에서 전화 연결을 통해 만난 사람들은 감정적이고, 비이성적이었습니다. 가끔 실수를 할 때도 있었지만, 그들이 우리가 가진 전부였습니다. 우리가 그들의 도움 없이는 지금까지 살아남을 수 없었을 것이라는 사실에는 의심의 여지가 없을 것입니다."[23] 로스앤젤레스의 한국계 미국인들 가운데 조직적 목소리나 서비스 인프라가 없었다는 사실은 본래의 기능을 초월한 미디어 행동주의와 라디오 코리아의 예상 밖의 역할을 통해서 강조되었다. 라디오 코리아가 한국계 미국인들을 돕는 동안 공식적인 한국계 미국인 정치 단체인 한인회의 지도부는 아무것도 하지 않았다. 그 시기에 지도부는 단 한 번도 모이지 않았고, 한인회의 본부는 사회 무질서의 상징이 되었다.

한편 라디오 코리아는 신행동주의자 전선과 보수주의적 지도층 간의 간극으로 인해 이념적 기로에 서 있기도 했다. 라디오 코리아의 주차장은 메르세데스 벤츠, 렉서스, BMW로 가득했고, 고위 경영진들이 운전기사가 딸린 차를 타고 내리면서 떠받들어지는 모습은 라디오 코리아 서울 본사의 모습을 떠오르게 했다. 라디오 코리아는 청취자에게 주요 언론사의 사무실에 전화를 걸어 한국계 미국인들이 희생양으로 삼아지는 이 상황을 하소연하라고 설득하기까지 했다. 심지어 그들은 방송 중에 주류 언론사의 사무실 전화번호를 알리기도 했다. 이와 같은 시도는 언론사의 새롭고 고무적인 성장으로 받아들여지기도 했지만, 어떤 이들에게는 위험하고 부적절한 행위로 여겨졌다. 보도내용에 더불어서 한국의 소식과 한국계 미국인 관련 소식보도의 할당량을 어떻게 나눌 것인지에 대한 갈등이 발생하기도 했다. 한국계 미국인 관련 사건 보도에 집중하고자 하는 젊은 기자들은 미디어 행동주의와 지역사회에 대한 보도를 할 수 있는 기회가 생긴 것을 환영한 반면 다른 이들은 고국에 대한 보도가 급감하는 현상에 위협을 느꼈다.[24] 동포 정체성과 한국계 미국인 지역의 상징성은 — 한국의 지배 아래 있는 지역인지, 소수민족의 집단 거주지인지, 혹은 다민족적인 지역인지 — 폭동 이후에 한국의 정치인들이 미국에 방문하면서부터 본격적인 논의의 대상이 되었다. 미국의 유력한 대통령 후보자들처럼, 1992년의 한국의 대선 후보자들은 로스앤젤레스로 몰려들었다. 그들은 한국의 구호재정 지원과 미국과의 외교 협상을 통해 폭동 피해자들에 대한 미국의 재정 지원이 이루어질 수 있도록 노력할 것을 약속했다. 몇몇의 한국계 미국인들은 이것이 단지 표를 모으기 위한 정치적 술책에 불과한 것이라고 생각하고 정치인들의 쇼를 끔찍이 여겼다. 반면 다른 이들은 한국의 개입을 환영했고 심지어는 개입이 충분히 이루어지지 않았음을 애석해했다. 이들은 피해자들에게 큰 경제적 지원이 필요하다는 현실을 고려하지 않은 채,

한국에서 지원이 왔다는 사실 그 자체에 특별한 의미를 부여했다. 미국에서 점차 사회 계층 간의 이동이 어려워지면서 한국계 미국인들이 이민에 부여한 의미가 변하게 되었고, 이 상황에서 이들은 자신들에 대한 한국의 관심을 무엇보다도 더 중요하게 여겼다. 폭동 이후에 이민에 대한 긍정적 이미지가 타격을 입으면서, 많은 한국계 미국인들에게 고국의 관심이 소중하게 여겨졌다. 이러한 상황에서 한국계 미국인들은 폭동에 대한 고국의 대응을 평가하기 시작했다. 실질적인 도움이 되는 혹은 그저 생색만 낸 대응인지, 자신들에 대해 어떤 생각을 가지고 있는지, 그리고 애초에 한국이 그들의 상황을 중요하게 여기기는 하는 것인지에 대해서 그들은 의문을 가졌다.

고등교육을 받은 상인 민Min은 "한국의 정치인들은 전적으로 자기 생각만 하고 있습니다"라고 비난했다. 민은 정치인들이 얼마나 이 현장에 빨리 왔는지를 떠올리며 조소했다. "한국은 이 사건과 아무런 관련이 없습니다. 관련이 있다고 생각하는 것 자체가 말이 안 되죠. 정치인들은 그저 우리를 이용할 뿐이었고, 이를 통해 나는 한 사실을 깨달을 수 있었습니다. 이제 우리는 한국인이 아니라 한국계 미국인으로 살아야 한다는 것입니다." 그는 "우리는 한국인이 아니라 한국계 미국인입니다"라는 말을 반복했다.

로스앤젤레스 시내에서 도매업을 하는 백 씨는 폭동 이후에 한국 정부가 취한 모순적 태도에 대해 논하면서, 한국계 미국인 정치 대표자의 필요성을 역설했고 민족주의 정치에 대한 비난을 이어갔다. "본인들이 한국을 대표한다고 떠벌리고 다니는 한국인 대표자들(미국에 머물고 있는 한국 정치인들)을 떠올리면 어이가 없습니다. 나는 서울 올림픽의 복싱 사건 때 한국인들의 모습이 부끄러웠던 만큼 한국과 관련된 모든 것은 무조건 좋다고 여기는 정치인들이 창피하기만 합니다." 그의 관점에서 한국의 민족주의는 극단적이고, 편협했으며 그의 보편주의적 기독교 신앙과도 대립되었다. 그는 이러한 한국의 민족주의를 강하게 부정했다. 그는 여러 차례 자신을 소수민족이라고 지칭했는데 이를 통해서 그는 한국의 정치인들과 한국계 미국인 정치인들에게 '한국의 대표'라는 역할을 부여하는 것은 적절하지 않다는 점을 강조했다. 그가 언급한 1988년 서울 올림픽 사건은 한국인 복싱 선수에게 불리한 판정이 내려진 것을 두고 한국인 코치와 뉴질랜드 출신의 심판이 다툰 사건이다.[25] 또한 백 씨는 한국계 미국인 사회의 반성을 요구했다. "사람들이 나를 때리면 난 아픔을 그대로 느낍니다. 반대로 내가 다른 사람들을 때릴 때는 나는 상대방의 아픔을 느끼지 못하죠. 이것은 상업에서도 해당됩니다. 소비자의 입장을 생각해보면서 물건을 파는 것이 도움이 되는 것처럼 말입니다. 우리는 우리가 흑인들을 무시하고 있다는 사실에 대해 반성해야 합니다. 모든 것에 대한 확고하고 바른 시각이 갖춰져 있을 때 우리는 더 포용하고 성장할 수 있을 것입니다."

부정적인 시각이 존재했지만, 많은 한국계 미국인들은 한국 동포들의 재정적 지원에 대한 약속을 환영하였고, 몇몇은 한국으로부터의 정치적·정서적 지원을 요청하기도 했다. 이들에게 한국이 폭동의 문제에서 한 발 물러섰다는 점, 결과적으로 한국 정부가 어떠한 행동도 취하지 않았다는 사실은 몹시 실망스럽고 충격적이었다. 한국계 미국인 2세인 서 씨는 불과 한두 해의 시간을 보냈던 한국에 대해 조금 다른 관점을 가졌다. 그 역시 한국의 정치인들을 비난했지만, 더불어 한국의 민간적 차원의 관심과 관심의 본질에 대한 불만을 토로했다.

　　처음에 한국으로부터 기부를 받았을 때, 저는 정말 행복했습니다. 미국의
한국인들은 한국에 큰 재해가 발생할 때마다 엄청난 액수의 기금을 마련합
니다. 알려진 대로 한국에서는 홍수, 데모, 폭동 등의 재난이 쉴 새 없이
일어나죠. 그럼 우리가 한국에서 얻은 것은 무엇일까요? 그들은 폭동이전에
우리가 얼마나 잘 지내고 있었는지, 이를 통해 폭동을 자초했다는 사실에
집중할 뿐이었으며, 고작 10만 달러의 기금을 보냈습니다. 물론 우리가
지금 한국에서 지원 받은 것들을 갚아 나가야 한다는 것은 알고 있습니다.
하지만 우리가 여태까지 노력해 왔던 미국에서의 '좋은 삶'을 되찾고 우리가
우리 스스로를 돌볼 수 있기 전까지는 한국을 더 이상 도울 수 없을 것이라고
생각합니다. 재정적 지원보다도 우리에게 지금 필요한 것은 한국으로부터
의 정서적인 지원입니다. 정치인들은 하나같이 다 천치들이고, 정말 아무것
도 모르고 있습니다. 아 우리 친가가 다 광주 출신이라, 그 정치인들 중에서
김대중은 제외해야 합니다. 하지만 사실 김대중도 계속 가택구금(반체제적
정치활동으로 인해)을 당한 걸 보면 그리 무결한 정치인으로 보기는 어려울
것 같네요.[26]

　　서 씨는 한국과 한국인의 미국과의 상호교류는 국가가 아닌 사람
이 중심이 되어야 한다고 생각했다. 그는 돈과 정서적 지원뿐만 아니
라 1세대 이민자인 그의 부모님이 그랬듯이 그가 힘들게 일궈낸 '좋
은 삶'에 대한 인정을 받길 원했다. 그는 쓸모없는 사회 활동에 빠져
그의 삶의 대부분을 '낭비'했다는 생각을 하면서도, 폭동 이후에 지역

사회 활동에 적극적으로 동참하였으며, 그의 부모님의 사업을 바로 이어받지 않기로 결정했다. 물론 그는 전형적인 한국인 자녀들이 그렇듯이 계속 그의 부모님을 뒷바라지 할 것이다. 사회운동에 참여하게 된 동기에 대해 그는 다음과 같이 말했다. "내가 살아있는 동안 여기서의 현실이 더 나아지지 않을 수도 있다는 생각이 들지만, 그렇다고 해서 나는 내 자식들이 미국이 아닌 한국에서 사는 것은 원치 않습니다. 내 자식들이 한국에서 산다면, 그들은 세상이 어떻게 돌아가는지도 모르고 그 어떤 일도 제대로 하지 못할 것이라고 생각하기 때문입니다. 더 걱정하고 초조해하기만 할 바에는 차라리 내가 직접 사회운동에 참여를 해야겠다고 생각했습니다." 20대 초반의 젊은 청년의 입에서 나왔다고 보기엔 놀라운 서 씨의 세대 초월적인 생각은 21세기에 들어서면서 변화하고 있는 동포들의 모습을 보여주었다.

한 피해자는 한국의 원조를 객관적으로 분석하고자 했다. "어쨌든 우리는 피를 나눈 사람들입니다. 우리는 그들에게 많은 돈을 보내주었으니 그들은 우리를 도울 수밖에 없었을 것입니다." 30대의 한 남성은 "한인 이민자들이 한국으로 보내는 돈을 고려했을 때, 한국 정부는 1억만 달러를 우리에게 보내야만 합니다"라고 주장했다. 이는 미국과 한국을 잇는 초국가적인 경제에 대해 직접적으로 언급한 것이다. 폭동 직후에 한국의 구호 자원 지원 가능 여부를 확인하기 위해 한국으로 간 비공식적 파견단의 구성원이었던 심 씨는 언론과 정계의 관심이 금세 식어버렸다는 사실을 알고 몹시 서운해 했다. 그는 한국의 신문에 실린 만평을 통해 폭동에 대한 보도들은 단지 그때의 지역적, 정치적 추문들로부터 관심을 돌리는 역할을 했다는 것을 깨달았다. 그는 많은

제2장_ 폭동을 통한 한국계 미국인 이해

한국계 미국인들이 한국에서 LA 폭동이 '매우 큰 사건'으로 다뤄지고 있다는 것을 듣고 기뻐했다고 말했다. "이러한 이야기는 잠시 동안 이곳의 사람들에게 자신이 매우 중요한 사람이라는 느낌을 주었습니다." 하지만 이어서 그는 "한국으로부터 구호 자원을 받았지만 우리는 '당신들은 우리나라를 배신한 사람들인데 왜 이제 와서 도움을 청하는 겁니까?'라는 한국인들의 태도를 발견할 수 있었습니다"라고 말했다. 배신이라는 표현은 다시금 우리에게 한국 내에서 이민에 대한 위상이 떨어졌음을 보여주며, 이는 폭동을 통해 더욱 강조되었다. 심 씨는 소수민족의식의 필요성을 피력하면서, 한국의 지원에 대한 실망감이 "코리아타운이 곧 한국이라는 사람들의 생각을 없애는 것"에 큰 역할을 했다고 언급했다.

오랫동안 이민 생활을 해온 상인 류 씨는 폭동 이후에도 로스앤젤레스는 한국의 '식민지'로 남을 것이라고 주장했다. 그의 관점은 한국은 미국의 식민지라고 하는 한국의 몇몇 행동주의자들의 관철된 주장과 큰 대조를 이룬다. "미국의 한국인들은 새로이 사회를 꾸린 것이 아니라 식민지에서 살고 있었습니다. 이는 부분적으로 전자통신혁명 때문이라고 할 수 있습니다. 이로 인해 우리는 같은 표준시간대에서 살게 되었고, 같은 내용의 신문도 같은 시간에 접할 수 있게 되었습니다. 폭동을 겪게 되면서 비로소 사람들은 '아, 우리는 미국에서 살고 있구나'라고 다시 생각하게 되었습니다. 하지만 미국에 살고 있는 한국인들은 이 상황을 어떻게 해결해 나갈 것인지에 대한 철학적인 사고가 전혀 없습니다. 사람들은 예전처럼 한국에만 관심을 기울이면서 살아갈 것입니다." 류 씨는 식민지 개념과 대조를 이루는 한인 지역사회의 형성을 촉구하긴 했지만, 한국계 미국인들은 이를 위한 준비가 되어 있지 않다고 생각했다. 이는 한국과 미국이 기술적 동시성을 지님에도, 많은 한국계 미국인들이 과거 한국에서의 삶에 얽매여 그 시간의 덫 안에서 계속해서 살기를 자청하기 때문이라고 말했다.[27]

해병대 출신으로 베트남전에 참전했으며 폭동에서의 총격전 중에 상처를 입기도 한 중년의 전 씨는 코리아타운을 한국의 식민지로 생각하지 않았다. 대신에 그는 코리아타운을 한국인들의 집단거주지로 생각하였다. 그는 폭동을 통해서 거듭날 수 있었고, 폭동을 통해 한국 동포에 대한 새로운 관점을 형성할 수 있었다. "그렇습니다. 저는 다시 태어났습니다." 그와 그의 아내는 그가 코리아타운이 안전한 지역이 되도록 온 힘을 다한 후에, 노후를 위해 한국으로 돌아갈 계획이다.[28] 그는 이러한 사명을 그의 세대에서 꼭 수행해야만 한다고 믿고 있었다. "한국어조차 제대로 구사하지 못하는 우리들의 자식세대는 이 일을 해내지 못할 것입니다." 그는 위험한 도시환경으로 인해 교외지역으로 피난한 많은 한국계 미국인들이 다시 코리아타운으로 돌아오기를 희망했다. 전 씨는 이러한 목표를 위해서 1993년 2월에 사비를 동원하여 코리아타운에 안전 순찰대를 고용했다. 그는 여론에 호소하기 위해 다음과 같은 글을 작성했다. "살면서 단 한 번도 총상에 의해 생명의 위협을 받아본 적이 없는 분들의 경우에는 큰 자금을 투자해서 안전 순찰대를 만들고자 하는 계획의 진정한 의미를 이해하지 못할 것이라 생각합니다. 더 이상 (에드워드) 리와 같이 생명을 잃거나(폭동 총격전 중에 사망), 총상으로 생명을 위협 당하게 되는 사람이 없었으면 하는 바람에서 저는 이 일을 시작하고자 합니다." 순찰대는 미국 기업과의 계약으로 시작되기는 했지만, 그는 언젠가는 이 순찰대가 오로지 우리의 힘으로 운영될 수 있기를 바랐다. "'뭉치면 살고 흩어지면 죽는다'라는 말처럼, 우리는 다른 민족들에게 코리아타운의 결속력을 보여주고자 합니다." 그는 언젠가 한국인들이 다시 뭉치게 되는 자리를 꿈꾸고 있었다. 전 씨 부부가 한국으로 다시 돌아가려는 계획을 갖고 있었다는 점은 그들이 다음 세대를 위해 코리아타운을 안전하게 지키고자 하는 일에 헌신하고 있으면서도 자신들의 미래를 코리아타운에서 보낼 의향이 없다는 그들의 복합적인 국가 비전을 보여준다.

한국에서 학생운동가로 활동했었으며, 1980년대 중반에 이민을 온 영 씨는 코리아타운에 대한 비전에 불만을 표했다. 그는 민간 의용대에 참여했던 한 남성의 관점에 특히 실망했다. "대부분의 한국계 미국인들은 여기서 형성된 이 사회가 한국의 연장이라고 생각합니다. 이는 KT(로스앤젤레스 한국어 방송)에 난데없이 등장해서 '여기는 우리 땅입니다', '한국의 힘'과 같은 허튼소리를 늘어놓는 유형의 사람들, 특히 해병대 출신에서 많이 나타나는 관점입니다." 영 씨는 '여기는 우리 땅입니다' 혹은 '한국인의 힘'을 요구하는 말에서 나타나는 국가주의적 허세에 반기를 들었다. 이러한 구절들과 정서는 한국에 깊은 뿌리를 둔다. 이는 한국 정부와 군대에서 사용한 미사여구, 특히 1980년대의 미사여구를 떠올리게 하였다. 그는 이런 말들이 1980년대 한국 반정부 지지자들이 선명하게 기억하고 있는 온갖 선전 구호들이 합쳐져서 만들어진 우파민족주의의 덫이라고 하였다. 영 씨에게 이러한 수사법은 한국 출신의 많은 정보원들과 한국계 미국인들의 정부관 세뇌교육 등을 통해서 여전히 이어지고 있는 한국의 코리아타운에 대한 영사적인 지배를 상징했다. 그는 한국계 미국인 사회가 한국으로부터 분리되어 순수한 미국 내 소수민족 사회가 되기를 원했다. 또한, 폭동을 통해서 한국계 미국인들이 '우리는 한국과 다르다'라는 사실과, '미국이 우리의 시위를 해 나갈 장소'라는 사실을 깨닫기를 원했다. 그는 그의 직장에서 한국 국기를 게양하는 것과 ― 부시 대통령이 코리아타운에 방문하면 황급히 치우는 ― 애국가를 부르는 것에 불만을 표했다. 한국 국기와 국가의 본질인 '한국인의 힘' 그리고 '미국 소수민족 지역'의 관점은 각각 한국의 우파민족주의와 미국의 인권운동을 중심으로 한 전혀 다른 이념적 세계에 존재했다.

그렇다면 영 씨와 텔레비전의 출연으로 그를 몹시 짜증나게 한 해병 출신의 민간 의용대 대원 사이에 그 어떤 정서적 접합점도 없는 것일까? 혹은 미주 동포사회 연구소의 한국계 미국인 정체성에 대한 요구와 '한국 땅'이라는 개념 사이의 정서적 접합점은 존재하는가? 미국인과 한국계 미국인으로서의 사상이 공존하는 초국가적 중간지대 안에서 두 지대를 쉽게 분류하는 것은 어려울 것이다. 여기서는 정반대의 대립자들이나 진보주의 진영과 보수주의 진영을 확실하게 구분하는 것마저 어렵다. 영 씨는 미국 내 소수민족으로서의 정체성이 중요함을 강조하면서 인터뷰를 마무리했다. 그는 "남북 분단이 오늘 나의 모든 이야기의 배경입니다"라고 강조했다. 그는 구체적으로 말하지는 않았지만, 한국 동포와 한반도 분단은 미국 이민, 한국 군대의 문화와 특성, 반공산주의와 권위주의 그리고 코리아타운에 대한 한국의 영사적인 지배와 분리하여 논할 수 없다고 했다. 퇴역 군인과 영 씨는 한반도 통일에 대해 어떤 정서적 감상이 없었다는 공통점을 가졌지만 그 둘은

제2장_ 폭동을 통한 한국계 미국인 이해

한국 국가민족주의의 바탕인 격렬한 반공주의적 정서를 공유하지는 않았다. 한국과 미국에서 '재통합' 그리고 다른 국적은 다양한 정치적·이념적 진영을 결정하는 요소로 여겨질 수 있다.

한국의 남북 분단이 동포 문제와 연관성을 지니고 있고, 통일을 위한 노력이 한국계 미국인들을 정치 논쟁화시킬 것이라는 주장에 대해 한 정치 전문가는 다음과 같이 말하였다. "한국이 통일이 된다고요? 그럼 우리는 어떻게 해야 합니까? 통일된 한국에 가서 살라고요? 네 그러죠 그럼!" 그는 비꼬는 말투로 계속하였다. "우리가 통일의 과정에 꼭 영향을 주어야만 하겠네요. 정부 주체들 간의 대화가 시작되자마자 한국계 미국인들은 세상에서 잊히고 말 테니까요."

한편 일부 한국계 미국인들은 지역 내에서의 노력과 한국 정치 간에 강한 연계성이 존재한다고 하였다. 이러한 관점은 한국 정부의 지원을 간절히 바라던 한국계 미국인들의 관점과는 달랐다. 이는 반민족주의로, 퇴역해병이 외친 '한국인의 힘'이나 미국의 사무실에서 한국 정부를 상징하듯 걸려 있는 한국 국기가 가지는 의미와는 전혀 다르다. 학생 이민자인 한 씨는 폭동에 의해 촉발된 의식에 희망을 가지고 있었다. "이제 한국계 미국인들은 그들 사회의 운명이 한국의 운명과 직접적으로 연관되어 있다는 사실을, 즉 한국의 민주화가 이루어지지 않는다면 이 사회는 유지될 수 없을 것임을 깨닫게 될 것입니다. 나는 더 많은 한국계 미국인들이 한국 반정부 투쟁과 통일 운동에 참여하기를 바랍니다." 여기서 함 씨는 폭동이 사람들로 하여금 한국과 미국 모두에게 반감을 가지도록 할 것이며, 한국계 미국인 공동체의 리더십의 부재가 이 사회에 대한 한국의 공식적, 비공식적 지배의 가장 큰 원인임을 깨닫게 될 것이라고 주장했다. 그는 폭동의 여파로 미국 정부와 직간접적인 접촉의 과정이 계속되면서 반미 감정 또한 발생할 것이라고 하였다.

한국의 반정부 및 통일 운동과 뜻을 같이하는 한국계 미국인 단체 본부에서는 한국의 국기가 아닌 한국 반민족주의나 급진적 민족주의의 상징물들을 발견할 수 있다. 고인이 된 식민시대의 혁명적 독립주의자들의 사진, 19세기 동학농민운동의 지도자들의 시성된 이야기들, 한국에서 일어난 투쟁과 관련된 영상, 그리고 탈과 전통악기 등을 포함한 한국 민중의 일상사와 저항의 역사를 대표하는 상징물들이 있었다. 1992년 3월 7일에 설립된 한국청년문화센터CKYC는 스스로를 '우리 문화공동체'를 배우기 위해 모인 '건강한 문화를 추구하는 청년들'이라고 소개한다. 그들이 추구하는 공동체의 역할은 반인종주의적인 한국의 반체제 운동의 외침을 통해서 미국의 자본주의에 대항하는 것이다. "개인주의, 쾌락추구, 소비 지향가치를 규탄하면서 한국청년문화센터는 집단적, 생산적 가치를 장려하고, 협력과 공생의 문화적 가치를 신장시킬 수 있기를 원한다."[29] 이러한 전자본주의적 사회에 대한 요구는 한국 전통 문화와 사회 체계를 되살리는 현대 한국의 토착문화 보호주의를 통해 서구의 자본주의, 문화와 가치에 대항하고자 하는 극히 국가주의적인 계획을 보여준다. 이는 미국 내 특정 단체들만이 공유하는 주장으로만 여겨지는 외침이 사실상 한국으로부터 촉발된 반체제에 대한 주장이며, 한국의 문화가 실현되기 위해 미국이 객체화되는 것을 보여준다.

그럼에도, 한국의 반체제 투쟁에 대한 함 씨의 우려가 한국계 미국인들의 소수민족의식의 발현에 대한 그의 소망과 양립 불가능한 것은 아니다. 한국에 대한 미국의 간섭과 미국화된 지역사회는 한국인과 한국계 미국인의 정치적 견해와 결부되어 진행되었다. 함 씨는 미국 정부와 체계적이지 못한 한국계 미국인 사회의 폭동 대응에 대한 한국계 미국인들의 실망감이 미국의 제국주의와 코리아타운에 대한 한 한국의 정치적 지배의 이면에 대한 폭로로 이어지기를 희망했다.

전 세계 동포의 정치 운동단체인 젊은 한국인 연합YKU의 입장도 이와 유사하다. 1993년 주한 미군의 한국 주둔에 반대하는 진보 캠페인에 실린 기사에서 젊은 한국인 연합의 회원은 다음과 같이 서술했다. "한국계 미국인들은 지난 4월의 로스앤젤레스 폭동을 통해서 미군의 한국 주둔과 국내 정책 지원의 재정 부족이 직접적으로 연관되어 있다는 사실을 알게 되었다."[30] 함 씨는 한국계 미국인의 목숨이나 재산을 지켜주지 않은 미국에 대한 냉정한 재평가는 반드시 한국의 '미국'과 한국계 미국인들의 '미국'은 동일하다는 사실에 대한 깨달음을 수반해야 한다고 했다. 그는 소수민족의식은 한국계 미국인이 특권을 가진 소수가 아니라, 백인의 지위에 못 미치는 집단일 뿐이라는 강제된 자각으로부터 형성된다고 말했다.

논의 도중에 한국계 미국인의 미국에서의 인종적 위계 순위에 대한 이야기가 반복해서 등장했다. 많은 이들이 미국인들에게 50개의 인종들의 순위를 매겨보도록 한 설문조사에 대해 이야기했다. 대다수가 가장 높은 순위이거나 적어도 상위권일 것이라고 예상했던 한국은 실제로 가장 낮은 순위의 국가들 중 하나로 뽑혔다.[31] 한국계 미국인들의 폭동 경험과 언론에서 묘사된 그들의 모습은 이러한 충격적인 결과가 사실임을 확인해 주는 것으로 보인다. 그럼에도 함 씨는 이러한 결과를 통해서 한국계 미국인들이 자신들을 인종차별적인 미국의 정부와 정책의 피해자로서 인식하기 시작할 것이라는 점에서 희망적이었다. 한편 한국계 미국인이 행하는 인종차별을 자각해야 한다는 주장도 있었다. 미주 동포사회 연구소KARC 설립 성명서는 한국계 미국인의 인종차별의 기원과 그 결과에 대해 논했다. "미국 지배 권력층의 인종차별주의적인 방침들은 한국계 미국인들에게도 스며들었다. (…중략…) '우리는 백인만큼 우월하지 않지만, 흑인과 라티노보다는 우월하다'라는 생각이 바로 그것이다. (…중략…) 이는 미국 지배계층의 이데올로기의 무비판적 수용에 대한 결과일 것이다." 미국 생활 12년차의 이민자는 이에 대해 간단히 설명했다. "우리의 민족적 약점은 우리는 깨끗하고, 점잖은 백인들 바로 밑에 있다고 착각하며 사는 것이고, 때문에 우리는 다른 인종들을 차별대우했습니다. 우리는 모든 히스패닉을 구별 없이 '멕시칸'이라고 부르고, 그들이 우리가 기피하는 일들을 하고 우리보다 낮은 직급에서 일한다는 이유만으로 그들을 차별하고 있습니다." 라티노를 상대로 옷가게 케이터링 사업을 하는 그녀는 한국계 미국인들의 소수민족의식의 거부는 인종적 혹은 문화적 우월감의 결과라고 주장했다. 한국에 부여된 상징성과 의미에 대한 초국가적인 고찰은 한국계 미국인의 민족 동일시에 관한 질문과 직접적으로 연결되어 있다.

폭동이 일어난 며칠 사이에 한인교회에서 있었던 두 개의 설교에서 우리는 한국계 미국인의 정체성에 대한 두 목사의 관점이 미묘하게 다르다는 것을 발견했다. 두 설교 모두 한국계 미국인 신도들에게 이

제2장_ 폭동을 통한 한국계 미국인 이해

웃들 간의 벽을 허물 것을 은유적으로 요구하였으나, 면밀히 검토했을 때 정치적 요구에서 작은 차이가 보였다. 대형 한인교회의 열 명의 목사 중 한 명인 폴 영Paul Yung은 그의 설교에서 "누가 내 이웃인가?"라는 물음을 그만두기를 요청했다. 사무엘 리Samuel Lee는 신도들에게 "우리와 우리 이웃이 인간으로서 공유하는 고난과 운명을 깨달아야 한다"라고 말했다. 그는 폭동의 특정 부분에만 주목하지 않는 공감능력과 사회적, 정치적 현실에 대한 자각을 촉구했다. 30가구의 폭동 피해자 가족과 총격전 중에 사망한 에드워드 리의 가족을 신도를 둔 폴 영은 설교 중에 강도당하고 구타당한 자를 도운 사마리아인의 이야기를 하였다. 그녀는 강도당한 자를 데리고 여관으로 가서 그 주인에게 모든 비용을 그녀가 지불할 것이니 그를 치료해 줄 것을 약속받았다. 영은 "이 구절은 나에게 죄책감이 아닌 평안을 주었습니다"라고 설명하였다.

> 왜냐고요? 나에게 다른 선택권이 없기 때문이죠. 나는 내 자신을 강도당한 자에 이입해야만 했습니다. 우리들(폭동의 피해를 입은 한국계 미국인들)은 이유도 모른 채 두들겨 맞았습니다. 우리는 단지 열심히 살고 있었는데 갑자기 강도를 당하고 말았습니다. 우리는 가혹하게 구타당했습니다. 우리는 무기력했고, 의지할 곳이 없었습니다. 때문에 이 구절은 나에게 평안을 주고 새 힘을 주었습니다.[32]

영은 그의 신도들에게 강도당한 사람들을 돕되 어째서 폭동에 연루되었는지를 궁금해 해서는 안 된다고 하였다.

그리고 예수님은 "나의 이웃은 누구입니까?"라고 묻는 우리에게 너희 이웃의 인종적 배경을 따지지 말라고 말씀하십니다. 그들의 문화적 배경을 따지지 말라고 말씀하십니다. 그들이 왜 이러한 상황에 처했는지 그리고 당신이 그리고 사람들이 왜 폭동에 연루되었는지 따지지 말라고 말씀하십니다. 당신이 해야 할 일은 "누가 내 이웃인가?"를 따지는 것이 아니라 당신의 도움을 필요로 하는 사람들에게 다가가서 그들의 이웃이 되어 주는 것입니다.[33]

　　영은 설교 말미의 몇 구절을 통해 인종 간의 화합을 역설하고자 하는 듯 보였다. "나는 어떤 방법으로라도 우리의 아프리카계 미국인 지역사회가 그들의 지역으로 다시 돌아올 것이라고 생각합니다. 하지만 이는 우리가 그들의 얼굴을 보고 그들 또한 우리의 형제이고 자매임을 말할 수 있다면 이는 큰 문제를 일으키지 않을 것입니다." 그의 설교는 폭동에 관련해서 한국계 미국인들에 대한 비판적인 사고를 요구하는 것이 아니었다. 대신 그는 사람들에게 한국계 미국인들처럼 강도당한 자들을 도울 때 의문을 가지지 않기를 원했다.

　　사무엘 리는 '하나의 원One Circle'이라는 제목의 설교를 통해 "우리는 우리 사회와 개인의 삶의 근본적인 변화를 촉진해야 합니다"[34]라고 말하며 영의 설교와는 다른 측면을 설교에서 다루고자 했다. 그는 사람들이 자신의 주변에 '보호와 안전의 목적을 가장한' 울타리를 만들지 않아야 하며, 그들의 편견들을 '정결하게' 할 것을 촉구했다.

　　우리는 반드시 우리의 근본적인 태도와 고정관념을 바꿔야 합니다. 우리의 생활방식도 반드시 바꿔야 합니다. 우리의 생활방식은 우리로 하여금 다른 사람들, 특히, 경제적, 사회적, 문화적으로 거리가 먼 사람들로부터 우리를 분리시키는 또 다른 울타리를 만들도록 합니다. (…중략…) 우리는 더 나은 세계를 위한 공동의 비전을 가지고 인간으로서 지니는 공동의 고난과 운명을 깨달아야만 합니다. 나는 우리가 길만 쓸고 닦을 것이 아니라 우리 자신도 깨끗하게 할 수 있기를 바랍니다. 또한 우리는 우리 자신들의 편견, 고정관념, 무관심 그리고 무감각을 깨끗이 버리고 우리의 생활방식을 바꿀 수 있어야 합니다.[35]

영과 리 두 사람 모두 "네 이웃을 사랑하라"라는 그리스도인으로서의 메시지를 전달했지만, 영이 다름의 문제를 크게 다루지 않은 반면에, 리는 오히려 이를 강조했다.

우리는 지금까지 다양한 입장들에 대해 다루었다. 미주 동포사회 연구소의 다민족사회에서의 한국계 미국인들의 주인의식에 대한 호소, 코리아타운은 한국의 식민지라는 류 씨의 주장, 전 씨의 안전한 코리아타운에 대한 비전, 영의 소수민족 집단거주지로의 인식에 대한 요구, 함 씨의 초국가적 투쟁의 사회에 대한 환기, 폴 영의 강도당한 자들의 사회에 대한 설교 그리고 사무엘 리의 '하나의 원'이라는 비전을 다루었다. 이러한 목소리들은 한국계 미국인과 그들의 상징적인 지역 공동체인 코리아타운의 다양한 양상을 보여준다. 정치적, 이념적 차이에 따라 코리아타운이 한국의 식민지와도 같다는 시각과 코리아타운이 미국의 소수집단 혹은 다민족적인 지역이라는 시각이 다양한 모습으로 각 개인들에게 수용되고 있었다.

디아스포라 논의 II — 산산이 부서진 미국의 약속

폭동 당시와 그 이후에 미국 정부가 한국계 미국인들을 외면하면서, 한국계 미국인들에게 있어서 미국은 전혀 새로운 의미를 지니게 되었다. 변화된 미국의 이미지는 한인 동포에 대한 논의에서 주요한 역할을 한다.

코리아타운의 스왑미트에서 액세서리 가판을 운영하고 있는 유 씨는 "요즘 아무도 미국에 오고 싶어 하는 사람이 없어요"라고 말했다. 폭동이 끝나고 2달이 지나서도 경기는 다시 활성화되지 않았고, 몇몇의 여성들은 그들의 라티노 고객들로부터 조심하지 않으면 다시 폭동이 일어날 것이라는 위협적인 태도를 느끼기도 했다. 유 씨와 그녀의 4평방피트 남짓한 작은 가게 안에 모인 다른 두 명의 여성들은 모두 미국을 혐오하며, 정말 한국으로 돌아가고 싶지만, 그럴 수가 없다고 말했다. "많은 돈을 가지고 이곳에 왔다고 하더라도, 그 돈은 모두 집세, 자동차세 등의 수많은 할부금에 묶이게 되죠. 한국과는 상황이 전혀 달라요. 여기에 오면 쉽게 떠날 수가 없어요." 미국 정부는 소수자들에게 전혀 도움을 주지 않는다는 사실을 깨닫게 된 유 씨는 미국 정부로부터 완전히 마음이 떠났다. "물론 대부분의 피해자들이 대한민국 국민이기 때문에 한국 정부가 이 문제(폭동 피해)를 수습해야겠지요. 나는 내가 미국 시민권을 취득할 수 있다고 하더라도 더 이상 관심이 없어요. 왜냐하면 시민권이 있어봤자 아무런 소용도 없거든요. 미국에서는 '백인이 최고다'라는 생각이 만연해 있어요. 이 정부는 소수자들에게 어떤 것도 해주지 않을 것이고, 그러니 시민권은 아무런 소용이 없는 거죠."

한 한국계 미국인 정신 건강 상담사는 피해자들은 폭동을 겪은 후에 즉각적인 쇼크와 상실에 대한 분노를 경험하고, 이어서 2단계 반응으로 애초에 왜 미국에 왔는지 후회하기 시작한다고 말했다. 특히 남성들은 심각한 무기력증을 경험한다고 한다. "그들에게는 무언가를 시작할 힘도 동기도 없습니다." 무기력한 남성들에 대해 여성들은 '남편이 그들을 보호해 줄 수 없다는 것에 실망하고, 왜 그토록 무기력해졌는지 의문을 가지며' 그들을 향한 분노를 지니게 된다.[36]

미국 시민권의 무의미함에 대한 유 씨의 이야기는 한국계 미국인들에게 큰 실망감을 준 일련의 사건들과 연관지어 이해해야 한다. 폭동 중 경찰 보호 인력의 부족, '터무니없다'고 일컬어지는 주 방위군 배치의 지체, 불충분하고 단편적인 정부 차원의 구제정책과 그 실행, 마지막으로 주류 판매점, 중고품 시장, 전당포 등 한국계 미국인들이 운영하거나 대다수의 직원이 한국계 미국인들인 사업체가 로스앤젤레스 사우스 센트럴로 돌아가는 것을 규제한 정부의 명령이 그것이다.

대학 교육을 받은 40대의 상인 강 씨는 "한국인들은 단지 잘못된 시간에 잘못된 사업을 잘못된 장소에서 하고 있었을 뿐이었다"라고 말하며 나름의 구조적인 분석을 하였다. 또한 그는 폭동 진압 과정에서 나타난 미국 정부의 심각한 폐단을 지적하기도 했다. "애초에 그들의 계획은 인근의 부유한 지역을 봉쇄하고 지키는 것이었습니다. 이러한 그들의 행위는 약탈자들에게 '코리아타운과 사우스 센트럴에서는 맘껏 즐겨도 좋다'라고 말하는 것과 다르지 않았습니다. 모든 것이 뒤죽박죽이었고, 경찰의 명령 역시 두서없이 중구난방이었습니다. 게이츠Gates(로스앤젤레스 경찰국장)는 사람도 아닙니다. 정말 나쁜 놈

입니다. 경찰들은 모든 것이 정상이었을 때는 기세 등등했지만 위험
에 처했을 때는 뒤로 물러서기 바빴습니다."

　결과적으로 경찰로부터 버림받은 한인 가게들은 모두 '약탈자들
의 놀이터'가 되었다. 폭동 중에 전소된 중고품 시장 건물을 소유했던
채 씨는 60만 달러의 손해를 볼 상황에 처했다. "이 모든 일은 다 인재
입니다. 내 말은, 이러한 일이 언젠가 일어날 것이라고 모두 예상은
하고 있지 않았잖습니까?" 그는 한국계 미국인들의 풀뿌리 운동에 앞
장서며 폭동 중에 그들을 전혀 보호하지 않은 로스앤젤레스시를 고
소하기 위해 준비하고 있었다. 채 씨를 포함한 많은 이들이 미국에 대
해서 가지고 있던 희망은 산산이 깨지고 말았다. 그는 또한 "이는 전
적으로 시의 잘못입니다. 그 자리에 있던 누구라도 그 일을 당했을 것
입니다. 마침 그 시기에 우리 한국인이 그곳에 있었을 뿐인 것입니다"
라고 말했다. 상인 소 정So Jung은 『빌리지 보이스Village Voice』의 기자들
에게 정부가 코리아타운을 배신하기로 한 결정은 고의적이었을 것이
라고 주장했다. "게이츠 국장은 흑인들이 한국인들에게 모든 불만을
분출해내기를 바랐을 것입니다. 왜냐하면 그는 한국인들에 대한 흑
인들의 감정이 그리 좋지 않았다는 것을 알았기 때문이죠. 나는 철저
한 계획 아래 이 모든 결정이 내려졌다고 생각합니다. 그 자리에 경찰
들은 한 명도 나타나지 않았습니다."[37] 한 상인은 언론이 "얼마나 약
탈하기가 쉬운지 보여주고, 이들을 거리로 불러냈다. 언론 보도는 마
치 약탈자들에게 여기 경찰은 없으니 안심하라고 말하는 듯해서 결
과적으로 약탈자를 부추기는 역할을 했다"고 주장했다. 한국의 진보
적 성향의 신문인 『한겨레』의 만평은 고의적으로 버려진 코리아타운

제2장_ 폭동을 통한 한국계 미국인 이해

의 모습을 묘사했다. 주 방위군들은 방패 뒤에 숨어 '백인 마을'을 지키는 — 언뜻 봤을 때 마치 한국 군인들이 운동권 학생들을 억압하는 모습과 유사한 — 반면 불에 타오르는 '한인 마을'에서는 총을 든 몇 명의 경찰들이 야구 방망이를 들고 활보하는 약탈자들에게 "좀 그만 둘 수 없겠니?"라고 말하고 있다.[38]

한 젊은 한국계 미국인 학생은 "경찰이 우리를 위해 그 자리에 나오지 않았다는 사실은 충격적이었습니다"라고 말했다. 친구와 함께 세탁소를 지켰던 그는, 주 방위군의 뒤늦은 합류를 우습게 생각했다. "그들은 지프차를 끌고 거만하게 현장에 와서는 나와 내 친구에게 집으로 가라고 말할 뿐이었습니다." 교외지역에 사는 한 가정주부는 "정말 말이 안 되는 일이죠. 주 방위군들은 코리아타운 어디에서도 볼 수 없었어요. 그것 하나만은 확실해요"라고 비난했다. 가게를 잃은 한 상인은 그녀가 아무 일도 하지 않은 주 방위군에게 시간외 근무 수당으로 170만 달러를 납부했다는 사실을 알고 "그 돈은 우리에게 나눠줬어야 했습니다"라고 말하며 격분했다. 한국계 미국인 폭동 피해자 조합의 대표인 이 씨는 이 일에 대해 책임을 지려하는 지도자가 한 명도 없다는 사실을 알고 당혹감을 표했다. 그는 "한국에서 도덕은 매우 중요합니다"라고 말하며 폭동 이후에 로스앤젤레스시의 고위직 관리들 중에 사의를 표한 사람이 아무도 없다는 사실에 의아해했다.[39]

한국계 미국인들은 미국 정부에게뿐만 아니라 미국인들에게도 버림받은 느낌을 받았다. 19살의 한국 이민자 학생은 이제 미국인들에게 환멸을 느낀다고 말했다. "이 기분을 어떻게 표현해야 할까요? (…중략…) 저는 미국에 온 지 7달이 됐어요. 제가 처음 여기에 왔을 때 저는 한국에 있는 친구들에게 이곳이 얼마나 아름답고 멋있는지 자랑하곤 했죠. 하지만 이제 제 아메리칸 드림은 깨어졌어요. 저는 미국인들에게 정말 많이 실망했어요.[40] 리포터 존 리John H. Lee는 한국 단어 '정' — 한 편으로는 사랑의 감정이고, 다른 편으로는 친밀감, 공감, 의무감, 얽히고 서로 묶인 피의 관계를 나타낸다 — 을 사용하여 한국계 미국인들이 폭동 중에 어떤 감정을 느꼈는지 설명했다.[41] 한국계 미국인들은 '정이 많다'는 사실은 자아 일체의식을 수반한다. "만일 내가 올림픽 마켓이 전소되었을 때의 감정을 폭동 중에 망가진 1,800개 이상의 한인 가게들 각각의 피해량을 곱하고, 이를 이 파괴가 모두 고의적이었다는 사실을 알았을 때의 그 쓰라린 감정과 합하면 나는 한국인들이 LA 폭동에 대해 느끼는 감정을 근접하게나마 표현할 수 있을 것이다. 폭동 피해자들의 고난을 취재하면서 이토록 내 마음을 강하게 끌어당기는 정을 처음으로 느껴보았다."[42] 폭동 중에 가게를 약탈당한 한 남성은 그의 29년 동안의 미국에서의 삶을 되돌아보면서 지금 그가 미국에서 환영받는 존재인지, 그리고 그가 미국을 떠나야만 하는지 고민했다. "저에게 있어 가장 중요한 문제는 지금 내 마음속에 존재하는 딜레마입니다. 저는 미국에서 29년을 살았습니다. 여기서 대학을 다니고, 대학원도 다녔고, 박사학위까지 받았죠. 하지만 지금까지의 미국에서의 보낸 나의 삶이 다 부질없게 느껴집니다. 내가 단지 아시아인이기 때문에 미국에서 환영받지 못하고 있는 것일까요? 나는 미국을 떠나야 할까요?"[43]

주 정부의 외면에 대처하기 위해서 한국계 미국인들은 그들의 스스로 가게와 지역을 지키기 위한 조직적인 노력을 기울였다. 로드니킹

제2장_ 폭동을 통한 한국계 미국인 이해

사건의 재심까지 1년 동안 언론에서 무장한 한국인들의 모습[44]을 집중해서 다루면서 한국계 미국인들의 강력한 대응은 상징화되었다. 무장한 한국인들, 웃고 있는 약탈자들, 액자에 담긴 마틴 루터 킹Martin Luther King. Jr.의 사진, 폭동의 잔해들, 그리고 인도에 엎드려 있는 체포당한 약탈자들의 모습은 LA 폭동을 상징하는 대표적인 이미지이다. 1993년 1월, 몇몇의 한국계 미국인 의뢰인을 맡고 있는 유럽계 미국인 변호사에게 찾아가 우리의 연구에 대해 이야기했을 때 그는 "무기를 가지고 들어가야 할 겁니다"라고 말했다. 언론은 폭동의 땅에 이러한 이미지를 고착화시키는 데에 성공한 것이다.

　무장한 한국계 미국인들의 모습은 단지 정부에게 버림받은 사람들의 마지막 몸부림으로 비추어지지 않았다. 그들은 한국인의 문화적인 특성을 대표하게 되었고, 사람들의 마음속에 깊이 자리한 분노의 원천이 되었다.[45] 양 씨는 약탈과 피해로부터 한인들의 사업체와 그 지역을 성공적으로 지켜낸 30명의 방범대원 중 한 명이다. 경찰이 방범대원들에게 무장을 해제할 것을 요구했을 때, 그들은 총기를 빼앗기지 않기 위해서 총기를 숨겼다. 양 씨는 LA 한인들을 지켜주지 않은 경찰이 감히 그들에게 무장해제를 요구했다는 것을 생각하면 분노가 치민다고 하며, "경찰은 아무런 도움도 되지 않았습니다"라고 말했다. 코리아타운을 지키기 위해 민간 무장단체에서 활동한 한 남성은 경찰들은 건물 뒤에서 그저 몸을 숨기고 있기에 바빴다고 했다. "그들은 우리가 약탈자들에게 접근하는 것을 구경만 했고, 우리가 사격을 시작했을 때가 돼서야 몇 명만 슬그머니 나왔습니다. 나와서 사격을 몇 발하고 나서는 우리의 총기를 압수하기 시작했죠. 그들은 정말 나쁜 사람들입니다!"

또 한 남성은 로스앤젤레스 채널 7에서 한국계 미국인들을 깡패로 묘사하여 한국계 미국인들의 분노를 산 방송보도에 대해 이야기했다. "한국인들 중 그 누구도 총을 쏘지 않았습니다. 누군가를 쏴서 죽이는 것은 우리의 '국민성'에도 반하는 것이죠." 그는 대다수의 '무시무시해 보이는 한국인들'은 사실 장난감 총과 같이 약탈자들을 겁주어 쫓아버릴 수 있을 정도의 물건만을 지니고 있었다고 했다. 가정주부인 임 씨는 몇 년 전 가게에서 라틴계 여성 고객과 다투다 생긴 물린 자국을 우리에게 보여주며 씁쓸하게 말했다. "그들은 우리를 마치 무장한 미친 사람들로 묘사했어요. 그러나 그들은 얼마나 많은 한국인들이 사업을 하면서 희생됐는지 상상도 못 할 거예요. 어떻게든 성공하려고 노력한 사람들, 성공한 사람들, 곧 한국으로 돌아갈 계획이었던 학생들, 젊은 사람들, 노인들이 희생되었어요."

자영업자인 부모님을 둔 새내기 대학생 하 씨는 최근 구입한 총기를 챙겨 길을 나섰다. 그는 자신의 목숨까지 걸게 만든 경험을 바탕으로 그 당시에 많은 사업체들이 무너지면서 한인들이 받았던 충격에 대해 이야기했다. 폭동이 일어날 당시 그는 코리아타운에서 400세대가 입주한 아파트에 살고 있었다. "그 아파트에는 다양한 민족이 살고 있었어요. 아파트 세대인 명부를 보면 김 씨 옆집에 페르난데스가 살고 박 씨 옆집에는 산체스가 살았죠." 그는 '인종 초월적이며 흥미로운 삶'을 즐겼다. 그는 코리아타운의 바 문지기들이 한국어로 '신분증 주세요'라고 말하던 것과 코리아타운에서 제일 유명한 한국 식당에서 일하던 라티노 주방장을 떠올리며 웃기도 하였다. "폭동이 일어나기 전까지는 모든 게 완벽하다고 생각했어요."

저에게 있어서 가장 충격적이었던 사실은 코리아타운을 약탈한 사람들 대부분이 히스패닉이었다는 것이었습니다. 약탈을 범하던 사람들은 나와 함께 걷고, 이야기하고, 지내며 나와 함께 살던 사람들이었습니다. 한 손으로는 약탈한 물품으로 가득한 유모차를 끌고 다른 한 손으로는 아이를 안고 가는 그들의 모습을 비롯한 모든 것이 나를 기겁하게 만들었습니다. 그리고 난 그냥 앉아서 보고만 있을 수는 없겠다라고 생각했습니다. 30분마다 저는 미국에 있는 친구와 친척, 그리고 한국의 친척으로부터 집에 가만히 있으라는 전화를 받았습니다.

잠시 동안 집에만 있어야 할지도 모른다는 것을 깨닫고 하 씨가 비축 물품을 사러 집을 나섰을 때, 그는 코리아타운의 입구에서 차, 총기, 방망이, 막대, 칼 등과 같은 무기를 갖춘 한국계 미국인 중년 남성들을 발견하였다. 갑자기 한 흑인이 몰던 견인차가 저지선을 향해 속도를 내어 달리기 시작했다. 하 씨는 곧바로 몸을 숨겼고, 소란 중에 발생한 모든 총소리와 고함소리를 고스란히 들었다. "당신들, 이 망할 한국인." 그에게 이 모든 상황은 충격적일 뿐이었다. "한국인들은 힘겹게 일궈놓은 모든 것들을 잃게 될 처지에 놓였습니다. (…중략…) 그 당시의 한국인들의 기분은 절망, 분노 그리고 슬픔으로 요약됩니다. 그들이 평생 저축한 것들, 노력 그리고 그들의 일생이 사라졌습니다." 또한 그는 바리게이트에 있던 남성들에 대해서 "그들은 그 당시에 무엇을 해야 하는지 알고 있었습니다"라고 말했다. 그는 대한민국의 전역

군인들이 '우지스 총과 산탄총'만으로 얼마나 강인해질 수 있는지 설명했다. 한국계 미국인들을 돕는 이가 한 명도 없는 상황에서, 많은 한국계 미국인들이 통행금지령을 어기고 무기를 소지했다는 이유로 체포당하고 있다는 아이러니에 하 씨는 당혹감을 감출 수 없었다. 텔레비전에서 911에 전화할 생각도 하지 말라는 안내까지 할 정도로 모든 서비스가 파괴되고 멈추는 상황 속에서 그는 무기력함을 느꼈다.

> 아무도 도와주지 않는 상황에서 우리는 우리 스스로를 지켜야만 했습니다. 집에 있을 때 나는 비참함을 느꼈습니다. 그때 내 머리 속에는 '더이상 참지 말고, 할 수 있는 일은 무엇이든 해야겠다'라는 생각뿐이었습니다. 더욱 참을 수 없었던 것은, 약탈자들이 웃으면서 거리를 활보할 만큼 뻔뻔했다는 것입니다. 텔레비전에서는 한국인들이 애원하고, 모두 모여 손잡고 기도하고, 약탈자들에게 가게를 떠나줄 것을 간청하는 모습을 비춰주었지만 아무런 소용도 없었습니다. 여성들, 젊은이들, 가업을 위해 많은 노력을 기울인 사람들까지도 많은 한국인들이 무차별하게 구타당했습니다.

총 3자루를 구입한 후, 하 씨는 대형 한인마켓을 운영하는 중년 남성을 돕기 위해 나섰다. 하지만, 그 남성은 너무 젊다는 이유로 하 씨를 집으로 돌려보냈다. 집으로 돌아온 후 하 씨는 "구입한 총을 이리저리 보면서, 나는 '이 총으로 내가 누군가를 죽였을 수도, 내가 죽었을 수도 있었겠구나'라고 생각하며 내가 잠시 이성을 잃었었다고 생각했습니다."

폭동 중에 한인들이 느꼈던 분노는 폭동 후에 일어난 실망스러운 사건들의 시작에 불과했다.[46] 폭동 이후, 한국계 미국인 피해자들은 피해에 대한 보상을 받기 위해서 살면서 한 번도 마주한 적이 없었던 미국 정부 관료조직에 대응해야 했다. 한인 사업의 대부분이 소규모였고, 한인 사업가들의 영어 실력이 부족한 편이었기 때문에, 미 정부기관에 대응하는 일은 쉽지 않았다. 먼저 각종 서류, 정부 서신 그리고 명령이 헤아릴 수 없을 정도로 밀려 들어왔다. 곧이어 이민자들은 SBA(중소기업청), FEMA(연방 긴급 사태 관리청) 등의 알 수 없는 약어로 된 조직들과 마주해야 했다. 한인들에게 언어 장벽은 높았고, 이 언어 장벽으로 인해 미국의 관료 시스템과 이데올로기는 더욱 생소하기만 했다.[47] 우리는 인근 한인 기관에서 일하는 도중에 폭동 중에 총격전으로 인해 부상을 당한 아들을 둔 부부와 함께 이야기를 나누었다. 코리아타운에 위치한 그들의 아파트에서 청년의 아버지는 우리가 둘러앉아 있었던 작은 탁자 위에 바구니를 가득 채운 우편물을 쏟아 부었다. 그들은 이민을 온 지 얼마 되지 않았기 때문에 전화요금 고지서, 보험 계산서, 병원비, 시와 주에서 온 서신, 정보제공용 책자 등의 온갖 우편물의 내용을 이해할 수 없었다. 심지어 이러한 우편물들은 위협적으로 느껴지기까지 했다. 폭동 피해자들의 전담 상담사는 이러한 정부 문서들이 피해자들의 분노를 초래할 수 있다고 설명하였다. "그들은 '우리는 모든 것을 잃었어요. 전부를 잃었는데 이 많은 문서들에 하나하나 기입하는 것이 무슨 소용이 있는 거죠?'라는 반응을 보였습니다."

자리를 잡은 사업체들의 경우 확실한 증빙서류를 갖추었고 보험에 가입되어 있었기 때문에 번잡한 관료제적 문제를 잘 감당해낼 수 있었다. 그러나 비형식적 협약, 소득의 과소신고 그리고 폭동이 직후에 휴지조각이 되어버린 보험 증서를 지닌 사업체들에게는 상황이 전혀 달랐다.[48] 국가적 구제제도나 민영보험을 통해 폭동 피해의 보상을 받기 위해서 각종 서류가 요구되었고, 이 과정에서 한인 소규모 사업체들의 편법 혹은 불법적 이면이 폭로되었다. 몇몇의 한국계 미국인들은 태만하고 경솔한 행위를 한 사업자들을 비난했고, 몇몇은 이들의 법률위반 행위를 옹호하기도 했다. 민간의용대에서 활약한 박 씨는 한국계 미국인에게 세금을 부과해서는 안 된다는 주장을 펼치기까지 했다. "백인들은 이 땅에서 400년이나 살았고, 우리는 여기서 20년밖에 살지 않았습니다. 애초에 백인들이 세금을 냈던가요? 우리는 정말 힘겹게 일하고 있지만 그 세금을 감당해낼 여력이 없습니다. 우리는 세금을 낼 수가 없습니다." 어떤 이들은 미국의 규제관행이 한인 기업들의 현금 경제에 적합하지 않다고 설명했다. 이러한 논의들을 통해서 초국가적인 관행과 이데올로기 모두가 시험대에 올랐다. 한인 사업은 미국에 거주하는 소수 한국인 집단 속의 경제인가 혹은 미국의 경제에 속한 한인 사업인가, 그리고 한인 사업가들은 기업가적인 아메리칸 드림을 현실화한 급성장중인 자본주의자들인가 인종차별적 미국 자본주의의 간극에서 분투하고 있는 소수민족 출신의 사업자인가에 관한 논쟁이 촉발되었다.

모두를 보호해 줄 것이라고 여겨졌던 정부는 한인들에게 미국 관료제의 이면을 드러냈다. 한 남성은 폭동의 수습 과정을 통해 미국 권력구조의 진상을 볼 수 있었다고 말하기도 했다. 코리아타운에 위치한 한국계 미국인 폭동 피해자 임시 거처 앞에 모인 여섯 명의 폭동 피해 여성들은 중소기업청의 대표가 우리에게 말해준 이야기를 전해 듣고 충격에 빠졌다. 교회 별관에 가게를 차린 중소기업청의 대표는 언론에서 한국계 미국인들은 "그들의 요청에 대한 중소기업청의 대응에 만족하고 있다"라고 전하며, 언론은 중소기업청의 대응에 대한 한국계 미국인들의 감정을 오보하고 있다고 말했다. 아시아계 미국인 폭동 피해자들을 전담하고 있는 한 정신 건강 상담사는 "피해자들은 그들이 정부(재정지원)의 보호를 받을 것이라고 믿었지만, 그것이 사실을 아님을 알고 버림받은 듯한 느낌을 받았습니다. 그들의 '근본적인 믿음'은 사라졌습니다. 완전히 사라졌습니다"라고 말했다. 본인 소유의 가게가 아니었기에 "다시는 사우스 센트럴로 돌아갈 수 없을 것"이라고 말한 한 여성은 그녀가 정신 상담 센터를 방문했을 때 느꼈던 분노에 대해 다음과 같이 말했다. "도움을 청하러 간 것은 아니었어요. 실은 그들과 싸우고 싶었어요. 그 사람들이 할 이야기들 중에서 다른 사람들에게 전할 만한 이야기가 있을까 싶었던 이유도 있었어요. 나는 그 사람들의 태도에 정말 화가 났어요. 한인들의 분노와 실망감의 원인은 정신적인 문제라고 단정 지었어요. 나는 너무 화가나서, 단지 정신적인 문제가 아니라고, 원인은 따로 있다고, 그 문제를 해결해 주어야 한다고 소리쳤어요. 끝내 치료사는 자신이 해줄 수 있는 것은 아무것도 없다고, 정말 아무것도 없다고 인정했어요."[49] 그녀는 손실조사를 위해 전화한 세크라멘토의 공무원에게도 소리쳤다. "이런 전화를 위해서 세금을 내고 있다는 거 잘 알고 있어요. 왜 내 세금을 이까지 전화에 낭비해야 하나요? 당신은 우릴 위해 도대체 뭘 하고 있습니까?"

피해자들을 전담하고 있는 정신 건강 센터의 직원들은 당시 모든 피해자들을 압도하고 있던 정서는 "당신들은 나를 도울 수 없습니다. 나를 도울 수 있는 유일한 수단은 돈입니다. 돈을 받아야만 문제들이 해결될 것입니다"라고 설명했다. 정신 건강 센터의 직원들은 피해자들의 계속되는 감정적 트라우마를 알아내기 위해 상인들을 반복적으로 방문하였다. 마침내 그들은 갑작스런 불안 표출, 눈물, 무력감이 지속되고 있음을 알아냈다. 일부 상담사들은 한인 상인들의 경우 대다수가 트라우마를 유발시키는 환경 속에서 그대로 살아가고 있기 때문에 외상 후 스트레스 장애 모델이 적용되기 힘들다고 언급하기도 했다.

한 상담사는 자신이 들은 한 상인 피해자의 '믿을 수 없는 이야기'를 전하면서 눈물을 보였다. 이 이야기는 그녀와 다른 상담사들에게 한인 폭동 피해자들의 계속된 아픔과 미국 정부의 부당함을 보여주는 상징적인 이야기로 여겨졌다. 피해자들은 폭동 그 자체와 폭동 이후의 외상 후 스트레스 장애로부터 시달렸다. 이 이야기의 주인공은 '최근에 큰 가게를 개업한 유복한 가정 출신의 잘 교육받은 부부'이다. 그들은 폭동 중에 가게가 약탈당하고 전소되기 직전에 일부의 물품들을 집으로 옮겨 피해를 줄일 수 있었다. 하지만 정부 관계자들이 그들의 집에서 상점의 물품들을 발견한 후 이 남자가 자신의 가게에 스스로 불을 질렀을 것이라고 의심하고 그를 방화 혐의로 고발했다. 그는 곧바로 교도소에 갇혔고 보석금은 50만 달러로 결정되었다. 차후에 그의 보석금이 5만 달러로 줄어들면서 서울에 있는 그의 친척이 보석금을 내주어 그는 석방되었다. 하지만 이것이 이 이야기의 끝이 아니었다. 그의 보험회사는 방화혐의에 대한 사실을 알게 된 후 그를 고소했다. 게다가 사건 이후 완전히 빈털터리가 되어 공과금을 낼 수 없게 되자 그가 과거에 재건축을 위해 한 중소기업청의 담보대출에서 담보로 잡힌 돈의 일부를 사용하였는데 중소기업청이 이를 발각하여 벌금까지 부담하게 되었다. 심지어 그들의 아이들까지 또래 친구들로부터 소외되면서, 온 가족이 한인사회에서조차도 외면을 당했다.

이 일들이 벌어지고 있었을 당시에는 이야기가 널리 알려지지는 않았지만[50] 한인 상인들 사이에서는 매우 상세하게 공유되고 있었다고 상담사들은 말하였다. 한 상담사는 이 피해자가 미국 정부에 많은 것을 기대하지 말았어야 했다는 것을 보여주기 위한 희생양으로 이용되었다고 덧붙였다. 또 다른 상담사는 이 이야기가 자기 자신의 개인적 문제와도 결부된다는 느낌을 버릴 수 없었다고 하며 "전이의 문제, 즉 같은 민족이기에 이들에게서 감정적인 거리를 유지하는 것은 매우 어렵다"고 말했다. 그렇기 때문에 상담사들은 피해자들의 상황에 압도되지 않고 균형을 유지하기 위해서 다른 상담사들과 보고회의를 가지는 것이 매우 중요하다고 강조했다.

코리아타운 중심부에 위치한 저렴한 중식당에서 만난 이 씨는 정부 관료 조직과 정치 제도에 대해 격렬히 불만을 토로했다. 50대 후반의 자동차 정비공인 그는 폭동을 겪으면서 직업을 잃고 정부로부터 보조금을 받으면서 느낀 감정에 대해 "난생 처음으로 거지가 되어버리고 말았습니다. 정말 창피합니다"라고 고백했다. "미국이 한국전쟁을 도왔다는 점과 친절했던 미군들로 인해 형성된 좋은 이미지 때문에" 이민을 오게 된 그는 이제 정부 관료 조직의 늪에 빠져버렸다고 말했다. 그는 "연방긴급사태관리청FEMA은 정말 아름다운 일을 해냈죠. 진짜 좋은 일 했죠. 하 참 훌륭합니다. 자랑스럽습니다"라고 비꼬아 말했다. 그는 한국어를 주로 사용하였는데, 미국의 정치 과정에 대해서 얘기할 때만은 영어 구절을 섞어가면서 이야기하였다. 그는 자신과 같은 직원들은 고려되지 않았다고 말했다.

> 문제가 한두 가지가 아닙니다. 어디서부터 시작해야 할까요? 그 문제는 주, 연방, 지방 차원 모두에 자리하고 있습니다. 부시 대통령이 만든 프로그램은 폭동 피해자들을 위한 것이라고 했죠. 정부 프로그램들은 내가 구직활동을 하길 원하지만, 나는 직장을 수소문할 필요가 없습니다. 난 그저 2만 달러 정도 하는 공구 상자만 있으면 충분합니다. 우리로 하여금 구직활동을 하도록 요구한다는 것 자체가 이 프로그램의 문제입니다. 이것은 나에게 시간낭비일 뿐입니다. 그래서 나는 구직활동을 하고 있는 척만 합니다. 의회는 이 잘못된 프로그램을 바꾸기 위해서 의안을 통과시켜야 할 것입니다. 그렇지 않으면 정부에서 직접 나에게 일자리를 주어야 할 것입니다. 요즘 정부에서 내가 받고 있는 혜택들을 중단할 것이라는 이야기를 들었습니다. 식료품 할인 구매권, 주택 우선 청약 등의 혜택이 순서대로 하나하나 중단될 것입니다. 이 문제들이 해결되어야만 합니다. (…중략…) 그렇지 않으면 나는 노숙자가 될 것입니다. 정말 분노가 치밀어 오르고 있습니다. 내 주변의 모든 사람들, 친척들에게 부시가 아니라 클린턴을 뽑으라고 말하고 다니고 있죠.

이 씨는 그가 다시 공구 세트를 구매할 수는 없을 것이라고 알고 있다. 그는 정부 기관에서 한국어와 영어에 능통한 접수원으로 일하면

제2장_ 폭동을 통한 한국계 미국인 이해

서, 새로운 이민자들이 미국에서 보다 편한 삶을 살 수 있도록 기여하고 싶다고 하였다. "나는 두 언어가 능통한 접수원으로서 일할 수 있지만, 그 누구도 나를 고용하지 않으려 할 것입니다. 문제는 법원, 세무신고사무소와 같은 기관에서 일하는 한국인이 전혀 없다는 것입니다. 다른 국적의 사람들은 있지만 한국인만 없습니다. (…중략…) 나는 지역의회에 찾아가서 도움을 청할 것입니다. 나는 좋은 직장을 찾고 있는 것이 아니고 그저 일할 곳이 필요할 뿐입니다. 접수대라면 좋겠습니다! 정부기관에서 한국인도 고용해야 합니다!" 이 씨는 통역사나 한국어와 영어가 능통한 접수원으로 일하고 싶다는 열망을 반복적으로 드러냄으로써 미국 정부를 격렬하게 비난하는 듯했다. 이를 통해 그는 한국계 미국인 대표의 부재, 그와 같은 고용인 피해자들의 요구를 충분히 대응하지 못하는 상황, 정부가 노동자의 삶에 무관심하다는 점을 비판했다.

한국계 미국인들의 미국 정책 시스템에 대한 경험은 로스앤젤레스 사우스 센트럴의 주류 판매점에 대한 주의 규제에 대한 이야기로 이어진다. 대다수의 한인들은 많은 주류 판매점들이 원치 않던 상황을 자초했다는 것에 동의하지만, 한인 기업들이 사업을 재개하는 데 있어서 규제나 허가가 있어야 한다는 사실에는 모두 이의를 제기했다. '주류 판매점'의 기준의 모호성에 대한 논란이 많았는데, 이는 주류 판매점으로 규정된 많은 가게들이 실상은 몇 가지 주류를 곁들여 팔고 있는 식료품점이었기 때문이다. 어떤 이는 이 상황에 대해 "사실 세븐일레븐도 주류 판매점은 아니잖습니까"라고 빗대어 말했다. 이 문제에 대한 관계 당사자들은 주류 판매점으로 규정되고 있는 업장에 대한 이미지를 바꾸기 위해 노력했다. 예를 들어, 주류광고 포스터를 가게의 문 앞에 부착하지 않도록 하는 지침을 내렸다. 이러한 노력에도 돌파구를 찾는 것은 쉽지 않았다. "나는 중간에 갇힌 것 같아요"라고 많은 이들이 말했다. 한인 2세인 황 씨는 "이 상황은 주류 판매점은 문을 닫아야 한다는 윤리적 문제와 이에 한인 가정들의 운명이 걸려 있다는 현실 간의 충돌을 보여줍니다"라고 말했다. 도덕적 윤리와 원칙에 상충되는 상황에서 사람들은 양가감정을 가지게 되었다.

사우스 센트럴이 이러한 방식으로 한인 이민자들의 절망을 이용하는 것은 매우 기회주의적인 행태입니다. 저는 한국인들의 입장을 더 강하게 옹호하고자 합니다. 저는 가게를 잃은 사람이 어떤 상황을 겪고 있는지 잘 이해하고 있습니다. 바로 아메리칸 드림의 근본 원리 아닙니까? 제 말은, 퇴폐업소를 운영한 것도 아니고, 합법적인 사업을 했고, 많은 업장들이 10년에서 15년이 된 가게들이었습니다. 저희 부모님은 고등교육을 받았고, 한국에서는 전문직에 종사하셨습니다. 모두들 그에 비해서 너무도 부당한 대우를 받고 있습니다. 이 도시, 주, 그리고 연방 정부는 중요한 핵심을 망각하고 있습니다. 그들은 말로는 다 이해한다고 하지만 사실 이는 모두 거짓된 약속입니다. 맥심 워터스 그리고 한국인들을 사우스 센트럴에서 쫓아내려는 사람들은 인종차별적 사고나 편견을 가지지 않고서는 이런 식으로 할 수는 없을 것입니다. 아프리카계 미국인들은 항상 백인들의 억압에 대항했지만, 이제 그들이 한국인들을 억압하고 있습니다. 한국인들은 이제 사법제도에 대한 믿음이 없습니다. 한국인들은 그들의 가게를 잃으면서, 또 그에 대한 도움을 받는 과정에서 두 번이나 희생되었습니다.

제2장_ 폭동을 통한 한국계 미국인 이해

황 씨는 "저는 보수적이면서도 한편으로는 진보적인 것 같기도 합니다. 어쨌든 모든 사업의 핵심이 수요와 공급 아니겠습니까?"라고 말했다. 그는 그가 아메리칸 드림의 산물인 정직한 기업운영이라는 구시대적 방식과 수요와 공급이라는 미국 자본주의의 신조가 모든 이민자들의 고난의 근본적인 원인이라고 확신했다. 이러한 요소로 인해 한인 상인들이 이중적 희생을 치러야 했다고 하며 그는 분노했다. 자칭 보수파로서, 폭동 그 자체와 그 여파는 교과서적인 미국의 모습, 미국의 민주주의, 정의 등의 본질적 요소들을 위협하는 것처럼 보였다. 그는 "무언가를 잃었다면 그것을 돌려받을 권리가 있다"라고 말하면서, 한국계 미국인들이 아무런 문제 없이 피해에 대한 보상을 받을 것이라고는 짐작하기 어렵다고 했다. 사우스 센트럴에서 일하던 또 다른 한국계 미국인 피해자는 "우리는 이 무법 지대(로스앤젤레스 사우스 센트럴)에서 수많은 돈을 벌었습니다. 우리도 중산층처럼 잘 살이도 되는 것 아닙니까?"

"한국이 무한히 성장한다고 해도 그 크기나, 부, 자유가 미국처럼 될 수는 없을 것"이기 때문에 이민 온 것을 후회하지 않는다고 말한 한 상인은 미국의 자본주의 우월성에 대한 큰 기대를 넌지시 비치며, 자본주의와 공산주의에 대한 여담을 꺼냈다. "북한에서는 모든 것을 가질 수 있죠. 공산주의와 미국의 자본주의는 큰 차이가 없습니다. 북한을 비롯한 공산주의 국가들에서는 당신의 노동을 강요할 것입니다. 여기서도 당신은 일하도록 강요당합니다. 당신에게는 자유가 있지만, 집세를 내려면 당신은 계속 일을 해야만 할 것입니다. 몇몇은 미국이 공산국가들보다 더 심하다고도 합니다. 새벽 6시의 로스앤젤레스의 고속도로를 보면 그 이유를 알게 될 것입니다." 1970년대 후반에 한국을 떠나왔고, 한국전쟁을 기억하고 있으며, 두 딸이 모두 미국의 유명 대학에서 박사과정을 밟고 있을 만큼 성공적인 삶을 살고 있는 사람이 자본주의와 사회주의는 차이가 없다고 말했다는 점이 다소 놀라웠다.

한인들의 자본주의에 대한 비전과 미국의 이상과 꿈은 깨어지고 말았다. 미국의 민주적, 정치적, 경제적 기관과 제도에 대한 미국의 이상화된 이미지들은 산산이 부서진 듯 보였다. 몇몇 사람들은 '나는 미국을 증오합니다' 혹은 '고향으로 돌아가고 싶습니다'를 입버릇처럼 말하였다. 한편 일부에서는 폭동 이후에 개척된 급진적인 소수민족 정치의 시작에 희망을 가지는 듯 보였다.

우리는 폭동을 통해 한국계 미국인을 이해하고자 하는 시도가 한인 동포의 초국가적 특징과 아메리칸 드림의 가망성에 대한 일련의 논쟁으로 이어지는 것을 보았다. 이러한 대응의 모습들을 한국과 미국에서 각각 혹은 함께 만들어진 사상적 결과물을 포괄하는 초국가적인 의미의 범주 안에 위치시키는 것이 매우 중요하다. 나아가, 지엽적 사실들이 국가적 경계와 언어적 차이를 넘어 공유되면서 폭동에 대한 반추는 중간적인 성격을 지니게 되었다. 마지막으로, 이러한 논쟁들은 한국계 미국인들 내에서의 정치적, 이념적, 경제적 차이의 발생을 강조했다. 어떤 의미에서 폭동은 정치적, 개인적 기준을 뒤흔들어 침묵하고 있던 사람들이 목소리를 내도록 자극했다고 볼 수 있다. 이번 장에서 다룬 모든 이야기들이 바로 그 사람들로 부터 비롯된 것이다.

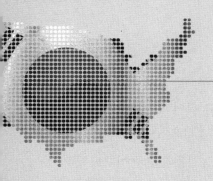

디아스포라의 형성

－현대성과 사회 이동성

한국계 미국인들의 폭동에 대한 반추는 정치 이념의 차이를 비롯한 다양성을 보여준다. 뿐만 아니라, 한국인들의 기억은 미국의 이념적 배경과 함께 나타났다. 한국계 미국인들의 폭동에 대한 대응은 그들이 이민 그 자체에 부여한 의미들과 분리될 수 없다. 제2장에서의 폭동에 대한 고찰은 한국과 미국을 별개의 혹은 고정된 영역으로 논의할 수 없음을 보여준다. 한인 이민자들은 미국으로의 이민 전과 후 모두 초국가적인 영역에서 살고 있었다. 대부분의 한국인들은 미국에 친척이나 친구를 포함하여 아는 사람이 적어도 한 명씩은 있었다. 우리는 서울에서 로스앤젤레스로 왔거나 한국의 지방 도시에서 미국의 작은 마을로 온 한인 이민자들이 경험한 깊은 단절을 과소평가하고자 하는 것이 아니다. 하지만, 이민자들의 미국과의 접촉은 이민을 떠나기 직전에 시작되는 것도 아니고, 한국과의 관계가 로스앤젤레스의 해변에 온 직후에 단절되는 것도 아니다.[1]

이 장에서 우리는 한국인의 미국 이민의 구조와 의미에 대해 살펴볼 것이다. 정치·경제적인 배경과 함께 우리는 이민을 초국가적 지표인 현대성과 사회 이동성을 향한 여정으로써 분석하고자 한다.

디아스포라 유산

한국의 근대사는 전체적으로 초국가적이었다. 타이 박^{Ty Pak}의 단편인 "Second Chance"의 주인공인 기자는 한국사를 디아스포라의 전설처럼 회상했다. 주인공은 한국전쟁 중에 한국 농민들의 만주 이주를 취재하기 위해 만주로 떠났고, 그는 농민들의 집단 역사 속에 빠져들게 되었다.

> 그는 그들을 위해 죽을 수도 있었고, 그곳에 남아 여생을 그들과 함께 일하며 지낼 수도 있었다. 민족의 서사시를 들을 때마다 그의 몸속에 있는 모든 세포가 쑤시고 울리는 듯했다. 중앙아시아 스텝지대에서 온 방랑자들은 두 대륙의 산들과 사막을 가로질러 이동했지만, 그들은 가는 곳마다 학대, 차별, 학살에 시달렸고 이는 그들을 계속 이동할 수밖에 없도록 만들었다. 구사일생의 탈출, 계속해서 짐을 꾸리고, 쉬지 않고 걸어야 하며, 숨이 찰 정도로 뛰어야 했던 상황들, 이동 중에 낙오된 사람들과 숨이 막힐 정도로 울던 아이들, 수많은 적들이 몹시 탐내던 반도에서 쉽지 않았던 정착, 중국, 러시아, 몽골, 만주에 이르기까지의 1,000년간의 침략의 역사, 국가적 위기, 한밤중의 경보, 농성들, 과부의 울부짖음까지 수천 년의 한국의 역사가 암울한 장면처럼 그를 스쳐지나갔다. 하지만 그는 그곳에서 매 순간을 그는 꿈결 같은 행복감 안에 살았다.[2]

전 세계의 한인 디아스포라는 중앙아시아, 소비에트 중앙아시아, 오스트랄아시아, 중동, 유럽 그리고 1982년에 이르러 전 세계 한국인구의 10%가 살고 있는 미국의 지역사회를 포함한다.[3] 이러한 이주는 전혀 새로운 일이 아니다. 일제 강점기 말에(1945), 한국인의 11%가 해외에 거주했다.[4] 사실, 모든 한국인들은 남북 분단으로 인해 가족과 고향으로부터 이동할 수밖에 없는 상황에 처했고 이는 이들을 일종의 디아스포라로 만들었다. 분단이 지정학적인 사실로 남게 된 식민시대 이산의 상징적인 유산이 현재 한국의 정치와 이념에 계속해서 영향을 주게 되었다.

한국에서 한국을 떠난 식민시대의 한국인들에 대한 이미지들은 다양하게 존재했다. 일본으로 강제 동원된 한국 청년들이 탄광 갱도에 새긴 '어머니 보고 싶어요, 배가 고파요, 고향에 가고 싶다' 등의 문구들,[5] 위안부의 비극,[6] 중국 공산혁명[7]에 참여한 중국의 게릴라 저항군들, 만주의 이주 농민들, 1919년에 수립된 상하이 임시정부의 임원들 그리고 프린스턴대학과 하와이에 있었던 독립운동 지도자이자 해방 이후 한국의 첫 대통령이었던 이승만 등의 이질적인 상황이 존재했다. 이러한 이미지들은 다양한 연령층, 계층, 성별, 거주지, 종교, 정치적 · 이념적 성향의 한국인들을 보여준다.

이러한 다양성이 존재함에도 1990년대 중반까지도 한국인들의 식민시대의 역사는 정교하게 계획된 기념행사들, 관련 기관들, 그리고 엄격하고 획일화된 교육제도를 통해서 면밀하게 다듬어졌다. 그러나 광범위하게 나타난 1980년대의 수정주의 역사기록학은 한국의 다양성을 부활시켰다. 이러한 노력으로 개개인의 다양한 식민시대의 이주와 경험을 무시하고 하나의 획일화된 패턴으로 온 나라를 희생양으로 만든 안일한 사고를 극복할 수 있었다. 1980년대 말에는 식민시대의 친일파의 행적에 대해 자세히 서술한 서적과 한국과 해외에서의 좌파

제3장_ 디아스포라의 형성

의 반식민주의 투쟁을 다룬 서적이 많이 출간되었다.[8] 한국 정부의 시작과 정통성에 있어서, 식민시대의 독립 투쟁의 특정 계통만을 대표하게 되었기 때문에, 이러한 작품들은 현재까지도 정치적인 의미성을 지닌다.

북한의 정통성은 만주에서의 김일성의 게릴라 활동을 이상화한 김일성 전기에서 비롯되었고,[9] 남한의 자주권은, 식민시대의 대부분을 미국에서 공부하며 보냈으며, 외국인 아내가 있는[10] 이승만 대통령 체제 아래에서 시작되었다. 한국의 역사 기술적 논의는 오늘날의 정치적 분쟁의 기원을 식민시대에서 찾는다. 디아스포라의 독립투쟁의 유산은 오늘날 한국의 정치적, 역사 기술적 논쟁에서 중대하게 여겨진다.[11] 가난한 노동자들, 교육받은 엘리트들, 정치적 온건파들, 혁명가들 그리고 위안부 여성들의 이주는 한국인들의 사회적, 정치적 경향과 대립을 상징한다.

남북 분단은 엄청난 인구분산을 초래했다. 1945년에서 1950년까지, 350만의 북한 거주민들이 남한으로 이동했다.[12] 이 중 대다수가 1945년에서 1946년 사이에 이동했고, 이들은 공산주의에 이념적으로 동조할 수 없었거나, 과거 지주계층의 구성원들로, 하급계층으로 떨어지거나 심지어 죽을 처지에 놓인 사람들이었다. 한국계 미국인들 사이에서는 미국에 많은 수의 북측 망명자들이 살고 있다고 널리 알려져 있다.[13] 앞서 이루어진 그들의 이주는 이후에 다른 나라로의 이민을 결정하는 데에 영향을 주었다.[14]

세계에서 가장 무장된 지역이며 150만의 병사들이 서로 마주하고 있는[15] 38선을 가로지르는 이동에 대한 보도는 지금까지도 한국의 주요뉴스로 다뤄지고 있다. 남한 사람들의 북한으로의 이동, 북한 사람들의 한국으로의 이동, 그리고 남파 북한 간첩에 대한 소문들이 주요한 보도 내용이었다.[16] 삼엄한 순찰을 뚫고 휴전선을 넘은 사람들의 이야기는 군 당국뿐만 아니라 언론 관계자들도 예의 주시하였다.[17] 가장 주목받았던 사건은 1983년의 한국방송KBS의 '이산가족 찾기 방송'이었다. 이 방송에서 북한에서 월남한 실향민들은 어린 시절의 사진들과 이야기들을 통해서 오랫동안 잃어버린 가족들을 찾기 위해 간절히 노력했다.[18] 애초에는 95분간의 방송으로 계획되었던 이 프로그램은 전 국민의 뜨거운 반응에 힘입어 결과적으로 8일, 64시간 동안 방송되었다. 많은 사람들은 실향민들의 이야기에 연민의 감정을 느꼈고, 분단에 의해 계속된 개인의 희생에 크게 공감하기도 하였다.[19]

이러한 식민시대의 이주와 분투의 유산은 국경을 넘어 공유되는 한국인과 한국계 미국인들의 초국가적 정체성에 대한 기록이다. 그러나 식민시대와 전쟁 당시의 이동이 모두 곧바로 이민으로 이어진 것은 아니었다. 하지만 미국으로의 이민이 시작된 원인 중 하나가 이 시기에 이루어진 이동이라는 사실은 분명하다. 또한, 디아스포라의 고난은 지금까지도 국내 정치와 국가 정체성과 불가분한 관계를 가지고 있다. 미국에 있는 한국인들이 전 세계에 퍼져 있는 한국인 디아스포라 지역 사회 중 하나라는 사실을 유념해두고, 이제 우리는 한국인의 미국 이민의 시작을 살펴볼 것이다.

식민시대 이민의 시련, 1900~1945

초창기 한국인의 미국 이민의 증감 현상은 이 현상의 초국가적인 정치경제학적 구조와 본질적인 의미를 고려했을 때, 한 세기를 상징한다고 볼 수 있다. 이제 먼 과거의 일이지만, 초창기 한국인의 미국 이민은 지금까지도 중요한 사건으로 남아 있다. 1903년에서 1905년 사이에 소수의 한국 학생들과 외교관들 그리고 20여 명의 인삼 무역상들뿐만 아니라 약 7천 명에 달하는 한국인들이 사탕수수 농장에서 일하기 위해 하와이로 이주했다.[20] 1905년 이후 일제 강점기의 이민자는 1910년에서 1924년 사이에 이주한 천여 명의 사진 중매 신부들과, 일제 강점기 직후까지 이주한 9백여 명의 정치 망명자, 학생들 그리고 지식인들로 구성된다.[21] 기독교 사상으로 상징되는 초창기 이민에서 거듭 거론되는 주제는 사회적, 경제적 의미에서의 현대성과 사회 이동성의 융합이다.

대체로 남성들이 주를 이룬 하와이 사탕수수 농장으로의 이민은 한국의 경제적 상황, 한국에서의 미국의 기독교 선교사들의 노력, 일본의 한국 침략 그리고 하와이 농장에서의 인종 정치의 기로에서 발생하였다. 미국 선교사인 호레이스 알렌Horace Allen은 임금을 줄이고 일본인 노동자들로 인해 야기된 고용 불안을 없애기 위해 한국인 노동자를 고용하려고 했던 하와이 농장 주인들에게 한국인 노동자를 소개했다.[22]

이러한 유형의 이민의 빠른 감소는 다시금 초국가적인 요소들의 융합을 보여준다. 반일 배척운동과 하와이에서 미국 본토로 이주하는 일본인 노동 인력이 증가하면서, 일본은 일본인들의 본토 진출을 위축시키기 위해서 미국에 외교적 압박을 가하여 한국의 노동이민을 중단시키려고 했다. 미국의 정책은 한국을 장악하려는 일본의 야망에 동조하게 되었다.[23] 실제로, 1907년의 미국 정부의 규정은 오로지 일본 외무성에서 발급된 한국 여권만을 인정하였다.[24] 심지어 미국에서는 아시아인의 이민을 제한하였고, 실질적으로 이민을 금지하는 이민 규정이 만들어지기도 했다. 1904년의 중국인배제법이 제정된 이후에 1917년의 이민법은 아시아-태평양 삼각지로 불리는 제한구역을 지정하여 아시아인의 이민을 제한하였다.[25] 1921년에는 미국으로 이주하는 외부인의 정원을 1910년에 미국에 거주한 해당 출신 국가의 인구의 3퍼센트로 제한하는 쿼터법이 제정되었다.[26] 이 법은 미국에서 소규모의 공동체를 형성하고 있었던 아시아인들의 이민을 종식시켰다. 1924년에 제정된 이민법의 '출생지에 따른 쿼터제도'는 영구적으로 이민을 제한하여 가장 치명적인 영향을 끼쳤다. 1917년의 법 공포 이후 이러한 법률들은 1952년까지 한국인의 이민을 금지했다.[27]

각기 다른 사회계층에서 온 초기 노동 이민자들의 대부분은 도시에 거주하는 기독교인들이었다.[28] 가난, 굶주림 그리고 정치적 혼란과 소요에 쫓겨 도시 중심지로 오게 된 것처럼, 사람들은 이와 유사한 원인으로 이민을 떠나고 기독교로 개종했다. 이민을 통해 이민자들은 지리학적, 문화적 분리를 경험하였을 뿐만 아니라 기독교를 접하게 되었다.[29] 1990년대 초기에 이르러 한국인의 4분의 1이 기독교인이었다는 사실로 입증되는 한국의 성공적인 기독교화는 한국인들이 처음부터 기독교를 서구문명과 근대화와 동일시했기 때문에 가능했다고 볼 수 있다.[30] 이와 더불어, 기독교는 독립투사들의 반식민주의 투쟁과 연관되어 있다는 생각이 보편적으로 받아들여졌다. 이러한 기독교의 이미

제3장_ 디아스포라의 형성

지는 최대의 반식민주의 시위였던 1919년의 3 · 1운동과 독립선언서 낭독에 대한 기록의 영향으로 유지될 수 있었다. 실제로 독립선언서에 서명한 민족대표 중 대다수가 기독교인들이었다.[31] 한편 대다수의 한국인들은 지금까지도 기독교를 인정하고 있지 않다.[32]

1905년, 메리 백 리Mary Paik Lee의 미국으로의 이민은 상징적이다. 이씨 가족은 초기 선교사들을 통해 기독교로 개종하였다. 그녀는 어린 시절의 어느 날 오후에 일본 장교들이 그녀의 집으로 와서 '일본군 숙사로 사용할 것이니 모두 이 집에서 나가'라고 요구했던 일을 회상했다.[33] 그녀의 가족은 짐을 꾸려 가장 가까운 항구 도시였던 인천으로 떠났다. 당시 인천에서는 하와이의 사탕수수 농장 주인들이 노동자를 구하고 있었다. 그리고 그 해 말 그녀의 가족은 시베리아 호를 타고 하와이로 향했다.[34] 메리 백 리의 경우와 유사하게 다른 초기 이민자들도 자신의 고향을 떠나 다른 지역으로 피신하는 과정에서 하와이 이민을 선택하는 경우가 많았다. 1878년에 태어난 청년 모리스 팽Morris Pang은 1904년에 러일전쟁이 발발했을 당시에 출세를 위해 몰래 러시아로 떠났다. 그는 "우리는 언제 죽을지도 모르는 위험을 감수하고 머물러 있거나 이곳을 떠나야만 했습니다"라고 말했다.[35] 한국으로 향하는 길이 막혔기 때문에 그는 먼저 영국 배를 타고 일본으로 향했고, 3달 후에야 무일푼으로 한국에 돌아오게 되었다. "하와이에 수많은 기회가 열려 있다는 이야기를 들은 것은 그때였습니다." 그리고 그는 하와이 마운틴 뷰Mountainview로 향했다.

미혼 남성이 대부분인 노동자 집단에 이어 초기 이민자 집단 내에서 사진 중매 신부가 두 번째로 많은 수를 차지했다.[36] 일본 정부는 "해외에 거주하는 한국인들(주로 남성들)의 정치적 열망(반식민주의)을 가라앉히기 위한 방법으로" 사진 중매 신부들에게 비자를 허용하여 그들의 이민을 자유롭게 하는 방법을 이용하였다.[37] 여성들의 사진은 한국과 미국을 오갔고, 여성들이 생각했던 것보다 10살에서 15살이나 많은 남편들을 만나 충격에 빠진 사례가 빈번하게 발생했다. 이렇게 신부들의 사진들은 태평양을 횡단하는 길목을 넘나들었다.[38]

그러나 모든 한국인들이 일하거나 결혼하기 위해서 미국으로 떠난 것은 아니었다. 작가 강용흘의 1949년도 소설인 『초당』은 포부에 찬 지식인의 한국에서의 어린 시절과 일제 강점기 직전에 미국으로의 이민 여정을 담고 있다. 이 소설은 한국 상류층이 경험한 미국을 보여준다. 주인공은 '신학문 학교'의 젊은 멘토로부터 미국은 '장터에서 본 이상한 선교사들의 조국'이라고 들었다. "서양이 이제껏 생각하고 알아낸 것들을 모두 가지고 있고, 대규모의 졸업증서 꾸러미 속에서 그것을 주는 새로운 수단도 가지고 있는 미국의 대학에 대해 그는 엄청난 매력을 느끼고 있었다. (…중략…) 그는 미국의 교육은 소수를 위한 것이라고 주장했다. 소수만이 값진 성과를 거둘 수 있다. 그는 나로 하여금, 장차 선비의 출세 길은 직선상에서의 가장 가까운 두 점의 거리처럼 미국을 향해 그어져 있다는 것을 깨닫게 했다."[39]

노동자, 사진 중매 신부, 그리고 학자를 불문하고, 식민지 시대의 미국 디아스포라의 중심에는 한인교회와 다양한 정치 조직들을 통한 독립운동이 있었다.[40] 1922년 3·1운동 3주년을 기념하는 연설은[41] 한국인들이 처한 비참한 현실의 긴박함을 역설한다. "우리는 우리나라를 죽어가고 있는 우리의 어머니로 여겨야 할 것입니다. (…중략…) 우리

제3장_ 디아스포라의 형성

가 그녀의 고통을 덜어주기 위해서 그 어떤 노력도 기울이지 않는다면, 우리는 거울에 비친 우리의 얼굴들을 수치스럽게 여겨야 하며, 우리는 하늘 아래 가장 비열한 존재가 될 것입니다."[42] 여성들 역시 조직을 구성하고 신문을 출간하면서 디아스포라의 반식민지 투쟁에 적극적으로 참여했다. 예컨대, 사진 중매 신부들은 여성의 애국적 의무에 대해 선언하였다. "자매님들! 여러분들이 꿈꾸는 가정 생활은 교도소 생활과 다를 바 없습니다. 이제 꿈에서 깨셔야합니다. (…중략…) 우리의 궁극적인 과제는 가정 생활이라는 속박에서 스스로 벗어나고, 스스로 돈을 벌고, 군에 지원하고, 교육을 받는 것입니다. (…중략…) (독립 운동에서) 남성과 동등한 지위에 서기 위해서 우리는 교육을 받아야만 하고, 우리의 국가적 의무를 다하는 데 있어서 최선의 노력을 다해야만 합니다."[43] 우리는 초기 한국 이민자들 역시 LA 폭동 이후의 여러 목소리들 가운데 나타난 디아스포라 정체성과 정치의 복잡성을 지니고 있다는 것을 볼 수 있다. 전 세계적으로 일어난 디아스포라 독립 투쟁의 이념적, 전술적 차이에 의해 한국계 미국인들은 뿌리 깊은 정치적 분열을 경험했다.[44] 1990년대와 마찬가지로, 세대는 핵심적인 경계선으로 부상했다. 헬렌 기브스Helen Givens는 그녀의 연구에서 "2세들의 부모들은 계속 한국어를 사용하고 모국의 독립을 주장함으로써 자녀들에게 한국에 대한 애국심을 심어주려고 노력했지만, 2세들은 미국의 관습과 문화의 영향을 받고 있었다"[45]라고 언급했다. 당시의 애국심, 언어 그리고 모국에 대한 문제는 1992년도의 LA에서 만큼이나 두드러졌다.

해방 이후 I ─ 미군과의 만남

1945년 말, 해방 이후에 한국인들은 다시금 미국을 이민의 목적지로 고려하게 되었다. 식민시대의 한국은 기독교 선교사들을 통해 미국을 접할 수 있었다. 그리고 해방 이후부터 미국으로부터 중요한 정치적, 경제적, 문화적 영향을 받게 되었다. 한-미 관계의 가장 주요한 매개는 미군이었다. 1965년 말까지 대부분의 한인 이민자는 한국사회 계층의 양 극단을 대표하는 미군의 배우자와 학생으로 구성되었다.

마크 게인Mark Gayn은 1945년 8월 15일, 일본으로부터 해방한 날부터 9월 7일 25,000명의 미군이 한국에 주둔하게 될 때까지 1년여의 기간 동안[46] 한국에 머물렀다. 1946년 가을의 한국의 모습을 담은 그의 고찰은 해방 직후의 한국의 모습을 보여주는 중요한 자료이다. 게인은 "한국의 이야기는 내가 취재했던 것들 중에서 가장 어둡고 암울한 이야기이다. 미국이 한국의 현실을 자국민들이 알 수 없도록 엄청난 노력을 기울이고 있다는 사실을 알게 되었을 때 나는 미국인으로서 수치스러움을 느꼈다"[47]고 적었다. 그는 이러한 미국의 통제에 대한 저항심이 변화, 혁명, 공산주의에 대한 두려움으로 억눌러져 있고, 이러한 저항심은 몇몇의 계몽된 장교들이나 신병들에게만 남겨져 있다고 보고했다. "우리가 이곳을 해방시키기 위해 온 것인지 점령하기 위해 온 것인지 명확하지 않습니다."[48] 게인은 미군정 경찰의, 진보 성향의 국내 한인 단체들과 그들의 운동을 진압했던 친일 보수파를 복직시킨 것에 대해 기술했다. 한 관계자는 그에게 다음과 같이 말했다. "지금 우리가 한국을 통치하기 위해 고용한 사람들은 일본의 비열한 모략을 마다하지 않고 기쁘게 행한 일본 우익들입니다. 현재 한국 경찰 인력 중에서는 한국 독립 운동가들을 잔인하고 효율적으로 진압했다는 이유로 일본으로부터 훈장을 받은 사람들도 있습니다."[49] 현재까지도 널리 알려진, 당시에 가장 많이 선전된 경고 문구는 "미국에 의존하지 말라, 소련에 속지 말라, 일본은 다시 살아날 것이다"였다.[50]

또한 게인은 미국 군 인사들의 무지함과 잔인성에 충격을 받았다. 그가 한국에 도착했을 때 만난 소위에 대해 그는 다음과 같이 적었다. "그는 한국인들이 경멸스럽다는 듯이 이야기했다. 그는 한국인들은 더럽고 기만적이라고 말했다. 그는 '심리전'이 우리가 이 국gooks(아시아인들을 경멸적으로 표현하는 속어 – 옮긴이)에게 우리에게 어떠한 협잡도 통하지 않을 것이라고 보여줄 수 있는 유일한 방법이라고 했다."[51]

해방의 기쁨은 앞서 게인이 기술한 사례들과 한국전쟁(1950~1953)으로 인한 절망으로 인해 희미해졌다. 미국의 가장 인기 있는 시리즈물 중 하나인 〈M*A*S*H〉의 배경이 아시아 전쟁이라는 것을 아는 미국인들은 많지 않을 것이다.[52] 한국전쟁으로 300만이 넘는 한국인이 죽었다.[53] 한국전쟁은 친구와 친족이 서로 싸우고 죽여야만 했던 잔혹한 전쟁이었다. 한국인들은 대개 한국전쟁을 북한이 처음 남침했던 날짜인 6·25라 부른다. 남한은 불타버린 집들, 대학살이 일어난 장소들, 좌파적 이념을 지지하는 공동체 등 전쟁의 비이성적인 잔상들로 포화되어 있었다. 그러나 한국전쟁 이후의 냉전 정치 구도는 이러한 기억을 묵살하고 삭제했다.[54] 그러나 1980년대 후반에 이르러서, 해방 이후에 대해 주입되어진 지식에 대한 의문을 가진 사람들이 나타나기 시작했다. 이러한 변화로 인해, 한국의 해방 이후의 역사와 미국의 개입에 대한 역사가 다시 쓰이고 있다. 이 책의 마지막 장에서 다뤄질 한국의 반미 감정은 해방 직후의 상황이 재개념화되면서 비롯된 것이기도 하다.

미국의 군사적 영향력으로 미군은 한국에 주둔하게 되었다. 전쟁 이후부터 한국에 미군이 주둔했고, 1990년대 초에 4만여 명의 병력이 한국에 있었다. 수년간 약 100만여 명의 미군이 한국에 주둔한 것으로 추정된다.[55] 한국인과 미군의 접촉은 빈번하게 일어났다. 대부분의 한국인들은 미군과의 만남에 대한 한두 가지의 기억을 지니고 있었고, 일부는 끔찍한 기억을 가지고 있기도 했다. 이러한 민간인들과의 빈번한 접촉을 시작으로 미국의 한국에 대한 영향력은 점차 증가했다.

일반적으로 받아들여지는 한국의 역사적 기록 속에서 미국은 한국을 식민사회에서 해방시켰을 뿐만 아니라 한국전쟁에서 한국을 구해주었다고 기술한다. 이러한 거시적 기록과 함께 한국인과 미군의 일상적인 만남은 다양하고 복잡한 양상을 가지고 있는 것으로 나타났다. 이는 한국인들의 '사탕, 초콜릿 그리고 껌'에 대한 기억과 연관되어 있다.[56] 미국은 1980년대까지는 수십 년간의 냉전과 친미 성향의 정치체제를 통해서 공적으로 구원자와 해방자로서의 이미지를 유지할 수 있었다. 1971년에 미국으로 이민을 온 한국계 미국인 변호사 추숙남은 그 당시를 다음과 같이 기억했다. "매일 등교할 때마다, 우리는 맥아더 장군의 이름을 딴 공원을 가로질러 가야 했습니다. 그곳에는 1953년 그의 인천 상륙에 경의를 표하기 위한 거대한 맥아더 장군 동상이 있었습니다. 우리는 자연스럽게 미국인을 우러러보고 그들은 우리의 자애로운 수호자라는 인식을 가지게 되었습니다. 나는 동상을 올려다보면서 언젠가는 꼭 풍요와 자유의 나라인 미국에 가리라고 다짐하곤 했습니다."[57] 한국계 미국인들은 로스앤젤레스의 교외에도 맥아더 공원을 만들었다.

한국과 미국 간의 관계에 있어서 핵심적인 장소는, 미군기지 더 엄밀히 말하자면 미군기지 등지에서 군인들의 물질적, 성적 필요와 욕구를 충족시키기 위해 형성된 기지촌이라고 불리는 구역이었다.[58] 유흥업소에서 손님들을 접대하거나 매춘부로 일하던 한국 여성들이 미군과 결혼하는 경우도 종종 있었다.[59] 양갈보(외국인들의 매춘부)에 관한 이야기는 여러 문학 작품 속에서 다뤄졌다. 이러한 작품들은 교양이 없고, 무신경하며, 난폭한 미군의 이면에 대해서 생각해 볼 수 있는 기회를 제공하였다.[60] 1979년의 단편인 「차이나타운」에 등장하는 한 아이는 기지에서 칼을 마구잡이로 던지던 '티셔츠를 입은 미군들'을 응시하고 있었다. "칼이 목표물의 중앙으로 날아갈 때마다 남자들은 동물들처럼 울부짖었고 우리는 두려움에 침을 꿀꺽 삼켰다." 곧이어 더욱 소름끼치는 상황이 이어졌다. "칼은 허공을 가로질러 우리 쪽으로 날아왔다. 기지를 둘러싼 철조망 울타리 앞에서 우리는 소리를 지르며 몸을 바짝 낮췄다. 한 미군은 낄낄거리며 우리 바로 뒤에 무언가를 향해 손가락질 했다. 가슴에 칼이 꽂힌 고양이가 몸이 단단히 굳은 채 똑바로 누워 있었다."[61] 이 소설의 마지막 장에서 '검둥이'[62]는 자신의 연인이자 매춘부였던 한국인 여성을 길에서 죽도록 내팽개쳐, 그들의 아이를 고아로 만들었다.

1950년에서 1972년 사이에 대략 2만 8천 명가량의 한국 여성이 미국인과 결혼했다.[63] 이들은 1945년에서 1965년까지의 이민자 중 가장 큰 비중을 차지했다.[64] 허버트 베링거Herbert R. Barringer와 조성남은 이들의 수가 1980년에는 5만 명이 넘었을 것이라고 추정했다.[65] 1965년에서 1981년 사이에 귀화한 한국인의 절반이 미국 시민권자의 배우자였다.[66] 이러한 결혼 이민의 결과로 오랜 기간 동안 한국인 이민자들의 성비는 심각하게 편향되었다. 예컨대 1964년에는 이민자 중 82%가 여성이었다.[67] 해방 직후의 한국인 이민을 논하는 데 있어서 이러한 여성들의 이민의 의미를 간과해서는 안 된다. 나아가 1965년 이후까지 이어진 여성들의 미국 이민까지 논하지 않는다면 우리는 한국계 미국인들 사이에 자리하는 뿌리 깊은 계층 분열을 이해할 수 없을 것이다.[68]

이러한 결혼은 한국과 미국사회의 변방 계층에 속하는 사람들 간의 만남이라는 점을 상기시킨다. 돈을 벌기 위해서 기지촌의 유흥업소와 윤락업소로 오게 된 가난한 시골 처녀들, 그리고 미국 시골 지역 출신의 가난한 미국인 신병들의 만남은 한국의 가난과 차별에서 미국의 가난과 차별로의 이동을 나타낸다. 실제로 한국에서 널리 전해지고 있는 한 일화에 따르면, 고향에 보낼 편지를 대필해줄 한국인 신병이 필요했던 문맹인 미군이 있었다. 한편, 에이벨만은 전라북도의 한 마을에서 현지답사를 하던 중 마을 사람들로부터 오랫동안 연락이 끊긴 가족에 대한 이야기를 전해 들었다. 이야기를 하면서 마을 주민들은 영어로 된 반송 주소가 찍힌 낡은 봉투들을 꺼내보였다.

앞서 다룬 이야기 외에도 다양한 사례가 존재하지만, 공통적으로 드러난 것은 이렇게 한국을 떠난 여성들이 미국에서 힘겨운 시간을 보냈다는 것이다.[69] 다니엘 부덕 리Daniel Booduck Lee는 기지촌 출신 여성들이 '가장 은밀하게 퍼진 계급과 인종에 의한 사회적 제약[70]에 시달려야 했

제3장_ 디아스포라의 형성

다고 말했다. 그들 중 대부분이 하층 계급 출신이고, 중학교도 졸업하지 못했다는 점은 동시대의 엘리트 계급 학생 이민자들과 뚜렷하게 대조되었다.[71] 이러한 한국계 미국인들 안에서의 계급차별은 미군과 결혼한 한 한국 여성의 진술에서도 드러났다. 그녀는 주변에 많은 한국계 미국인들이 살고 있음에도 그들과 알고 지내려고 하지 않았다. "당연히 저도 우리나라 사람들을 보고, 내가 좋아하는 음식들을 먹고, 옛날에 한국에 살았을 적의 이야기를 나누고 싶죠. 하지만 나는 그들을 보고 싶지 않아요. 그들한테 무시당하고 싶지 않아요. 언젠가 사람들이 나를 그저 훌륭한 가정주부라고 말해줄 그 날만 바라보면서 참고 기다렸어요. 하지만 나에게 그 날은 영영 오지 않았어요."[72]

미군과 결혼한 한국 여성의 이민이 두드러졌던 시기에 한국 학생들은 조국을 떠나, 한 초기 학생 이민자가 일컬은, '가장 풍요롭고 영향력 있는, 세계에서 최고로 가는 국가'로 향했다. 전쟁으로 폐허가 된 한국을 두고 미국의 교육을 받기 위해 떠난 한국 엘리트들의 꿈을 상상하기 어렵지 않을 것이다. 1965년 이전까지 1만 명이 넘는 한국인들이 유학을 떠났다. 처음에는 대부분의 학생들이 일본으로 유학을 갔지만, 수년에 걸쳐 더 많은 학생들이 미국으로 떠났다. 엘리트들이 유학의 길에 오르는 모습에 한국에 잔류하게 된 이들은 분개했다. 성공한 지식인 이민자의 전형인 작가 리처드 김Richard Kim은 1966년에 한국에 방문했을 때 다음과 같이 열변을 토했다.

나는 당신과 같이 미국으로 떠난 뒤 한국으로 돌아오지 않은 학생들을 많이 알고 있습니다. 나는 당신에게 화나지 않았습니다. 그들에게도 화나지 않았습니다. 그들을 탓하고 싶지 않습니다. 떠날 수만 있었다면 정말로 그들과 똑같이 행동했을 것입니다. 하지만, 그래서는 안 된다는 것도 잘 알고 있습니다. 나는 영향력 있는 연줄을 통해 미국으로 슬쩍 빠져나가는 부잣집 자제들이 있다는 것을 알고 있습니다. 그들은 그냥 미국 영사관에 가서 피곤이 역력한 모습으로 여권을 발급받기 위해서 떼를 지어서 돌아다니고 있는 대학생들을 신기한 듯이 구경하고 올 뿐입니다. 반도호텔에 가면 이 나라를 떠나기 위해 공항으로 향하는 버스에 타는 행운아들과 이들을 시기와 질투의 마음으로 떠나보내는 학생들의 모습을 쉽게 볼 수 있습니다. 내가 아는 모든 학생들은 이 국가를 떠나고 싶어 합니다.[73]

대다수의 학생 이민자는 미국에 남았고, 나머지 사람들은 '미국의 이야기'를 가지고 한국으로 돌아갔다.[74] 미국에서 유학하는 동안 미국 시골 남부의 50년대 혹은 중서부의 60년대의 요리, 음악, 영화, 미술 등을 통해 교양을 길러온 한국인들을 쉽게 찾을 수 있었다. 이러한 한인 이민자들의 모습은 한국인들이 미국의 전체적인 이미지를 형성하는 데 중요한 역할을 하였다. 사회 각계각층에 속한 엘리트들이 미국과의 사적인 관계성을 구축했다는 것, 많은 엘리트 직종들이 미국에서 결실을 맺고 있었다는 것, 그리고 미국의 고등교육 기관들과 미국 학위가 한국의 사적, 공적인 영역에서도 정당하게 인정받는다는 것은 왜 1960년대의 한국인이 미국을 꿈의 나라로 생각했는지 이해하는데 중요한 요인이다.[75] 수십 년간, 미국에 있는 한국 학생들의 수는 꾸준히 증가하였다. 1991년과 1992년 사이에 미국에 거주하는 한국 학생들의 수는 25,720명으로 중국, 일본, 대만, 그리고 인도에 이어 미국에서 5번

제3장_ 디아스포라의 형성

째로 큰 집단이었다.[76]

한국의 하층을 대표하는 미군의 배우자들과 상류층을 대표하는 엘리트 학생집단은 1950년대와 1960년대에 한국사회의 양 극단의 계층에서 일어난 이민의 모습을 보여준다. 한 1970년대의 한국 이민자는 이민의 극심한 계급 격차를 강조하였다. "만일 사람들이 당신이 하버드에서 학위를 따기 위해 미국으로 떠났었다는 이야기를 들으면 그것을 있는 그대로 받아들일 것입니다. 하지만 만약 당신의 언니가 미국인과 결혼했기 때문에 갔다고 한다면 그들에게 당신은 그저 파주 문산(한국에서 미군기지가 위치한 두 지역의 이름이며, 미군을 통해서 이민을 온 사람들을 지칭한다)일 뿐입니다." 아프리카계 미국인 군인의 미망인인 자신의 누나와 같이 살기 위해서 1970년대에 이민을 온 한 변호사의 대학 시절에 대한 기억은 차별적 이민의 명암을 드러낸다.

> 제가 대학생이었을 때, 저는 뉴잉글랜드(New England)의 고급 사립대학 출신의 한국 여성들을 만났습니다. 테이블 한 바퀴를 돌면서 자기소개를 하게 되었는데, 그 여성들은 "내 이름은……"이 아니라 "우리 아버지는……"을 시작으로 자신을 소개했습니다. 젊은 한국 여성들은 한국에 있을 때 집에 얼마나 많은 집사와 가정부들이 있었는지 나에게 자랑스럽게 말했습니다. 그들은 한 번도 들어보지 못한 서울의 국제학교에서 수학하기도 했습니다. 저는 한국에 그런 부자가 있다는 사실에 충격을 받았고, 그들은 나처럼 가난한 사람이 있다는 것에 충격을 받았습니다. 그들은 제가 학교에 가는 길에 추위에 굶주려 죽은 사람들을 본 적이 있었다는 말을 믿지 않았습니다.[77]

해방 이후 II — 물질과 미디어와의 만남

한국은 두려움과 동시에 선망의 대상이었던 미국의 공산품들로 포화된 상태였다. 한국소설에서도 미군 주둔과 함께 한국으로 전해진 미국 공산품을 쉽게 발견할 수 있다.

> 철수한 미군들이 학교 놀이터에 남기고 간 빵, 미군들이 트럭을 타고 지나가면서 우리를 향해 던진 씨-레이션(C-ration) 통조림들…… '유엔 공주들'이라고 불리던 유엔군을 상대한 매춘부들…… 돼지죽(미군 식당의 쓰레기에서 커피 찌꺼기, 셀로판지, 부러진 칼 등 먹을 수 없는 쓰레기들을 제외하고 나머지 것들을 다시 끓여서 만든 음식)이라는 비참한 식사…… 큰 빨간색 동그라미가 찍힌 러키 스트라이크(Lucky Strike) 담뱃갑들…….[78]

미군 주둔으로 미국 식료품이 암시장에서 거래되기 시작했으며, 최근에까지 서울과 주요 도시의 시장에서 미제 식료품 가게를 쉽게 찾을 수 있었다. 소수의 한국인들만이 큰돈을 지불하고 스팸, 마시멜로우, 허쉬스 키세스, 엠앤엠, 콘프레이크, 과일 통조림, 햄, 테이스터스 초이스 커피 등의 식료품 중에서 한두 개 정도를 구입할 수 있었다. 군복무를 하면서 이러한 식료품들을 암시장을 통해 거래하여 백만장자로 퇴직한 한국계 미국인 군인들을 일컫는 '김치 미군'에 대한 이야기도 존재했다. 한국인들은 이러한 음식을 매개로 미국에 대한 이미지를 부분적으로 형성하였다. 하지만, 미국 물품 소비의 이상화 현상은 한국인들에게 무조건적으로 받아들여지지는 않았다.[79] 염상섭의 1948년의 단편소설인 「양과자갑」은 양과자갑으로 상징된 미국 문화의 파급력에 대한 관찰을 담고 있다. 주인공인 영수가 양과자갑을 땅에 내동댕이치는 모습을 통해서 작가는 미국과 미국문화를 무비판적으로 동조하는 한국인들의 태도에 대한 비판의식을 상징적으로 드러냈다.[80]

군사적, 개인적 접촉을 통해서 미국은 물질주의적 갈망이자 경멸의 대상이 되었고, 영웅적인 구원자이자 반동적인 침략자가 되었다.[81] 미국 문화의 산물에 대한 반응은 물질적 욕구와 도덕성, 갈망과 경멸 등의 상반되는 두 가지 반응을 함께 불러일으켰다. 1976년에 한국인을 대상으로 실시된 한 조사에서는 미국의 긍정적, 부정적 이미지에 대해서 질문했다. 각 질문 항목에 상반된 대답이 함께 나타났다. 22%가 한국전쟁 중의 군사적 지원을 긍정적으로 인식한 반면, 13%는 국토의 분단을 부정적으로 인식했다. 20%가 경제적 지원을 긍정적으로 여긴 반면, 14%는 미국의 물질주의를 부정적으로 생각했다. 그리고 12%가 개척자 정신을 옹호한 반면, 20%는 미국의 개인주의를, 16%는 미국의 도덕적 타락을 비판했다.[82] 미국적 가치들은 각각 고정된 지지자들의 옹호를 받았다기보다는 가치의 부정적, 긍정적 요소 모두가 각 개인의 총체적인 사고와 기억 속에서 공존하고 있었다. 이는 한국인의 미국에 대한 이상이 미국의 고정적인 이미지에서 기인하여 단편적이라는 주장을 부인한다.

이민자들이 미국에 대해 가지는 이상은 물질적 갈망에서 비롯되기도 하였다. 한 한국계 미국인 여성은 1940년대 말과 1950년 초의 자신의 어린 시절과 피아노 선생님을 통해 만난 서구세계에 대해서 상기했다.

나는 그 집에 피아노를 배우러 갔어요. 그 집의 가장은 의사였고, 부인은 피아니스트였어요. 그들의 큰 딸은 미국에 가 있었고, 그녀의 사진을 빤히 쳐다보곤 했어요. 피아노 선생님의 집은 양식 가옥이었고, 우리 집은 한옥이었어요. 그들은 피아노가 있었지만, 우리 집에는 없었어요. 사진 속의 부엌은 온통 하얀색에 깨끗하고 반짝였어요. 피아노 선생님의 집은 부유했어요. 나에게 코코아도 주셨어요. 지금 그분들은 미국에 살고 있어요.

피아노, 밝고 반짝이는 부엌 그리고 코코아가 있는 선생님의 양식 가옥은 서구적 풍경이다. 실제적인 물건들은 달랐지만, 물질에 대한 갈망은 수년이 지나도록 변함없었다. 곧 이민을 떠나는 한 청년은 '매치박스Matchbox의 미니카와 레고Legos와 같은 좋은 장난감으로 가득한' 미국으로 떠나는 날만을 애타게 기다리고 있었다. 온 가족은 미국에 가서 컬러 텔레비전을 구입할 날을 염원하고 있었다.

미국의 이미지는 미국의 오락영화나 서부영화에서도 나타났다. 이 영화들은 할리우드의 화려함과 미국을 대표하는 표현들('가난뱅이에서 거부로rags to riches', '젊은이여 서쪽으로 가라go West young man', '신사는 금발을 좋아한다gentlemen prefer blondes')을 그대로 반영하였다.[83] 이러한 미국의 이미지와 현실의 삶 간의 모순은 LA 폭동 이후에 대한 회상과 로스앤젤레스에서의 일상 속에서 명백하게 드러났다. 인류학자인 레나토 로살도Renato Rosaldo는 필리핀은 "거의 반세기를 할리우드(미국의 식민지배)에서" 살았다고 주장했다.[84] 한국에 대해서도 이와 같이 말할 수 있을 것이다. 한 한인 상인은 그가 한국의 지방 도시에서 중학교 시절을 보낼 때 은막을

제3장_ 디아스포라의 형성

통해서 만난 여배우 테리 무어Terry Moore[85]의 사진에 대해 오랫동안 이 야기했다.

> 그녀는 긴 머리에 철모를 쓰고 긴 군용 재킷을 입고 포즈를 취하고 있었습 니다. 그 장면의 배경은 눈이 쌓인 언덕이었습니다. 지금은 그 포즈들이 매우 섹시한 포즈라는 것을 알지만, 그 당시에는 그녀가 예쁘다는 생각밖에 없었습니다. 나는 그녀에게 편지를 썼고 이를 잡지에 보냈습니다. 경성제국 대학(식민시대 중)을 나온 나의 삼촌이 우리와 같이 살고 있었기 때문에 다른 학생들보다 영어를 잘했습니다. 그녀는 새로운 사진과 함께 나에게 답장을 보내주었습니다. 나는 그것들을 학교에 가져갔고 반 친구들이 내 주변에 떼를 지어 몰려들었습니다.

이는 그의 어린 시절에서 가장 기억에 남는 일 중 하나였다. 그는 베 트남에서 기자로 활동했을 때를 이야기하면서 한국에서의 유년시절 에 대한 기억을 떠올렸다.

한 한인 이민자는 스칼렛 오하라Scarlett O'Hara의 일대기를 보면서 미 국에 대한 이상을 키웠다. "미국이요? 제가 읽은 소설과, 제가 본 영화 의 배경이었죠. (…중략…) 그것은 스칼렛 오하라였고, 〈바람과 함께 사라지다Gone with the Wind〉였어요. 저는 정말 타라Tara와 함께 살고 레트 버틀러Rhett Butler를 만나려고 했어요."[86] 한 한국계 미국인은 '정치적으 로 급진적이라고 볼 수 있는' 그의 아버지에 대해서 이야기했다. "하 지만 저희 아버지는 미국에 각별한 애정을 가지고 계셨습니다. 미국 은 굉장히 똑똑한 사람들에 의해 세워졌고, 매우 부유하고, 민주적이며, 엘비스 프레슬리Elvis Presley와 마릴린 먼로Marilyn Monroe를 만들기도 했습니다. 저희 아버지는 〈거대한 서부The Big Country〉에서 그레고리 팩Gregory Peck과 찰턴 헤스턴Charlton Heston이 사생결단으로 겨루는 것을 보면서 즐거운 시간을 보내셨습니다."

이러한 미국의 자본과 미디어의 영향을 가볍게 여겨서는 안 될 것이다. 한국인들의 삶과 그들의 물질적 갈망에 미국이 큰 영향을 주었다는 사실은 미국의 현대성과 이민 간의 불가분한 관계를 보여준다.

한국의 베트남전쟁 참전

1960년대 중반에 이르러 한국과 미국의 군사적 관계는 미국의 군사적 공적인 베트남을 통해서 확장되었다. 1965년 10월부터 1973년 3월까지 한국은 베트남으로 군대를 파병했다. 국방부는 312,853명의 병력이 파병되었고, 그중 4,678명의 사망자와 5,000명의 부상자가 발생했으며, 41,000명의 적군이 한국 군인에 의해 죽었다고 발표하였다.[87] 베트남에 파병된 한국 군인들의 이야기는 역사적 기록으로 문서화가 잘 되어 있지 않고, 한국에서 공개적으로 논의되지도 않았다.[88] 이에 따라 1992년에 개봉한 2편의 장편영화 〈하얀전쟁〉과 〈머나먼 쏭바강〉[89]은 한국과 미국 모두에서 큰 화제가 되었다. 미군들은 베트남에서 한국전쟁의 기억을 떠올렸다. 한국전쟁에서의 오해, 불행 그리고 악행들이 베트남전쟁에서 그대로 반복된 것이다. 한 한인 퇴역군인은 "미국이 베트남을 한국과 같이 여겨 오인했기 때문에 베트남전쟁에서 패한 것"이라고 강조했다.

한국의 베트남전쟁 참전으로 인해 남겨진 유산은 우리의 논의와

제3장_ 디아스포라의 형성

관련되어 있다. 상당수의 미국 이민자들이 베트남전쟁에 참전하고 베트남에서 바로 혹은 한국에 머물다가 미국으로 이민을 간 퇴역 군인들이기 때문이다.[90] 한 퇴역 군인은 우리에게 "일단 한국을 떠나서 미국인들에게 기생하기 시작하면 한국으로 다시 돌아가고 싶지 않을 것입니다"라고 말했다. 다른 퇴역군인은 1969년에 베트남을 떠나 전 세계를 떠돌아다니다가 그가 돌아다닌 도시들 중에서 '가장 절망스러운' 느낌을 준 로스앤젤레스에 정착했다. 처음에 그는 캐나다로 떠났지만 1970년대에 다시 캘리포니아로 돌아와서 로스앤젤레스 사우스 센트럴에 가게를 열었다. 한인 베트남 참전용사들이 폭동 중에 민간 의용대에서 핵심적인 역할을 수행한 것은 흥미로운 운명의 전환을 가져왔다. 미군의 명령 하에 전투를 하던 것의 연장선으로 미국에 이민을 온 그들은 한국전쟁 때 복무했던 경험을 떠올리며 민간 의용대에 자원했고, 곧 미국 정부로부터 버림받은 한국계 미국인 사회를 보호하는 자신들의 모습을 발견했다.

베트남에 대한 군사적 개입은 한국전쟁에서의 미국의 공헌을 보답할 수 있는 기회를 제공했다. 또한 북한에서 한국을 공격할 경우에 미군이 계속 한국을 보호할 것이라는 약속을 다시금 보장받을 수 있었다.[91] 이와 더불어서 아시아의 반공주의 전쟁이었던 베트남전쟁은 전쟁을 치른 지 얼마 되지 않았고, 공식적으로 반공주의적인 입장만을 취했던 한국에게 특별한 의미를 가졌다.[92]

한국은 외교적 동기로 인해 베트남전쟁에 참전하게 되었지만, 이 전쟁을 통해 괄목할만한 경제 성장을 이룰 수 있었다, 가장 절정기였던 1967년에 GDP가 4% 성장하였고, 총 10억 달러의 수익이 발생한 것으로 추정된다.[93] 한국전쟁에서 막대한 경제적 이윤을 얻었던 일본의 경우와 관련해서, 1970년대에 '우리도 할 수 있다'라는 구호가 한국에서 인기를 끌었다.[94] 임금을 포함하여 돈을 벌 수 있는 기회를 가지게 된 군인들은 재산을 축적할 수 있었다. "베트남은 한국의 엘도라도였습니다. 그곳은 한국인들이 돈을 벌고 색다른 일을 모색할 수 있는 곳이었습니다."[95]

그러나 한국인 모두가 병력 파병을 지지하지 않았기에, 베트남 파병에 대한 대중적인 지지도 유지되지 않았다. 1967년 한국 야당의 당수들은 "한국 정부가 하도급을 받은 것이며, 본질적으로는 한국인들의 목숨을 희생하여 돈을 버는 목적의 용병사업을 위해서 싸우고 있는 것이다"라고 비난했다.[96] 또한 야당의 입후보자들은 '외교적 노예'에 반대한다는 공약을 내걸고 유세하였다.[97] 〈하얀전쟁〉에서 한 병사는 "왜 내가 남의 땅에서 다른 사람들의 전쟁을 위해 싸워야 하는지 내 자신을 납득시킬 수 있는 이유들, 단 한 가지의 이유만이라도 찾고 싶다"[98]라고 반추한다. 이 병사는 베트남전쟁의 무의미성에 시달렸을 뿐만 아니라 그의 희생에 편승한 경제적 번영을 누리지도 못했다. "우리들이 목숨을 바쳐 그 대가로 벌어들인 피 묻은 돈이 나라의 발전과 현대화를 위한 밑거름 노릇을 했다. 그리고 우리들의 공훈 덕분에 대한민국은, 적어도 그 상류계층은 세계시장으로 큰 발걸음을 내디뎠다. 목숨을 팝니다. 용병의 민족."[99] 이러한 군사적 동맹관계와 냉전 이념에 대한 논의는 지금까지 이어지고 있는 한국과 미국의 유대관계를 보여준다.[100]

베트남전쟁의 단계적인 확대와 한국 군대의 진출은 한국인의 미국 이민의 급격한 증가를 야기했다고 볼 수 있다.

제3장_ 디아스포라의 형성

1965년 이후의 이민 I — 배경

대다수의 한국계 미국인들은 1965년 이후에 미국에 도착했다. 이 시기에 일어난 이민의 3가지 중요 요소는 미국과 한국의 이민 정책 변화, 미국의 근대화 수준에 견줄 수 있는 한국의 근대화, 그리고 한국의 사회 이동성의 장벽이다. 정책의 변화가 이민자의 수와 이민의 성격을 좌우하긴 했지만, 한국의 사회 이동성의 장벽과 맞물려 나타난 미국의 현대성과 사회 이동성의 약속은 개개인이 이민을 결정하는 데 있어서 큰 영향을 주었다. 미국은 개인의 번영과, 민주주의, 기독교 국가 그리고 '현대적' 가족구조와 성별 관계를 약속했다. 이 약속들은 사회 진출과 계층 이동의 길이 막힌 한국을 접한 사람들에게 더욱 현실적으로 다가왔다. 그러나 사회 이동성과 현대성에 부여된 의미들은, 1965년 이후의 시기를 거치면서 일정하게 유지되지 않았고, 1980년대에 들어서 발생된 일련의 변화들은 이민의 성격과 양상을 바꿨다. 1965년 이후의 이민자의 대부분은 고등교육을 받은 자본가였지만 이러한 추세는 계속 유지되지 않았다. 1990년대의 이민 구성의 변화는 미국 이민 정책의 개혁, 미국의 상징성의 변화 그리고 한국사회 유동성 구조의 새로운 변화와 관련이 있다.

미국 내에서의 시민 평등권 운동이 절정을 이루던 시기에, 1965년의 미국 이민국적법은 1924년의 국적에 따른 쿼터제도와 '아시아ー태평양 삼각지'를 폐지하였고, 이에 따라 출신국가, 인종 그리고 혈통의 항목들이 이민의 공식적 기준에서 삭제되었다.[101] 미국 시민권자와 영주권자의 친족이나 특별한 기술을 가지고 있는 사람들은 선착순으로 이민이 허가되었다. 친족 우선순위는 시민권자의 21세 이상의 미혼 자녀(제1순위), 영주권자의 배우자와 미혼 자녀(제2순위), 결혼한 자녀와 그들의 배우자와 자녀(제4순위) 그리고 형제자매와 그들의 배우자와 자녀(제5순위)의 항목으로 확장되었다.[102] 직계 가족(배우자, 자녀, 부모)과 특정 직업을 가진 이민자들의 경우를 제외하고, 국가 별 이민자 수는 연간 2만 명으로 제한되었다.[103]

'형제자매법'[104]이라고도 불려지는 1965년도의 법으로 인해 예상치 못한 수의 이민자들이 미국으로 유입되었다. 한국에서 미국으로의 이민이 절정을 이루었던 1985년에서 1987년 사이에 매년 35,000명의 이민자가 발생했으며, 한국은 멕시코와 필리핀에 이어 세 번째로 미국 이민이 많은 국가가 되었다.[105] 이러한 극적인 유입으로 미국인들은 국가의 불황을 이민자들의 탓으로 돌리기도 했다. 이민의 제한에 대한 요구는 보수주의, 자유주의 그리고 진보주의 진영에서 모두 제기되었다.[106] 기자인 다니엘 제임스Daniel James는 "캘리포니아의 경제는 마비되었습니다. 이는 1980년대 쏟아져 들어온 이민자들 때문에 인구가 30.5%, 3천 1백만 명이나 증가했기 때문입니다"라고 비난했다.[107] 그는 이 이민자들이 LA 폭동의 원인을 제공했다고 주장했다.

한국 정부의 일련의 공식적인 조치들은 미국의 이민개혁법안과 맞물려서 내려졌다. 한국 정부는 인구를 조정하고, 실업률을 낮추고, 외국 기술의 습득을 장려하기 위해 해외이민법을 공포하였다.[108] 정부는 외화를 벌기 위해서 의사와 간호사를 해외로 보내는 프로그램을 시행하였는데, 이는 한국, 특히 농촌지역에서의 의료인력 수급 부족의 현상을 초래하였다.[109] 또한 1960년대부터 한국과 외국 사이의 노동 계약이 체결되기 시작했다. 1963년부터 1974년까지, 17,000명의 간호

제3장_ 디아스포라의 형성

사와 광부들이 서독으로 이주하였고, 1953년과 1985년 사이에 한국의 명문 대학인 연세대학교를 졸업한 의학도의 절반 이상이 미국에서 개업했다. 아이러니하게도 미국으로 간 전문직의 이민자들의 대부분은 그들의 기술을 발휘할 수 없었다.[110]

1965년 이후의 이민 II — 계급과 계급의 의미

한국의 각 계층의 사람들은 이민의 의미와 한국 내 사회·경제적 장벽을 각기 다르게 인식하고 있었다. 우리는 한국의 정치, 종교 그리고 가족의 체계를 현대성의 개념과 연결시켜 분석하면서 본격적인 논의를 시작하고자 한다.

한국에서 계층과 지위를 드러내주는 물질과 상징적 재화는 초국가적이다.[111] 메르세데스 벤츠, 스탠포드 MBA 그리고 소비재들은 같은 계층과 지위 내에서 공유되는 자본이며, 스튜어트 홀Stuart Hall이 언급한 것처럼 세계적인 대중문화는 "영어 기반이고, 서구를 중심으로 형성되었다".[112]

그러나 현대성은 물질과 재화만으로 설명할 수 없는 개념이다. 한국 현대성의 지표로서 민주주의와 1961~1979년의 박정희 정권, 1980~1987년의 전두환 정권 아래서의 군사 독재 정치 간의 불화와 충돌은 해외 이민의 주요한 원인 중 하나이다. 소위 '한국적 민주주의'를 구실로, 박정희의 독재 군사정권은 개인적, 정치적 자유와 중산층의 삶을 억압했다. 많은 한국인들은 자신의 조국이 후퇴했고, 비민주적이라고 생각했다.[113] 우리는 1970년대와 1980년대에 걸쳐 나타난 중산층의 확장 과정에서, 정치적 현실과 한국 GNP의 성장 간의 극명한 차이를 발견했다. 한국인들은 그들의 축적된 물질적 재화에 걸맞은 개인적 자유를 누리기를 원했다. 예컨대, 그들은 텔레비전에 검열되지 않은 프로그램들이 방송되기를 원했다.

권위주의는 모든 이들의 일상 속에 깊숙이 자리했다. 야간 통행금지, 경찰과 군대의 존재, 투옥, 시민 동요에 대한 억압, 최루탄, 소비와 생산에 대한 정부의 규제 그리고 문학, 음악, 미술에 이르는 삶의 모든 측면에서의 검열이 이러한 상황을 보여준다. 국가의 간섭은 냉전이데올로기를 통해서 정당화되었다. 한국인들은 자신들의 안위와 공산주의 침략의 공포라는 이중의 위협 속에서 살았다. 많은 이들은 전쟁이 다시 일어날까봐 두려워했고, 한국전쟁에 대한 기억으로 인한 두려움으로 인해 중산층의 삶은 쉽게 보장받지 못했다. 한국의 지식인들은 특히 정치풍토에 불만족했고, 반정부운동에 적극적으로 참여했다. 한 한인 여성은 다음과 같이 말했다. "여기까지 온 사람들은 배제된 사람들입니다. 그 소외감을 특히 많이 느끼는 사람들이 바로 지식인층입니다. 이들이 미국에 온 이유의 대부분은 비밀입니다. 우리가 분단국가라는 사실, 미군의 존재 등등이 있겠죠. 이 모든 이유는 우리가 독립국가가 아니라는 사실에 귀결됩니다." 반정부주의적 정서를 가진 많은 한국인들과 나아가 반대운동을 주도한 사람들까지도 미국으로 이민을 가게 되었다.[114]

20세기 초에도 그랬던 것처럼 기독교는 서구와 현대성을 상징적으로 보여준다. 한인 이민자 중 기독교 인구 증가 추세는 1965년 이후부터 두드러지게 나타난다. 1986년의 연구에 따르면, 이민자의 54%가 기독교(가톨릭이 아닌 기독교 42%, 가톨릭 12%)였는데 이는 1985년의 연구에서 한국인의 21%가 기독교였던 것과 대조된다.[115] 대체로 기독교인 이민자가 유난히 많은 것은 한국 교회의 구성이 대부분 서울 중심의 중산층, 중상류층 그리고 상류층이라는 것을 나타낸다. 덧붙여서 피터 박Peter Park은 "미국 이민 정책이 목사들의 이민을 용이하게 하였고, 한국 이민자들은 교회를 통해서 직업을 찾을 수 있었으며, 미국 교회는 한국인 신자들을 위해 물질적 지원을 하였는데, 이러한 교회의 역할이 한국인들의 이민을 촉진시키는 역할을 하였다"[116]고 상기시켰다. 한국의 많은 기독교인들은 미국 기독교를 한국 기독교의 원천으로 높이 평가하며 미국을 기독교 국가로 생각한다. 나아가 미국은 높은 도덕성, 계몽적 사고 그리고 건전한 삶 등의 미덕을 한국 기독교인들에게 전했다는 점에서 어느 정도 인정받고 있다. 기독교인에 대한 일반적인 느낌은 그들은 흡연하지 않고, 술도 마시지 않으며, 샤머니즘과 조상 숭배와 같이 '후퇴한' 종교 또는 가족적 관행을 행하지 않는다는 것이다. 종교적 관례의 현실과는 관계없이, 기독교는 한국의 양성평등과 관련되어 있었는데 이는 가부장적인 유교의 제사에서 배제되는 여성들의 상황과 대조되었다.[117]

기독교 교회는 한국계 미국인들의 삶의 중심에 있었다.[118] 한국계 미국인 거주 지역에 교회가 다른 지역에 비해 압도적으로 많다는 사실은 푸른 혹은 붉은 네온 빛 십자가가 주변을 밝히는 서울의 저녁 전경을 떠올리게 한다. 1980년대 후반 로스앤젤레스에는 약 500개의 한국계 미국인 기독교 교회가 있었다.[119]

성별 관계와 유교 의식에 대한 기독교계의 특정한 관점과는 별개로, 1965년 이후에 한국의 가족 제도, 독재정권 그리고 군대문화에 대한 시대착오적인 생각은 한국의 공공영역에서 부정적으로 여겨졌다. 남녀평등 사상과 도시 핵가족의 등장은 한국의 현대화를 상징한다. 다수의 여성들은 남녀 불평등과 여성에게 가족적 의무를 강요하는 가부장적 가족제도를 불쾌하게 여겼다. 유교적인 한국 가족 구조는 기혼여성들에게 남편의 직계가족뿐만 아니라 대식구 모두를 부양해야 하는 부담을 지도록 하였다. 마을에서의 결혼, 특히 장남과의 결혼은 흔히 조상을 숭배하는 수많은 제사의 부담을 지게 하였고, 자신의 가족과는 단절한 채, 부계 대가족과의 사회적 관계에 집중하기 위해 시댁에서 사는 것을 전제했다.[120] 어린 신부의 시련, 특히 고부 관계의 문제는 한국 여성들의 고난과 삶을 상징하는 주제였다. 그러나, 1990년에 들어서 한국 사회에서 기혼 여성에게 요구되는 사회적 의무가 점차 완화되었다. 젊은 부부들은 부모가 사는 곳 근처에서 분가했고, 조상을 모시는 제사는 간소화되고 그 빈도도 감소하였으며, 여성들은 자신의 가족과 친밀한 관계를 유지할 수 있었다. 그러나 여전히 여성들은 가정, 육아 그리고 시댁과 친척들을 돌보는 데 있어서 주요한 책임을 떠맡아야 했다. 한국 디아스포라에 대한 수업을 들은 한 학생은 문헌을 통해서는 그녀의 가족이 이민을 온 이유를 찾을 수 없었다고 말했다. 그녀의 어머니는 간호사였기 때문에 이민을 올 수 있었는데, 그녀의 어머니의 '진짜' 이민 동기는 대가족의 억압적인 분위기였다. 가족에 대한 의무는 여성뿐만 아니라 남성에게도 부담스럽게 여겨졌다. 특히 장남은 형제자매와 부모에 의해 재정적, 심리적 부담을 느꼈다. 한 한국계 미국인은 그의 부모님이 한국을 떠난 이유는 친척들로부터 멀어지기 위함이었기 때문에 친척 중 누구도 이민을 오도록 지원해주지 않았다고 웃

제3장_ 디아스포라의 형성

으면서 설명했다.[121]

따라서 한국인들은 미국의 현대성을 갈망하며 미국으로 이민을 떠나게 된 것이다. 구체적으로, 이는 계층적 위치와 계급 귀속의식의 영향을 받는다. 오로지 소수의 사람들만의 이민을 허용하는 정부의 정책이 사람들의 이민 가능성을 결정하기도 했지만, 이보다 더 결정적인 역할을 한 것이 사회 이동성의 제약이다.

가정환경, 교육 수준 그리고 출신 지역을 포함한 복잡하게 상호 관련된 요인들은 계층과 지위의 이동성에 영향을 주었다. 부분적으로 미국으로의 이민은 물질적으로 더 풍요로운 삶과 본인의 자식들을 위해 더 높은 사회적 지위와 신분을 성취하는 것을 목표로 한다. 사회 이동성에 대한 제약은 계층 전반에 걸쳐서 나타난다. 그러나 이는 어떤 이민 시나리오에 해당하느냐에 따라 큰 차이점을 가진다. 더 많은 급여와 덜 가혹한 업무를 바라는 낮은 급여를 받는 노동자, 그녀의 자녀들을 교육시키고 자신의 집을 갖기를 원하는 중산층 혹은 중하층의 사무직 근로자, 한국에서는 자신의 힘만으로는 더 높은 계급으로 올라갈 수 없다는 사실을 깨달은 중상류층 전문직 종사자, 최첨단의 연구환경을 지향하는 학자, 국제적인 상류층으로서의 신분을 얻고 그들의 자녀를 국제화시키고자 하는 자본가 등, 각 사례들은 실제적 혹은 상징적 측면에서 한국에서 사회적 이동이 좌절되고 있는 상황을 보여준다. 한국에서의 사회적 이동에는 몇 가지 주요한 장벽이 존재한다.

한국의 정신적, 육체적 노동자 사이에 존재하는 큰 계층 격차는 사회적 이동을 위한 이민의 주요한 원인이다.[122] 1970년대와 1980년대의 농업 분야에서 산업 분야로의 노동력 이동은 큰 소득 불평등을 촉진시켜, 육체노동자와 농민들의 상대적 빈곤을 악화시켰다.[123] 한국의 수출 지향적 산업화는 낮은 임금에 의존했고, 이에 농업 분야는 희생되었다. 농민의 자녀들은 낮은 임금과 신분 상승이 보장되지 않는 산업지역으로 떠났다. 1986년까지 한국인들은 최악의 노동환경에서 낮은 임금을 받으면서도 세계에서 가장 긴 시간동안 일한 민족으로 알려졌다.[124] 낮은 임금으로 인해 변변찮은 생활수준만이 허용되었을 뿐만 아니라, 노동 조합 활동은 엄격하게 통제되었고 모든 파업은 엄중하게 처벌되었다. 한국의 경이적인 GNP 성장은 노동자 계급의 희생으로 성취될 수 있었는데, 1970년대와 1980년대에 노동자 계급이 인구의 25%를 차지하게 되면서 정신노동자와 육체노동자 간의 소득 격차는 악화되었다. 소시민 계급의 하부에 속하는 사무직 근로자들을 포함하면 해당 수치는 더욱 높아진다.

학위의 가치가 상승하면서,[125] 한국에서는 지위를 유지하기 위해 일정 교육 수준을 달성하는 것이 대단히 중요하게 되었다. 교육적 성취에 있어서 한국은 전반적으로 괄목할 만한 성장을 경험했지만, 대학 혹은 고등학교에서 교육을 받고 졸업하는 데에 자본과 계층이 결정적인 역할을 하게 되었다. 1980년대 후반에 들어서 반에서 1등을 하던 가난한 학생이 서울의 유명 대학에 진학하는 일은 시대착오적인 발상이 되었다. 한국의 교육제도는 평준화 교육을 지향했지만, 서울에서 특정 계층이 거주하는 지역이 형성되면서 비공식적으로 계층화된 교육 시스템이 성장하게 되었다. 증가하고 있는 학비와 엘리트 교육의 영역으로 진출하기 위해 중요한 대규모의 사교육은 교육의 성취에 있어서 가족의 재산이 전제 조건이 되도록 하였다. 또한 한국 학교들에서 부모들이 그들의 자녀들이 더 큰 혜택을 받거나 최소한 동등한 대우를 받을 수 있도록 교사들에게 건네는 돈인 '촌지'에 관한 문제는 현재 널리 공론화되었고, 이는 1980년대 후반의 교원 노조 운동(전교조)의 핵심적인 퇴치 사항이었다.[126] 자녀들의 교육에 열성적으로 관여하는 어머니들의 능력을 포함한 부모의 교육 자본은 개인의 교육 성취를 위한 또 다른 필요조건으로 여겨지게 되었다.

미국은 이민자 자녀들을 위한 대학 교육과 사무직 취업의 기회를 보장하는 듯 보였다. 로스앤젤레스에 거주하는 한 한인 여성은 한국과 미국의 차이를 다음과 같이 설명했다. "한국에서 아이들을 대학까지 보내는 것은 하늘의 별 따기 같았어요. 그러나 여기에는 기회가 존재했어요." 폭동 중에 자신들의 가게를 잃은 여성들과 이야기 하던 중에, 그들은 한 이민자 여성의 말을 듣고 소란스럽게 웃었다. 그녀는 그녀의 자녀에게서 희망을 보았기 때문에 미국에 왔다고 하면서 만약 그녀의 자녀가 바보였다면 그녀는 여기에 올 생각을 전혀 하지 않았을 것이라고 말했다. 또 다른 여성은 사실 미국에서는 그렇게 똑똑할 필요가 없다고 말했다. "미국은 너무 큰 나라라서 어쨌든 하고자 하는 마음만 있다면 누구나 박사학위를 얻을 수 있어요." 하지만 부유층의 경우는 달랐다. 그들에게 미국은 한국의 시험 제도의 엄격함과 트라우마를 벗어날 수 있는 기회를 제공했다. 한국에서 최고의 과외 교사들에게 지도를 받는데도 유명 대학교에 입학할 가능성이 낮았던 아이들에게 미국으로의 이민은 탈출구와도 같았다.[127]

한국에서 학사 학위를 가진 사람들은 다른 요인으로 인해 이동의 기회가 제한되었다. 고등교육 이수로 인한 소득의 증가는 모든 직업의 영역에 걸쳐 고르게 분포되지 않았다. 구해근과 홍두승은 1970년대의 관리자들은 "교육 수준이 증가할 때 마다 27,800원을 더 벌었고, 이는 18,700원을 버는 소시민 계층과 비교된다"고 지적했다. 소자본가와 노동자 간에도 소득의 불일치 현상이 나타났다.[128] 마찬가지로, 관리자는 자본가보다 더 높은 교육 수준을 달성하지만 더 낮은 임금을 받았다.[129] 또한, 고등교육의 이수가 대기업 사무직으로의 취업을 보장하지 못했다. 매년 대졸 실업자의 비율이 30%를 웃도는 것[130]은 중산층에게 심각한 문제로 받아들여졌고, 이는 교육만으로는 중상류층 혹은 중산층의 삶조차도 보장받을 수 없다는 사실을 명백히 드러냈다.[131] 한국에서 LA 폭동 1주년을 맞이하여 방영한 특집 프로그램에서 이민자들이 꿈꾸는 나라는 '노동과 노력에 상응하는 보상을 받을 수 있는 곳'이라고 여러 차례 묘사되었다.

한국에 존재하는 또 다른 사회적 이동의 장벽은 개인이 타고나는 배경, 정치적 성향과 관련이 있다. 한국에서 사회적 네트워크와 정치적 성향은 기업의 성장과 개인의 사회적 이동을 좌우한다.[132] 한국의 고용구조 전반에서 사적 네트워크는 사회 이동에 필수적이다. 사적 네트워크 내에서의 접촉은 공직이나 기업에서의 승진에 필수적이다.[133] 경제적으로 낙후되고, 정치적으로 소외된 남서부 연안의 전라도 지역 출신이라는 것 자체도 '옳은' 네트워크에 접촉하는 것을 방해하는 요인에 포함되었다.[134] 그들은 존중받는 엘리트 혹은 양반의 배경이 없었고, '옳은' 고등학교, 사관학교 혹은 서울의 교회를 포함한 교육, 군대 혹은 종교 집단을 통한 한국 특유의 학연과 지연을 형성하지 못했고, 대립적인 정치 관계와 이념 특히 좌파적인 가정환경의 영향을 많이 받았다.

제3장_ 디아스포라의 형성

이러한 다수의 장벽은 계급의 계층구조를 형성하는 데에 있어서 교육보다도 큰 영향을 주었다. 로스앤젤레스에 거주하는 전라북도 출신의 이민자와 호남협회에 소속된 한국계 미국인 공직자는 동포들이 직면했던 일련의 장벽에 대해서 설명했다.

> 한국의 문제는 한 번 바닥을 치면 더 이상 갈 곳이 없다는 것입니다. 우리에게 유일한 길은 지역도시를 거쳐 차별로 우리를 조국 밖으로 내몬 서울로 이동하는 것이었습니다. 경상도 지방에 있는 사람들은 삼십 년이 넘는 시간 동안 정권을 쥐고 있었고, 모든 사람들이 그들이 추구하는 방향을 따랐습니다. 한국은 경상도 출신들에게 천국과 같습니다. 호남 출신의 우리들은 서울의 시장에서 노동하는 사람들이고 군 사관학교들의 서열체계에 속해 있지도 않았습니다. 우리는 30년 동안 소외되어 있었습니다. 이는 뿌리를 잘라버려서 성장을 막는 것과 같았고, 지금 우리들 중 누구도 사다리를 타고 올라갈 수 있는 자격조차 갖추지 못했습니다. 우리는 한국에서 살고 싶지 않았습니다. 그래서 우리는 자유의 땅인 이곳으로 왔습니다. 이것이 한국의 구조입니다. 우리는 미국에 올 수밖에 없었습니다.

그러나 로스앤젤레스에서도 개인이 통제할 수 없는 상황들을 이겨내기 위해 계속 분투해야만 했다.

식민시대 후의 정치적 변화는 정치적 성향이 달랐던 사람들을 추방하기도 했다. 한 한인 여성은 그녀가 미국으로 이민을 오게 된 계기를 설명하기 위해 어린 시절의 일화를 언급했다. 새해마다 선물로 가득 찼던 그녀의 방이 그날만은 텅 비어 있었다. 그녀의 아버지가 정부 직책에서 해고되었던 것이다.

한국의 도시지리학적 문제도 한국인들이 도시에서의 중산층의 삶의 꿈을 이룰 수 없도록 저해한 요인으로 작용했다. 가장 뚜렷한 것은 아파트 소유권에 관한 문제이다. 서울과 한국의 미디어는 중산층들의 지위와 생활방식 유지에 대한 걱정을 다루는 데에 부산했다.[135] 1980년대에 토지와 주택비용의 급격한 증가는 많은 중산층의 꿈을 산산조각 내버렸고,[136] 이러한 현상은 서울에서 두드러지게 나타났다. 엄청난 계약금을 요구하는 전세 시스템은 많은 사람들로 하여금 아파트를 임대하는 것조차 어렵게 만들었다. 옛날부터 여성들은 부담스러운 효에 대한 의무 때문에 장남과 결혼해서는 안 된다는 경고를 들어왔지만, 몇몇 여성들은 집을 보장받기 위해서 장남과 결혼해야 한다고 조언을 받는다. 이러한 주택 부족 상태를 제외하고도 서울은 매우 살기 힘든 곳이다. 인구 밀도, 오염수준 그리고 교통사고 발생 비율은 세계에서 가장 높은 수준이다. 서울과 대조적으로 미국의 영토는 광활했고, 넓은 집과 큰 차를 사는 것이 한국에서보다 더 쉬운 듯 보였다. 변화하는 서울의 도시환경은 이민의 증가에 기여했다.

사회 이동과 계급재생산에 있어서 극복할 수 없는 장애물과 직면한 이들에게 이민은 또 다른 희망을 주었다. 물론 모든 한국인이 좌절된 사회적 이동을 이유로 이민을 떠난 것은 아니었다. 많은 이들에게 현대화의 상징인 미국에서 성공의 기회를 가질 수 있다는 사실만으로도 이민의 이유는 충분했다. 그러나 미국이 점점 더 많이 세계적인 위계질서 안으로 들어가면서 성공에 대한 확실성은 사라지게 되었다. 강용흘의 소설인 『초당』에서 "장차 선비의 출세 길은 직선상에서의 가장 가까운 두 점의 거리처럼 미국을 향해 그어져 있다는 것"이라는 주인공의 생각은 더 이상 보편적으로 받아들여지지 않았다.

1970년대와 1980년대 — 경향과 통계

한국의 상위 계층에 치우친 한인 이민자들의 인구 형성은 한국의 계층 분포를 정확히 반영하지 못했다. 전문 의료진의 이민 프로그램, 고학력 전문직 이민 프로그램 그리고 유학 프로그램은 이민자의 수와 구성을 변화시켰고, 이민에 필요한 재정으로 인해 고학력의 전문직 한인 이민자들이 불균형적으로 증가하게 되었다. 그러나 1970년대 중반부터 한인 이민자의 구성은 변화하고 있다. 이민귀화국의 자료가 나타내는 여러 가지 광범위한 경향은 이민자의 구성이 점점 한국의 전체적인 계층 구성을 나타내기 시작했다는 것을 보여준다.

1970년대 초반에 걸쳐서 한인 이민자의 구성은 고학력, 전문직의 인원이 점차 증가해 그 구성이 전반적으로 이들 직업군에 치우친 경향을 가지고 있었지만, 모든 이민자에 대한 고학력, 전문직의 비율은 점차 떨어지기 시작했다. 한인들의 사회적, 경제적 계층 구성의 하향 평준화는 부분적으로 해외 의과대학 졸업자의 이민을 제한한 1976년의 법안과 제3순위였던 전문직의 이민자들을 제6순위로 변경한 1965년과 1976년의 이민법 개정의 결과이기도 했다.[137] 한인 이민자들의 수는 5,000명 정도에서 머물다가 1980년대를 거치면서 30,000명에서 35,000명까지 증가했다. 이는 2,000명에서 6,000명까지 증가한 고학력 전문직 이민자들의 영향이라기보다는 국가당 20,000명 쿼터에 속하지 않는 친족의 이민의 영향이라고 볼 수 있다. 1972년에 한인 이민자의 45%가 직업적인 이유나 가족적 이유와 관련 없이 이민을 왔지만 이는 1983년에 6%까지 떨어졌다.[138] 1980년대 후반부터의 이민 경향은 미국에 거주하는 시민권자나 영주권자를 통하여 이민자가 눈덩이처럼 불어나는 연쇄 이민이라고 일컬어지고 있다.[139]

우선순위 항목의 변화를 볼 때, 두 번째로 중요한 경향은 1965년에서 1972년까지 이민귀회국이 지정한 '상위'의 직업을 가진 한인 이민자가 꾸준히 증가하였고, 그 이후부터 서서히 감소했다는 것이다. 1973년에 전체 이민자의 50%가 전문직 종사자였지만, 1977년에 이르러 이 수치는 35%까지, 1990년에는 22%까지 감소했다. 이와 대조적으로 사무직 근로자의 비율은 1973년에 6%, 1977년에 12%, 1990년에 18%까지 증가했다. 노동자의 비율은 1973년에 4%, 1977년에 13%, 그리고 1982년에 19%까지 치솟았고 1990년에 12%로 떨어졌다. 실제 인원은 많지 않았지만 농부의 비율도 증가했다. 1973년에 1%였지만 1982년도와 1990년도에는 4%까지 상승했다.[140]

인숙 한박Insook Han Park과 그의 동료들은 1986년에 이민을 떠난 성인 이민자 집단의 약 10%에 이르는 1,834명과 출국 전 인터뷰를 실시하였다. 또한 그들은 이미 미국에 거주하고 있는 이민자들 중 그 해에 신분의 변화가 있었던 549명도 조사했다. 응답자의 74%가 이민의 가장 주요한 이유는 가족 관계를 위해서라고 했다. 다른 응답으로는 교육(8%)과 직장과 생활(8%)이 있었다.[141] 가족의 재결합은 다른 동기와 불가분한 관계에 있으면서, 그 자체만으로도 이민의 강력한 동기로 작용했다. 이민의 자격 요건을 갖춘 친족의 이민 비율은 감소했다.[142] 이에 자격 요건을 갖춘 친족들 중에 어떤 사람들이 이민을 선택하는지를 고려할 필요가 있다. 인숙 한박과 그의 동료들은 이러한 이민자들의 대부분인 73%가 경기도와 서울 출신이라는 사실을 발견했다. 이는 한국 경기도와 서울의 인구집중 비율인 37%의 2배에 이르는 수치다.[143] 평균적으로 한국에서 조사된 이민자들은 11.7년 동안 교육을 받았고 최근에 미국으로 귀화한 이들은 13.2년간 교육을 받았다. 이러한 수치는 한국의 평균 교육 햇수인 9년을 웃돌았지만, 이러한 차이는 이민자들의 평균 나이대가 한국 전체 인구의 평균 나이대보다 젊었기 때문이기도 하다.[144] 연고 이민과 직업 이민 사이에는 주목할 만한 차이점이 있다. 논의를 진행하기 앞서, 교육 수준이 평균보다 낮은 직계 가족이나 형제자매의 이민은 배제하고자 한다.

1986년의 조사에서 전체의 33%의 이민자가 전문직과 관리직에 종사했다. 이는 한국의 전문직과 관리직 비율이 8%라는 것과 비교했을 때 매우 높은 수치였다.[145] 직업 선호 이민자들 중에서 전문직 종사자들이 가장 많았으며(49%), 그 다음으로는 직계 가족(15%) 그리고 가족 선호 이민자들(10%)이 뒤따랐다.[146] 한박 씨와 그의 동료들은 "가족 관련 조항에 따라 이민을 온 한국인 이민자들은 사무직, 생산직, 기술직 그리고 서비스 관련 직종 등 다양한 직업군을 대표한다"고 결론을 내렸다. 1986년의 성인 이민자 집단은 이민자 구성에서 다양성이 증가하고 있는 현상을 반영했다. 계급 귀속의식과 관련해서, 52%의 이민자들이 자신이 상위 계층에 속한다고 생각했고(상류층 5%, 중상류층 30%, 중산층 17%) 47%의 이민자들은 자신을 하위 계급에 속한다고 생각했다(중하층 28%, 하층 19%).[147]

전반적으로, 1970년대의 이민자들은 그 당시의 한국인들과 비교했을 때 교육 수준이 높았고 부유했다. 1970년대와 1980년대를 거치면서 나타난 연고 이민으로 인해 '가난한 친척'이 미국으로 이민을 떠난다는 생각이 형성되기 시작했다.

한국과 미국의 재개념화

많은 한국계 미국인들은 LA 폭동이 한국 이민의 분수령이 될 것이라고 말했다. 전반적인 한-미 이민은 1980년대 후반부터 감소하기 시작했고, 이민의 증감에 대한 폭동의 독립적인 효과는 판단하기 어려워졌다. 1992년에는 20,000명을 밑도는 한국인들이 미국으로 이민을 갔고, 이는 1972년 이래 최저였다.[148]

한국의 경제 성장은 한국에 '현대성'을 부여하였다. 1964년 도쿄 올림픽이 세계에서 일본의 부상을 상징한다는 것을 뚜렷이 의식하고 있는 한국인들에게 1988년의 서울 올림픽은 중요한 등장의 획을 그었다. 올림픽은 미국에서의 한국계 미국인들의 지위 변화에 전환점이 되었다. 한 중년의 여성은 사람들이 그녀에게 "일본인이세요? 아님 중국인?"이라고 묻곤 했다고 말했다. 그러나 이제 "더 이상 그런 일은 없습니다"라고 웃으며 말했다. 한국계 미국인들은 더 이상 단순히 아시아계 집단에 속하는 민족이 아닌 한국인이었다. 그러나 LA 폭동은 한국계 미국인들을 정의하는 데 있어 명성과 악명이 동시에 추가되는 아이러니한 상황을 초래했다.

한국의 계속되는 번영과 정치적, 사회적 그리고 개인적 자유의 확대는 많은 1세대 한국계 미국인 이민자들이 한국을 떠나온 것을 후회하게 만들었다. 한국이 점차 현대적으로 변화하는 가운데, 그들은 점점 미국에서의 삶이 신분 상승의 가능성을 보장하지 않는다는 것을 깨닫게 되었다. 한 한국계 미국인 상인은 현재 미국에서 한인 이민자들이 기묘한 기로에 서게 된 상황에 대해서 "고리타분한 한국이 젊어지는 와중에 젊었던 미국은 늙어가고 있습니다"라고 설명했다.

이러한 의식의 변화는 이민의 시대착오적 오류를 만들었다. 1980년대 후반의 이민자들은 다양한 시련 가운데 미국으로 떠난 한편, 그들보다 먼저 떠나온 전임자들이 미국에서 시대에 뒤떨어져 살고 있는 모습을 보았다. 한 한국계 미국인은 미국에 있는 한국인들은 1980년대 한국의 일반적인 정치화의 빠른 속도를 따라가지 못했다고 말했다. 한 유학생은 "초창기 한인 이민자들의 한국성은 1960년대의 사고를 기반으로 형성된 것으로 보이며, 이는 지금까지도 변하지 않았습니다. 예를 들어 그들은 여전히 엄청난 반일 감정을 가지고 있습니다. 최근 위안부에 대한 언론 보도 이후에 많은 이들은 일본 물품에 대한 보이콧을 했습니다. 그들은 최근의 일본 이민자들과 예전의 이민자들을 구분하지 않았습니다"라고 말했다. 한 한인 상인은 다양한 이민자 집단들의 '시간 거품'에 대해서 이야기했다. "그들 모두는 그들이 한국을 떠났을 당시의 시간의 거품 속에 갇혀 있습니다." 최근 한국으로의 여행을 마치고 돌아온 그는 택시에서 이러한 시간의 거품 속에 갇혀 있는 한국계 미국인을 만났다. "그는(택시기사) 학창 시절에 미국의 중서부 지방으로 이민을 왔다고 했습니다. 20년간 한국으로 다시 돌아가지 않았기 때문에 그가 할 수 있는 이야기는 터무니없는 군사 독재정권과 이런저런 이야기들뿐이었습니다. 저는 그가 굉장히 낯설게 느껴졌습니다." 1984년도에 미국에 온 한 이민자는 그가 비민주적인 정권에 대한 민주

항쟁으로 잔인하게 탄압받았던 1980년의 광주민주화운동의 빨갱이 (공산주의자를 속되게 이르는 말)에 대해서 아직도 이야기하는 사람들 주위에 둘러싸여 있다는 사실에 놀랐다.

한국이 변화하면서 성공의 의미도 변했다. 미국에서 성공을 이룬 몇몇 한인들은 서울의 상류층의 호화로운 생활방식을 비슷하게 따라 할 수 있게 되었다. 토지 투기로 얻게 되는 불로소득은 벼락부자라는 새로운 계층을 형성하게 하였고, 이들 대부분은 자신의 부를 과시했다. 서울의 계급의식은 계급 간의 공간적인 분리와 뚜렷한 소비 패턴으로 가시화되었다.[149] 한 학생 이민자는 서울의 특권층을 다음과 같이 묘사했다. "그들은 일을 할 필요가 없기 때문에 그냥 가만히 앉아 있어도 잘 대우 받습니다. 그들은 운전기사를 두는 것을 비롯해서 온갖 종류의 서비스를 받습니다. 또한 그들은 다른 사람들에게 명령을 내릴 수 있었습니다. 부의 정도가 같다고 볼 때, 미국보다 한국에서 더 많은 것을 얻을 수 있습니다." 한 1970년대의 이민자는 이러한 변화에 뒤따라 나타난 결혼 선호의 변화에 대해 언급했다. "서울 올림픽 이전까지, 모든 한국 어머니들은 그녀의 결혼적령기의 딸을 미국 시민권자인 저와 결혼 시키려고 했습니다. 1988년 이후부터, 자신의 딸이 미국에 정착하는 것을 바라는 어머니들의 수가 점차 줄어들고 있음을 발견했습니다."[150] 한 이민자는 "우리는 한국에 방문하곤 했고, 한국에서 우리는 고개를 빳빳이 들고 다녔습니다. 사람들은 우리를 질투했습니다. 그러나 지금 한국에 가면 사람들은 우리를 놀립니다"라고 말했다. 이민자들은 종종 우리에게 "우리가 한국에 있을 때 그들은 우리를 거지로 봅니다"라고 말했다. 한국계 미국인 베트남 참전 용사인

제3장_ 디아스포라의 형성

스왑미트 경비원은 이 상황에 대해 사실적으로 서술했다. "할 수만 있다면 모든 사람들은 한국으로 돌아가려고 할 것입니다. 요즘에 미국으로 이민가는 한국인은 거의 없습니다."

미국에서 성공한 한국계 미국인들조차도 한국의 변화와 발전을 의식하고 있었다. 한국에 있는 사람들이 불로소득과 갑작스럽게 얻은 지위를 통해 부유해지고, 호화롭고 안락한 삶을 사는 반면 한국을 떠난 자신들은 미국에서 중산층의 삶을 유지하기 위해 안간힘을 써야만 했다. 젊은 한인 이민자 2세들은 애초에 이민을 오지 말아야 했고, 그랬다면 그들은 부자가 되었을 것이고, 회사 사장, 국가 공무원 혹은 서울대학교의 교수가 되었을 것이라는 그들의 아버지의 끊이지 않는 한탄에 지쳐 있다고 했다. 한국의 빠른 경제 성장과 사회적 변화는 한국인들의 부와 계급의 극적인 변화를 일으켰다. 이는 일부만의 이야기가 아니었으며, 한국 사회 전체에서 나타났다. 한 한국계 미국인 2세는 그의 삼촌은 계속 한국에 살면서 한강 이남의 작은 대지를 구입했고 그의 아버지는 LA 공항 근처의 토지에 투자했는데, 삼촌의 땅은 1980년대에 이르러 엄청난 가치를 가지게 되어 삼촌은 서울에 큰 부자가 되었고 그의 아버지는 한낱 임금 노동자에 불과하다고 말했다.

미국의 현실과 경제적 위축이 개인 혹은 매체를 통해 빠르게 확산되면서 아메리칸 드림의 의미는 퇴색되었다. 일자리를 구하지 못한 대졸자들, 청소년 갱단, 도시 폭동, 인종 갈등 그리고 LA 폭동에 대해 알려지면서, 한국인들은 이러한 사례를 기반으로 미국의 현 상황을 일반화하기도 하였다. 1993년에 개봉한 한국영화 〈웨스턴 에비뷰〉는 한 기업가 이민 가족의 삶과 LA 폭동으로 인한 피해 그리고 미국의 어두운 이면을 묘사한다. 예일대의 영화과 학생이었던 여성은 결국 마약에 빠지게 된다. 그녀가 부모님의 식료품점을 돕기 위해 로스앤젤레스로 돌아가면서 영화는 이러한 부도덕적 행위들에 대한 묘사에서 이민자 부모의 고난과 시련의 이야기로 중심을 전환한다. 폭동 중에 가게를 지키던 아버지가 실수로 아들을 죽이게 되면서 영화는 클라이맥스에 다다른다. 딸의 새로운 애인은 아버지의 가게에 장기적으로 고용된 아프리카계 미국인의 아들이었는데 그는 한국계 미국인들을 구하려고 했다는 이유로 아프리카계 미국인들로부터 살해당한다.

한 1970년대의 이민자는 1980년대 초기까지만 해도 그녀가 서울에 돌아갔을 때, 친구들과 친척들은 그녀의 물질적 재산과 미국에서의 행복한 삶을 부러워했다고 말했다. 그러나 1980년대 후반에 이르러서 그녀는 서울에 있는 작은 가게의 판매원이 그녀가 사고 싶어 했던 드레스에 큰 할인 혜택을 제공하려고 한 사실에 충격을 받았다. "그는 나에게 그도 미국에 이민을 간 동생이 있고, 그들이 겪어야 했던 시련에 대해서 이야기했어요. 그는 '당신이 미국에서 어떤 어려움을 겪고 있는지 잘 알고 있습니다. 그래서 저는 당신에게 이 가격에 드레스를 드리고 싶습니다. 이것이 당신과 같이 너무도 많은 고통을 감당한 사람들에게 내가 할 수 있는 최소한입니다'라고 말했어요."

물론 반 이민 정서는 1980년대에 완전히 새롭게 나타난 것은 아니었다. 조국을 버리고 한국에서 물적 자원과 인적 자원을 빼앗아간 이민자들의 이미지는 오랫동안 남아 있었다. 한 한국계 미국인 2세는 서울의 가난한 주민들에게 반역자라고 모욕당했던 기억을 회상했다. "우리가 한국계 미국인들이라는 것을 알자마자 그들은 우리를 향해서 소리를 지르기 시작했습니다. 만취한 아저씨는 내 친구 중 한 명을 구타하려고도 했습니다. 그들은 우리가 조국을 배신했다고 말했습니다. 물론, 이민은 우리가 결정한 것이 아니었습니다. 우리의 부모님이 결정한 것입니다." 그러나 1980년대에는 이러한 정서에 새로운 의미가 추가되었다. 반정부 노동 투쟁에 참여하여 수감된 여동생을 두고 온 젊은 한국계 미국인은 그녀의 동생이 그녀가 한국의 정치적, 사회적 투쟁을 져버리고 떠난 것에 크게 실망하고 있다는 사실을 알고 큰 내적 혼란을 겪었다. 일레인 김Elaine Kim은 미국으로의 이민을 폄하하는 그녀의 의붓자매의 이야기를 기록했다.

우리는 한국인이며 우리는 한국인으로 남기를 원합니다. 나의 둘째 아들은 매우 호화스러운 미국의 어떤 곳에서 살 바에는 가장 지저분하고 가난한 한국의 지역에서 살겠다고 말했습니다. 그는 오로지 자신의 나라에서 살고 싶기 때문에 그렇게 생각한다고 말했습니다. 우리의 삶이 평안하지는 않지만 우리는 우리의 나라에서 사는 것이 좋습니다. 이 세상에 우리나라만한 곳은 없습니다. 지난 10~15년 동안 많은 사람들이 미국과 캐나다로 떠났습니다. 그들은 그곳에서 사업을 시작하고, 돈을 벌고 그리고 왕과 왕비처럼 살고자하는 그들의 꿈을 해외에서 이루기 위해 몰래 돈을 가지고 나갔습니다. 최근에 들어서 가끔 한국에 있는 사람들은 미국으로 떠난 사람들은 축적한 모든 부를 가지고 고국을 버리고 떠나, 본인이 해결해야 할 문제들은 남은 이들에게 전가했다고 비난했습니다.

그러나 경기침체, 미국 생활의 현실 등의 이야기 외에도 한국인이 미국에 대해 부정적인 이미지를 형성하는 데 다른 요인들도 영향을 주었다. 1980년대에 한국에서 반미주의가 급격하게 상승했다. 반미주의는 급진적인 정치 이데올로기, 경제적 민족주의, 토착주의 문화 등의 영향을 받아 등장했다.[151] 1980년대는 대중의 정치 투쟁이 확대된 시기였다. 한국인들은 정치적 민주주의, 개선된 임금과 노동환경, 농민과 도시 빈민을 위한 재정지원, 언론의 자유 그리고 통일을 요구하며 거리에 나섰다. 1980년대 말에 이르러 한국은 완전히 바뀌었다. 생각도 할 수 없었던 것들이 상업적으로 유통되는 책으로 출판되었고, 상상도 할 수 없는 것들이 사적으로 혹은 공적으로 피력되었다. 한 한인 여성은 "한국에서의 일 년을 십 년으로 생각해도 무방할 것입니다. 지금 굉장히 빠른 속도로 변화가 일어나고 있습니다"라고 말했다. 이와 함께 사람들의 미국에 대한 이미지도 빠르게 변화하고 있었다.

미국의 대중적인 이미지의 변화의 중심에는 군 장성 출신의 전두환 대통령의 집권에 대한 1980년의 광주민주화운동이 있었다. 항쟁의 과정에서 약 2,000명의 사망자가 발생했다.[152] 1950년부터 공식적으로 한국군은 미국군의 작전 통제권 하에 있었기 때문에 많은 한국인들은 미군부대의 사령관이 항쟁의 진압 과정을 승인해주고 있다고 주장했다. 민주화운동의 진압은 1980년대 초기에 잠잠해졌고, 공식적으로 인정된 사망자 수는 200명뿐이었다. 그러나 이러한 공식적인 묵인은 독일, 일본 그리고 영국의 카메라를 통해서 비밀리에 촬영된 영상들, 책과 정치적 팸플릿, 해외에 거주하는 친척들과 친구들이 전한 이야기들, 미국과 일본의 매체들로 인해 뜨겁게 고조된 분위기를 진정시킬 수는 없었다.[153] 1980년대 말 정부는 광주민주화운동의 '진실'을 공표하고, 전두환 전 대통령을 재판에 세울 것을 강요받았다. 미국은 광주 민주화운동에 여러 차례 연루되었다. 1981년에 백악관은 전두환 대통령을 초청하고 그의 정권을 계속 지원할 것을 약속했다. 또한 부시가 CIA 출신의 도날드 그렉Donald Gregg을 주한미대사로 인선한 것처럼, 차후에 한국의 변화하는 정치적 흐름에 대한 인식의 부족을 드러낸 외교적 결정들이 내려졌다.[154]

1980년대의 광주의 모습은 한국에서 미국의 위상이 달라졌음을 보여준다. 1980년대는 미국문화원과 미 대사관 포위 사건을 비롯하여 미국에 맞서는 항의 집회들이 빈번하게 일어났다. 특정 정책에 대한 비난들로 시작되었던 일이 이론적 체계를 갖추기 시작하면서 반미 감정이 반미 운동으로 발전하였다. 반미 운동은 한국 자본주의의 발전의 종속적 성격을 비난하고 미국이 남북 분단에 일부 책임이 있다고 하였다. 온건한 중산층을 포함한 많은 한국인들은 오랫동안 간직했던 미국의 긍정적 이미지들에 대해서 의문을 가지기 시작했다. 한국과 미국의 핵무기에 대한 합의와 미군의 한국 주둔이 한국의 통일을 위한 것이라는 명목이 흔들렸고, 그동안 묵인되었던 미군의 범죄가 언론을 통해 알려지기 시작했다.[155] 1989년에 노 대통령이 미국 의회에 미국의 군사지원을 지속할 것을 촉구하는 가운데 한국에서는 주한 미군 주둔의 연장에 반대하며 통일은 미군이 한국에서 철수한 후에야 이루어질 수 있을 것이라고 확신하게 되었다.[156] 오랜만에 한국을 방문했던 한국계 미국인 작가 테레사 학경 차Theresa Hak Kyung Cha의 당시의 상황에 대한 서술은 날카로운 비판을 내놓는다. "18년이 지나서야 다시 돌아온 한국은 아직 전쟁 중이다. 우리는 여전히 전쟁을 치루고 있다. 우리는 결국 같은 목적을 위해 고난을 겪고 있다. 눈에 보이지 않는 적들이 해방자라는 이름으로 우리에게 와서 그들의 편의대로 우리를 단절, 내전, 냉전, 교착상태로 명명하면서 우리는 둘로 나뉘어지고 말았다."[157] 그녀는 미국이 분단에 일조했다고 여겼다.

현대 한국의 문화 운동은 한국과 미국을 재창조했다. 예컨대 감정적인 반미주의는 미국의 소비재, 미학, 미의 기준, 할리우드 등의 미국의 문화 제국주의를 거부하는 전통 문화 부흥 운동으로 나타났다. 일례로, 1980년대 말에는 영어 구절이 적힌 티셔츠가 넘쳐나는 가운데 한국의 탈과 무용수 등의 전통적인 이미지가 담긴 티셔츠가 등장했다. 하지만 이는 여전히 소수만의 운동이었다.[158] 이미 서울은 소비자본주의를 대표하는 도시가 되어 있었다. 그럼에도 음악 동호회들, 춤 단원들 그리고 미술 단체들은 시선을 국내로 돌려 전통 음악, 춤, 연극과 예술 표현을 연구하였다.[159]

이러한 한국의 문화적 투쟁은 로스앤젤레스에서도 벌어졌다. 1992년 동안 코리아타운의 중요지점으로 여기지는 한인 연방회관 건물의 정면에 한국 탈춤 무용수의 거대한 벽화가 있었다.[160] 우리는 이러한 이미지들의 의미 형성에 기여한 한국의 문화 재인식의 영향에 대해 생각해볼 수 있었다. 1980년대에 한국을 떠난 사람들이나 한국의 문화 정치에 대한 소식을 계속 접하던 사람들에게 전통적 한국 문화의 상징일 뿐이었던 이 거대한 건물은 시위의 상징으로 변했다. 1993년에 로스앤젤레스에 방문했을 때, 벽화는 농민들이 노래하고 춤추는 모습을 담고 있었다. 실제로 한국에서 1980년대 말 농민들의 노래와 춤은 사회적 이견의 강한 표출방법이 되었다.[161] 로스앤젤레스의 벽화도 이러한 의미를 반영한 것이었다.

초국가적인 디아스포라는 역사적으로 깊고 지리학적으로 넓은 범위에 한국계 미국인들을 위치시킨다. 식민주의, 전쟁, 그리고 국가적 분단과 그리고 이들의 유산인 군사 독재 정권 그리고 계급양극화의 20세기 한국 역사는 이민의 구조와 의미를 이해하는 것에 있어서 필수적으로 논해야 하는 요소이다. 한국과 미국에서 이민자들은 끊임없이 새로운 의미와 은유들로 물들었다. 미국에 부여된 의미와 심화된 계급격차를 포함한 한국의 이념과 사회구조는 이민의 양상을 변화시켰다. 앞에서 우리는 폭동의 대응이 이러한 고난 안에서 이해되어야만 한다는 것을 보았다. 디아스포라 공동체는 구조와 의미의 변화 속에서 형태를 갖추고 변모한다. 누구도 '당신은 왜 이민을 오셨나요?'라는 질문에 쉽게 답할 수 없을 것이다. 이민자들은 새로운 환경과 문화에 완전히 흡수될 준비를 하고 이민을 떠나는 것이 아니며, 변화하는 정세 속에서 고국을 항상 의식하면서 살았다. 고국에 대한 그리움은 한 개인과 고국이 맺는 수많은 이질적 관계 중 한 단면을 보여줄 뿐이며, 그들의 정체성은 계속해서 불안정한 상태였다.

로스앤젤레스 한인 디아스포라 연구

로스앤젤레스의 코리아타운은 미국으로 향하는 한인 이민자들에게 상징적인 장소였다. 이민자들이 항상 그들의 마음속에 지니고 있는 고국의 모습은 로스앤젤레스 중심부에 재창조되었다. 새로운 이민자들에게 로스앤젤레스의 코리아타운은 마치 서울을 캘리포니아 남부에 그대로 복제해 놓은 것 같았다. 거리에는 한글 간판들이 늘어서 있었고, 한국 서점 광고, 식당 그리고 상점들이 사방팔방으로 들어서 있었다. 게다가 코리아타운에서의 삶은 놀라울 만큼 한국의 모습을 그대로 재현하고 있었다. 다방에 들어서면 우리는 어둑한 방안에서 한국의 가구들과 장식품들과 마주하게 된다. 회사원들이 회의를 하는 가운데 피어나는 담배 연기 속에서 금연 구역은 낯선 개념일 뿐이었다. 팔팔(서울 올림픽을 기념하는 '88') 담배를 피면서 남성들은 대화를 나누었고, 어두운 양복과 가죽구두 사이로 새하얀 양말이 살짝 비치었다. 같은 폴리에스테르 유니폼이나 맞춤 정장을 입은 여성 회사원들은 무리지어 다녔다. 여성 종업원은 귀찮은 듯이 주문을 받고 접시들과 음식들을 식탁 위에 세게 내려놓았다. 이곳에서는 여유롭게 커피를 마실 시간이 허용되지 않았다. 가게에서는 현금 계산만 가능했고, 신용카드는 아직 전면적으로 사용되지 못했다. 미국과 한국의 모습이 혼재된 코리아타운에서 우리는 한국계 미국인의 문화적 특성을 단언

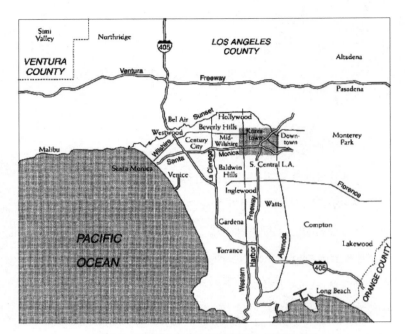

〈지도 1〉 로스앤젤레스 대도시권(음영지역은 〈지도 2〉 참고)

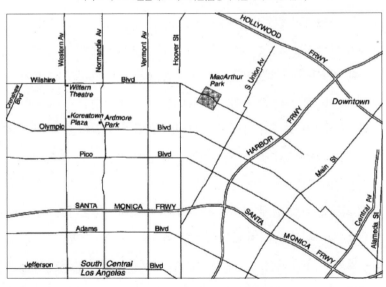

〈지도 2〉 코리아타운과 그 주변 지역

할 수 없게 되었다.

코리아타운에는 매일 다양한 계층의 한국계 미국인들이 모여들었다. 이들 사이에는 의류 취향, 자동차 구매력, 사투리 그리고 '한국성'이라는 단어가 내포하는 의미나 표준에 대한 생각의 대립 등 다양성이 존재했다. 그러나 활기찬 한국계 미국인들의 도시는 밤이 되면 조용한 라티노들의 도시로 변했다. 코리아타운 거주자 중 단 10%만이 한국계 미국인들이었다.[1]

'백인' 의 로스앤젤레스

로스앤젤레스는 지리적으로 분명히 규정되어 있지 않고, 확실한 형태를 지니지 않는다. 이러한 로스앤젤레스에서는 장소나 주민들 간의 통일성을 찾기 어렵다. 로스앤젤레스의 명소들인 베벌리 힐즈Beverly Hills, 산타모니카Santa Monica 그리고 컴프턴Compton은 독립적인 지방 자치 단체를 구성하고 있다. 465평방마일의 로스앤젤레스 카운티County of Los Angeles는 로스앤젤레스시City of Los Angeles와 80여 개의 다른 도시들로 구성된다. 로스앤젤레스 카운티Los Angeles County, 오렌지 카운티Orange County, 리버사이드 카운티Riverside County, 샌 버너디노 카운티San Bernardino County 그리고 벤투라 카운티Ventura County의 150개의 지방자치단체와 14만 명의 사람들 모두 로스앤젤레스 출신이라고 말할 수 있다.

규정하기 어려운 로스앤젤레스의 특성으로 인해 다양한 비유와 과장된 표현들이 나타났다. 주민들에게는 '사우스랜드Southland'이지만, 어떤 사람들은 로스앤젤레스를 '라라랜드La-La Land'라고 불렀고, 로스앤젤레스는 '우리 시대의 최고의 도시'[2]인 동시에 '세계에서 가장 모욕당한 도시[3]였다. 사막의 인공 오아시스 저편에 아메리칸 드림의 마지막 개척지인 로스앤젤레스라는 신기루가 있었다. 아메리칸 드림의 서부개척이 끝나는 지점에서 아메리칸 드림의 이상화된 삶이 번영했다. 그러나 자본주의의 꿈속에서 인종주의의 악몽이 시작되었다. 로스앤젤레스의 유토피아적 특성들은 곧 비극적이고 잔인한 역사로 옮겨졌다.[4]

초기 로스앤젤레스의 역사는 큰 변동 없이 서서히 전개되었다. 1542년에 유럽인에 의해 로스앤젤레스가 발견되고 1781년에 비로소 정착민들에 의해 세워진 이후, 1800년의 로스앤젤레스의 인구는 139명 남짓이었다.[5] 멕시코전쟁의 결과로 1848년에 미국의 서부 영토가 확장된 이후에도 로스앤젤레스는 여전히 작은 도시였다. 1870년대에 미국 동부로 연결되는 대륙 횡단 철도가 건설되고 나서야 로스앤젤레스는 '목축지대의 여왕'[6]에서 내륙 유럽계 미국인들의 서부 확장의 종착지로 변했다. 이 과정은 아메리카 원주민들의 적출, 멕시코와 중국 출신 노동자의 착취 그리고 '백인 공화국'의 설립을 수반했다.[7]

로스앤젤레스의 근대사는, 캐리 맥 윌리엄스Carey McWilliams[8]의 유명한 논평처럼, 일련의 호황기를 떼어놓고 서술할 수 없다. 시트러스와 기름의 도움으로 도시는 19세기 후반부터 지속적으로 확장되었다. 신록의 오웬 밸리Owen Valley와 건조한 기후의 로스앤젤레스를 연결하는 수도 시스템의 구축(로만 폴란스키Roman Polanski의 영화 〈차이나타운〉에서 인상적으로 영화화)과 미국 신화의 원천의 통합(할리우드 영화산업)은 20세기 초에 발전단계에 들어선 로스앤젤레스를 나타낸다.[9]

1900년대 초에 꽃을 피운 농업(예컨대, 오렌지)과 다른 주요 분야의 상품들(특히 오일)에서 1940년대의 제조 및 서비스 분야의 성장에 이르기까지, 이러한 경제적 발전으로 인해 로스앤젤레스는 호황을 맞이하게 되었다.[10] 누대에 걸쳐 호황을 누린 사업을 해온 사람들과 자본가들, 특히 부동산 업자들은 로스앤젤레스의 지배 엘리트를 구성하였다. 이 시기의 중심에는 오티스 챈들러Otis Chandler 가문과 『로스앤젤레스 타임스』가 있다.[11] 20세기 초반에, 지방 세력의 엘리트들은 노동조합들과 진보세력들의 저항을 묵살하고 인종적 배타성을 유지했다. 이 과정에서 상대적으로 자유주의적이고 관대했던 지도부는 강경한 보수주의와 인종주의를 표방하는 계층으로 변모했다.[12] 로스앤젤레스 백인 보수주의자들의 정치체제는 남부 캘리포니아 출신의 대통령인 리처드 닉슨Richard Nixon과 로널드 레이건Ronald Reagan(로드니 킹 재판이 이루어진 시미 밸리Simi Valley에 대통령 도서관을 둔)을 통해 볼 수 있다. 1950년대에 서부 유대인 자유진영이 대두되면서 로스앤젤레스에서의 와스프WASP(미국사회의 주류를 이루는 지배 계급)의 지배력이 무너지기 시작했다.[13]

20세기 전반기에는 산업과 정계의 거물들뿐만 아니라 로스앤젤레스 이민자의 대부분이 백인의 지배를 지지했다. 로스앤젤레스는 이러한 호황으로 야기되는 행복한 삶에 매혹되어 있던 중서부 사람들에게 번영을 기약했다.[14] 끝없는 경제 성장의 축복 안에서 로스앤젤레스의 야심가들은 그들의 무한한 야망과 욕구가 실현될 수 있는 곳에 정착했다. 1890년과 1930년 사이에 로스앤젤레스의 인구는 50,000명에서 1,200,000명으로 급증했다.[15] 이러한 대이동은 극빈층이 아닌 상대적으로 부유한 중서부 사람들을 불러들였다.[16] 1930년에는 남부와 동부의 사람들이 각각 로스앤젤레스 주민의 13%를 차지한 반면, 로스앤젤

제4장_ 로스앤젤레스 한인 디아스포라 연구

레스 주민의 37%가 중서부 사람들이었다.[17] 그 당시의 기준에서는 맹렬한 인종주의자로 분류할 수는 없지만 로스앤젤레스의 많은 주민들은 1980년대와 1990년대의 '화이트 플라이트white flight'에 합세한 그들의 후손들처럼, 인종과 계급의 동질성을 추구했다.[18]

동질성의 추구는 주거 패턴에서 가장 두드러지게 드러났다. 중서부 및 다른 '본토 출신의' 이주자들의 마음을 끈 것은 따뜻한 기후와 직장뿐만 아니라 자택 소유의 가능성 때문이기도 했다. 초기에는 광범위한 공공 철도 시스템으로, 그 이후에는 자동차와 고속도로의 등장으로 인해 가능해진 교외화는 주거용 자신의 민주화를 확장시켰다.[19] 1940년대에 이르러, 로스앤젤레스는 '미국 최초의 분권적 현대 산업 도시'가 되었다.[20]

시골풍의 중서부와 현대적인 캘리포니아의 기이한 조화는 인종적 동질성으로 덮어 씌워졌다. 20세기 초반의 멕시코와 아시아 출신의 새로운 이주 노동자의 유입도 로스앤젤레스의 백인성을 해치지는 못했다. 새로운 이주 노동자들은 조직적으로 각 민족 집단의 밀집지역으로 격리되었다.[21] 법인 설립과 주택 보유자 협회가 배제의 주요한 메커니즘이었다.

법인 설립 정책은 로스앤젤레스 지역의 계급과 인종의 배타성을 유지하는 강력한 요소였다. 도시와 지방 자치 단체의 설립은 거주민이나 기업체들이 공공 거버넌스로부터 자주성을 가질 수 있도록 했다.[22] 미국 파사데나Pasadena의 역사를 생각해보자. "인디애나폴리스의 주민들은 1873~1874년의 혹독한 겨울로 인해 많은 만성질환을 앓게 되면서 남부 캘리포니아로 이주하기 시작했다. (…중략…) 우체국이 지어졌던 1875년도에 그 지역은 파사데나라고 명명되었다." 백인 중산 층 계급의 인디애나폴리스의 인종과 계급의 구성은 파세데나에 그대 로 재현되었다. 또 다른 예로, 베벌리 힐즈는 근본적으로 1906년도에 한 기업에 의해 만들어졌다.[23] 이로써 로스앤젤레스시 안의 도시들은 그 배타성을 유지할 수 있었다. 법인 설립이 그 역할을 수행하지 못하 는 경우, 주택 보유자 협회가 그 역할을 대신했다. 인종차별주의에서 비롯된 규제 조항들은 백인 거주 지역으로부터 타인종인 로스앤젤레 스 주민들을 배제시켰다. 예를 들어, 1920년대에는 법으로 아프리카 계 미국인과 아시아계 미국인이 로스앤젤레스의 위치한 95%의 주택 을 구입할 수 없도록 규제했다.[24]

일부 사람들이 민족 연대의 결과로 형성되었다고 믿는 각 민족 집 단의 밀집 지역의 발생이 백인 지역의 형성과 유지에 영향을 주기도 했다.[25] 백인 지역에서 유색인종들을 격리한 인종차별적 관행들은 은 밀하게 이루어졌다.[26] 바리오스barrios나 리틀 도쿄Little Tokyo와 같은 지 역들은 민족 집단 지역으로 구분되기는 했지만, 그 이면에 이들 지역 을 구분하는 가장 중요한 경계선은 다름 아닌 '백인'과 '유색인종'이었 다.[27] 1870년대부터 1930년대까지 로스앤젤레스가 급격히 성장하고 있을 때, 바리오스와 리틀 도쿄에 각각 멕시코인과 일본인의 유입이 집중적으로 일어난 원인에 대한 연구는 우리의 한국계 미국인들에 대 한 연구와 관련이 있다.[28]

멕시코계 미국인들은 1848년에 캘리포니아가 미국으로 흡수된 이 후부터 백인들에게 조직적인 차별과 배제를 당했다.[29] 1880년대 무 렵 스페인어를 사용하는 사람들의 대부분은 "목조 양식의 영국계 미국인 교외 거주 지역과 명확히 구분된 아도비adobe 양식의 지역 안에서 살았다. 백인들에게 바리오스는 호황을 누리고 있는 그들의 국경 도시 중심에 이상하게 자리 잡은 조용한 멕시칸 마을이었다. 그들은 부분적으로 이것이 그들의 경제적, 사회적 선입견을 만들었다는 사실을 알지 못했다".[30] 멕시코계 미국인들은 번화한 지역에서 일자리를 찾거나 거주하려고 할 때 많은 저항에 부딪혀야 했다. 또한 백인 상업지역과 거주지역이 확대되면서 바리오스는 파괴되었고, 바리오스의 주민들은 새로운 주거지역을 찾아나서야 했다.[31] 1920년 무렵 50,000명으로 추정되는 로스앤젤레스에 거주하는 멕시코인의 40%가 센트럴 플라자 바리오Central Plaza barrio에 거주하고 있었다.[32]

멕시코계 미국인들의 주거지가 분리되면서 백인들은 점차 그들의 존재를 인식하지 못했다. 1926년에 로스앤젤레스 상공회의소의 찰스 베이어Charles P. Bayer는 "남부 캘리포니아에는 다른 국적 출신의 다양한 집단이 존재하지 않습니다"라고 말했다.[33] 멕시코계 미국인들의 수는 아메리카 원주민들의 경우와 같이 감소하고 있다고 보편적으로 받아들여졌다.[34] 멕시코계 미국인들이 수면위로 등장했을 때, 인종차별주의적인 관행과 담론이 그들을 기다리고 있었다. 1928년의 『새터데이 이브닝 포스트Saturday Evening Post』는 이스트 로스앤젤레스East Los Angeles에 대한 기사를 실었다. "폴란드나 동유럽 어디에서도 나는 이 멕시코인보다 무지하고 빈곤한 사람들을 본 적이 없었다. 그들은 몇 년 간 판자촌을 만들고 무리지어 살면서 한때 채소 농원이었던 이 지역을 빈민가로 전락시켰다."[35] 인종차별주의에 의해 촉발된 최악의 사건 중 하나는 1943년의 주트-수트 폭동이다. "3,000명의 폭력배는 영화관과 차 안에 있던 멕시코인, 필리핀인 그리고 흑인들을 끌어내고 그들을 거리에서 구타했다. 대부분의 경우 그들은 옷가지를 빼앗기기도 했다. 경찰들은 이러한 폭행 현장을 바라보기만 할 뿐, 개입하려고 하지 않았다."[36] 1990년대에 치카노(멕시코계 미국인)의 정치적 배제, 주거지 분리, 그리고 불완전 고용과 실업은 한 세기 전에 그들의 조상들이 겪었던 고난을 연상시켰다.

1880년대에 상당수의 일본인이 미국으로 이민을 온 것을 시작으로 일본인들은 미국에 정착했다. 중국인들과 마찬가지로 한때 이민이 금지되기도 했던 일본계 미국인들은 1930년대에 이르러 로스앤젤레스에서 가장 성공한 소수민족으로 여겨졌다.[37] 1983년에 로스앤젤레스 카운티에서 조사된 일본계 미국인의 인구가 41명이었으나, 1930년에는 35,390명으로 증가했다.[38] 일본계 미국인들은 멕시코인들과 흑인들보다는 나은 대우를 받았지만 그들 역시 중대한 편견에 맞서야 했으며, 캐리 맥윌리암스Carey McWilliams는 1900년에서 1941년까지의 시기를 '캘리포니아–일본인 전쟁'이라고 명명하기도 했다.[39] 농업 분야에서의 일본계 미국인들의 성공은 백인들의 적대감을 불러일으켰으며, 1923년에 미국 시민이 아닌 사람들의 토지 소유를 금지시킨 외국인토지법의 제정을 초래했다. 이 법안으로 많은 1세대 일본계 미국인들은 농업분야로 진출할 수 없었다.[40] 일본인들과 다른 아시아계 이민자들은 1952년의 맥캐런–월터 법McCarran-Walter Act이 제정되고 나서야 비로소 미국 시민으로 귀화할 수 있었다.

마찬가지로 일본계 미국인들은 몇몇 지역에 집중적으로 모여 집단 거주 지역을 형성하였으며, 이들 중 리틀 도쿄에 가장 밀집하였다.

차이나타운과 아프리카계 미국인 지구와 인접해 있었던 리틀 도쿄
는 1930년대에 로스앤젤레스에서 가장 빈곤한 지역 중 하나였다. 리
틀 도쿄라는 이름에 어울리지 않게, 이곳은 많은 유럽계 미국인, 아프
리카계 미국인 그리고 라티노들이 거주하는 다민족적인 지역이었
다.[41] '백인' 지역으로 이동하려는 일본계 미국인들의 시도는 주민들
의 저항을 불러 일으켰고, 종종 유색인종들을 배제시키고자 하는 규
율이 만들어지기도 했다.[42] 1923년 할리우드의 시민들이 받은 서신
에는 "이것은 인종 평등의 문제가 아닙니다. 이것은 단지 백인과 황
인종의 상반성의 문제입니다. 우리는 사회적, 산업적, 경제적 그리고
정치적으로 섞일 수가 없습니다. 한번 일본인은 영원한 일본인입니
다"라고 적혀 있었다.[43] 이러한 인종차별적 분위기에서 아시아인들
의 미국 이민을 실질적으로 금지시킨 1924년의 이민배제법의 등장
은 어찌 보면 당연한 일이었다.

1942년의 행정명령 9066호에 의해 단행된 억류로 인해 반일감정과
반일운동은 절정에 이르렀다. 미국 시민권자를 포함한, 110,000명이
넘는 일본계 미국인들은 그들의 주거지에서 강제로 쫓겨났고 여러 수
용소에 구금되었다.[44] 이 억류 사건으로 미국의 민족적 격리는 정점에
도달했다.

따라서 '백인'의 로스앤젤레스는 인종차별적 배제의 결과였다. 로
스앤젤레스 초기 역사에서 동일 민족 간의 결집은 민족의 연대보다는
백인들의 인종차별에서 기인한 것이다.

경제적 재구성과 계급 분열

제2차 세계대전 이후에 교육, 직업 그리고 주거의 차별에 대한 법적 근거가 무너졌다. 1964년의 시민권법과 1965년의 투표권법은 미국의 구조적인 인종차별과 격리의 법적, 형식적 근거를 없앴다. 1968년의 주거개방법은 주거의 차별을 불법으로 만들었다. 금융제약들로 인해 주로 백인들로 이루어진 부유층들의 배타적인 거주지가 영속화되었지만, 1990년대의 로스앤젤레스에서 노골적인 인종차별은 다양한 민족 출신의 구성원이 유지되면서 저지되었다. 그러나 계급적 구분은 더욱 탄력적으로 유지되었다. 예를 들어, 베벌리 힐즈의 주민들은 부동산 시장의 영향으로 다른 계층의 사람들의 유입을 막을 수 있었다. 대다수의 사람들은 '오두막'이 50만 달러에 이르는 베벌리 힐즈에 거주할 형편이 되지 않았다.

경제 상황의 변화는 로스앤젤레스의 인종과 계급의 새로운 지형도를 만들었다. 1970년대에 미국의 경제는 탈공업화를 겪었고, 이로 인해 전통적 공업 중심지로부터 자본이 이탈되고, 많은 공장이 폐쇄되었다.[45] 세계화된 경쟁으로 인해 이윤 추구를 목적으로 하는 미국 기업들은 운영 자금을 낮추거나, 노조가 없는 저렴한 노동력을 이용하기 위해서 회사를 해외로 이전할 수밖에 없었다. 반면 남부 캘리포니아 산업은 전체적으로 지속적인 성장을 이루었다. 지리학자 에드워드 소자 Edward Soja는 "1960년대 후반부터 로스앤젤레스는 다른 선진 산업 국가들과 견줄 수 없는 산업과 고용의 성장과 집중적인 금융 투자를 경험했다"[46]고 기술했다. 1970년부터 1985년까지 미국에서 제조업은 1.7% 감소했지만, 남부 캘리포니아에서는 제조업이 24.2% 증가하였다.[47]

제4장_ 로스앤젤레스 한인 디아스포라 연구

1984년까지 미국의 가장 큰 제조업의 중심지는 로스앤젤레스였다.[48]

그러나 전체적 통계치는 중요한 경향을 보여주지 못했다. 실제로는 미국의 다른 지역과 마찬가지로 남부 캘리포니아에서도 철강과 자동차를 포함한 전통적 제조 산업이 쇠퇴했고, 1970년대 후반에 로스앤젤레스에 위치한 많은 공장들이 폐쇄되었다. 1970년대에 로스앤젤레스는 자동차 조립업과 고무제조업에서 두 번째로 큰 중심지였지만, 이 산업들은 1980년대 중반에 사실상 사라졌다. 공장의 폐쇄는 로스앤젤레스의 산업의 심장부, 특히 로스앤젤레스 남동부를 황폐화시켰다. 컴퓨터와 바이오메디컬 제품들을 기반으로 한 새로운 첨단 산업들은 남부 캘리포니아의 다른 지역, 주로 오렌지 카운티 주변에 새로운 산업지구를 형성하였다.[49] 포천 500개사Fortune 500들이 선벨트 지대나 제3세계로 공장을 이전했고, 새로운 산업들은 남부 캘리포니아 산업에 활기를 불어넣었다.

중앙아메리카나 아시아 출신의 새로운 이민자들의 등장으로 노동조합에 가입하지 않은 저임금의 노동력이 풍부해졌다. 의류 산업과 같이 로스앤젤레스에서 저차원의 기술을 요하는 산업들은 1972년에는 65,000명의 노동자를 고용했지만 그 수가 1992년에는 100,000명까지 늘었으며, 해외의 값싼 노동력과 경쟁하기 위해서 임금은 낮춰졌다.[50] 이민 노동자들은 낮은 임금을 받고 일할 뿐만 아니라 본토 출신의 근로자들과 다르게 노동조합에 가입하지 않았다. 이는 고용주의 이민 노동자의 민족 집단에 대한 선호도에 영향을 주었다. 이러한 요소를 고려한 경제적 계산에 따라 고용주들은 아프리카계 미국인들을 포함한 본토 출신의 노동자보다 주로 라티노들을 선호했다.[51] 전통적 산업들의 탈공업화는 광범위한 노동조합의 해체와 연관되어 있었다. 1980년대에 제조업 노동자들의 노동조합 결성 비율은 로스앤젤레스 카운티에서 30%에서 23%로, 오렌지 카운티에서 26.4%에서 10.5%로 감소했다.[52] 저차원 기술 산업과 첨단 산업 모두 노동조합을 결성하지 않고, 경영진에 의해 효율적으로 관리되었던 이민자들의 저임금 노동력에 의존했다.[53]

아시아의 경제가 부상하면서 로스앤젤레스는 세계 경제의 주요 교점으로서 그 중요도가 높아졌다. 한국을 포함한 아시아의 자본은 로스앤젤레스를 투기성 투자 대상 지역이나 북미 경제의 기반으로 여겼다. 미국 내에서 커져간 보호무역주의의 위협 또한 아시아계 기업들이 미국에 공장을 짓도록 자극했다. 새로운 이민자들이 터를 잡은 빈곤 지역들은 풍부한 노동력의 기반이 되었다. 공격적인 노동자들과 대면하고 있었던 기업들에게 노동 이민자들의 소극적인 면모와 저임금은 매력적인 조건이었다.[54] 자본 투기 역시 부동산 개발 사업을 자극했다. 아시아 자본가들은 종종 기존의 소수민족 지역사회를 거점으로 삼았다. 리틀 도쿄가 일본의 투기성자본을 유치한 것처럼, 코리아타운은 한국의 투기성 자본을 끌어들였다.[55]

1990년대의 로스앤젤레스의 산업은 국제 금융, 반도체 산업을 포함한 첨단산업, 의류 산업을 포함한 저차원 기술 산업, 엔터테인먼트, 관광 그리고 서비스 분야 등으로 매우 다양하게 구성되어 있었다. 로스앤젤레스 역시 이중도시의 형성이라는 국가적인 동향을 따랐다. 이중도시에는 세계 자본주의 경제와 연결된 전문가 집단과 그들을 위해 일하는 육체노동자들이 공존한다.[56]

1990년대의 주거 격리는 인종 자체보다는 경제력에 근거를 두었다. 계급 구분이 주거 패턴에 영향을 미쳤다. 빈부 격차가 커지면서 부유한 지역은 도시 밖에 자리했다. 범죄에 대한 두려움이 커져가면서 이들의 지역으로 원치 않는 사람들이 유입되는 것을 저지하려는 시도가 빈번하게 나타났다. 이러한 시도들이 극단으로 치달으면서, 몇몇 부유한 지역에서는 출입구를 설치하여 비거주자들이 그들의 도로를 사용하지 못하도록 막기도 했다.[57] 1993년에는 150개에 이르는 지역에서 지역 내의 거리에 문을 설치하려고 시도했다. 부유한 지역에서 비거주자들을 차단하려고 노력하는 동안 경찰과 다른 치안 부대들은 가난한 사람들을 '봉쇄'하기 위해서 노력했다.[58] 로스앤젤레스의 무수한 밀집지역들에서 최고조에 달한 공공 재산의 사유화는 마이클 프레인 Michael Frayn의 소설인 "A Private Life"[59]에 나타난 디스토피아적 세계를 연상시킨다. 로스앤젤레스는 측량할 수조차 없는 빈부격차가 나타나는 제3세계 수도들의 모습과 닮아 있었다.[60]

동시에 기존의 민족 밀집지역들은 대부분 다인종화와 빈곤을 겪게 되었다. 남동부 로스앤젤레스와 같은 노동계층의 지역은 저차원 기술직이나 서비스직에서 일하고자 하는 멕시코와 중앙아메리카 출신 사람들의 급속한 유입으로 변화되었다. 한때 유럽계 미국인 노동 계층이 주로 거주했던 지역들은 1990년대에 이르러 라티노들의 지역으로 변했다. 우리는 로스앤젤레스 사우스 센트럴과 코리아타운에서도 비슷한 경향이 존재한다는 것을 앞으로 보게 될 것이다.

경제력을 바탕으로 한 주거의 격리는 인종차별을 완전히 배제한 것은 아니었다. 법인 설립과 주택보유자 협회들은 전후 시대에서도 사회의 유력한 세력을 구성했다.[61] 게리 밀러Gary Miller는 새로 세워진 "(도시에서) 복지 유형의 혜택을 요구하는 인구집단들이 지역 경계 안에서 살 수 없게 될 것임이 분명하다"라고 발언했다.[62] 또한, 1970년대 후반에 발생한 교외 재산세 인하운동으로 많은 유럽계 미국인들은 그들의 자본 소득을 지키고 도심지역의 주민들과 그들의 요구에 저항하기 위해서 총동원되었다.[63] 1950년대의 법인조합과 주택보유자 협회들은 종종 백인 인종차별주의를 표방했고, 1970년대의 교외 재산세 인하운동은 암호 언어나 상징을 통해서 인종차별주의를 토대로 하고 있음이 드러났다. 게다가 일상에서의 차별은 전후기간 동안에도 지속되었다. 남부 캘리포니아의 초기 한인 이민자인 메리 백 리는 다음과 같이 과거를 회상했다. "1950년대에 공중 화장실, 수영장 등에 있었던 '백인 전용'이라는 표지판은 사라졌어요. 이발소, 극장 그리고 교회에 그 표지판들은 사라졌지만 여전히 동양인들은 문전박대당했어요."[64] 30년 후, 몬트레이 파크Monterey Park의 시장인 베리 해치Barry Hatch는 "10억의 중국인들은 정착하기 좋은 곳을 찾아다니고 있습니다. 어디에도 이곳만한 곳은 없습니다. 그들은 이 지역 전체를 노리고 있습니다"[65]라고 말했다. 물리적 폭력과 악명 높은 언어폭력은 1990년대에도 계속되었다.

그러나 지속적인 인종차별 문제에만 초점을 맞춘다면 현실을 올바로 이해할 수 없을 것이다. 시민 평등권 운동으로 주거 차별의 법적 근거가 사라진 반면, 인종차별의 정서를 가지고 있는 대다수의 교외의 유럽계 미국인들은 여전히 격렬하게 저항했다.[66] 그러나 좁게는 로스앤젤레스, 크게는 미국 전체의 인종의 지형도를 결정하는 계급이 중요한 요인으로 등장했다. 인종보다 빈부격차로 인한 계급이 주거의 패턴을 결정하는 주요한 요인이 되었다.

1990년대 중반에 로스앤젤레스는 경제적 불평등과 인종 분열에 시달렸다.[67] 로스앤젤레스의 간선인 윌셔 블리바드Wilshire Boulevard를 바다에서 내륙으로 방향으로 주행하면 수많은 언어와 민족 공동체를 만날 수 있으며, 내륙으로 이동할수록 부유한 분위기가 점차 빈곤하게 변한다. 미국의 상류층과 하류층은, 부유층의 사람들은 호화로운 저택에서 거주하고 근사한 차를 타는 반면에 빈곤층은 평균 이하의 임금을 받고 고물 자동차를 타고 다닌다는 굳어진 단순성 안에 자신들을 위치시킨다. 자신들만의 지역을 구축한 부유층부터 밀집지역 안에 있는 빈곤층까지의 모습에서 우리는 부유한 선진국의 모습과 제3세계의 도시까지 연상할 수 있었다. 이제 우리는 로스앤젤레스의 계급과 민족의 분열에 대한 사례연구를 통해 폭동의 주요 장소인 로스앤젤레스 사우스 센트럴과 코리아타운에 주목할 것이다.

로스앤젤레스 사우스 센트럴의 변화

로스앤젤레스 사우스 센트럴의 악명에도, 정치학자인 신시아 해밀턴Cynthia Hamilton은 사우스 센트럴은 "그저 거주지이고 동네일뿐이다. 많은 지역들이 교회들과 학교들 주변에 형성되었다"라고 기술했다.[68] 『시티 타임즈City Times』는 1992년 가을부터 『로스앤젤레스 타임스』에서 연재된 주간지이다. 발행 계기는 도심지역의 범죄와 마약의 문제를 떠나서 로스앤젤레스에 평범한 이웃의 삶이 존재한다는 것을 보여주기 위함에 있었다.[69] 하지만, LA 폭동에 대한 여러 기사들을 통해 로스앤젤레스 사우스 센트럴은 빈곤, 부패 그리고 도시 하층계급의 대명사가 되었다. 로스앤젤레스 사우스 센트럴의 계속된 변화에 주목해 본다면 사우스 센트럴을 안정된 지역으로 보는 해밀턴의 입장과 이 지역의 부패를 다루는 언론 사이의 간극이 어느 정도 좁혀질 수 있다. 본래 노동 계층의 지역이었던 로스앤젤레스 사우스 센트럴은 탈공업화와 함께 노동 계층과 아프리카계 미국인 중산층의 대이동을 겪었다. 1970년대부터 사우스 센트럴 인근 지역에 저차원 기술 산업이 유입되면서 라티노들 중 특히 중앙아메리카 이민자들의 수가 증가하였다. 이에 따라 로스앤젤레스 사우스 센트럴은 점점 다인종화, 빈곤화되고 있었다.

로스앤젤레스와 아프리카계 미국인들 간의 관계는 변화가 극심했다.[70] 백인의 로스앤젤레스는 남부 연합과 더 동일시되었지만, 20세기 초기에 로스앤젤레스는 대다수가 공화주의자이며 노예제도를 반대했던 중서부 이민자들의 유입으로 여타 지역보다 아프리카계 미국인에게 관대한 지역이 되었다.[71] 1910년까지 센트럴 에비뉴Central Avenue 지역은 아프리카계 미국인의 문화와 사업의 중심지였다.[72] 그러나 앞서 보았듯이 차별은 20세기 초기까지의 통치 원리였다. 1922년에 『산타모니카』 신문은 아프리카계 미국인들에게 "우리는 지금 그리고 앞으로도 계속 이곳에 당신들이 있기를 원하지 않습니다. 이곳은 백인들의 도시가 될 것입니다"라고 경고했다.[73] 1920년대에 왓츠Watts에서의 아프리카계 미국인들의 정치적 장악력이 사우스 센트럴의 동부에까지 이르면서, 아프리카계 미국인들이 백인의 로스앤젤레스로 유입될 수 있었다.[74]

아프리카계 미국인들은 유럽계 미국인들의 간섭 하에 남쪽과 서쪽으로 이주했다.[75] 바리오의 경우와 마찬가지로 아프리카계 미국인들의 주거지는 백인들의 요구에 의해 결정되었다. 아프리카계 미국인들의 로스앤젤레스로의 이주가 증가하였고, 1940년대에 이르러 왓츠와 로스앤젤레스 사우스 센트럴에 아프리카계 미국인의 밀집 지역이 형성되었다. 전시 산업의 호황으로 로스앤젤레스의 전체 인구가 1940년에 약 1,500,000명에서 1950년에 2,000,000명으로 증가하는 동안 64,000명이던 아프리카계 미국인은 171,000명으로 증가했다.[76] 아프리카계 미국인들의 거주지는 여러 가지 이유로 시내에서 남쪽으로 약 10마일 떨어진 곳에 밀집되었다. 새로 도착한 아프리카계 미국인들을 수용할 주택의 필요성, 아프리카계 미국인이 없는 도시를 조성하고자 했던 백인들의 생각 그리고 로스앤젤레스 남동부의 새로운 공장들까지의 접근성이 그 이유였다. 로스앤젤레스 사우스 센트럴은 알라미다 에비뉴Alameda Avenue를 따라 있었던 '코튼 커튼Cotton Curtain'(메이슨–딕슨 선)으로 아프리카계 미국인들과 유럽계 미국인 노동 계층의 거주 지역이 나뉘어졌다. 1950년에 로스앤젤레스에 있는 아프리카계 미국인의 78%가 왓츠나 사우스 센트럴에 거주했다.[77] 또 다른 아프리카계 미국인 밀집 지역은 리틀 도쿄였다. 제2차 세계대전 동안 일본인들이 억류되었을 때 아프리카계 미국인들은 이 지역으로 이주했고, 이곳을 브론즈빌Bronzeville로 다시 명명했다.[78]

로스앤젤레스 남동부에 위치한 중공업을 동력으로 시작된 로스앤젤레스의 산업 호황은 1950년대와 1960년대의 사우스 센트럴의 경제를 지탱했다. 그러나 1960년대부터 두 가지 요인이 왓츠와 로스앤젤레스 사우스 센트럴을 황폐화시켰다. 첫째로, 1960년대 무렵 고속도로가 철도를 대체하면서 도심과 도시 간의 수송로로서의 왓츠의 중요성이 하락했다. 왓츠는 "장거리 화물차 노선, 도시 간 철도 그리고 시내 전차의 중요 교차점이자 분기점"이었으며 "로스앤젤레스의 대도시권과 도심 지역까지 포함한 그 어느 곳도 왓츠만큼 수많은 지역들과 잘 연결된 곳이 없었다".[79] 그러나 고속도로의 건설로 인해 "왓츠는 한 구석으로 밀려났다. 왓츠의 침체에는 다른 요인도 작용했다. (…중략…) 왓츠의 고립은 왓츠의 모든 불행을 야기했다".[80] 둘째로, 탈공업화는 아프리카계 미국인 노동자들, 특히 로스앤젤레스 사우스 센트럴에 있는 이들에게 큰 혼란을 주었다. 1978년과 1982년 사이에, 12개의 대규모 비항공우주산업 분야의 공장들 중 10곳이 문을 닫았으며, 50,000명의 육체노동자들이 일자리를 잃었다.[81]

아프리카계 미국인들은 탈공업화로 인해 엄청난 타격을 입었다. 에드워드 소자Edward Soja는 "왓츠 폭동 이후 15년간, 흑인들이 주를 이루었던 로스앤젤레스 사우스 센트럴 지역에서 40,000명의 인구가 감소했으며, 그중 노동 인구가 20,000명으로 감소하였고, 연간 평균 가족 소득은 1970년대의 도시 흑인 인구의 평균에서 2,500달러가 깎인 5,900달러로 하락했다"[82]고 기술했다. 대학 교육을 받은 이들을 제외하고, 로스앤젤레스 사우스 센트럴에 사는 대부분의 아프리카계 미국인들은 서비스 분야와 첨단 산업의 보수가 높은 직장에서 배제되었다. 동시에 그들은 라티노와 아시아계 이민자들과 저차원 기술 산업과 서비스 분야에서 저임금의 일자리를 두고 경쟁을 해야 했다. 가장 큰 문제는 새로운 이민자들이 더 적은 임금과 혜택을 받고 일할 용의가 있었다는 것이었다. 이전까지 아프리카계 미국인들이 주류였던 호텔직과 같이 노동조합이 있었던 서비스 분야의 직종은 라티노 노동자들이 맡게 되면서 비 노조의 산업이 되었고, 임금은 가파르게 하락했다.[83]

아프리카계 미국인들이 산업 및 서비스 분야에서 일자리를 잃고, 중산층의 아프리카계 미국인들이 사우스 센트럴에서 이탈하면서 이곳의 경제는 악화되었다. 주거의 격리가 점차 위축되고, 몇몇 부유한 아프리카계 미국인들이 생겨나면서, 중산층 및 전문직의 아프리카계 미국인들은 '더 나은' 지역으로 이주할 수 있게 되었다.[84] 따라서 로스앤젤레스 사우스 센트럴은 잠재적인 지도자들의 일부를 잃게 되었다.[85]

1970년대부터 라티노, 특히 중앙아메리카 출신의 라티노는 로스앤젤레스 사우스 센트럴로 이주했다. 남동부 로스앤젤레스에서의 저차원 기술 산업과 서비스 분야에서의 저임금 노동자에 대한 수요의 급증은 멕시코와 다른 중앙아메리카 지역 출신 사람들의 이민을 크게 가속화시켰다. 인종 구성의 급격한 변화가 명백히 드러났다. 왓츠의 인구 구성 변화를 보면, 1980년에 왓츠 주민의 82%가 아프리카계 미국인이었으나, 1990년에 이 수치가 58.7%로 하락했다. 많은 아프리카계 미국인들이 떠나는 동안 라티노가 이 지역으로 유입되었다. 1980년에 왓츠 주민의 17.7%였던 라티노는 1990년에 45.2%로 급증했다.[86] 1963년에 남부 로스앤젤레스 인구의 83%가 아프리카계 미국인이었으나 1990년에 44.8%로 감소했다. 같은 시기에 빈곤율은 27%에서 30% 이상으로 상승했다.[87]

1990년대 중반의 로스앤젤레스 사우스 센트럴은 뉴욕시의 사우스 브롱크스South Bronx와 시카고 남부와 함께 도시 쇠퇴의 상징으로 어깨를 나란히 했다. 그러나 공장들의 폐쇄, 공공기반시설의 감소 그리고 전반적인 빈곤화에도 로스앤젤레스 사우스 센트럴은 단순히 도로 이곳저곳이 움푹 패어 있고 판자로 쌓아올린 건물들로 가득 찬 도시는 아니었다. 신시아 해밀턴의 서술과 여러 한국계 미국인들이 우리에게 말했듯 사우스 센트럴은 여전히 여느 곳과 같은 안정된 거주지였다. 그럼에도 불구하고 주류 백인 언론들은 널리 보도된 가난과 범죄의 이미지에만 초점을 맞춰 사우스 센트럴의 비도덕성을 다뤄 이도시의 인간미를 없앴다. 남부 캘리포니아 주민들은 LA 폭동에 대한 광범위한 언론보도를 통해 사우스 센트럴을 처음 접하게 되었고, 이도심지역의 폭력성에 대한 비판적인 의혹들을 그대로 받아들였다.[88]

다민족의 코리아타운

1970년대에 로스앤젤레스의 코리아타운은 폭발적으로 성장했다. 코리아타운은 1965년 이후의 한인 이민을 통해 형성되었다.[89] 코리아타운이 캘리포니아 남부의 한국계 미국인들의 경제적 그리고 문화적 중심지라는 것은 틀림없지만, 이러한 사실 외에도 코리아타운의 다인종적 인구 구성과 한국계 미국인들 간의 계층 분화 또한 중요하게 다뤄져야 할 것이다.

로스앤젤레스는 20세기 초부터 미국 본토의 한국계 미국인들의 중심지였다. 1910년대에 약 40명에서 50명의 한국계 미국인들이 로스앤젤레스에 거주했다.[90] 당시에 코리아타운은 존재하지 않았지만 한국계 미국인 밀집지역이 형성되고 있었다. 한국계 미국인의 거주지는 1910년대에는 메이시Macy, 알라메다 스트리트Alameda Streets, 그리고 벙

커힐Bunker Hill 지구에 밀집해 있었고, 1930년대 후반에는 버몬트Vermont, 웨스턴Western, 아담스Adams 그리고 슬로슨Slauson 에비뉴avenue 등지에 밀집해 있었다.[91] 1930년대에 약 650명의 한국인들이 거주했다는 점으로 인해 로스앤젤레스는 '한국의 도시'로 봐도 무방했다.[92] 한인 장로교회가 1938년에 1374 웨스트 제퍼슨 블리바드West Jefferson Boulevard에 설립한 교회는 오늘날까지도 사용되고 있으며, 대한민국민회 건물은 1368 웨스트 제퍼슨 블리바드에 위치하고 있다. 현재 코리아타운의 위치에서 남쪽으로 2마일 정도 떨어져있는 이 지역은 당시 한국계 미국인들의 활동의 중심지였다.[93]

한국계 미국인의 인구는 제2차 세계대전 종전까지 거의 그대로 유지되었고 1960년대까지는 서서히 증가했다. 1970년대에 로스앤젤레스 카운티에 8,900명의 한국계 미국인들이 거주하였고, 이는 미국 전역의 한국계 미국인들의 13%에 해당하는 수치였다. 1959년에 하와이가 미국의 50번째 주가 된 이후 일부 한국계 미국인들은 로스앤젤레스로 이주했다. 그들은 1930년대에 그랬듯이 같은 구역에 모여 살았는데, 피코 블루바드Pico Boulevard, 후버 스트리트Hoover Street, 산타 바바라 블리바드Santa Barbara(현재는 마틴루터킹 주니어 블리바드Martin Luther King Jr. Boulevard) 그리고 웨스턴 에비뉴Western Avenue에 둘러싸인 지역에 밀집하여 거주했다.[94] 1964년에 처음으로 로스앤젤레스에 온 한인 사업가는 당시에 한인 불법 이민자들을 봤던 기억을 떠올렸다. 사이공Saigon을 통해 온 그들은 야외의 공공 세면대에서 이를 닦고 얼굴을 씻고 있었고, 그들의 벨트에는 휴대용 식기세트가 매달려 있었다. 당시 한국계 미국인 집단에 대한 이미지는 부정적이었다. 예를 들어, 1972년의 보고서는 로스앤젤레스의 한국계 미국인들을 암울하게 묘사했다. "그들의 원시적인 농업 지식은 그들에게 복잡하고 새로워진 세계로 나아가기 위해 필요한 기술을 제공해 주지 못했다."[95] 1970년대 초까지만 해도 1980년대에 들어서서 한국계 미국인들을 따라다니는 수많은 칭찬들을 어디에서도 들을 수 없었다.

현재의 로스앤젤레스 코리아타운은 1971년의 올림픽 마켓의 개장으로 형성되기 시작되었다. 서독에서 광부로 일하다가 로스앤젤레스로 이민을 온 이희덕은 3122 웨스트 올림픽 블루바드West Olympic Boulevard에 위치한 올림픽 마켓을 사들였고, 올림픽 마켓은 미국 전역의 많은 한국계 미국인들의 관심을 끌었다.[96] 존 리John H. Lee는 다음과 같이 당시를 상기했다. "저의 코리아타운에 대한 기억은 1970년대 초로 거슬러 올라갑니다. 어린 시절 저는 샌디에고San Diego에 살았었습니다. 종교 활동을 위해서 주기적으로 저희 어머니는 저와 형제들을 데리고 북쪽으로 2시간을 차를 타고 달려, 친척들을 방문하고 작은 가게들에서 쇼핑을 하곤 했습니다. (…중략…) 국산 물건을 사는데 있어서 뿐만 아니라 모든 방면에서 올림픽 마켓은 오랜 시간동안 최고의 장소로 여겨졌습니다. 이는 저희 어머니를 포함한 남부 캘리포니아에 거주하는 수천 명의 한인들이 인정한 사실이었습니다."[97] 식료품 상점을 중심으로 한인 기업들은 밀집했다. "이희덕이 1974년에 구입한 빌딩에 한국 서점, 사진관 그리고 이발소가 입주했다. 두 번째 한인 식료품점은 길 건너에 개점했고, 한국인 소유의 은행 건물은 그 근처에 지어지고 있었다."[98] 1970년대에 몇 개의 상점들로 시작한 한국계 미국인 소유의 기업들은 다방면으로 확장했다. 1970년대 중반에 이르러서 코리아타운은 한인 소유의 기업들로 포화상태에 이르렀고, 곳곳에 한국어로 된 간판이 있었다. 그곳에 밀집한 한국계 미국인들의 대부분은 최근에 미국으로 이민을 온 사람들이었다. "일반적으로 한국계 미국인들이 밀집한 곳으로 알려졌던 이 지역은 올림픽 블루바드Olympic Blvd.를 기점으로 양쪽으로 4블록씩 떨어진 곳, 즉 후버 블루바드Hoover Blvd.와 크랜슈어 블루바드Crenshaw Blvd.까지 확장되었다."[99] 1970년 전에는 한국계 미국인 밀집 지역이 피코 블루바드Pico Blvd.의 남쪽이었지만 이는 점점 북쪽으로 이동하였다.

1970년대 중반에도 코리아타운은 널리 알려진 곳이었다. 예컨대 1974년에는 첫 한국인 페스티벌이 열리기도 했다.[100] 그럼에도 불구하고 코리아타운의 인구 구성은 한국계가 아닌 다른 인종들이 대다수를 차지했다. 1970년대의 인구조사에 따르면 단 1,706명의 한국인이 코리아타운에 거주했고 이는 전체 인구의 2%를 차지하는 수치였다. 가장 많은 수를 차지한 집단은 31.4%의 '백인'이었고 그 다음은 28.2%의 '흑인들'이었다. '스페인어 성씨'를 가진 사람들은 15.9% 그리고 '아시아인'은 14.5%를 차지했다.[101] 데이비드 김David Kim의 로스앤젤레스의 한국계 미국인에 대한 연구는 지난 3년 동안 조사 대상 한인들의 76%가 코리아타운을 방문했다고 밝혔다.[102] 코리아타운에 있는 278개의 한국계 미국인 소유의 기업들의 93%가 10명 미만의 직원을 가지고 있었고, 68%의 회사의 자산이 50,000달러 이하였다. 한국계 미국인 사회는 노동 인구의 76%를 차지한 청년들(25세~34세 사이)이 주를 이루었다. 25세에서 34세의 남성 집단의 무려 83%가 학사 학위를 가졌다. 학사 학위를 가진 남성들 중 51%가 기계공이나 세공

사로 일했고, 오직 7%만이 전문직 종사자였다. 1970년대의 코리아타운의 정착민들은 미국의 다른 지역의 한인 이민자들을 대표했다. 허원무, 김혜주 그리고 김광정은 1970년대 후반의 시카고의 한국계 미국인들을 다음과 같이 특징지었다. "한인 이민자들은 대체로 젊었고(평균 36세), 대부분 기혼자들이었으며, 고등교육을 받았고(대학교육을 몇 년 이상 받음), 그리고 시카고에서 산지 6년도 채 되지 않았다(평균 4.47년)."[103]

코리아타운은 1970년대를 거쳐 캘리포니아 남부의 한국계 미국인의 사업의 중심지로 지속적으로 성장했다. 한인 중소기업뿐만 아니라 대한민국의 자본도 코리아타운으로 유입됐다. 특히 일본과 한국에 있는 한국인 자산가들은 미국에서 경제적 피난처를 찾고자 했다. 최봉윤은 1970년대 초에 대해 다음과 같이 기술했다. "일부 한국계 미국인 기업인들은 한국의 지도층과의 불투명한 정치적 관계들로부터 이익을 얻었다. 일본에 사는 한국인 자산가 중 일부도 일본 정부와 재계로부터의 원치 않는 압력을 피하기 위해 미국으로 떠났다. 이러한 기업인들은 미국에서 더 안전하게 호화로운 생활을 즐길 수 있을 것이라고 생각하고 이곳으로 왔다."[104] 개인 투자자들뿐만 아니라, 한국의 은행과 기업들도 미국 진출의 기반을 마련하고 한국계 미국인 직원들을 고용할 수 있는 코리아타운에 지사를 설립했다.[105] 이러한 초국가적인 기업 투자가 코리아타운의 성장에 기여했다.

1980년에 로스앤젤레스는 이 지역을 '코리아타운'으로 공식적으로 인정했다. 1970년에는 한국계 미국인 인구의 13%만이 로스앤젤레스 카운티에 살았지만 이 수치는 1980년에 17%, 1990년에 20%로 상승했

제4장_ 로스앤젤레스 한인 디아스포라 연구

다(오렌지 카운티 포함).[106] 1990년대 초에 코리아타운은 『타임』지와 다른 매체를 통해 종종 '번영'의 이미지로 묘사되었다.[107] 그러나 한국계 미국인들의 우세와 화려한 겉모습은 오해를 불러일으킬 수 있다.

코리아타운은 한국어 간판, 한국 및 한국계 미국인 사업소 그리고 한국 양식의 건물들로 대표되었다. 그러나 1986년의 연구에 따르면, 한국계 미국인 조사 대상자의 과반수가 코리아타운만의 특성을 분명하게 떠올리지 못했다. 코리아타운은 한마디로 '정의하기 어려웠다'.[108] 이는 코리아타운에서 한국계 미국인들이 소수집단에 속한다는 것을 보여주었다. 코리아타운의 크기와 시내로의 접근성에도 불구하고 코리아타운은 많은 로스앤젤레스 사람들에게 낯선 지역으로 인식되었다.[109]

대중들에게 인식되는 코리아타운의 근본적인 특징은 폐쇄성이었다. 우리의 지인 가운데 대다수는 코리아타운에 가본 적이 없었고 심지어 몇몇은 그곳에 가는 것을 무서워했다. 코리아타운으로부터 10분 거리인 윌셔Wilshire 중부에 사는 한 부부는 차를 타고 코리아타운을 가로질러 가본 적조차 없다고 했다.[110] 이는 전혀 새로운 사실이 아니었다. 1983년의 『타임』지의 기사는 "부유한 웨스트우드Westwood지역에 거주하는 증권 중개인인 제이 마셜Jay Marshall은 지난주까지 시내에 150,000명의 한국인이 거주하는 밀집지역이 존재한다는 사실을 알지 못했다"라고 보도했다.[111] 코리아타운에 대한 로스앤젤레스 백인 주민들의 무관심은 그들의 한국음식에 대한 생소함에서도 알 수 있다. 타이나 인도 음식의 열렬한 추종자들이 있는 반면, 한국 음식점들은 주로 한국 관광객이나 한국계 미국인들만을 끌어 모으는 듯했다.

1993년의 음식점 평가 기록의 기타 항목의 답변들에 따르면 음식점에 대한 5개의 답변이 모두 "나는 한국 음식점에 한번도 가본 적이 없다"[112]였다. 며칠간 코리아타운의 한국 음식점을 방문하면서, 우리는 서울의 음식점에서보다도 적은 수의 유럽계 미국인들을 마주했다.

이와 더불어서 코리아타운은 몇몇 유럽계 미국인들의 공포심을 불러일으키기도 했다. 폭동 발생 이전에 코리아타운을 가로질러 운전한 로스앤젤레스의 소설가 캐롤린 씨Carolyn See는 다음과 같이 기술했다.

> 여기에서는 영어로 된 간판을 단 하나도 찾을 수 없다. 네온사인, 작은 쇼핑몰 그리고 직장인들과 하이힐을 신고 셔츠 웨이스트 드레스를 입은 여성들이 여기저기에 있었다. 그리고 나는 왜 유엔군이 한국전쟁에서 싸워야 했으며 왜 미국에 이렇게나 많은 한국인들이 왔는지 의문스러웠다. 나는 김치를 제외한 모든 면에서 한국인들이 싫었다. 나에게 있어 그들은 동양의 하얀 프로테스탄트 / 개신교도일 뿐이었다. 대한항공의 모든 광고는 다 거짓말이다. 대한항공의 비행기는 동물원이나 포로수용소만도 못하다. 나의 대한항공에 대한 부정적인 생각을 떠나서, 나는 이곳을 운전하면서 생각보다 좋은 시간을 보내고 있다. 왜냐하면 만약에 누군가가 교통체증을 초래하거나 가담하게 된다면 한국인들은 그 사람을 차 안에서 끌어내고 깨끗하게 치워진 새하얀 골목에 데려가 최루 가스 속에 집어넣고 그 사람의 차를 팔아서 상당한 수익을 얻는 일이 벌어질 것이라고 생각하기 때문이다. 여기서 내가 한국인들을 싫어하는 이유를 더 구체화시킬 필요는 없을 것 같다. 나는 그들의 지붕 타일조차도 마음에 들지 않는다.[113]

캐롤린 씨의 독백은 근면성, 무뚝뚝함, 진취성, 교활함 등의 한국계 미국인들에 대한 많은 고정관념들을 압축시켜 놓은 것이다. 나아가 그녀는 한국, 코리아타운 그리고 미국의 관계를 매끄럽게 엮어내었다. 최루 가스 산탄에 대한 환기는 1989년대 후반의 한국의 학생운동에 대한 미국 매체의 보도를 떠오르게 한다. 미디어를 통해 폭력과 약탈의 이미지가 널리 전파되면서 많은 이들은 코리아타운에 거부감을 가지게 되었다.

그러나 한국계 미국인이 아닌 이들 만이 코리아타운에 무관심하고 두려워한 것이 아니었다. 교외에 거주하는 몇몇의 한국계 미국인들 역시 코리아타운이 위험하기 때문에 다시는 그곳에 갈 생각이 없다고 말했다. 교외의 한국계 미국인들의 코리아타운 기피 현상은 그들을 고객으로 하는 많은 코리아타운 사업체들에 타격을 주었다. 부유한 한국계 미국인들이 주 고객인 한 음식점의 사장은 폭동 이후부터 장사가 안된다고 말했다. 자신을 내부자로 칭한 한 사람은 "한국인 관광객들이 더 이상 코리아타운에 오지 않는다"고 말했다. 한 중년 한국계 미국인 여성은 "교외에 있는 나의 (한국계 미국인) 친구들은 코리아타운에 와서 점심도 먹으려고 하지 않아요. 내 친구들은 코리아타운에 갈 바에 차라리 교외에서 양식을 먹겠다고 했어요"라고 했다. 그녀는 코리아타운의 불화로부터 안전한 코리아타운에서 30분 정도 떨어져 있는 부유한 벨 에어Bel Air 지역에 거주했다.

유럽계 미국인과 한국계 미국인 모두를 포함한 교외의 사람들이 코리아타운을 기피하는 이유는 폭동에 의해 굳어진 '나쁜' 동네라는 평판 때문이었다. 한 젊은 한인 활동가는 "코리아타운은 로스앤젤레스에서 범죄율이 가장 높습니다"라고 말했다. 우리는 늦은 밤에 코리아타운에 가서는 안 된다는 당부를 여러 차례 받았다. 번영한 듯 보였던 코리아타운은 그 이면에 극심한 빈곤을 숨기고 있었다. 코리아타운에는 노숙자들과 걸인들도 존재했다. 한 인터뷰 대상자는 코리아타운에 한국계 미국인 걸인들도 있다는 사실을 알고 경악을 금치 못했다고 말했다. 코리아타운 주민의 평균 가계 소득은 캘리포니아 평균의 절반 정도였고, 이는 로스앤젤레스 사우스 센트럴의 평균보다도 낮았다.[114]

코리아타운은 다민족 거주지이기도 하다. 밤이 되면 한국계 미국인들은 코리아타운에서 찾아볼 수 없었다. 낮 동안에도 작은 골목의 간판들은 한국어와 스페인어를 교차해서 내보냈다. 예컨대 한약방 옆에는 엘살바도르 식당이 있었고, 스페인어 가능이라는 팻말을 내건 한인 치과 옆에는 순두부 식당이 있었다. 1990년에는 코리아타운 상가의 40%가 한국계 미국인 소유였다.[115] 코리아타운에는 크게 네 가지 유형의 사업이 존재했다. 첫째는 한국인 사업가나 관광객을 대상으로 한 호텔, 식당 그리고 상점들이다. 둘째는 한국계 미국인을 주 고객층으로 한 한국 식료품 가게에서 침술까지 다양한 유형의 상점과 서비스업이다. 앞서 언급된 올림픽 마켓의 단골이었던 샌디에고 출신의 여성처럼, 남부 캘리포니아 전역, 그리고 그 외의 지역의 한국계 미국인들의 대다수가 코리아타운을 상징적인 중심지로만 여기기보다는 소비 중심적 공간으로 생각했다. 셋째는 라티노들을 주 고객으로 하는 사업장이다. 과테말라의 신문이나 물건을 파는 과테말라 레스토랑처럼 국적을 기준으로 더 세분화될 수 있을 것이다. 마지막으로는

제4장_ 로스앤젤레스 한인 디아스포라 연구

작은 슈퍼마켓에서 데니스Denny's와 같은 '미국' 레스토랑을 포함한 다민족적 사업장이다.

라티노들은 코리아타운의 여기저기에 존재했다. 라티노 직원이 없는 사업장을 찾기가 불가능할 정도였다. 라티노들이 어설프게 한국말을 하는 모습은 무언가 부조화한 느낌을 주는데 한 몫 했다. 스테레오 가게에서 법률 사무소에 이르기까지 많은 한국계 미국인 가게들과 서비스들은 라티노 고객들을 유치하기 위해 스페인어로 된 간판들을 내걸었다. 교외에 거주하는 한국계 미국인과 라티노 주민들은 매우 중요한 고객층이었다. 라틴 아메리카 정치학을 공부하는 한인 대학원생은 "전에는 내가 공부했었던 나라들에 한 번도 가보지 못해서 걱정이었습니다. 로스앤젤레스에서의 삶은 마치 내가 제3세계 국가에서 살면서 다양한 문화를 경험하고 있는 듯한 느낌을 주었습니다".[116] 코리아타운의 다민족적 인구 구성, 특히 대다수를 차지하는 라티노들은, 폭동에서 왜 많은 수의 라티노 약탈자들이 있었는지를 설명해 준다. 인구 조사 수치도 이를 뒷받침해 준다. 코리아타운의 거주자 중 10%만이 한국계 미국인이었다. 1990년의 코리아타운의 인구 61,000명 중에서 68%는 라티노였고, 26%는 아시아계 미국인이었다.[117]

코리아타운에 거주하는 것이 안전하지 않다고 느낀 많은 한국계 미국인들은 교외로 이주했다. 1960년대에 시민권법이 제정된 이후에 몇몇 한국계 미국인들은 부를 축적할 수 있게 되었고, 주거의 격리가 완화되면서 아프리카계 미국인들과 마찬가지로 한국계 미국인들도 도심을 떠나기 시작했다.[118] 교외화는 1970년대에 코리아타운이 폭발적으로 성장했던 시기 이후에도 계속되었다. 데이비드 김은 1975년에 이미 "미국 태생 혹은 이민 온 지 어느 정도 되어 나은 재정 상태에 있었던 이민자들은 도시 외곽이나 교외지역에 살았다"라고 적었다.[119] 1979년의 한 기사는 "한국계 미국인 2세들이나 오래 전에 미국에 온 이민자들은 미국의 값비싼 주거 지역으로 이사했다. 중개인들은 수십 명의 한인 가족들을 벨에어, 베벌리 힐즈, 홈블리 힐즈Holmby Hills 그리고 다른 부자 지역에 부동산을 살 수 있도록 연계해주었다"라고 보도했다.[120] 1896년의 조사에 따르면, 한국인 조사 대상자의 절반 이상이 코리아타운에 살지 않겠다고 답했다. 가장 흔했던 코리아타운의 첫인상은 '무질서'의 도시였다.[121] 한미연합회의 제리 유Jerry C. Yu는 "사람들은 여유가 생기기 시작하면서 바로 코리아타운을 떠났습니다. 가장 높은 범죄율과 최악의 공교육 환경을 자랑하는 코리아타운에서 누가 살고 싶겠습니까?"라고 짧게 말했다.[122] 한국계 미국인들이 코리아타운을 떠나지 못한 이유는 민족적 연대가 아닌 가난 때문이었다. 코리아타운에 남아 있는 한국계 미국인들은 대체로 가난하거나 노인이었다.[123] 단 16%의 코리아타운의 한국계 미국인들이 주택을 소유하고 있었던 반면에 다른 지역에 사는 한국계 미국인들은 61%가 주택을 소유했다.[124]

한국계 미국인은 남부 캘리포니아 전역에 거주했다. 부유한 지역인 사우스 베이South Bay에 거주하는 한국계 미국인들의 수는 1980년과 1990년 사이에 두 배 가까이 증가했다. 대다수의 사람들이 중산층이 사는 가데나Gardena나 토랜스Torrance에 살았지만 한국계 미국인들은 점점 더욱 부유한 지역으로 이동했다.[125] 이미 2,000명의 한국계 미국인들이 사우스 베이에 사업체를 보유했기 때문에, 김이숙은 『로스앤젤레스 타임스』에 "요즘 코리아타운에 갈 이유가 없습니다"[126]라고 밝혔다.

　토랜스나 가데나 같은 중산층 동네나 더 부유한 지역에 정착하고자 했던 한국계 미국인들의 바람은 놀라운 일이 아니었다. 부유한 한국계 미국인들은 외딴 교외지역이나 베벌리 힐즈와 같은 부유한 집단 거주지로 이동했다. 앞서 보았듯이 민족 집단 밀집지역들은 단순히 민족적 연대로 형성된 것이 아니다. 제2차 세계대전 종전 후부터 차츰 사라졌던 엄격한 주거의 격리로 민족적인 민족 집단 밀집 지역도 사라졌다. 한국계 미국인들이 다양한 교외지역으로 이동한 후에는 한인 사업체들까지 교외지역으로 이주했다.[127]

　한국계 미국인들의 교외화는 중서부 사람들과 아프리카계 미국인들이 주택 소유에 대한 꿈 때문에 남부 캘리포니아로 이주했다는 점을 상기시켰다. 넓은 마당에 둘러싸인 단독주택들이 위치한 로스앤젤레스 교외지역은 아메리칸 드림의 대표적인 이미지이다.[128] 학령기 자녀들을 둔 이민자들에게 좋은 학제 시스템은 매우 중요했다. 우리가 3장에서 다루었던 것처럼, 대다수의 한인 이민자들의 주요 관심사는 그들 자녀의 사회 계층 이동이다. 한 중년의 전문직 남성은 훌륭한 학교 시스템을 갖춘 부유한 교외지역에 집을 마련한 것에 대한 만족감을 우리에게 표현했다. 그는 그 지역에 주택을 구입한 이유를 밝히면서 그의 동네에 소수민족이 거의 없다고 덧붙였다.[129] 사회 비평가들이 종종 교외 격리와 공동체의 부재를 비난했지만, 우리가 인터뷰한 교외에 사는 한국계 미국인들은 공동체의 부재로 인해서 크게 곤란을 겪지 않았다. 오히려 그들은 서울에서 지낼 때에는 상상할 수 없었던 대저택에 살게 된 자신들을 자랑스럽게 여겼다. 많은 한국계 미국인들은 한국에 남겨둔 복잡하고 까다로운 인간관계들로부터 멀어질 수 있기를 바랐다. 우리가 보았듯이, 현대성과 사회 이동성의 추구는 한인 이민자들로 하여금 고국을 떠나도록 부추겼다. 실제로 이러한 욕구는 민족의 연대를 약화시켰다. 약한 민족적 연대는 '미국화'된 한국계 미국인들을 비난할 때 자주 등장하는 이유이기도 하다.[130]

그럼에도 한국계 미국인들은 코리아타운의 존재를 중요하게 생각했다. 한국어를 사용하는 전문적 서비스에 대한 수요가 증가하면서, 회계사와 건축가, 변호사와 의사에 이르기까지 한국어가 가능한 많은 전문직 종사자들은 코리아타운에 사무실을 개업했다. 이러한 경제적 요인을 떠나, 코리아타운은 상징적으로 중요한 장소였다. 우리가 인터뷰한 한 전문가는 한국에 돌아가기 전까지 그의 임무는 "재팬타운과 차이나타운처럼 한국인뿐만 아니라 모든 사람들이 코리아타운에 와서 먹고 쇼핑할 수 있도록 코리아타운을 지금보다 좋게 만드는 것"이라고 했다. 또한, 한 한인 목사는 "로스앤젤레스에 사는 크리스천 한국계 미국인으로서, 우리의 예루살렘은 코리아타운입니다"라고 말했다.[131] 이러한 기독교적 비유는 코리아타운이 한국계 미국인들의 신앙적 중심지일 뿐만 아니라 한국계 미국인들이 다민족의 빈곤계층의 상황에 공감하고 그들을 개종시키는 일의 시발점이 되어야 하는 장소가 코리아타운이라는 점을 강조한다. 코리아타운의 상징적 중요성은 텔레비전을 통해 폭동의 참상을 목격하면서 남부 캘리포니아 밖에 거주하는 많은 한국계 미국인들까지도 정서적 황폐를 겪었다는 것으로도 설명할 수 있다. 일레인 김은 코리아타운의 황폐화를 슬퍼하면서 "로스앤젤레스의 코리아타운은 나에게 매우 중요한 곳입니다. (…중략…) 나에게 있어서 로스앤젤레스에 코리아타운이 존재한다는 사실 자체가 큰 영향을 주었습니다. (…중략…) 그리고 저는 코리아타운을 일종의 '집'으로 생각하고 싶습니다"라고 말했다.[132]

그러나 한국계 미국인들의 연대는 현실적이라기보다는 이상에 가까웠다. 코리아타운에는 민족적 주거공동체나 중앙정치단체가 부재했으며, 이와 함께 로스앤젤레스 한국계 미국인들은 그들을 대표하는 리더십이 부재함을 느꼈다.[133] 코리아타운에는 주요한 주민협회가 부재했다. 남부 캘리포니아의 성인 한국계 미국인들의 80% 이상이 한국어 신문 한 개 이상을 구독했지만, 각 신문은 한국계 미국인들의 소식을 많이 다루지 않았다.[134] 로스앤젤레스에는 500개의 교회가 존재했지만, 교회들은 교파에 따라 분리되었고, 제도적, 이념적 경쟁만을 할 뿐이었다.[135] 자발적 단체들은 수는 많았지만 규모가 작았고 동문회나 전문직 협회와 같이 배타적 관계를 중심으로 운영되었다.[136] 가장 포용적인 단체로 여겨졌던 한인회마저도 개인적인 불화들로 내홍을 앓았고, 많은 한국계 미국인들은 한인회가 한국 정부와 지나치게 유착되어 있다고 생각했다. 폭동 이후에 코리아타운이 한국계 미국인 사회를 대표하거나 연합하는 역할을 수행하지 못하면서 코리아타운의 정통성이 약화되었다. 그러나 폭동 이후에 기존의 단체들과 새로이 조직된 단체들의 활동이 점차 활성화되었다는 사실 역시 유념해야 한다.

1990년대 중반의 코리아타운은 남부 캘리포니아의 한국계 미국인들의 경제적, 문화적 중심지로서의 역할을 수행했지만, 부유한 한국계 미국인들은 교외로 떠났다. 1992년의 폭동은 교외지역의 한국계 미국인들과 코리아타운과의 유대를 더욱 약화시켰다. 다시 말해서, 민족의 연대는 계급 양극화에 의해 약화되었다.

대체적으로, 미국의 다른 주요 도시에 거주하는 한인사회에서도 이와 같은 극적 사건들이 반복해서 나타났다. 우리는 미국에 존재하는 많은 민족 집단 밀집지역의 운명을 '성공한 사람들은 떠나고, 가난한 이들은 머문다'는 말로 대략적으로 일반화할 수 있을 것이다.

계급의식과 민족 연대

로스앤젤레스의 코리아타운이 서울의 물질적 상징과 소비문화를 재현한 것처럼 서울의 가시적인 계급 구분도 그대로 재현했다. 한국계 미국인에 관한 논의 속에서 우리는 정서, 정체성 그리고 정치의 문제가 교차 횡단하는 복잡한 망을 발견할 수 있었다. 또한 계급의 문제는 그 어떤 문제들보다 다방면으로 연결되어 있었다.

한 한국계 미국인 여성과 함께한 논의를 통해서 우리는 계급의 다양성과 이로 인한 차별에 대해 생각해 볼 수 있었다. 그녀는 미국에 '하층' 이민자가 있지만 그녀가 아는 사람 중에는 한 명도 없다고 말했다. 그러나 몇 분간의 대화가 이어진 후에 그녀는 갑자기 "잠시만요, 지금 몇 사람이 떠올랐어요. 몇 사람이 있어요"라고 외쳤다. 그녀는 계속해서 다음과 같이 이야기했다. "저희 아버지의 운전기사분은 1970년대에 이민을 왔고 정말 고생을 많이 하셨어요. 그분의 어머니께서는 주류판매점을 개업하셨어요. 그리고 그분의 친척 중 한 명은 브라질로 갔다고 하셨죠. 그런 사람들이 주로 이민을 많이 오는 것 같아요…… 아

그래요, 한국에 있는 저희 친척 중에 정말 가난한 분이 있어요. 그분은 딸을 결혼시키기 위해 이민을 보냈어요. 그녀는 미국에 온 다음부터 모든 일이 조금씩 나아지고 있는 것 같아요." 그녀는 그녀의 아버지가 고용한 사람이 하층 이민자들 중 한 명이라는 사실을 깨닫고 당황하며 놀랐고, 그런 하층의 이민자가 그녀의 친척 중에도 있었다는 사실에 또 다시 놀랐다. 그녀의 이야기는 계급 간의 묘한 거리감과 거부감이 공존하는 한국의 계급구조가 미국에서 재현되고 있음을 보여주었다.

주류 언론에서 이루어진 논의들은 한국계 미국인들 사이의 계급 구분을 간과했다. 언론에서 한국계 미국인들 간의 엄청난 소득과 교육의 불평등을 인지하지 못하고 오류를 범한 것은 한국계 미국인 기업의 성공을 찬양하는 분위기 때문이었다.

5장에서 더욱 자세히 다루겠지만, 지배적인 관점들은 한국계 미국인들에게 열심히 일하는 이민 사업가들이라는 특정한 역할을 부여했다. 이러한 이미지의 부여는 계급의 문제에서는 침묵을 지키는 미국의 일반적인 경향 중 특수한 사례라고 볼 수 있다. 이것은 아메리칸 드림 이데올로기의 징후를 보여주는 표현이며, 이에 대해서는 6장에서 자세히 볼 것이다. 마지막으로, 의심의 여지없이 한국계 미국인들에게는 민족주의의 힘이 크게 작용하고 있었다. 대부분의 한국계 미국인들은, 특히 한국인들이 아닌 사람들 이야기할 때 자기 자신들을 '한국인'으로 동질화시켰다.

우리는 계급 간 차이에 대한 논의를 통해서 폭동 전후에 민족의 연대를 위해 조직적으로 이루어진 공동의 노력을 부정하려는 것은 아니다. 우리는 초국가적인 한인 디아스포라에 대해 첨예하게 대립하는 갈등

요소들을 강조하고자 한다. 한국계 미국인들은 종종 이민의 물결을 계급의 특성에 따라 설명했다. 예를 들어, 그들은 자신들의 이민 집단이 그 다음 세대의 이민 집단보다 더 힘든 시기를 겪은 집단이라고 특징짓거나 이민자의 '급'이 시간이 갈수록 내려가고 있다고 말했다.

미국에 도착한 시기에 관계없이, 많은 이들은 그들이 미국에 터를 잡은 후에 온 이민자들이 그들보다 더 운이 좋았다고 주장했다. 나중에 온 이민자들은 먼저 온 이민자들이 걸어온 발자취를 따라서 걸었을 뿐이며, 급속하게 발전하고 있는 한국에서 경제적 기반을 마련하고 이민을 왔기 때문이라고 했다. 실제로, 한국의 GNP 성장, 임금 인상 그리고 국외로 가지고 갈 수 있는 통화량에 대한 규제가 완화되면서 이민자들은 예전보다 더 많은 액수의 돈을 가지고 올 수 있었다. 오래된 이민자들이 언급한 새로운 부는 한국의 핵심 권력자들에 의해 더럽혀진 돈을 의미한다. 1960년대에 온 이민자는 "저희 부모님은 종종 미국에 온 새로운 한국인 부자들에 대해 추측하시곤 했습니다. 저는 박정희 대통령과 한국 중앙정보부 간의 유착과 교육을 받지 못한 사람들이 어떻게 하면 부자가 될 수 있는지에 대해서 이야기를 들었던 것이 기억이 납니다"라고 과거를 상기했다.

먼저 우리는 자신을 근면하고 성공한 이민자의 전형이라고 여기는 한 중년 여성의 이야기를 살펴볼 것이다. 넓은 거실에서 그녀는 먼저 '스왑미트의 문제'에 대해서 이야기를 시작했다. 좌판을 관리하는 여성을 언급하면서 그녀는 "아시다시피 그들은 교육을 받지 못했어요. 그녀들은 딱 한국의 남대문에서 만날 수 있는 수준의 여성들이에요"라고 말했다. 서울의 거대한 야외 시장인 남대문 시장에서는 흥정, 빠른 거래, 사투리 그리고 도시의 때가 넘쳐흘러 뻗어 나가는 듯 보였다. 이 시장에서 정제된 것은 찾아볼 수 없었다. 임 씨는 스왑미트의 가게 소유주들은 남대문 시장의 가게 주인들이 그대로 미국에 온 것과 같은 이치라고 설명하며 마치 그녀는 전혀 다른 계급에 속하는 사람인 것처럼 여겼다. 한국에서 남대문과 같은 야외 시장들과 화려한 백화점들의 차이는 대단히 크다. 같은 기능을 충족하는 물건임에도 백화점의 가격이 시장의 가격보다 100배 정도 더 비싸다. 마찬가지로, 로스앤젤레스의 코리아타운에서 교외에 거주하는 한인들을 대상으로 한 전문점들과 다민족의 주민들을 주 고객으로 하는 스왑미트의 차이는 매우 컸다. 그녀는 "스왑미트 가게 주인들 열 명 중 한 명만이 괜찮았다고 생각해요. 거의 대부분이 무례했어요. 나는 그런 사람들을 견딜 수가 없었고 그래서 스왑미트에 더 이상 가지 않아요"라고 덧붙였다. 과거에 스왑미트에 방문했을 때 그녀는 '어떤 여자들'이 인종차별적인 발언을 큰소리로 서슴지 않고 한국어로 내뱉는 것을 보고 기겁했다. "나는 그들이 '어이 검둥이들 이리와봐'라고 말하는 것을 들었어요. 아프리카계 미국인들이 이 말을 알아들으면 어떻게 될지 생각만 해도 끔찍해요."

임 씨는 이러한 '낮은 계급'의 이민자들을 비난하는 것에서 그치지 않고, '새로운 이민자들의 문제'를 언급하면서 이들이 한국계 미국인에 대한 부정적인 정서와 활동들을 야기한 장본인들이라는 주장을 제기했다.

새로운 이민자들 중 부유한 사람들은 벤츠를 타고 돌아다녔어요. 오래된 이민자들은 절대 이런 일을 하지 않아요. 당연히 흑인들을 화나게 할 것이기 때문이죠. 이 새로운 이민자들은 우리 공동체를 위해서 기여하는 것이 하나도 없어요. 나처럼 정말 열심히 일해서 지금에서야 집도 사고 조금 여유롭게 살 수 있게 된 사람들은 엄청난 재력만 앞세우는 사람들을 증오해요. 내 말은, 요즘 제주도의 유원지에서 잠수함을 타려면 250달러라는 걸 한번 생각해보세요. 이건 디즈니랜드와도 비교할 수가 없어요. 상황이 믿을 수 없을 만큼 너무 많이 변했어요. 새로운 이민자들은 나같이 열심히 산 한국인들을 비웃을 뿐이죠.

그녀는 자신이 경멸의 대상인 계급에 속해있고, 한국이 경제적 호황을 통해 급속히 변화됨으로 인해 시대착오적인 사람으로까지 여겨지게 되었다고 생각했다. 그녀는 자신의 부를 노골적인 방법으로 과시하는 새로운 부유층 혐오했고, 이들의 행위가 모든 한국계 미국인들을 욕보이고 있다고 느꼈다. "이곳에 와서 모든 건물들을 사들일 수 있는 엄청난 부자들은 그저 잘난 체하며 편히 지내고, 아무 일도 안하고 하루를 헛되이 보내요." 임 씨는 공공수영장에서 방과 후 수영 프로그램을 수강하던 한국계 미국인 학생들의 학부모들이 새로운 부유층의 문제적 행위를 저질렀다고 말했다. 그녀는 몇몇 엄마들이 탈의실 안에 아이들을 위해 설치된 벤치 위에 계속 누워 있었다고 비난했다. "그 사람들은 한국인이 아닌 사람들도 그곳에 있다는 사실을 완전히 까먹고 있는 것 같아요. 한국에서 한국인들은 자기가 잘 사는 것에만 신경 쓰고 남들 생각은 하나도 안 해요. 이 여자들은 여기가 한국인 줄 아는 것 같아요." 그녀는 초기 이민자들이 더 많이 교육을 받았고 더

예의가 있어 "더 낫다"면서 "우리는 미국에 잘 적응하기 위해서 노력했다"고 말했다. 하층계급을 인종주의자로 상층계급을 속물로 비유한 듯 보인 그녀의 계급에 대한 견해는 그녀 자신을 그 어떤 계급에도 속하지 못하도록 하였다.

또 다른 여성은 "1980년대에 돈 뭉치를 들고 미국에 온 한국인들의 문제점"에 대해서 이야기했다. "자기가 고급 세단의 전문가인양 떠벌리고, 하루 종일 골프만 치러 다녀요. 이건 진짜 큰 문제예요." 서독에서 간호사로 일했고, 3년 전에 로스앤젤레스 사우스 센트럴에 가게를 개업한 한 여성은 다음과 같이 불평했다. "1980년대에 미국에 온 이민자들은 돈에 대해 완전히 다른 개념을 가지고 있어요. 그들의 사고방식과 생활방식은 완전히 달라요. 그들은 여기 오자마자 호황을 누렸고 바로 집을 샀죠. 물론 새로 온 이민자들 중에서도 교육을 받지 못했고 고생을 많이 한 사람들도 있어요."

주로 '수준'이나 교육 정도로 설명되는 계급의 차이들은 한국계 미국인들을 구분하는 아주 흔한 표지들이다. 한 사회복지사업 상담사는 스왑미트 가게 주인들과 주류 판매점 주인들 간의 격차와 폭동 피해의 본질과 의미 사이의 격차에 대해서 설명했다. 상담사는 이민자들이 미국에서 하는 사업 분야보다도 한국에서의 계급 배경이 더 중요하게 작용한다고 주장했다.

스왑미트 가게 주인들은 미국에 온 지 얼마 되지 않았습니다. 그들은 영어를 할 줄 모릅니다. 그들이 폭동에서 잃은 것들은 큰 값어치가 없었기 때문에 쉽게 다시 시작할 수 있었습니다. 나쁜 의미로 말하고 싶지 않지만,

그들은 하층계급에 속했습니다. 대다수의 주류 판매점 주인들은 한국에서 잘 살았던 사람들이고 이민을 와서 사업을 할 자금을 마련하기 위해 한국의 부동산을 많이 팔았습니다. 그들은 폭동에서 많은 것을 잃었습니다. 그들은 한국을 떠나지 않았다면 얼마나 더 잘 살았을지 생각하게 되었습니다. 매일 그들은 목숨을 걸고 일을 하러 나갑니다. 폭동의 대가는 너무도 컸지만 그들은 하루도 쉬지 않고 일했습니다.

임 씨가 스왑미트 가게 주인과 같이 계급배경이 정해진 직업들에 대해서 기술한 것과 같은 맥락에서 다른 사람들도 코리아타운과 로스앤젤레스 사우스 센트럴에 거주하는 한국계 미국인들 사이의 구분에 대해서 언급했다. 양 씨는 '상층과 하층'의 두 가지 부류의 이민자들이 있다고 설명했다. 상점 주인인 그는 로스앤젤레스에 있는 대학 동문회에 적극적으로 참여하고 있었다. 우리가 그에게 함께 이야기할 수 있는 친구를 추천해줄 수 있는지 물었을 때 그는 전통 있는 모교의 모든 졸업생들의 생각이 자신과 동일하기 때문에 다른 사람을 부를 필요가 없다고 자신 있게 말했다. 이어서 그는 다음과 같이 말했다.

하층계급의 이민자들은 열심히 일하는 방법과 돈을 버는 방법을 잘 알고 있었던 반면 고등교육을 받지 못했기 때문에 대부분 영어를 할 줄 몰랐습니다. 상류 계급의 사람들은 이들처럼 돈을 벌고 싶어 했습니다. 사우스 센트럴에 있는 사람들은 덜 교육 받은 사람들이고 대부분이 전라도 출신입니다. 전라도 출신의 사람들은 생존력이 강한 사람들이고 돈을 벌줄 아는 사람들입니다. 이들 중 대부분이 폭동 중에 많은 피해를 입었습니다.

양 씨는 교육을 받은 한국계 미국인들이 소규모 사업을 운영하는 하층의 한국계 미국인들에 동참하고, 하층의 이민자들의 자녀들이 성공하게 되면 몇 년 후에는 이민자들 간의 계급적 차이가 모호해질 것이라고 생각했다. "온통 뒤섞이고 뒤죽박죽이 될 것입니다." 이와 비슷한 맥락에서 많은 재산을 상속받고 교외에서 거주하고 있는 황 씨는 "교육을 받았든 안 받았든 몇 년 안에 로스앤젤레스 사우스 센트럴에 있는 모든 사람들의 처지가 같아질 것입니다. 교육을 받았던 사람들조차 배운 걸 모두 까먹게 될 것입니다"라고 언급했다. 그는 사우스 센트럴이나 다른 지역에서 한 번도 소규모 사업을 해본 적이 없었기 때문에, 사우스 센트럴에 있는 사람들 간의 간극을 이해하지 못하고 이들을 한 집단으로만 여겼다. 그러나 사우스 센트럴에서 일하고 있는 사람들은 상당히 다른 관점을 제시했다.

계급 간의 갈등은 한국과 미국에서 폭동 피해자들을 위한 모금에 관련해서 노골적으로 드러났다. 여기서 우리는 그들의 복잡한 갈등을 되새겨보려는 것이 아니라 돈을 두고 벌어진 갈등에 대한 논의를 통해 한국계 미국인들 사이의 계층 균열을 보고자 한다. 한 한인 운동가는 "폭동과 성금 지급 문제는 가게 소유주들 사이에서의 경제적 계층을 구분했다"라고 말했다.

돈을 어떻게 써야 할 것인지에 대해서 의견이 충돌했다. 몇몇은 단순히 돈을 나누어서 각자에게 지급해주는 것은 매우 근시안적인 생각이며 오히려 한국계 미국인 공동체의 시설들을 위한 기금을 마련하는 데에 쓰여야 한다고 강력히 주장했다. 한 고소득의 전문직 종사자는 돈이 기념 건물이나 동상을 세우는 데에 사용되어야 한다고 했다. 그는 자신의 요구들만 생각하는 이기적이고 근시안적인 피해자들을 크게 책망했다. 다른 이들은 기금이 폭동이 다시 일어나지 않도록 방지하는 데에 쓰여야 한다고 말했다. 분배의 문제는 상징적인 가치를 지닌다. 정신 건강 상담사들은 많은 폭동 피해자들이 성금의 분배의 문제에 대해 트라우마를 가지고 있었다고 말했다. 상담사들은 몇몇 피해자들은 성금의 액수가 피해에 비해 턱없이 부족했음에도 성금을 받지 못한 사실 자체를 폭동의 손실보다 더 크게 느끼고 있었다고 말했다.

폭동 중에 불타고 약탈된 가게들로 인해 직장을 잃은 노동자들은 그 어떤 성금의 혜택도 받을 수 없다는 것을 알고 분노했으며, 가게를 잃은 고용주들보다도 더 큰 분노를 느끼고 있었다고 전했다. 일부의 한국계 미국인들에게 이 상황은 피해자 개인의 탐욕과 집단의 이익 간의 갈등을 초래했다. 어떤 이들은 이러한 배상금에 대한 문제가 피해자들의 고난을 이용해서 상류층의 한국인들이 자신의 국제적인 면모를 자랑하는 사례라고 주장했다.

자수성가한 사업가들의 그늘에 가려진 한국계 미국인 노동계급과 실업자들은, 계속해서 언론과 한국계 미국인 공동체로부터 버림받는 기분을 느꼈다. 모금된 돈의 일부가 직원들에게까지 도달할 수 있도록 노동조합을 결성한 신 씨는 "자본주의, 사회주의 그리고 공산주의 국가를 막론하고 직원들이 보상을 받지 못하는 상황이 발생하는 것은 말도 안 되는 일입니다"라고 설명했다. 그는 분배의 문제가 돈이 아니라 한국계 미국인 지역사회에서의 권력에 관한 것이라고 언급했다. 자산가들에 대해 여러 이야기를 하면서 그는 자신과 같은 사람들을 배제시켰던 초기의 피해자 협회들에 대해 분노했다. 그는 라디오 코리아에 방문했을 때에 대해 다음과 같이 얘기했다. "그들은 우리의 이야기를 들으려 하지 않았습니다. 그래서 우리는 '왜 우리에 대한 보도를 하려고 하지 않습니까? 당신네들 뭡니까? 피해자 협회(상인들로 이루어진)의 전담 라디오입니까?'라고 되물었습니다." 그는 부유한 한국계 미국인들에게 성금을 부탁하는 일은 하지 않았지만, 그렇다 하더라도 그 성금이 그와 같이 폭동으로 깊게 상처 입은 사람들에게까지는 전달되지 않는다는 사실을 알고 망연자실했다.

라디오 코리아, 신문, 영사관, 공인회계사들 모두 무언가 잘못되었습니다. 이건 말도 안 되는 일입니다. 우리는 이를 대중에게 알려야만 합니다. 한국계 미국인들은 깨달아야 합니다. 우리는 누구를 고소해야 합니까? 피해자 협회? 영사관? 한인사회는 대체 왜 그런 것입니까? 여기에 속한 사람들은 고등교육을 받고 높은 지위에 오른 사람들입니다. 저는 정말 그들이 부끄럽습니다. 저는 대학도 못나왔습니다. (…중략…) (이 한인단체들에 대해) FBI가 돈의 사용처와 이자가 어디로 갔는지 조사에 착수해야 할 것입니다. 지위 여하를 불문하고 그들은 최고형량을 받아야 합니다. 그들은 감옥에 가야 합니다.

신 씨는 그의 입술 안쪽에 있는 스트레스성 궤양을 보여주면서, 그는 의료 서비스를 이용할 수 없고 돈도 없다고 설명했다. 신 씨는 피해자라고 불리는 사람들은 그들의 손실을 부풀려서 보고함으로써 폭동으로 돈을 벌기도 했으며, 그들이 고용한 직원들의 삶이나 고난에 대해서는 어떤 관심도 없었다고 말했다.

이러면 안 됩니다. 부유한 한국인들은 아무것도 모릅니다. (…중략…) 저는 교회의 리더이고, '복음전도자'입니다. 교회는 항상 사랑을 강조합니다. 우리가 더 사랑의 마음을 갖춘다면 모든 일이 잘 될 것입니다. (…중략…) 우리 민족은 사랑이 더 많아야 합니다. 그러나 돈이 많은 사람들은 우리를 업신여깁니다. 이럴 수는 없습니다.

또 다른 노동자인 배 씨는 지도층은 "하층의 실생활에 대해서 아는 것이 하나도 없다"고 불평했다. 그는 노동자들의 실생활에 대해서 여러 차례 이야기했다. 정신적 고통 때문에 상담사를 만나고 있는 배 씨는 그가 가지고 있던 것들을 거의 모두 빼앗겼고, 청구서만 쌓여가고 있다고 말했다. 그는 치료를 받은 후 몇 시간 동안은 괜찮지만, 조금만 지나면 미쳐버릴 것 같은 기분이 든다고 말했다.

우리를 무시하는 사람들(부유한 한국계 미국인들)에 맞서 싸우고 싶다는 것은 아닙니다. (…중략…) 저는 저의 아이들을 보기가 부끄럽습니다. 나는 우리 아이들에게 한인사회는 부패했다고 말할 수 없습니다. 지금의 지도자들은 자기 살기에만 급급합니다. 이러한 지도자는 한인사회에만 있을 것입니다. 일부 혹은 모든 민족 공동체에서 우선적으로 직원들을 돌보고 신경을 씁니다. 왜 한국인들은 이렇게 하지 못할까요? 가게 주인들은 재정 문제만 골몰하지만 저는 신체적, 심리적 그리고 일상의 희생자화 에 대해서도 이야기하는 것입니다. 부자들은 잘 살았고, 냉장고는 항상 꽉 차있는 반면에, 하지만 우리는 일주일에 단 한번만 쇼핑을 하러갑니다. 그들은 '있는 사람'이고, 우리는 한 주를 벌어서 한 주를 사는 사람들이며,

그들은 항상 먹을 것이 있었지만, 우리는 근근이 생활했습니다.

한국계 미국인들 중 가진 자와 가지지 못한 자 사이의 간극에 대해
여러 지적을 했지만, 배 씨는 이러한 빈부 차이는 한국에서 더 뚜렷하
게 나타난다고 주장했다. 미국은 신용사회이기 때문에 부자인 것처
럼 살 수 있었다. 그는 "제가 원한다면 고급 승용차를 운전할 수도 있
습니다. 미국은 한국처럼 심각한 수준은 아닙니다"라고 설명했다. 그
는 600명의 노동자들이 일자리를 잃었지만 25명 정도의 극소수의 노
동자들만이 권리를 찾기 위해 공개적으로 활동했다고 말했다. 그는
많은 실업자들이 공개적인 자리를 피하는 이유에 대해 "그들은 자신
이 노동자라는 사실과 노동자로서 다른 한국인들 앞에 나서야 한다
는 사실을 부끄럽게 생각했습니다. 한국인들은 언제나 우두머리가
되기를 원합니다"라고 답했다. 다른 사람들과 마찬가지로, 그는 수백
만, 수천만의 달러를 들고 조금의 어려움도 없이 호화로운 주택들을
구입한 부유한 이민자들을 비난했다.

배 씨가 언급했듯이, 물질적 풍요에 대한 욕구는 신용카드에 의존
함으로써 성취될 수 있었다. 신용카드의 사용으로 계급 격차는 일시
적으로 사라진다. 단, 부채에 시달리는 형태로 계급 격차는 미래에 더
뚜렷하게 나타나게 된다. 몇몇 한국계 미국인들은 많은 한국계 미국
인들이 분수에 넘치는 생활을 하고 있으며, 자신들의 부를 과시한다
고 언급했다. 사회복지사인 김 씨는 사람들이 캘리포니아의 한국계
미국인들은 피상적이고 물질주의적이라고 생각한다며 불평했다. 하
지만 그는 "사람들의 대부분은 저렴한 아파트(월 300달러)에서 살지만,

그들은 형편이 안 되어도 차는 벤츠를 몰고, 롤렉스 시계를 차고, 골프를 칩니다. 코리아타운의 식당들에 가면 골프를 치고 돌아온 중년 남성들이 서로 뽐내기 바쁜 모습을 쉽게 볼 수 있습니다"라고 말했다. 한 부유한 여성은 한인 이민자들이 미국에 오면서부터 사치스러워졌다고 했다. 그녀의 남편은 이러한 그녀의 생각을 듣지도 않았다. "그것은 결코 우리의 본질이 아닙니다. 여기서 유일하게 다른 점은 사람들이 돈이 더 많다는 것입니다. 그렇기 때문에 미국에서 돈을 더 쓰는 것은 당연한 일입니다." 과시적 소비 이면에는 물질에 대한 소유욕과 계급 차이를 표면적으로라도 없애고자 하는 욕구가 있었다.

　　사회 이동에 대한 욕구는 노동조합 결성의 어려움에서 나타났다.[137] 한 한국계 미국인 여성 운동가는 "한국인들이 노동 자체를 낮춰보기 때문에 노동조합도 낮춰본다"라고 말하며, 이 이유 때문에 노동조합의 결성이 어렵다고 했다. 한국의 유교와 가부장적 자본주의 하의 노동력 착취의 흔적들은 이념적, 경제적으로 육체적 노동을 평가 절하하는 결과를 초래했다. 특히나 한국에서는 자녀를 교육시켜서 미래에 정신노동을 하는 계급으로 살 수 있도록 만드는 것이 온 국민적 열망이었다. 육체노동자들의 현실은 여러 가지 상징적 의미가 더해지면서, 이민 자체를 총체적으로 감싸고 있는 계층 이동에 대한 꿈에 매달릴 수밖에 없게 되었다.

　　계급 간의 갈등은 폭동 후에 나타난 사회복지 서비스 조직과 긴급 상담실에서도 두드러지게 나타났다. 정서의 대립은 조직의 정치적 기반과 폭동 피해자들의 정치적, 개인적 요구들 사이의 간극 안에서 부각되었다. 피해자들이 미국 관료주의의 벽에 부딪힐 때 나타난 요구사항들은 이들과 관련된 사회복지 서비스 단체와 정치 단체들이 이전에는 생각하지 못했던 다양한 노선을 제시했다. 초기에 기관들은 코리아타운의 저소득 청년들에게 초점을 맞추었고, 단체들은 노동자들이 처한 상황에 도움을 주고자 했다. 이후에 기관들은 지역사회의 정신건강에 대한 요구에 응하였고, 이러한 노력으로 그들은 더 넓은 범주의 한국계 미국인들과 접촉할 수 있게 되었다. 사회 서비스 복지사인 권 씨는 "폭동 이후에 사람들은 모두 '인종 관계'에만 집중하고 있으며, 기존의 제도들은 모두 중단되고 있는 듯 보입니다. 저는 인종에 너무 많은 관심이 집중되었다고 생각합니다. 우리는 마약, 에이즈 그리고 가족 문제들과 같은 다른 문제들도 기억하고 있어야 합니다"라며 걱정했다. 그는 계속해서 "폭동 피해자들과 함께 일하는 데에 어려움을 겪고 있습니다. 나는 우리가 그들과 함께 일을 해야 하는지 그 자체도 의문입니다. 우리는 청년들을 돕는 일에 집중해야 될 것 같습니다"라고 말했다. 미국에서 자랐음에도, 자신을 '한국인'에 동일시했던 권 씨는 '절대적으로 가난한' 한국계 미국인들의 개인적인 요구와 단체행동을 위한 정치적 요건 사이에서 갈등하고 있었다.

한 사회복지사는 "어떻게 모든 것을 잃어버린 사람들을 외면할 수 있겠습니까? 직원의 수가 10명도 안 되는 상점이었다고 하더라도 어떻게 그들을 외면할 수 있겠습니까?"라고 말했다. 또 다른 사회복지사는 영어를 잘 못하는 사람들을 위한 서비스를 하는 중에, 10개의 신용카드를 쓰던 피해자를 위해서 수많은 지불 유예 편지를 썼던 것을 떠올리며 웃음을 터뜨렸다. 유예 편지를 쓰면서 가장 놀라웠던 것은 그가 『월스트리트 저널Wall Street Journal』에 편지를 썼다는 사실이었다.

한 무역 관련 기구에서 '고등교육을 받은 미혼의 순종적인 크리스천'으로 알려진 한 청년은 국가에서 인정한 경로를 통해 로비하려 하지 않고 저항하려고만 하는 상인들의 감정적인 반응에 불편함을 느꼈다고 말했다.

일부 대변인들은 자신들이 동일시할 수 없는 입장을 위해서 일하는 것에 난처함을 느꼈다. 엔젤라 오는 "내가 전하는 생각들은 내가 한인 사회에 존재하고 있다고 알고 있는 정서들을 기반으로 하고 있습니다. 내가 전적으로 동의하는 의견들만 대중들에게 전달하지 않고, 모든 의견을 전해야 할 책임이 있다고 생각합니다".[138] 인터뷰에서 그녀는 "나는 로스앤젤레스의 한인사회 전체를 대표할 수는 없다는 것을 알고 있습니다. 나는 그들의 고통이 토로될 수 있도록 돕고만 있다고 생각합니다. 나는 상인이었던 적도 없고 가게를 운영해본 적도 없습니다. 제 가족들도 마찬가지로 가게를 운영해본 사람도 없고 모두 공장 노동자들이었습니다"라고 말했다.[139]

한인 노동자들의 처지를 깊이 우려하던 한인 여성 전 씨 역시 폭동을 거치며 나타난 계급과 민족성의 감당하기 어려운 연쇄작용 대해 논의했다. 이민을 오기 전에 한국에서 노동 운동의 조직책으로 일했던 그녀는 미국에 있는 한국계 미국인 가게 주인들도 '값싼 노동력'의 일부이며, 온 가족이 조금의 이윤을 위해서 불합리할 정도로 많은 시간을 일한다고 설명했다.[140] 그녀의 진심에서 나온 헌신은 노동자들에게 향했다. 그녀는 "노동조합 결성이 사회 발전과 결속을 저해할 수 있기에" 이러한 정치적 활동의 복잡성을 인지하고 있었다. 그녀는 떨리는 목소리로 "물론 우리의 초점은 노동자들에 있습니다. 하지만 전체적인 시각도 갖추어야 합니다. 고용주와 노동자를 이분법적으로 구분하는 시각은 사회적 통합을 저해하게 될 것입니다"라고 말했다. 미국의 정치적 아젠다에 바로 적용하는 것은 어려웠기 때문에 지역사회 서비스 근로자들과 활동가들의 업무는 복잡해졌다. 전 씨는 한국계 미국인이 연계된 노동이 주요 업종이 아니며 소수 집단 결속의 정치 공학이 존재하는 미국에 한국의 노동조합의 정치 공학이 그대로 적용되는 것은 어렵다고 여겼다. 그녀는 한인들이 소유한 기업에서 일하는 한인 근로자들의 노동조합 결성의 어려움에 대해서 논하면서 민족적 연대와 계급 갈등의 간극에서 발생하는 문제를 제기했다.

정리하자면, 폭동에 대한 반응과 대응은 한국계 미국인의 다양성과 계급 간의 차이를 드러냈다. 미국에 도착한 날짜로 표현되든, 한국에서의 교육적, 신분적 배경 또는 미국에서의 새로운 성공이나 실패로 나타나든 이러한 계급간의 간극은 한국계 미국인에 대한 전체적인 일반화가 쉽게 성립되지 않음을 보여준다.

계급 격차는 다민족 국가인 미국에 다시 자리하게 되면서 새로운 의미를 부여받게 되었다. 우리는 이를 스왑미트 가게를 관리하는 4명의 여성과의 논의를 통해 인식하였다. 한 여성은 그녀가 아는 사람 중에 "코리아타운에서 습격을 받은 적이 없는 사람"이 없다고 말하며 "한국에서의 삶이 더욱 '급이 높다'"라고 언급했다. 요즘(1990년대)에는, "국제결혼을 하면서 미국에 온 여성들(대부분 미군의 배우자들)도 상류층일 뿐만 아니라, 부유한 환경에서 교육까지 받을 수 있었다"고 말했다. 미군의 부인들마저도 부유한 환경에서 교육을 받을 수 있었다고 언급한 것은 이민의 의미의 변화 또는 이민의 부조리를 표현하고

자 하는 그녀만의 방법이었다. 또한 그녀는 미국에서 마주한 혼돈과 미국의 어두운 이면을 강조하기도 했다. 앞서 언급한 4명의 여성들은 미국의 경악스럽기까지 한 교육 수준에 대해서 이야기했다. "그들은 (고객들, 주로 라티노) 옳고 그름을 모릅니다. 그 사람들은 '수준'이 매우 낮아요." 그들의 논의는 한국으로 돌아갈 수 없는 이유에서 시작해서, 가난한 다민족 지역(코리아타운) 도심 생활의 위험성, 미군 부인들의 신분상승, 교육을 제대로 받지 않은 하층계급의 고객들에 대한 이야기로 이어졌다. 그들은 한국계 미국인 사회의 하층을 대변하고 있었지만, 그들 또한 미국의 일반적인 하층계급의 삶, 그중에서도 '하층계급 고객들의 낮은 수준'을 지적했다. 종합적으로 그들은 한국인들의 번영과 미군 부인들도 고등교육을 받으면서 상류계급의 삶을 누리고 있다는 사실에서 반증되는 한국인의 '높은 수준'을 자랑스럽게 여기고 있었다. 그러나 그들은 한국으로 돌아갈 수 없는 사람들이기 때문에 변화한 한국의 위상과 번영을 누릴 수 없다는 사실도 인식하고 있었다. 따라서 그들의 논의는 계급과 신분의 복잡한 초국가적인 작용을 드러냈다.

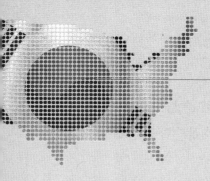

한인들의 기업 활동

우리는 로스앤젤레스의 한국계 미국인들의 이질성을 강조했다. 그러나 대부분의 언론 보도들은 아메리칸 드림을 이루기 위해 노력하는 모범 소수민족으로서의 한인 사업가의 이미지만을 강조하였고, 이는 한국계 미국인들을 대표하는 이미지로 자리 잡았다.[1]

다음 장에서 우리는 이러한 일반화를 비판하고 기저의 숨은 이데올로기적 가설을 면밀히 검토해 볼 것이다. 이번 장에서 우리는 한국계 미국인의 기업가 정신을 분석할 것이다.

대부분의 언론 보도에서 한국계 미국인의 기업의 성공은 근면, 절약, 가족 그리고 민족의 연대 등의 문화적 특징의 작용과 연결된다. 그러나 이러한 일반화된 민족적 묘사는 사실과 거리가 멀다. 한국계 미국인의 사업 능력은 그들의 민족적 혹은 문화적 특성 만으로는 설명할 수 없다. 민족적 본질주의 외에 한국계 미국인의 자본과 그들이 대면하고 있는 기회 구조를 고려해 볼 필요가 있다. 이를 통해 한국계 미국인들이 왜 로스앤젤레스 사우스 센트럴에서 사업을 시작했는지에 대한 이유를 밝힐 수 있을 것이다.

한국계 미국인에 대한 고정관념

1970년대 중후반에 미국에 온 다음의 4명의 한인 이민자들에 대한 간략한 이야기들은 한인 이민자의 다양한 특성과 삶의 단면을 보여주었다.[2]

우리가 2장에서 만났던 임 씨는 1970년대 중반에 로스앤젤레스에 왔다. 그는 한국에서 엄청난 부를 축적했다. 그는 한국의 정계와 재계에서의 연줄과 영어와 일본어 구사력을 활용하여 1970년대 후반에 서울에 집을 구입하였고, 로스앤젤레스, 호놀룰루 그리고 도쿄에 집을 살 수 있을 정도의 돈을 모았다. 그의 자녀는 미국에서 교육을 받았고 그는 올해도 어김없이 로스앤젤레스에서 시간을 보낼 계획이다. 그가 가장 좋아하는 한식당은 베벌리 힐즈에 있었고, 폭동이 일어나기 전에도 그는 단 한 번도 코리아타운에 가지 않았다.

박 씨는 한국의 일류 대학에서 건축학을 공부했다. 그의 아내가 간호사였기 때문에 박 씨 부부는 직업 선호 비자를 받아 1970년대 후반에 미국으로 이민을 왔다. 박 씨는 미국 건축 회사에 취직하여 1990년까지 다녔고, 이후에 코리아타운에 자신의 회사를 차렸다. 그는 미국 대형병원에서 간호사로 일하는 그의 아내와 함께 교외에 넓은 집을 소유하고 중상류층의 생활방식을 유지할 정도의 충분한 돈을 벌었다. 그는 그의 첫 직장에 만족했지만, 한국계 미국인 지역사회에서 증가하고 있는 수요를 충족하는 방법으로 자립할 수 있는 기회를 엿보고 있었다. 코리아타운에 사무실을 차리게 되면서 그는 한국계 미국인들의 문제에 더 관심을 가지게 되었지만, 로스앤젤레스의 한인 기업들과 한국계 미국인 지역사회에 대해 아는 것은 거의 없다고 했다. 그러나 그는 자신을 폭동의 '2차 피해자'라고 생각했다. 폭동 이후에 코리아타운에서 건축에 대한 낙관론이 시들해졌기 때문이다. 우리와 인터뷰할 당시, 그의 삼촌의 가족이 그의 집에 머물고 있었다. 그들은 아르헨티나와 미국에서의 실패한 이민 생활을 접고 서울로 가는 길이었다. 그의 삼촌은 "아르헨티나도 상황이 좋지 않지만 여기는 훨씬 더 나빠 보입니다"라고 말했다.

서울대학교를 졸업한 후에 윤 씨는 수학분야에서 더 높은 학위를 취득하기 위해서 1970년대 후반에 미국에 왔다. 그러나 그는 그의 가족을 부양하기 위해 돈을 벌어야 했기 때문에 대학원 공부를 포기하게 되었다. 교외에 위치한 호화로운 그의 집 거실에서 이야기하면서 그는 "저는 실패자입니다"라고 말했다. 그는 친척의 장신구 판매 사업에 합류했다. "매우 부끄럽지만 이곳에는 '당신이 무슨 일을 할 것인지는 누가 당신을 공항에서 픽업하느냐에 달려있다'라는 말이 있습니다. 저도 저의 친척을 따라 같은 사업을 하게 되었습니다." 그동안 저축한 돈과 가족들과 친구들의 지원으로 자신의 가게를 개업할 수 있었고, 1980년대 후반에 이를 처분한 후 도매업을 하게 되었다.

우리는 폭동에 관련된 피해에 대한 보상을 촉구하는 노동자들의 집회에서 배 씨를 만났다. 그는 1970년대 후반에 휴스턴^Houston에 왔고 그곳의 한식당에서 일했다. "당시 휴스턴에는 상대적으로 적은 수의 한국인들이 있었습니다. 그래서 그들은 기꺼이 저를 고용했습니다." 마침내 그는 로스앤젤레스로 이동했고, 다양한 직장에서 일했다. 그는 실외 스왑미트에서 좌판을 열었지만 충분한 수입을 내지 못했기 때문에 그만 두었다. 자신의 가게를 열 수 있는 충분한 자금을 모으지 못했

제5장_ 한인들의 기업 활동

고, 사우스 센트럴에 있는 한인 주류 판매점의 매니저로 일하면서 아프리카계 미국인과 라티노 노동자들을 감독했다. 그는 LA 폭동으로 인해 가게가 전소되면서 직장을 잃었고, 그의 가족과 앞으로 어떻게 살아야 할지 걱정했다.

자수성가한 한인들

우리의 집약적인 논의에서까지도 명백하게 드러나는 한국계 미국인과 그들 사회의 복잡성과 이면의 모습들은 언론을 통해 충분히 다뤄지지 않았다. 주류 언론에서는 자수성가한 한국계 미국인 기업가들이 아메리칸 드림의 대변자임을 보도할 뿐이었다. 1985년의 『타임』지의 기사에서는 "이전 세대의 이민자들처럼 많은 아시아인들은 그들의 개인적인 아메리칸 드림을 실현하기 위해 그저 좋은 직장을 찾는 것이 아니라 개인 사업을 시작했다".[3] 저자에 따르면, 아시아계 미국인들 중에서도 "한국인들 사이에서 기업가적인 충동이 강하게 작용한다".[4] 한국계 미국인들은 기업가정신을 구현하는 듯했다. 뉴욕의 청과물시장에서 로스앤젤레스의 세탁소까지, 많은 지역 산업들은 거의 한국계 미국인들에 의해 독점되었다. 조사에 나온 수치들이 한국계 미국인들의 기업적 성공을 입증한다. 유럽계 미국인의 자영업자 비율이 7.4%인 반면 한국계 미국인의 자영업자 비율은 16.5%였다.[5] 유의영의 조사에 따르면, 1989년 로스앤젤레스의 취업한 한국계 미국인 남성 중 40%는 자영업에 종사했다.[6] 이 중 44%는 50,000달러가 넘는 가계 소득이 있었다.

또한, 한국계 미국인 상인들은 종종 자신들의 성공을 자랑스럽게 알렸다. 가데나에서 빵집을 운영하고 있는 피터 김Peter Kim은 『로스앤젤레스 타임스』와의 인터뷰에서 "대부분의 한국인들은 다른 사람들을 위해서 일하기보다는 자영업을 택할 것입니다. 대체로 한국인들은 근면하고, 높은 목표를 가지고 있으며, 매우 경쟁심이 강합니다"[7]라고 말했다. 그러나 면밀히 살펴볼 때, 피터 김과 같은 성공한 한인 사업가들의 이야기는 더 큰 복잡성을 내포하고 있다. 미국에서 빵집을 운영하는 피터 김은 사실 한국에서는 수의사로 일했었다. 피터 김과 다른 이들의 경험을 이해하기 위해서 우리는 먼저 경제 이론과 미국 신화에서 기업가정신의 의미가 무엇인지 짚고 넘어가야 할 것이다.

『경제발전의 이론The Theory of Economic Development』에서 조지프 슘페터 Joseph Schumpeter는 기업가를 자본주의 경제에서 혁신적인 주체로 기술한다. 모험가와 혁신가의 남성적 이미지를 지닌 기업가는 구체제의 잔해들을 완전히 없애고 경제 발전을 촉진하는 무정부 상태의 세력을 상징한다. 이 창조적 파괴자는 자본주의 경제의 특징인 지속적인 혁신을 촉진한다. 조지프 슘페터는 창조적 파괴는 "기업가가 갖추어야 할 요소인 새로운 조합의 이행이며, 낡은 것을 파괴하고 새로운 것을 창조하여 새로운 전통을 만든다"고 기술했다. 기업가는 "개인의 왕국을 향상시키기 위해서 꿈과 의지"를 가진다.[8] 기업가는 자본주의의 영웅적인 인물이다.

자수성가한 기업가는 미국의 문화적 배경에서도 상징적이다. 자유방임적 자본주의의 영웅인, 헨리 포드Henry Ford와 존 록펠러John Rockefeller와 같은 기업가들은 물질적인 성공에 대한 미국인들의 깊은 갈망을 나타낸다. 개인은 부를 축적하였고, 사회의 풍요에까지 기여했다. 아메리칸 드림의 자수성가한 기업가의 이미지는 1980년대 후반부터 자본주의를 찬양하기 시작한 한국에서도 중요하게 여겨졌다.

또한, 일부 미국인들은 소규모 자영업자들을 지역사회의 기둥으로 여겼다. 이러한 관점에서 전형적인 미국 중산층의 기업가들과 지역의 상공회의소는 작은 소도시의 삶의 기반이었다고 할 수 있다. 기업가들은 상품과 서비스를 제공할 뿐만 아니라 지역사회의 복지에도 기여했다.

그러나 코리아타운이나 로스앤젤레스 사우스 센트럴의 한국계 미국인 상인들은 자수성가한 기업가의 학문적, 대중적 묘사에서 모두 벗어난 것으로 보인다. 포드는 자동차 산업의 핵심 설계자였고, 록펠러는 엄청난 부를 축적했다. 이와 대조적으로 한국계 미국인 기업가들은 작은 편의점, 세탁소 혹은 주류 판매점 등의 업종에 종사하는 소규모 자영업자들이다. 이러한 직업들은 가치가 있지만, 자영업자들은 자신들의 업적과 지위에 대해서 착각해서는 안 될 것이다. 한인 기업가들은 경제 성장을 촉진할 획기적인 것들을 만들지도 못했고, 대체로 엄청난 재산을 모으거나 사회에 큰 기여를 하지도 못했다. 가게를 운영하는 가족이 일주일 내내 일해서 일 년에 50,000달러를 번다면 아메리칸 드림을 이루었다고 할 수 있는가? 이러한 모습이 슘페터나 미국의 신화에서 찬양하는 기업가의 모습인가? 윤 씨와 그의 동료들은 지역사회에서 중추적 역할을 하지 못했다. 심지어 로스앤젤레스 사우스 센트럴의 대부분의 한국계 미국인 상인들은 자신들의 가게 근처에도 살지 않았다.

한인 디아스포라, 특히 다수가 대학교육을 받은 1970년대 이민자들의 사회적 신분은 대부분의 이민자들이 소규모 소매업 또는 서비스업보다 더 큰 이상과 꿈이 있었음을 암시한다. 대부분의 1970년대 이민자들의 성장기인 1950년대와 1960년대의 한국에서 기업가정신은 명예롭게 여겨지지 않았다. 지금까지도 한국인들은 교육적 성공을 통해서 정부나 학계에 종사하는 것이 가장 바람직한 것이라고 생각한다.[9] 못마땅하게 여기는 것까지는 아니더라도, 상업 특히 소매업은 상대적으로 존경받지 못했다. 그러나 명백하게 한국의 급속한 경제 성장은 물질적 성공에 대한 대중의 욕망을 촉진했고, 이는 성공하기 위해 미국으로 떠난 한인 이민자들에게서 나타났다. 동시에 성공한 한인 이민자들에 대한 소식이 1970년대에 널리 퍼지면서, 많은 한국인들이 자신의 사업을 위해 미국으로 떠났다. 그러나 소규모 사업은 다수의 1970년대의 이민자들이 미국에 온 주목적은 아니었다.

앞서 언급한 바와 같이 대부분의 1970년대의 이민자들은 윤 씨의 모교인 서울대학교와 같은 한국의 최고 일류 대학을 포함한 대학을 졸업했다. 말하자면, 한국에서 서울대학교는 미국에서 하버드보다 더 권위 있게 여겨진다. 예를 들어, 하버드의 입학 허가를 받은 학생들 중 약 4분의 1이 하버드에 가지 않는 반면, 서울대학교의 입학 허가를 거절하는 학생은 손에 꼽을 정도로 드물다. 백만장자 기업가인 임 씨는 1990년대의 한국인들은 하버드보다 서울대학교를 택할 것이며 이는 서울대학교 학위와 동문 네트워크는 한국의 핵심적 권력층으로의 입성을 가능하게 하기 때문이라고 언급했다.[10] 서울대학교 졸업자들이 미국에서 청과물상이나 세탁소로 성공하는 것은 대학을 졸업한 미국의 엘리트가 일본에서 편의점 사장으로 성공하는 것과 비슷하게 여겨

제5장_ 한인들의 기업 활동

졌다. 윤 씨의 그의 실패에 대한 선언은 부분적으로 서울대 졸업자로서 가지는 엄청난 가망성과 야망에서 기인한 것이다. 결국 그의 재정적 성공은 국가 엘리트 집단의 잠재적 구성원의 겸손이라고 볼 수 있다. 1970년대 초반의 이민자의 아들은 우리에게 "아버지는 한국의 새로운 정부 내각 인사에 관한 소식을 접할 때마다 매우 힘들어 하셨습니다. 종종 아버지가 자신보다 못하다고 생각했던 전 부하직원이나 대학 동급생이 교육부 장관이나 그에 준하는 직책에 임명되고는 했습니다." 그러나 우리가 앞서 본 것처럼 이렇게나 많은 수의 한 나라의 잠재적 엘리트들이 미국으로 이민을 오게 된 것에는 충분한 이유들이 존재했다. 이는 미국의 현대성에 대한 약속과 한국에서 가로막힌 사회 이동에 대한 경험이다.

대학 교육을 받은 한인 이민자들에 대한 보다 더 적절한 질문은 "왜 그들은 기꺼이 상인이 되었는가?"일 것이다. 물론 전문직은 부나 행복을 보장하지 않지만, 미국의 대학 졸업자의 대부분이 의료계, 법조계, 재계, 금융계 그리고 학계에서의 직업을 원한다. 1990년대의 한국대학 졸업자들도 이와 유사한 일련의 직업들을 추구했다. 한인 이민자들도 이들과 크게 다르지 않았다. 박 씨는 미국 회사에서 건축가로 일하면서 그가 교육받은 것을 활용할 수 있었다. 다른 한인 이민자들, 특히 학위를 미국에서 취득한 이들은, 의사나 대학 교수와 같은 전문직에서 종사하기도 했다.[11] 이들을 제외한 다른 이들은, 백만장자 임 씨와 마찬가지로, 코리아타운이나 로스앤젤레스 사우스 센트럴에 기꺼이 가게를 개업할 의지는 없었다. 상업이 대학교육을 받은 한국계 미국인들 대부분에게 왕도는 아니었던 것처럼, 한인 자본가들이 모두 소규모 사업에 뛰어들지는 않았다. 이들은 주식과 채권에 돈을 투자하거나 부동산 투기를 하는 경향이 있었다. 부유한 유럽계 미국인들과 한국계 미국인들의 경제 행위는 유사했다. 한 노년의 한국계 미국인 남성은 우리에게 "머리가 좋다고만 해서 돈을 벌 수는 없지만, 돈이 많으면 머리가 좋은 사람을 고용할 수 있습니다. 돈이 있는 것이 최고죠"라고 말했다. 그가 언급했듯이, 부유한 한국계 미국인들은 그들의 부를 이용하여 언어적 장벽을 포함한 여러 장벽을 극복할 수 있었고, 다른 초국가적 자본가들처럼 행동할 수 있었다.

아메리칸 드림의 이데올로기에서, 한국계 미국인의 기업가정신은 찬양받아 마땅했다. 그러나 이러한 해석은 "왜 그들과 같은 엘리트들이 도심의 가난한 지역에서 개업하는가?"라는 중요한 질문을 간과하게 된다. 대학교육을 받은 유럽계 미국인의 경우를 생각해보자. 그들이 가난한 소수민족 동네에서 세탁소나 주류 판매점을 개업하는 데에 돈을 투자하고 목숨을 걸 수 있을까? 그렇다면 차라리 전문직을 찾지 않을까? 만일 사업을 하고자 한다면, 왓츠나 컴프턴이 아닌, 베벌리 힐즈나 산타모니카에 개업하지 않을까? 고등교육을 받은 유럽계 미국인이 가난한 도심지역에 개업을 하는 모습을 쉽게 떠올릴 수 없다는 사실을 통해서 우리는 한국계 미국인들은 왜 자연스럽게 소규모 사업을 개업하고 운영하는 것을 택했는지에 대해 의문을 제기할 수 있어야 한다. 한인 기업가 정신의 실체는 반드시 아메리칸 드림과 일치하지 않는다. 한 한인 전문직 종사자는 이에 대해 "누가 한두 푼 버는 일에 뛰어들고 싶겠습니까?"라고 덧붙였다. 그렇다면 왜 서울대학교 출신인 윤 씨와 같은 사람들이 소규모 개인 사업을 하게 되었을까?

윤 씨의 사례는 고등 교육을 받은 한국인의 대다수가 미국에서 전문 직에 종사하는 것이 불가능했다는 점을 시사한다. 한국에서 취득한 자 격증들은 구조적인 장벽들로 인해 미국에서 인정받기 어려웠다. 대학 학위나 전문 자격증들의 대부분은 국가 간에 통용되지 않았다. 서울대 학교 학위가 미국에서 의미가 있을까? 세탁소를 운영하는 부모를 둔 한 여성은 우리에게 다음과 같이 말했다. "저는 얼마 전 여름에 서울에 잠깐 갔을 때 한국에서 서울대학교 출신이라는 것이 어떤 의미를 가지 는 지에 대해 알고 충격을 받았습니다. 저희 부모님은 언제나 아버지 의 모교를 굉장히 자랑스럽게 여기셨지만, 저희 아버지 친구 분들은 거의 다 서울대학교 출신이시기 때문에 저는 그것이 그렇게 의미가 있 는지 몰랐습니다. 이제 저는 아버지의 절망감과 희생을 더 잘 이해할 수 있을 것 같습니다." 마리 리Marie G. Lee의 소설인 *Finding My Voice*에서 고등학생인 소설의 주인공은 그녀의 아버지가 '한국 최고의 일류대학' 인 서울대학교를 졸업했다는 사실을 알게 된다. 그녀의 아버지는 "내 대학 친구들은 한국에서 다들 한 자리씩 하고 있는데. 하지만 여기서 모든 사람들이 관심가지는 것은 내 학위가 아니라 내가 미국인이 아니 라는 사실이지. 그러니 이제 너와 너의 언니는 나와 너희 엄마보다 더 큰 사람이 되어야 한다. 하버드는 모든 사람들이 알고 있는 대학이기 때문에, 네가 하버드에서 학위를 받는다면 그 누구도 너를 무시하지 못할 것이란다."[12]

이러한 제도적인 장벽과 함께 한국계 미국인들은 언어적인 한계를 지니고 있었다. 많은 이민자들은 전문직 종사자들에게 요구되는 수준 의 영어 구사력을 갖추지 못했다. 틀림없이 그들은 직장을 다니면서 영어를 배울 수 있는 능력이 있는 사람들이었지만, 그들의 기본 영어 실력으로는 취직조차 하기 힘들었다. 우리가 인터뷰했던 사람들 중 누구도 미국의 주요 기업에서 일하는 1세대 한인을 떠올리지 못했다. 한인 이민자들이 미국에서 겪는 가장 큰 어려움으로 계속해서 언급되었던 문제가 바로 언어의 장벽이었다.[13] 수십 년간 미국 회사에서 건축가로 일했던 박 씨는 영어로 자신의 생각을 명확하게 말할 수 있었지만, 윤 씨는 이에 어려움을 겪었다. 겉으로 봤을 때는 윤 씨가 이러한 언어적 한계를 지니고 있을 것이라고는 아무도 생각하지 못했다. 모두가 윤 씨가 똑똑하다는 사실을 인정했지만, 그의 영어 구사 능력은 기업 거래를 성사시킬 수 있는 최소한의 수준에서 더 발전하지 못했다. 한 한국계 여성은 그녀의 아버지가 "진심으로 내가 아는 사람들 중 가장 영리한 사람 중 한 명"이라고 평하며 다음과 같이 계속해서 기술했다. "아버지는 영어를 잘하지 못하셨습니다. 강한 한국 억양을 가지고 있었죠. 나는 어렸을 때부터 그런 아버지의 영어 때문에 아버지가 사람들로부터 어떤 취급을 받았는지 봤습니다. 그들은 아버지를 바보 취급했어요. 그들은 크게 말하면 아버지가 잘 이해할 것이라고 생각했는지, 아버지에게 큰 소리로 얘기했어요."[14] 또 다른 이민자는 "제가 사업을 따내기 위해서 기업들을 방문할 때 때때로 사람들은 제가 영어를 잘하지 못하는 것을 듣고는 저를 야만인처럼 쳐다보곤 했습니다".[15] 연세대학교 무역학과를 졸업한 한 남성은 권위 있는 학자의 경제 분석 수준에 견줄 수 있을 만큼 국제 경제가 로스앤젤레스에 미치는 영향에 대한 매우 설득력 있고 흥미로운 지식을 지니고 있었다. 하지만 그는 지난 20년간 사우스 센트럴에 개업을 하고 일하면서 이러한 분석 기술과

211

경제에 대한 학식을 단 한 번도 사용할 일이 없었다. 또한 그의 영어 실력은 유창한 한국어 실력에 비해 뛰어나지 못했다.

많은 이민자들은 사무직이나 전문직에 취업하기가 어려웠다. 한국계 이민자들의 실정은 구조적 제약의 위력을 보여준다. 1970년대 한인 이민자의 대부분은 고등교육의 수료증을 소지했음에도 원하는 직업을 가지지 못했다.[16] 윤 씨의 경우, 뛰어난 한국의 학위를 가졌음에도, 영어 구사력을 요하는 직업은 애초에 선택할 수 없었다. 1973년의 로스앤젤레스 한인 이민자에 대한 조사에 따르면, 한국에서 간호사 자격증을 취득한 한국인 중 단 3분의 1만이 주 면허를 소지하고 있었다. 또한, 남부 캘리포니아에 있는 한국계 미국인 의사들 중 600명이 개업을 하지 못했다.[17] 1970년대에 한 이민자는 최봉윤에게 "이 아름답고 풍요로운 나라로 이민을 왔을 때, 우리 중 그 누구도 한국에서 가졌던 직업을 더 이상 할 수 없게 될 것이라고 생각하지 못했습니다. 현재 대부분의 사람들이 자격증과 경력에 관련이 전혀 없는 일을 하고 있습니다. 우리는 박봉에 연명하고 있습니다"라고 말했다.[18] 1970년대에는 한국의 경제가 중요하게 여겨지지 않았기 때문에 한국어 구사 능력이 있는 근로자에 대한 로펌이나 기업의 수요가 매우 적었다. 또한, 지역 사회에서 일하는 데 있어서 한국어를 구사하는 전문직 종사자가 필요하지 않았다. 박 씨가 처음 미국에 왔을 때만 해도 한국계 미국인들을 위한 건축회사를 개업할 생각조차 할 수 없었다는 사실은 그리 놀라운 일이 아니었다.

인종차별과 언어적·제도적 장벽 사이의 경계는 종종 모호해졌다. 적절한 영어 실력을 가지고 있음에도 불구하고 면접에서 어색한 억양으로 영어를 구사하게 된다면 거의 취업에 성공하지 못했다. 한국에서 취득한 학위에 대한 멸시는 한인 이민자들에게서 자격증 취득이나 취업의 기회를 박탈했다. 1975년에 미국의 인권위원회는 다음과 같이 언급했다. "이민법에 부여된 우선순위에 따라 이러한 전문직 종사자들은 미국으로의 이민이 적극 권장되었다. 그러나 이러한 남성들과 여성들은 그들의 교육 자격 증명이 부적합하며, 그들의 경험이 미국에 적용될 수 없고, 그들의 자격증은 인정될 수 없다는 말을 자주 접하게 되었다."[19] 한 증인은 "한국 야전군에서 수석 군의관으로 복무하였고, 1952년에 미군에서 복무하며 해리 트루먼Harry Truman 대통령으로부터 청동성장을 받기도 했지만 캘리포니아에서 의술을 행할 수 없었다. 그는 자문위원회는 그가 캘리포니아에서 의술을 행할 수 없는 이유에 대해 수긍하기 힘든 이야기만을 늘어놓았다고 말했다."[20]

차별에 대한 경험들이 반복되면서 한인 이민자들은 그들의 자녀들이 객관적인 실력으로만 판단 받을 수 있는 기술 계통으로 나아갈 수 있기를 희망했다. 한인 2세인 전문직 종사자는 우리에게 "저희 아버지는 다른 직업에 비해 차별이 덜할 것이라는 생각에서 제가 의사가 되기를 바라셨습니다. 아버지는 회사에 취직하면 백인들이 저를 차별하고 승진을 막을 것이라고 생각하셨어요"[21]라고 말했다.

1세대 한인 이민자들의 전문직 취업이 힘들었던 만큼 그들은 전문직에 종사하는 사람들에 대해 깊은 존경을 가지고 있었다. 대학 졸업자부터 고등학교 중퇴자까지, 우리가 접한 많은 한국계 미국인들은 처음에 가지고 있었던 학력에 대한 갈망을 나타냈었다. 얼마 전 자신의 피자가게를 판 한 기업가는 시를 쓰고 그림을 그릴 시간이 생겼다는 사

제5장_ 한인들의 기업 활동

실에 기뻐했다.

고등교육을 받은 1970년대의 이민자들을 기다리고 있었던 것은 전문직종의 성공적인 직업들이 아니라 조금의 영어 구사력만을 요구하는 육체노동과 관련된 직업들이었다.[22] 결과적으로 그들의 수입은 낮았다. 예컨대, 1970년대 초기에 대학을 졸업한 한인 이민자의 평균 임금은 로스앤젤레스와 롱비치에 있는 모든 가구의 평균 임금보다 낮았다.[23] 이러한 경향은 1980년대까지 계속되었다.[24] 우리의 인터뷰 대상자 중 한 명은 우리에게 "대학 졸업장이 무슨 상관이 있겠습니까? 아무리 영어 독해를 잘해도, 우리 중 대부분이 영어 회화가 거의 불가능했습니다. 내가 아는 사람들 중에서 미국 회사에서 일하는 사람은 한 명도 없습니다"라고 말했다. 한 한국계 미국인 목사의 이야기 속에서 신분 불일치의 문제를 발견할 수 있었다. "그(전형적인 한국계 미국인)는 숙련된 기술자였지만 취업을 할 수 없었습니다. 그의 영어 실력으로 그는 어디에 갈 수 있었을까요? 아마도 건물의 청소부나 관리인밖에 되지 못할 것입니다! 저는 정말 자랑스러운 한 남성에 대해서 이야기하고 있습니다. 한국에서 그는 존중받는 사람이지만, 존중받는 존재가 되기 위해 온 미국에서 그는 보잘 것 없는 사람으로 취급될 뿐이었습니다."[25]

많은 한인 이민자들은 공통적으로 절망을 경험하였다. "대부분의 한국인들은 장래성이 없는, 저임금의 부차적인 노동 시장의 직업이나 실업 상태에 있는 자신을 발견했다. 높은 포부에도 불구하고, 한국인들은 강한 불만과 좌절을 느꼈고 사회 이동의 다른 방법을 간절히 찾았다."[26] 허원무와 김광청에 따르면, 이민자들은 이민의 첫 2년간,

격렬한 박탈감과 실망감의 시기인, '초기 위급단계'를 경험하게 되며 5~6년 후부터 안정기에 들어선다고 한다.[27] 또한, 이민자들의 한국에서의 신분과 미국에서의 직업 간의 불일치가 존재했다.[28]

1970년대의 이민자 대부분에게 육체노동을 요하는 직업들은 순전히 그들의 생존을 위해서 필요했다. 부분적으로 언어적 장벽 때문에 많은 이들은 직업을 구할 때에 개인적 연줄에 의지했고, 한국계 미국인 고용주들을 위해서 일했다.[29] 나중의 이민자들도 육체노동을 하는 직업을 거쳐야 했다. 예를 들어 한인 의류업계 노동자에 관한 조사에 따르면 "모든 조사 대상자들이 직업 선택에 있어서 언어적 장벽을 가장 영향력 있는 요인으로 뽑았다." 놀랄 것도 없이 한국계 미국인 노동자들의 근로환경은 열악했다. "노동자들은 임금을 성과급으로 받았고, 모두 유급휴가, 시간외 근무수당, 실업수당, 병가 그리고 상여금을 받지 못했다."[30] 노동조합이 없는 재봉사, 관리인, 가사 노동자, 경비원 그리고 식당 근로자로 일하면서 많은 이들은 저임금의 장래성이 없는 직업을 가지게 되었다. 대학을 갓 졸업한 한 청년은 노조 조직책으로서 첫 출근 날, 기절했다는 이유로 식당해서 해고당한 한 중년 여성의 사례를 접하고 큰 충격을 받았다. "그 식당의 사장은 그녀를 택시에 태운 후 바로 해고했습니다. 그녀는 쉬는 날 없이 일주일에 70시간가량 일했습니다."

전문직종을 얻지 못하고 장래성이 없는 육체노동을 하는 직업으로 나아가야 하는 상황 속에서 한인 이민자들은 자영업에서 희망을 찾았다. 자영업에서는 언어적인 한계가 그리 큰 문제가 되지 않았다.[31] 다시 말해, 자영업은 한국계 미국인들이 직면한 자격의 문제와 언어적

제5장_ 한인들의 기업 활동

제약에 따른 불이익을 극복하기 위한 선택이었다.[32] 소규모 사업은 재정적 성공의 가능성과 육체노동으로부터 벗어날 수 있는 기회를 제공했다. 자신과 비슷한 처지에 있었던 사람들이 자영업으로 성공하는 사례를 접하면서 이러한 사람들을 따라 자영업에 뛰어들고자 하는 한인 이민자들이 생겨났다. 친척을 따라 자영업을 하게 된 윤 씨의 사례는 한국계 미국인들 사이에서 흔히 있는 경우였다. 일반적으로 한국계 미국인들은 기술적·문화적 요건의 기준이 낮고, 적은 착수자금으로 개업할 수 있었던 소매업이나 서비스업과 같은 사업에 투자했다.

그러나 언어적 문제나 교묘한 인종차별의 문제로 야기되는 구조적 장벽에 대한 경험이 한국계 미국인들의 경제적 의사 결정에 있어서 유일한 요인으로 작용하지는 않았다. 한인 이민자의 사업 진출은 미국 자본의 도구적·구조적 지시에 대한 반사적 반응으로 볼 수만은 없을 것이다.[33] 불변하는 제약들 속에서 최대한의 성과를 이끌어내기 위해서 한국계 미국인들은 실용적인 대안을 강구했다.[34] 이러한 과정 속에서 한국계 미국인들의 사회 이동에 대한 꿈은 다음 세대로 연기되었다.

한인 이민자들의 사업 진출은 강력한 구조적 제약 속에서 이를 극복하기 위한 의식적이고 전략적인 결정 아래서 행해진 것으로 보아야 한다. 그들은 세대 간 사회 이동을 위해서 전략적으로 소규모 사업에 뛰어들어 미국에서의 현대화와 사회적 이동에 대한 꿈을 이루고자 했다. 현대 자본주의 사회의 소시민 계급처럼 소규모 사업자들의 계층은 다음 세대로 세습되지 않았다.[35] 한국계 미국인 업주의 대다수는 나중에 자신의 자녀들이 그들의 사업을 이어받거나 스스로 작은 소매점을 개업하는 것을 꺼렸다. 1세대 한인 이민자들의 2세대에 대한 희망은 그

들이 명망이 높고 보수가 많은 직업을 가지는 것이었다.[36]

　자영업을 추구하는 경향은 나중의 이민자들 사이에서 더 뚜렷하게 나타난다. 1980년대의 한인 이민자의 다수는 출세에 대한 갈망과 한인 동포들의 성공 사례에 힘을 얻고, 미국에서 사업을 하기 위해서 이민을 떠났다. 한국에서 충분한 사업 자금을 모으지 못한 이민자들은 자본을 모으기 위해 전략적으로 육체노동을 하는 직업을 얻었다. 박씨와 그의 동료들의 1986년의 출국 전 조사에 따르면, 70%가 넘는 남성이 미국에서 사업을 할 것이라고 밝혔다.[37] 특히, 제5순위 이민자들(형제와 그들의 자녀)의 85%는 미국에서 사업을 시작할 것이라고 했다.[38] 게다가 많은 이민자들이 한국에서 소규모 사업을 한 경험이 있었다. 윤인진의 조사에 따르면, 조사 대상자의 25%가 한국에서의 본업이 소규모 사업이었다고 응답했다.[39]

　그 이전 세대에 비해서 가난하고 학력이 낮았던 1980년대 후반의 이민자들의 대다수는 미국에서 고된 생활을 했다. 한 노동조합 조직책은 우리에게 다음과 같이 이야기했다. "지역사회가 안정화되면서, 노동계급은 부상할 것입니다. 사람들은 자신들이 개업을 하지 못할 것이라는 사실을 깨닫게 될 것입니다. 또한, 사업을 하려다가 실패하고 다시 노동계급으로 돌아가는 사람들이 더욱 많아질 것입니다." 이러한 사업가 지망자들은 이보다도 더 경쟁적인 환경을 마주하게 된다. 코리아타운과 로스앤젤레스 사우스 센트럴 모두 한국계 미국인 기업들로 거의 포화된 상태였다. 매물로 나온 사우스 센트럴의 주류 판매점은 검증된 수익성 때문에 고가의 값어치가 붙었다. 일부의 이민자들이 한국의 자유 자본 수출 법과 일반적으로 한국인들이 더욱 부유해지면서 이민을 올 때 충분한 자금을 가지고 올 수 있었던 반면, 그 외 많은 이들은 적은 돈을 가지고 이민을 왔다. 한국에서의 계급은 미국에서까지 그대로 적용되었다.

많은 한국계 미국인들은 소규모 자영업을 할 수 있는 상황이 아니었다. 1980년대의 계속된 이민이 1990년대까지 이어지면서, 더 많은 한인 이민자들이 미국에서 자신들이 받은 교육이나 소유한 자본 중 하나를 잃었다. 백만장자 사업가인 임 씨는 "한국에서 실패를 경험한 사람들이 존재하는 한 미국으로 향하는 한인 이민자도 끊이지 않을 것입니다. 그것이 자본주의의 본질입니다"라고 말했다. 한국계 미국인들은 한국에서 만큼이나 미국에서도 사회 계층의 이동이 어렵다는 사실에 직면했고, 미국에서의 삶도 희망적이지 않다는 것을 깨달았다.

우리가 만난 4명의 한인 이민자 중에서, 김 씨와 박 씨는 소규모 사업을 하고자 하는 욕구가 없었다. 윤 씨는 그의 학문에 대한 야망을 버리면서 친척을 따라 소규모 사업을 시작했다. 그러나 배 씨는 스왑미트 좌판 주인으로서 좌절을 경험하고 자수성가한 사업자가 되지 못했다. 백만장자인 임 씨와 실업자인 배 씨 사이에는 민족의 연대를 방해하고 한국계 미국인들에 대한 안이한 일반화를 복잡하게 하는 간극이 존재했다. 따라서 한국계 미국인과 사업의 관계에 대한 안일한 공식화는 문제가 있다. 한인 이민자들, 특히 1970년대의 이민자들에게 자수성가한 사업가는 알려진 것처럼 이상적인 모습만을 가진 것은 아니었다. 게다가 한국계 미국인은 사업에서 꼭 성공한다는 공식도 성립하지 않았다. 따라서 한국계 미국인이 미국에서 얻는 기회와 이와 동시에 직면하게 된 제약을 모두 이해하는 것이 중요할 것이다.

한인 사업 활동의 세 가지 원천

많은 언론 보도에서는 한국계 미국인의 사업의 성공을 설명하기 위해서 그들의 민족적 기략이나 문화적 특성을 강조했다. 근면, 절약, 그리고 가족의 연대는 의심의 여지없이 중요하다. 그러나 이는 단지 한국계 미국인들의 특징이 아니라 전 세계를 거쳐서 성공한 중산층들이 공유하는 특성이다. 소규모 소매업이나 서비스업을 하는 데 있어서 반박의 여지없이 중요한 세 가지 요소가 있다. 이는 노동력, 돈 그리고 네트워크이다.[40]

소규모 사업의 일상 업무를 수행하기 위해서는 자기 자신과 타인의 과도한 노동 시간의 투자가 필요했다.[41] 휴일이 없이 계속되는 업무 일은 종종 소규모 기업을 운영하는 이들의 숙명이기도 했다. 소매점과 할인점에서 수익을 내기 위해서는 영업시간이 길어야 했기 때문이다.[42] 또한 이러한 사업의 경우 노동 임금이 낮아야 간신히 이익을 얻을 수 있었다. 한국계 미국인들이 뛰어드는 사업들이 일반적으로 이윤이 낮은 경향이 있기 때문에 노동 임금을 낮게 유지하는 것은 극히 중요했다. 1983년의 존 리John Y. Lee의 연구에 따르면 세탁소와 같은 많은 한국계 미국인들의 사업들은 미국의 동종업보다 더 많은 이윤을 창출했는데 이는 낮은 운영자금 때문에 가능했다.[43]

작은 소매점이나 할인점을 운영하는 일은 자기 착취가 존속과 번영에 중요한 소작농의 경제와 유사하다.[44] 1980년대 초반에 한국계 미국인이 운영하는 기업의 32%가 직원이 없었다.[45] 소규모 사업을 운영하면서 발생하는 과한 요구들은 비용이 들지 않는 가족노동, 특히 배우자, 성장한 자녀 그리고 노부모와 친척들의 노동력에 의존한다. 많은 한국계 미국인 여성들에게 미국은 가사 노동이 없는 세계로 여겨졌다. 일부 학자들은 권위주의적이고 가부장적인 가족 구조가 가족노동의 동원을 용이하게 했다고 주장했다.[46] 그러나 가부장적 권위주의의 범위를 확대 해석해서는 안 된다. 새로운 문화적 환경과 맞벌이를 하는 상황들이 남성의 권력을 완화시켰기 때문이다.[47] 우리의 인터뷰 대상자 중 대다수가 세탁소나 작은 가게를 운영하거나 침술가로 활동하는 등 다양한 분야에서 부부가 함께 팀으로 사업을 꾸려 나갔다.

하지만 가족노동만으로는 사업을 운영하기에 충분하지 않았다. 한국계 미국인 기업가들은 한인 이민자나 한국인이 아닌 노동력을 구하기도 했다.[48] 사업 규모가 커지면서 더 많은 노동력이 요구되었던 시기와 장성한 자녀들이 가족 사업에 더 많은 시간을 할애하지 못하게 된 시기가 겹치면서 외부에서 노동력을 구할 수밖에 없었다. 가족노동의 가용성을 초과하는 노동력에 대한 수요는 한국계 미국인 노동자를 고용함으로써 충족되었다. 한인 이민자가 증가하면서 값싼 노동력의 공급이 원활하게 이루어졌다. 한국계 미국인 업주들은 낮은 임금을 받고 일할 수 있는 한인 이민자들과 연결되었다. 배 씨도 미국에 처음 왔을 때 일할 곳을 찾기 위해서 한인 가게나 식당으로 향했다.[49]

그러나 한국계 미국인 업주 간의 관계나 한국계 미국인 업주와 한인 근로자 간의 관계는 종종 갈등상황을 야기하기도 했다.[50] 언어와 민족의 유대성이 존재했음에도 한국계 미국인 고용주는 동포인 근로자를 착취하기도 했다.[51] 민족의 연대가 결국 한인들을 경쟁하게 만든 것이다. 게다가 새로운 근로자들은 '영업 비밀'을 알아내기 위해서 낮은 임금을 받고 일했다. 세탁소를 운영하는 한 업주는 우리에게 "한국인들은 종종 6개월이나 1년 정도, 자기 사업을 차릴 수 있을 만큼의 정보를 얻을 수 있을 때까지만 일하고 그만 둬버리기 때문에 고용하기가 어렵습니다"라고 말했다. 민족 연대의 중요성과 경제적 경쟁은 충돌하게 되었고, 여기서 경제적 가치가 더 영향력을 끼친 것으로 보였다.[52]

영업 비밀을 보호하고 잠재적인 경쟁자의 등장을 견제하기 위해서 한국계 미국인 상인들은 한국계 미국인 근로자의 채용을 꺼리게 되었다. 게다가 라티노들은 한국인들보다도 낮은 임금을 받고 일하고자 했기 때문에 한국인들보다 더욱 좋은 조건을 갖추고 있었다. 예컨대 배씨는 한국계 미국인 업주 아래에서 상점을 관리하는 일을 했는데, 그를 제외한 다른 동료 직원들은 대부분 아프리카계 미국인이나 라티노였다. 로스앤젤레스의 라티노 이민자들은 항상 가장 낮은 임금을 받는 노동자들이었고 대체로 근면하기까지 했다. 한때 간호사로 일했으며, LA 폭동 중에 사우스 센트럴에 위치한 가게를 잃은 한 여성은 우리에게 다음과 같이 말했다. "멕시칸(멕시코인을 포함한 라티노들 전체를 지칭, 대부분의 한국계 미국인들은 라티노들을 '멕시칸'으로 지칭했다)은 낮은 임금을 받고도 열심히 일하기 때문에 좋아요. 예컨대 그들은 하루에 20달러만 받으면서도 아주 열심히 일해요. 하지만 흑인들은 50달러를 받고도 절대 열심히 일하지 않아요." 한국계 미국인이 운영하는 기업에서 한국인이 아닌 근로자 대부분은 라티노였다.[53] 한국계 미국인 업주들은 임금이 저렴한 라티노를 고용하는 경향이 있었고, 이로 인해 아프리카계 미국인은 더 적게 고용되었다. 또한 4장에서 보았듯이, 이러한 고용의 선호는 한국인이 아닌 다른 국가 출신의 고용주에서도 나타났다.

노동력뿐만 아니라, 현금과 융자금을 포함한 자본도 모든 신생 사업

제5장_ 한인들의 기업 활동

체들에게 중요했다. 대부분의 한국계 미국인들은 개인 저축이나 가족, 친척 그리고 친구들로부터 빌린 돈에 의존했다. 일부는 미국이나 한국의 은행에서 대출을 받는 공식적인 경로나 신용조합(계)와 같은 비공식적인 경로를 통해서 자금을 구하기도 했다. 1980년대부터 한국이 통화 해외 유출에 대한 규제를 완화시키면서, 사업을 위해 이민을 떠난 많은 한국인들이 한국에서 사업 자금을 마련해 올 수 있게 되었다.

코리아타운과 로스앤젤레스 사우스 센트럴의 한국계 미국인 상인들은 대체로 대형 소매점이나 제조업과 같이 큰 착수금을 요구하는 사업에 착수할 수 있는 형편이 되지 않았다. 한국인들에게는 시작의 용이성이 중요했다.[54] 이미 한국계 미국인 사업가들이 기반을 닦은 사업을 시작하기 위해서 그들은 공식적 혹은 비공식적 경로를 통한 대출금을 필요로 했다. 1983년의 연구에 따르면 대부분의 한국계 미국인 사업들은 "높은 비율의 부채 혹은 자기자본을 가지고 있었고, 이는 사업주로부터 채권자에게 제공되는 보장의 수준이 낮다는 것을 시사한다".[55] 일부 사업들은 확실히 규모가 작았다. 스왑미트의 좌판 주인들은 좌판이 설 공간을 빌리기만 하면 됐고, 가게의 모든 물품은 그 가치를 다 합쳐도 수천 달러에 불과했다.

한국계 미국인의 사업에 대한 수많은 연구들은 모두 착수금의 60%에서 80%를 차지하는 개인과 가족의 저축금의 중요성을 다뤘다.[56] 한국정부의 엄격한 통화 유출 규제를 겪었던 1980년대 이전의 이민자들의 경우, 개인과 가족의 저축금은 특히나 중요했다. 한국에서 미국으로 돈을 몰래 가지고 들어온 이야기들이 많이 존재했지만(한 남성은 100달러를 담뱃갑 안에 말아서 가져왔다고 말했다), 대부분의 이민자들은 한국에서 모은 자본에 크게 의존할 수 없었다.[57] 결과적으로, 이들 중 다수는 미국에 와서 사업을 시작하기 보다는 직장을 찾는 경향이 있었다. 또한 1970년대에 한국은 인당 GNP가 1,000달러를 밑도는 가난한 국가였다(1990년에 이르러 이 수치는 5,400달러까지 치솟았다). 따라서, 소수의 사람들만이 미국에서 주요한 벤처 기업을 시작할 수 있는 큰 자금을 가지고 있었다. 임 씨와 같은 손에 꼽을 수 있을 정도의 부유한 이민자들을 제외하고, 대다수의 이민자가 이민을 결정하게 된 주요한 이유 중 하나는 한국에서 성공하지 못한 것에 있었다.

한국과 미국의 은행과 같은 공식적인 경로와 계와 같은 비공식적 경로는 주요한 자금 출처로 작용하지는 않았다. 계, 혹은 순환식 신용조합은 구성원들의 자금을 모으고 구성원들에게 자금을 지불한다는 점에서 은행의 기능을 수행했다. 한국에서는 농민들과 도시인들이 결혼식과 장례식 같이 통과의례의 중요한 행사들을 위한 기금을 조달하기 위해서 계를 이용한다. 1970년대에 미국에는 한국의 은행이 거의 없었고, 한인 이민자들이 미국의 은행에서 대출을 받기가 매우 어려웠다. 그들의 입장에서 계는 사업자금의 중요한 원천으로 널리 간주되었다. 예를 들어 『포브스Forbes』의 기사에서 "한국에 일반적으로 퍼져있는, 계는 미국의 수천 개의 작은 한인 소유의 기업들의 자금을 조달하기 위해 미국에서도 사용되고 있다"라고 기술했다.[58] 따라서, 순환식 신용조합은 전형적인 한국계 미국인의 민족적·문화적 자원으로 보인다.

그러나 일반적으로 언론에서 강조하는 한국계 미국인들의 사업에서의 순환식 신용조합의 역할은 과장된 것으로 보인다.[59] 한인 이민자

제5장_ 한인들의 기업 활동

의 대다수는 먼저 가지고 있는 돈을 모두 자신의 사업에 모두 투자한 다음에 가까운 친척이나 친구에게 자금을 투자했다. 이러한 점에서 연쇄 이주의 특성과 친족관계의 중요성은 많은 이민 사업자들에게 중요했다. 윤 씨의 경험에서도 나타나는 친척들의 지원은 나중의 이민자들이 어떤 종류의 사업을 할 지 결정하는 데뿐만 아니라 사업 착수금과 영업 정보를 제공받는 데 있어서도 중요하다.[60] 우리는 민족적 신뢰와 결속이나 개인주의와 사리추구의 중요성 모두를 확대 해석해서는 안 될 것이다.

1980년대 이민자들의 대다수는 미국에서 사업을 개업할 의도를 가지고 있었고 이에 따라 자본을 더 모으기 위해서 비공식적이거나 공식적인 수단, 특히 한국에서의 저축금과 대출금에 더욱 의존했다.

1986년의 조사에서 응답자의 20%가 미국으로 떠나기 전에 이미 사업을 시작하기 위해 필요한 착수금을 충분히 가지고 있다고 응답했다. 응답자의 31%가 미국에서의 저축금 또한 필요할 것으로 예상한 반면, 75%에 이르는 사람들은 그들의 저축금에 은행 대출금도 사용할 것이라고 예상했다.[61] 이들 중 대다수가 1970년대의 이민자들과 같은 종류의 사업을 하게 되었지만, 세탁소와 주류 판매점의 수익성에 따라 과거보다 더 큰 액수의 착수금이 필요했다.[62]

노동력과 자본뿐만 아니라 네트워크 자원도 중요했다. 네트워크 혹은 사회적 자원은 소비자들의 필요와 요구를 파악할 수 있도록 돕는 공급자들과 도매업자들과의 친밀도를 포함한 지역 사업에 대한 방대한 지식을 포함한다. 투자 자금과 같은 사업 전문 지식은 종종 가까운 친척들과 같은 끈끈한 유대관계에서 얻을 수 있다.

네트워크 자원은 고국과의 초국가적인 유대관계도 포함한다. 많은 한국계 미국인의 사업들은 무역 사업으로 시작하였는데 이는 고국에서의 연줄에 의존해야 했고 이를 통해 미국에서 소매점이나 도매 할인 점을 시작할 수 있었다. 김일수는 1970년대의 뉴욕의 한국계 미국인 상인들에게 가발과 같은 한국 수출품이 매우 중요했음을 기록했다.[63] 독점 시장을 형성하면서, 초기의 한인 사업가들은 한국산 상품 판매를 통해 미국 시장에 진출했다. 예를 들어, 1986년에 남부 캘리포니아의 한국계 미국인이 운영하는 기업들에서 한국제 상품들을 가장 많이 수입했다.[64] 그러나 한국에서 노동 임금이 상승하면서, 한국 제품의 경쟁 우위는 중국이나 다른 동남아시아 국가들과 관계를 맺고 있는 다른 민족 기업가들에게 넘어갔다. 이는 저렴한 한국 제품에 의존하고 있는 도매업자인 윤 씨 걱정하게 했다. 그는 그들의 고국의 저렴한 제품들에 의존하고 있는 다른 아시아계 미국인 상인들과 치열한 경쟁에 직면해 있다.

우리가 3장에서 보았듯이, 가족과 친척 간의 유대의 중요성은 이민의 과정이 시작하면서부터 강조된다.[65] 더욱이, 자본 형성과 마찬가지로, 가족 구성원과 친척은 사업을 개업하는 데에 크게 기여한다. 윤 씨를 포함한 많은 한국계 미국인들은 그들의 친척들로부터 사업에 대한 지식을 전달받았다. 친족 관계는 동포들을 상대할 때 발생하는 신뢰의 문제를 해결하기도 했다. 그럼에도 불구하고, 가까운 친척이나 가족 구성원들 사이에서도 심각한 갈등이 발생했고 이는 관계의 단절을 초래하기도 했다.

사적인 관계는 종종 사업과 관련된 지식을 전달받기 위해서 중요했다. 1970년대 한인 이민자의 대부분이 소규모 사업을 운영한 경험이 없었기 때문에 그들은 종종 외국인 사업주 아래에서 일하는 것으로 시작했다. 한국계 미국인 기업들이 자리를 잡으면서, 사업주의 친척이나 친구들이 사업주로부터 사업 노하우를 전수받았다. 성공 가도를 달리고 있는 사업의 유형에 관한 단순한 정보들도 비공식적인 경로를 통해서 빠르게 확산되었다. 김일수는 1970년대 초 뉴욕의 한국계 미국인 청과물 상인들에 대해 다음과 같이 기술했다. "그들의 성공을 알리는 소식이 한인사회 내에 급속도로 퍼졌고, 새로운 한인 이민자들이 그들을 따라 청과물 사업을 시작했다."[66] 한국에까지 전해지는 민족 매체들도 잠재적, 실제적 한인 이민자들에게 큰 영향을 주었다.[67]

사적인 관계는 공식적인 사업 혹은 산업 협회들을 통해서 보완됐다. 사적인 연줄과 공적인 협회의 존재는 식료품점이나 주류 판매점과 같은 한인 이민자 사업에 촉진적인 환경과 기반 시설을 구축했다. 중요한 사업 정보는 주로 가족 구성원이나 친구 사이에서 공유되곤 했지만,[68] 한인교회, 동문회 그리고 봉사 단체도 정보교환의 중요한 교점의 역할을 했다.[69]

민족 관계는 종종 사업의 성공에 기여했다.[70] 민족적 연대는 단지 한국계 미국인들의 문화 성향이나 민족 충성심에서 비롯된 것이 아니라 그들의 경제적 관계 때문에 발생했다.[71] 한국 동포 밀집 지역이 형성되면서 한국어를 구사하는 변호사에서 한국 식료품점과 한국 식당에 이르기까지 한국과 관련된 직업과 사업의 틈새시장이 발전했다. 전체 한국계 미국인 기업의 주 고객층의 30%가 한국계 미국인이었다.[72] 앞서 한국어를 구사하는 건축가에 대한 수요를 이용하여 건축회사를 개업한 박 씨는 부유해진 한국계 미국인 사회의 요구를 즉각적으로 반영한 사례이다. 유망한 언어적 시장을 독점하는 능력은 소수민족 지역사회에서의 전문직종이나 서비스업의 부차적인 성장에 중요했다.[73] 그럼에도 불구하고, 시간이 흐름에 따라 독점은 사라졌다. 민족적 연대의 효과는 일시적이었다. 유의영이 1989년의 소비자 선호도 조사에 따르면 "한국인 고객들은 단지 한국의 음식과 식료품을 다른 가게에서 구할 수 없기 때문에 한인 가게를 이용했고, 이 이유만 아니라면 한국인이 운영하지 않는 가게를 선호한다고 답했다".[74] 돈의 지출에 있어서 한국계 미국인들은 민족의 연대에 얽매이지 않았다.

언어 내적인 관계를 용이하게 하는 요소는 언어 외적인 관계를 방해했다. 민족 기반의 소매점 혹은 산업협회가 각각의 한국계 미국인 사업들을 가능하게 했지만, 이들은 한국계 미국인들이 한국어와 민족 관계에 계속 의존하는 것에 기여했고, 결과적으로 다른 인종과의 관계 발전을 저해했다. 윤 씨는 우리에게 "한국계 미국인들은 '물건을 주고 돈을 받는 것'에만 몰두할 뿐, 사람들을 상대하는 서비스 사업은 기피했습니다"라고 말했다. 결과적으로 한국계 미국인들은 고객과의 상호 작용이 적은 세탁소나 주유소와 같은 사업을 추구했다.

요컨대, 많은 한국계 미국인들은 사무직으로 진출할 수 없었고, 소규모 사업이 육체노동보다는 나았기 때문에 개업을 택했다. 반면 다른 이들, 특히 1980년대의 이민자들의 경우에는 한국의 장래성이 제한적이었기 때문에 개업을 하기 위해서 미국으로 떠났다. 많은 1세대 이민자들에게 소규모 사업은 주어진 자본과 현존하는 제약에 비해 적당한 이윤을 얻을 수 있는 기회를 제공했다. 세탁소나 주류 판매점들이 폭등한 가격에 매물로 나오긴 했지만, 나중의 이민자들은 더 많은 재원을 사용할 능력이 있었다. 나아가 한국계 미국인 가족들은 가족노동을 쓸 수 있었다. 많은 한인 이민자들은 값싼 노동력의 공급원이 되었을 뿐만 아니라, 고무적인 기업환경을 조성하기도 했다.

한인들의 사업의 원천은 한국인의 민족적·문화적 특성을 넘어 더 면밀하게 분석되어야 할 것이다. 값싼 노동력, 자본 그리고 네트워크에 크게 의존하는 소규모 사업의 형태는 영속적이기보다는 과도기적 현상으로 남을 수밖에 없었다. 또한 자본의 소유가 초래하는 결과는 예측하기 어려웠다. 더 많은 자본을 가지는 것은 어떤 이를 임 씨의 백만장자의 세계에 나아갈 수 있도록 할 수 있는 반면, 재정적 어려움은 어떤 이를 배 씨의 임금 근로자나 실업자의 세계로 끌고 들어갈 수 있다. 뿐만 아니라, 이민 사업은 세대 간에 이어지지 않았다. 많은 이민자들이 자영업을 했지만 이러한 사업은 다음 세대에게 대대로 전해지지 않는 경향이 있었다. 1세대 한인 이민자들의 기업가 정신은 2세대에 고스란히 전해지지 않았다. 이민자들이 사업을 택한 주된 이유는 2세대가 주류 세계에서 성공하고 신분을 상승하는 것에 있기 때문이다.

로스앤젤레스 사우스 센트럴에서의 한인 사업

왜 한국계 미국인 상인들은 가난한 동네에서 개업하는가? 민병갑[75]은 애틀랜타Atlanta에서 소규모 사업을 운영하는 한국계 미국인들에 대한 그의 연구를 언급하면서 다음과 같이 서술했다. "무장 강도의 위험에도 불구하고 애틀랜타의 한인 이민자들은 백인 거주 지역보다는 흑인 거주 지역에서 식료품점을 운영하기를 선호했다. 이는 전자가 수익성이 더 좋은 것으로 알려져 있기 때문이다." 반면에, 박계영[76]은 또 다른 이유를 제시한다. "한인 사업가들은 백인 동네에서 많은 돈을 벌 수 있었지만 그들은 히스패닉들과 흑인들의 친절을 더 선호했다. 다시 말해서, 그들은 백인 고객들로부터 동일한 온정을 느끼지 못했다. 또 다른 이유는 히스패닉과 흑인 고객들이 더 상대하기 쉽다는 것이다. 그들은 물건을 살 때 길게 고민하지 않았고, 쉽게 만족시킬 수 있었다. 또한 백인보다 불평도 적었다." 둘 중 어떠한 설명도 그 자체만으로는 충분하지 않다. 왜 상인들이 더 부유한 동네에서 더 많은 돈을 모으려고 하지 않는지 그 이유는 불분명하다. 이익을 목표로 하는 보통의 소규모 사업가들처럼 그들은 오로지 친화적인 만남에 대한 갈망에 의해 가난한 지역에서 사업을 하기 시작한 것은 아니었다. 한국계 미국인 사업들이 가난한 도심 지역에 밀집한 이유는 크게 한국계 미국인 상인들이 직면한 기회구조로 설명된다.

부유한 지역들은 이미 물건을 보다 더 저렴한 가격에 유통할 수 있는 대형 체인점들과 고객과의 상호작용과 좋은 서비스가 필수적인 전문점들이 장악하고 있었다. 이러한 지역에서 한국계 미국인 상인들은 애초에 넘을 수 없는 장애물들에 직면한다. 라티노를 주 고객으로 하는 파티 드레스 가게를 운영하는 한 여성은 다음과 같이 이야기했다. "백인 동네에서 개업하려면 시간이 오래 걸려요. 백인들은 굉장히 까다롭거든요. 그들은 립스틱 자국이나 다른 하자가 있는 물건들은 절대 사지 않아요. 또 백인들은 완벽하게 응대해 주어야 해요. 그들의 신뢰를 얻은 후에야만 모든 것이 순조롭죠. 하지만 흑인들, 히스패닉과 한국인은 모든 것이 완벽하지 않아도 그저 괜찮다고 말하죠." 손가락으로 가위질을 하는 시늉을 하던 한 보석상은 "한국인한테는 물건만 팔면 그만이에요. 그렇지만 백인한테는 물건을 팔았다고 해서 끝난 게 아니에요. 그들은 나중에 물건을 다시 가져와서 수리도 가능할 것이라고 생각하죠". 스왑미트의 좌판 주인은 "많은 한국인들이 백인 동네에서 일하기를 원하지만 그 장벽이 너무 높아요. 백인들은 우리를 무시했고, 애초에 우리를 백인 구역에 들여보내 주지 않아요." 대부분의 한국계 미국인들은 부유한 지역에서 유럽계 미국인 고객들의 요구에 응하는 데 필요한 재정적, 문화적 자본을 갖추지 못했다.[77]

반면, 한국계 미국인 상인들에게 가난한 도심지역은 다른 지역에 비해 비경쟁적인 사업환경이었다. 게다가, 가난한 아프리카계 미국인과 라티노 고객들은 중상류층 고객만큼 까다롭지 않았다. 다시 말해서, 로스앤젤레스의 민족적 밀집지역은 1970년대와 1980년대의 한국계 미국인 상인들에게 적합한 틈새시장을 제공했다. 1965년의 왓츠 폭동 이후에, 많은 유대인과 이탈리아계 미국인들은 폭동이 일어난 흑인 지역을 떠났다. 1960년대 이전에는 이 사업가들도 부유한 지역으로의 진출이 막혀 있었지만, 폭동 이후에는 대다수의 상인들이 부유한 지역에서 사업을 운영할 수 있을 만큼의 충분한 재정적·문화적 자본을 소유하고 있었다. 또한 유대인과 이탈리아계 미국인 상인들의 자녀들은 부모의 사업을 이어받기보다는 미국의 주류 기업에 취직했다. 소규모 상인들이 로스앤젤레스 사우스 센트럴을 떠나면서, 수많은 슈퍼마켓과 소매 체인점들은 문을 닫게 되었다. 일반적으로 빈민가 지역의 상점들은 다른 지역에 있는 상점들보다 수익성이 낮았다. 가처분 소득이 낮고, 사소한 범죄(특히 들치기)가 발생하고 노동 임금이 상승한 이 가난한 도심지역은 기업의 의사결정자들에게 더 이상 매력적이지 않다.[78] 게다가, 시 정부는 사우스 센트럴에서 개업하는 것을 거의 권장하지 않거나 사실상 제한했다 : "도시재건국Community Redevelopment Agency은 로스앤젤레스 사우스 센트럴에 투자를 중단하는 악행을 저질렀다. 이 빈민가에서 진행된 유일한 프로젝트인 1965년 왓츠의 '차콜 앨리Charcoal Alley' 근처에 작은 쇼핑센터를 건립하는 일은 약 15년 간 계획 단계에 머물러 있다. 게다가 지역 재개발 진흥원이 빈민가의 주변부에 위치한 팍스 힐스 플라자Fox Hills Plaza의 부유한 설립 발기인들에게 재개발 보조금을 제공하여 크랜쇼Crenshaw 쇼핑센터가 사라지는 데에 일조했다."[79]

1960년대 동안 소규모 상인들과 큰 체인점들이 로스앤젤레스 사우스 센트럴을 떠났지만, 주민들의 상점에 대한 수요는 여전히 존재했다. 또한 주민들이 가난했다는 사실이 곧 그들이 돈을 지출하지 않을 것이라는 의미는 아니었다. 한 한국계 미국인 여성은 우리에게 "백인들은 흑인과 멕시칸을 포함한 가난한 사람들도 돈이 있다는 것을 알지 못합니다. 그 사람들도 돈이 있고 물건을 삽니다."[80] 1992년의 LA 폭동 이후에, 본스Vons 슈퍼마켓은 로스앤젤레스 사우스 센트럴의 대략 120만 명이 슈퍼마켓에 가는 것이 어려운 것으로 추정했다.[81] 접근성이 있는 가게가 줄어들면서, 지역 내에 독점 시장이 구축되었다. 특히 왓츠나 로스앤젤레스 사우스 센트럴의 경우 폭동의 여파 때문에 발생한 강력한 상대적 고립 때문에 이러한 현상이 더욱 두드러졌다. 가난한 사람들의 다수가 자동차를 쉽게 이용할 형편이 아닌데다가, 로스앤젤레스의 대중교통시설은 낙후되어 있었다. 대다수의 가난한 아프리카계 미국인과 라티노는 슈퍼마켓이나 할인점을 쉽게 이용할 수 없었다. 게다가 그들의 현금 거래와 신용 거래가 주로 상인들을 매개로 이루어졌기 때문에 그들이 겪는 어려움은 가중되었다.

　로스앤젤레스 사우스 센트럴에서 슈퍼마켓과 소매 체인점들이 떠난 자리를 한국계 미국인들의 주류 판매점과 스왑미트가 대신하게 되었다. 명칭은 '주류 판매점'이었지만, 대부분은 식료품 판매부터 수표 현금화까지 다양한 서비스를 제공했다. 이러한 주류 판매점이 슈퍼마켓의 역할을 대신하게 되면서 '주류 판매점'이라는 명칭의 사용이 부적절해졌다. 앞서 언급했듯이, 이러한 가게들은 수익성이 좋았는데, 한 여성은 "사람들이 사우스 센트럴에 가는 이유는 돈 때문이에요. 거기서는 돈을 많이 벌 수 있어요"라고 말했다. 다른 인터뷰 대상자는 다음과 같이 이야기했다. "왓츠 폭동 이후에, 절박했던 (한인) 이민자들은 가게를 열었어요. 그들은 하루 종일 가게의 계산대에 앉아서 똑딱똑딱 두들기면서 완전히 미쳐가고 있었어요. 하지만 그들은 떼돈을 벌고 있었죠. 이것이 모든 사람들 특히 한국에서 실패를 경험한 사람들에게 매력적으로 다가왔어요." 높은 자본투자금과 개인의 위험 부담이 요구되었지만, 주류 판매점은 투자 수익률이 보장되었다.[82] 이를 봤을 때, 한국계 미국인들이 높은 프리미엄을 감수하고 주류 판매점과 같은 가게를 매입한 것은 단순히 민족적 연대감 때문만은 아니었다.[83] 겉으로 봤을 때는 무모한 모험처럼 보이지만 실상은 신속하고 실한 수익을 추구하는 한국계 미국인들이 위험을 감수하고 사업을 시작한 것이다. 이러한 선택은 전문직종이나 사무직으로의 진출이 불가능했던 현실과 부유한 지역에서 개업하는 데 있어서 존재한 여러 구조적 제약들로 인해 야기된 것이기도 했다. 주류 판매점을 인수할 때 투입된 막대한 투자금은 폭동 이후에 상인들이 경험한 절망감의 큰 원인이었다. 평생 동안 모은 자본이 하룻밤 만에 모두 사라져버린 것이다. 이진은 『로스앤젤레스 타임스』에 "누가 미치지 않고서야 사우스 센트럴에 돌아가고 싶겠습니까? 우리가 돌아가는 단 한 가지 이유는 우리의 전 재산이 그곳에 있기 때문입니다. 그것이 우리가 가진 전부입니다"라고 말했다.[84]

1980년대 중반 한국계 미국인들은 한국의 시장을 연상시키는 스왑미트를 시작했다. 사우스 센트럴의 스왑미트는 옷에서부터 장신구에 이르기까지 다양한 소비재를 제공하는 백화점과 같은 역할을 했다. 아시아에서 만들어진, 특히 한국산 수입품은 스왑미트의 성장에 큰 역할을 했다.[85] 빈 창고에 노점들이 들어섰고, 스왑미트는 소규모 소매상인들을 불러 모았다. 빈 창고의 소유주는 대부분 한국계 미국인은 아니었고, 그들은 소매상인들과 장기 임대 계약을 맺었다. 한 한국계 미국인 여성은 우리에게 "임대인들의 대부분은 그들의 창고에서 상인들이 얼마나 많은 돈을 벌고 있는지 몰라요. 그들은 이 모든 것이 어떻게 돌아가는 건지 전혀 이해하지 못해요." 아랍계 미국인들이나 라티노들 등의 다른 민족들도 스왑미트에서 노점을 운영했다. 노점의 낮은 경상비 덕분에 상품들은 보다 더 낮은 가격에 팔렸다. 한 스왑미트 내에 같은 종류의 물건을 파는 가게들이 많아 가게 간의 경쟁이 치열했는데, 이러한 환경에서 서비스의 질보다는 경쟁력 있는 가격이 성공의 열쇠였다.[86]

한국계 미국인 상인들은 사우스 센트럴의 빈곤화와 대형 체인점의 철수로 인해 발생한 틈새시장을 채웠다. 몇몇 사업자들이 '친절한' 고객에게 매료되었거나 흑인 밀집 지역이 더욱 수익성이 좋다고 생각할 수 있겠지만, 흑인 지역에서의 개업을 결정하는 데 있어서는 자본과 경쟁의 형식적 장벽들과 문화적 자본의 비공식적 장벽들이 보다 중대하게 작용했다. 한국계 미국인 상인들의 아프리카계 미국인 밀집 지역에 대한 선호는 그들이 직면한 구조적 제약에 따른 불가피한 선택이었음이 나타난다.

여기까지 한국계 미국인 상인들의 개업 과정을 살펴보았다면, 이제 우리는 왜 아프리카계 미국인 상인들이 로스앤젤레스 사우스 센트럴에서 개업하지 않았는지에 대해서 의문을 가져야 할 것이다. 앞서 4장에서 보았듯이, 개업할 수 있는 능력과 자본을 가진 아프리카계 미국인들은 흑인 밀집 지역을 떠났고, 그럴 형편이 되지 않았던 가난하고 교육을 제대로 받지 못한 이들만이 남게 되었다.

아프리카계 미국인은 유럽계 미국인이 주로 거주하는 부유한 지역으로 가지 못했을 경우, 발드윈 힐즈와 같은 중산층 동네로 떠났다. 대학 교육을 받은 아프리카계 미국인들은 의료계, 법조계, 정부 혹은 기업에서 일했다. 이에 대해 레니타 맥 클라인Leanita McClain은 다음과 같이 기술했다. "여전히 많은 사람들이 이 사실을 발견했을 때 놀라움을 감추지 못합니다. 흑인들에게 사무직에서 서류작업을 할 수 있는 동등한 기회가 주어질 때, 그들 역시 다른 사람들이 살면서 원하고 추구하는 것들을 똑같이 갈망합니다. 이는 알려진 대로, 거대한 꿈의 집, 두 대의 자동차, 평균 이상의 학교와 자녀들과 함께하는 디즈니랜드에서의 휴가를 포함합니다. 사실 우리 흑인들은 너무도 오랫동안 이러한 꿈같은 일들이 허락되지 않았기 때문에 그 어떤 사람들보다도 이를 더 갈망하고 있을지도 모릅니다."[87] 어린 시절을 빈민가에서 보낸 부유하고 교육받은 아프리카계 미국인들이 자신의 지역사회로 돌아가기 위해 헌신할 것이라고 생각하는 것은 낭만주의의 상상적 산물일 뿐이다. 자수성가로 출세한 아프리카계 미국인, 유럽계 미국인 그리고 아시아계 미국인들은 빈민가로 돌아가지 않았다.

아프리카계 미국인들이 로스앤젤레스 사우스 센트럴에서 개업하는 데에는 또 다른 문제들이 있었다. 노동력, 자본 그리고 네트워크 자원의 세 가지 요소를 고려해보면 그 문제를 알 수 있다. 우리가 앞서 논의했듯이, 소규모 사업은 가족 구성원들의 희생을 통해 노동 임금을 최저로 유지하는 자기 착취의 과정을 필요로 한다. 왜 아프리카계 미국인 가족 구성원들이 다양한 직종에 유급으로 고용되어 특전까지 누릴 수 있는 가능성이 있는데도 불구하고 귀한 노동 시간을 동네 구멍가게를 유지하는 데에 헌신하겠는가? 미국 시민으로서 영어를 유창하게 구사하는 아프리카계 미국인은 비교적 자유롭게 정부와 민간 부문의 직업을 가질 수 있었다. 경제 활동에 대한 의지가 있는 경우, 가족 사업이 아닌 다른 곳에서 직장을 구했다.

자본의 문제도 있었다. 금융 기관에서 대출을 받는 것의 어려움, 지역사회 혹은 고국에서의 자본 마련의 어려움, 그리고 불법거래의 수익성을 감안할 때, 가난한 아프리카계 미국인들에게 소규모 사업을 위해 자본을 모으는 일은 어려웠다. 또한 개인이 충분한 자금을 모을 수 있다 하더라도, 그들은 로스앤젤레스 사우스 센트럴에서 개업할 이유가 없었다. 한인 이민자들이 겪는 언어적 문제를 겪지 않기 때문에, 아프리카계 미국인들은 더 부유한 지역에서 개업하는 일이 한인 이민자들

제5장_ 한인들의 기업 활동

만큼이나 어렵지 않았다.

또한, 로스앤젤레스 사우스 센트럴에 남은 아프리카계 미국인들은 한국계 미국인들의 성공의 중요 요소 중 하나인 네트워크 자원이 없었다. 로스앤젤레스 사우스 센트럴에는 매우 적은 수의 공식적 혹은 비공식적 아프리카계 상인 협회들이 있었다. 수출입 사업을 촉진할 수 있는 고국과의 연결고리도 사실상 존재하지 않았다. 게다가, 민족 혹은 친족 관계 기반의 대출기관이나 지원 단체의 부재 때문에 사업을 하고자 했던 아프리카계 미국인들에게 불리한 입장에 있었다.[88]

결론적으로, 로스앤젤레스 사우스 센트럴의 아프리카계 미국인에 게는 한국계 미국인 사업의 구조적 전제 조건이 부재했다. 이는 아프리카계 미국인들이 사업에 대한 문화적 성향이 부족하다는 것이 아니다. 미국에서 교육받은 한국계 미국인들 역시 로스앤젤레스 사우스 센트럴이 개업하지 않았다. 민족이나 문화적 성향보다 더 중요하게 작용한 것은 기회 구조였다. 기회가 주어지는 한 다른 유럽계 미국인과 한인 이민자 자녀의 여러 사례와 마찬가지로 야망이 있는 아프리카계 미국인들은 전문직이나 공직으로 진출하기를 원했다. 이러한 야심가들은 로스앤젤레스 사우스 센트럴과 같은 가난한 지역으로 만족할 수 없었다. 한국계 미국인들이 로스앤젤레스 사우스 센트럴에 개업한 것은 그들이 개업할 수 있는 요건을 갖추었을 뿐만 아니라 이를 선택할 수밖에 없었던 환경에 처해 있었기 때문이기도 했다.

초기 이민자들이 로스앤젤레스에서 개업을 했을 때 겪었을 어려움을 생각하면, 노동력, 자본, 네트워크 자원의 역할은 매우 중요했을 것으로 보인다. 20세기 초에 "많은 한국인들은 기회가 생기는 대로 사업에 뛰어들었다. 대부분의 한인 사업자와 그의 가족들은 긴 노동 시간에 비해 적은 소득을 얻었다".[89] 한국계 미국인들의 사업적 성공에는 밝은 측면만 존재한 것이 아니었다. 한국의 대통령이었던 이승만도, 1924년에 로스앤젤레스에서 사업을 시도했다가 크게 실패했다.[90] 제2차 세계대전에 한국계 미국인들은 엄청난 장애물에 직면했다. 전문직을 택할 수 있는 기회는 사실상 부재했고, 편견과 차별의 존재로 그들은 자영업을 택할 수밖에 없었다.[91]

초기 한국계 미국인 상인들이 겪은 어려움들은 그들의 불량한 노동 정신이나 저임금 노동력의 부재의 탓으로 돌릴 수 없다. 그들은 1970년대와 1980년대의 한국계 미국인 사업가들보다도 더 불리한 환경에서 기업을 운영했다. 그들에게는 자본과 공동체의 지원 모두가 부재했던 것이다.

한인 상인들과 규정하기 힘든 아메리칸 드림

한국계 미국인들의 성공에 대한 찬양 이면에는 다양한 이야기가 숨어 있다. 많은 1970년대 이민자들은 본래의 꿈을 단념했고, 1980년대의 이민자들 또한 어려운 현실을 직면했다. 상당한 돈을 모은 사람들도 성공을 하기 위해서는 대가를 치러야 했다. 한인 이민자들이 가졌던 본래의 꿈은 그들의 자녀들이 주류 사회에서 성공함으로써 충족되기도 했지만, 가시적인 결과만으로는 그들의 꿈이 실현되었다고 분명하게 말할 수 없을 것이다.

우리는 모든 한국계 미국인들이 상인은 아니었다는 사실을 유념해야 할 것이다. 또한, 실제로, 금전적 보수의 척도에서 성공했다고 볼 수 있는 상인들은 그리 많지 않았다. 이상적인 모범 소수민족의 모습 근처에도 이르지 못한 한국계 미국인들이 많았다. 그들은 한국에서만큼 가난에 시달렸고, 이에 더해서 미국과 이민에 대한 실망감에 시달렸다. 우리가 인터뷰한 많은 노동자들은 "우리는 다시 돌아가고 싶습니다. 애초에 왜 이곳에 왔는지 모르겠습니다. 하지만 돈도 직업도 없기 때문에 우리는 돌아갈 수가 없습니다"라고 말했다. 건축가인 박 씨처럼 일부는 전문직에 종사했지만, 실업자인 배 씨와 같은 사람들은 가게를 열기 위한 자본조차 모으기 힘들었다. 로스앤젤레스의 한국계 미국인들의 삶에서 계급 양극화는 명백하게 존재했다. 예를 들어, 유의영의 1989년의 조사에 따르면 한국계 미국인 남성 취업자의 26%가 숙련공이나 육체노동자였다.[92] 게다가, 1980년대의 통계에 따르면, 아시아계 미국인 민족 집단 중 빈곤선 이하에 속하는 가구 수 비율에서 한국계 미국인이 두 번째로 높은 비율을 차지했다.[93] 허버트 버링거Herbert Barringer, 로버트 가드너Robert Gardner, 마이클 레빈Michael Levin은 일부 한국계 미국인들이 '성공적인 중국인과 아시아계 인디언들'과 유사한 반면, '베트남 난민과 같은 상황'에 놓인 한국계 미국인들도 있었다고 결론을 내렸다.[94]

한인 기업가들의 성공은 적절한 맥락 안에서 파악해야 한다. 대다수의 1970년대의 이민자들은 1980년대에 세계에서 가장 역동적이었던 한국의 경제 성장을 이룩하는 데 기여한 한국의 정부 관계자들과 사업가들과 같은 사회적, 교육적 배경을 가지고 있었다. 배경적 조건과 강한 의욕을 가진 이민자들이 장소를 불문하고 성공한다는 사실은 당연한 것처럼 보인다. 이 점에서 윤 씨의 경우는 매우 적절한 예이다. 지력과 추진력을 가진 그는 한국 정부의 최고위층의 관료, 대기업의 고위 관리자, 혹은 그가 미국에 처음 왔을 때 꿈꿨던 수학 교수가 될 수도 있었을 것이다. 이런 그가 사업에서 성공했다는 것은 당연한 것이다.

그러나 한인 이민자들의 사회 이동 전략은 상당한 대가를 치렀다. 교육 수준과 직업의 지위 불일치는 일반적으로 나타났다.[95] 제도적, 언어적 장벽에 의해 권위 있는 전문직에서의 성공적인 경력을 쌓을 수 있는 기회가 가로막혔다. 이러한 상황들로 인해 한국계 미국인들은 한국에서는 생각도 하지 않았던 소매업이나 서비스업에서 직업을 선택해야만 했다. 한국에서 전문직종에 종사하던 사람들이 미국에서 예상과 다른 상황을 겪으면서 다수의 이민자들의 이민에 대한 후회와 비참한 감정은 커져갔다. 박 씨와 같은 일부의 사람들은 부유해진 한국계 미국인들의 모습을 보고 고무되어 한국에서의 경력을 포기하고 성공을 위해 코리아타운으로 향했다. 그러나 예상치 못한 어려움과 자본의 부족 때문에 자신의 본업을 바꾸는 경우가 부지기수였다.

실제로 대다수의 한국계 미국인들은 미국에서 경이로운 성공을 이루었다기보다는 끝없는 노동 속에서 조금의 호사를 누리는 정도의 삶을 살았다. 한국계 미국인 사업가들은 포드나 록펠러와 같은 성공을 이루었다기보다는, 2장에서 언급되었던 것처럼, 긴 노동 시간을 견뎌야 하는 '노동의 노예들'과 다름없었다. 현대적 성별 관계가 미국에서는 성립될 수 있을 것이라는 믿음과는 달리 여성들은 아내와 어머니로서, 공장 노동자로서, 가족 사업에서의 무임금 근로자로서의 무거운 역할의 부담을 지고 살았다. 여러 연구들은 여성들이 직장업무와 가정 내 노동의 '2교대 업무'를 담당했다고 기록했다.[96] 1979년의 김광정과 허원무의 로스앤젤레스 여성 이민자와의 인터뷰는 '한인 이민자들 사이에서 지속되는 전통적인 한국 가족 이데올로기'를 보여준다.[97] 한국계 미국인 여성들은 경제의 지엽적인 분야에서 더 많이 일했고, 동종 업계에서 일하는 한국계 미국인 남성들에 비해서 낮은 임금을 받았다.[98] 많은 한국인 남성들이 그랬던 것처럼, 여성들 또한 그들의 교육과 기술 수준보다 훨씬 아래 수준인 직업을 가질 수밖에 없었다. 또한, 여성들을 상대로 한 폭력도 다수 보고되었다.[99]

그럼에도 불구하고, 전문직 계급의 이민자들의 미국에서의 꿈은 자녀의 사회 이동에 의해 실현되었다. 이민자들은 그들의 교육적·문화적 자본을 인정받지 못하는 상황 속에서 각고의 노력을 통하여 자본을 모았다. 이와 함께, 미국 전역의 명문 대학에 진학하는 한국계 미국인 학생들의 수가 증가했다. 1세대 이민자들의 희생을 통해 비로소 태평양 너머에서 세대 간 계급 재생산이 발생했다.

어렸을 때 미국으로 이민을 온, 1.5세대[100]로 불리는 젊은 이민자들 역시 자신의 처지를 한탄했다. 예를 들어, 한 젊은 한국계 미국인 치과 의사는 그녀의 가족이 한국에 머물렀더라도 그녀는 의사가 되었을 것이라고 말했다. 그녀는 어렸을 때 한국에서 썼던 시들을 떠올리면서 한국에 있었을 때 그녀는 좋은 글을 많이 썼다며 후회했다. 반면 지금의 그녀는 영어나 한국어로도 시를 쓸 수 없다며, "저는 아무것도 아닌 것 같아요"라고 말했다.

나아가, 이민자의 자녀들은 그들의 부모의 희망과 전혀 다른 현실을 직면했다. 성공적인 삶을 살고 있는 자녀들조차도 그들 부모들이 바라던 길과 다른 길을 가고 있는 것으로 드러났으며, 이는 종종 비극적인 세대 간 분열 초래하기도 했다. 일부의 사람들만이 세대 간의 언어적·문화적 차이와 갈등을 극복하고 소통할 수 있었다.[101] 한국계 미국인 변호사이며, LA 폭동 후에 한인 공동체의 주요 대변자로 널리 알려진 엔젤라 오는 다음과 같이 말했다. "사실상 저는 딸로서는 모든 한국인 어머니들의 악몽일지도 몰라요. 사실 맞아요. 저는 36살이고, 아직 결혼도 하지 않았어요. 늙어서 저를 돌봐 줄 아이들도 없어요. 제 인생에는 저와 저희 부모님을 나중에 돌봐 줄 수 있는 전문직에 종사하는 능력 있는 남편도 없을 거예요."[102]

많은 한국계 미국인 사업가들의 자녀들은 부모님이 같이 있어주지 못하는 환경에서 자랐다. 청미 김Chungmi Kim의 *Living in Dreams*는 한 아이의 분노를 담아내고 있다.[103]

일의 노예가 된 그들 역시
꿈속에서 살았다.
"언젠가 우리도 큰 집에서 살고
멋진 캐딜락을 사게 될 거야,"
남자가 자랑스럽게 씩 웃으며 말했다.
그는 청소부였고, 그의 아내는 간호사였다.
집에 홀로 남겨진 아이들은
장난감에 의지하며 시간을 보냈다.

캐시 킴Kathy Kim의 부모는 일주일 내내, 하루에 16~17시간을 일했으며 교외의 플러턴Fullerton에서 로스앤젤레스 사우스 센트럴까지 통근했다. 그녀는 "가족적인 면에서 가게를 개업한 후부터 모든 것이 멈췄어요. 저는 마지막으로 우리 가족이 다 같이 모여서 저녁식사를 한 것이 언제였는지 기억도 안 나요".[104] 그들의 부모가 맹목적인 물질주의에 빠졌고, 가정 생활에 소홀하며 그리고 더 나아가 그들에 대한 사랑이 부족하다는 생각과 정서는 상인들의 자녀들 사이에서 공유되었다. 1세대 부모들의 물질주의의 추구가 그녀의 자녀들에게 사랑을 표하고, 그들의 마음속에 간직된 꿈들을 자녀들이 실현할 수 있도록 하는 방법이었음에도, 이에 대한 2세대 한국계 미국인들의 태도는 한국계 미국인 사업에 대한 무비판적인 찬양에 의문을 제기한다.

부모들이 자신의 야망을 그들의 자녀들에게 전이한 것은 상당한 피해를 초래하기도 했다. 수많은 세대 간의 갈등 속에서 2세 자녀들은 억압된 삶을 살았다. 부모들은 자신의 야망을 자녀를 통해서 이루고자 했고, 이는 그들의 자녀에게 큰 마음의 짐으로 자리했다. 마리 리의 소설 *Finding my voice*(1992)의 주인공처럼 일부는 명문 대학에 입학했지만, 대다수는 모범 소수민족의 이상을 실현하지 못했다. 예를 들어 청소년 비행은 1970년대와 1980년대 한국계 미국인 사회가 직면한 가장 큰 사회 문제이기도 했다.[105] 게다가 몇몇 가족들은 가족으로써의 기능을 수행하지 못했고 이는 종종 이민 생활의 실패에 대한 인식과 직접 연관되어 있었다.[106] 초기 이민자들의 상황도 이와 다르지 않았다. 1927년에 한 2세대 한국계 미국인은 "저는 저희 부모님의 고국에 대해서 거의 아는 것이 없습니다. 저는 고국에 대해 아는 것에 대해 어떠한 자부심을 느껴본 적이 없습니다. 저는 아직도 고국을 생각하는 저희 부모님에 대해서 연민과 동정만을 가지고 있습니다"라고 말했다.[107]

객관적인 기준으로도 성공적인 삶을 살고 있다고 여겨지는 한국계 미국인들에게도 아메리칸 드림은 이룰 수 없는 꿈으로 남아 있었다. 사실상 한국계 미국인들은 '허레이쇼 앨저Horatio Alger' 시리즈의 작가인 허레이쇼 앨저 주니어Horatio Alger Jr.와 닮은 삶을 살았다. "아이러니하게도, 무일푼에서 거부가 된 신화를 대중화시켜 명성을 얻은 작가는 자신의 장래성과 야망을 실현하는 데에는 실패했다. 그의 일생의 대부분은 절망에 대한 사례 연구로 해석된다."[108] 한국계 미국인 사업의 성공에 대한 무비판적인 찬양이나 모든 한인 이민자들은 성공했다는 잘못된 일반화는 한국계 미국인들이 직면하고 있는 문제의 본질을 흐리게 만들었다.

시험대에 오른 미국 이데올로기

　　LA 폭동의 배경에 로스앤젤레스의 다민족적 인구 구조가 있다는 점이 수면 위로 떠오르면서, 언론은 아프리카계 미국인과 한국계 미국인 간의 갈등을 다루는 데 집중했다. 표면적으로 봤을 때, 아프리카계 미국인과 한국계 미국인 상호 간의 적대감은 사실인 듯 보였다.[1] 『로스앤젤레스 비즈니스 저널*Los Angeles Business Journal*』은 "한국인에 대한 흑인 사회의 감정은 점령군에게 정복당한 시민들이 느끼는 감정에 필적했다"고 보도했다.[2] 동시에, 헤롤드 마이어슨Harold Meyerson은 "한인사회의 대다수의 사람들은 평화라는 미사여구 뒤에 격렬한 반 흑인 적대감을 감추고 있었다"고 설명했다.[3] 수면 위로 떠오른 '인종 전쟁' 속에서 제프 양Jeff Yang은 "언론의 LA 폭동에 대한 보도는 로드니 킹 사건과 '살인자' 두순자 사건에 대한 집중 보도로 변질되었다"[4]고 언급했다. 스파이크 리Spike Lee의 영화 〈똑바로 살아라Do the Right Thing〉에서 잘 알려진 뉴욕 플랫부쉬Flatbush에서도 발생한 한인 상점에 대한 보이콧 운동은 한-흑 갈등이 로스앤젤레스에 한정된 것이 아닌 전국적인 현상일 수도 있다는 사실을 시사했다.

　　여기서 우리는 LA 폭동의 '한-흑 갈등' 프레임을 비판하고 이것의 이데올로기적 맥락을 검토할 것이다. 우리는 한-흑 갈등의 현상에 대한 설명력이나 이 갈등이 제기한 이데올로기적 구조에 이의 제기만 하는 것이 아프리카계 미국인과 한국계 미국인 간의 갈등이라는 특수한 상황을 설명하지 못할 것이라는 것을 인지하고 있다. 몇몇 아프리카계 미국인들과 한국계 미국인들이 서로를 향해서 지니고 있는 개인적 분노와 편견은 부인할 수 없다. 또한 우리는 깊은 반감을 드러내는 각 민족 집단의 반응과 언론에 대한 불신을 야기한 보도들이 단지 지배적인 이데올로기의 산물이라고 일축하는 것을 원치 않는다. 우리는 한-흑 갈등 프레이밍에 맞서 두 가지 주장을 제기하고자 한다. 첫째로, 우리는 한-흑 갈등이 사례마다 내포된 특수성을 무시한 채, 아프리카계 미국인, 한국계 미국인 그리고 그들 간의 갈등 사례를 안일하게 규정했다고 주장한다. 다시 말해서, 한-흑 갈등이라는 명칭은 각기 다른 개인들과 현상들을 동질화하여, 또 다른 시각에서의 대안적 해석을 어렵게 만들었다. 둘째로, 우리는 한-흑 갈등을 아시아계 미국인 모범 소수민족의 전형인 한인 기업가의 성공과 도시 최하층계급을 대표하는 아프리카계 미국인 사회의 대립으로 서술을 강화시키고자 하는 시도의 이데올로기적 경향을 기술할 것이다. 각 민족 집단의 성공과 실패를 설명하는 데에 그 민족의 문화, 태도, 가족 구조 등과 같은 요인들이 거론되었다. 우리는 이러한 이데올로기의 원천이 1980년대의 보수적인 풍조와 아메리칸 드림의 개념에서 비롯되었다고 본다. 한-흑 갈등의 구축은 한국계 미국인과 아프리카계 미국인 간의 인종 갈등에 대한 프레이밍의 위험성을 보여준다.

'한-흑 갈등'의 구조 아래의 한국계 미국인과 아프리카계 미국인

한국계 미국인과 아프리카계 미국인은 인종 간 갈등을 어떻게 이해하고 있는가? 논의를 시작하기 앞서서 우리의 한국계 미국인에 대한 분석은 직접적 인터뷰를 바탕으로 하지만, 아프리카계 미국인에 대한 분석은 문헌 자료를 바탕으로 한다는 점을 밝힌다.

많은 한국계 미국인들은 아프리카계 미국인에 대해 부정적인 고정관념을 가지고 있다. 이를 이해하기 위해서, 우리는 한국의 인종적 그리고 종족적 민족주의적 이데올로기를 고려해야 한다. 일부 한국계 미국인들은 아프리카계 미국인에 대한 안이한 일반화를 초래하는 미국의 이데올로기를 수용하고 있었다. 그러나 한국계 미국인의 인종차별적 사고는 그들이 아프리카계 미국인과 맺고 있는 복잡한 관계의 한 단면만을 보여줄 뿐이다. 예를 들어, 대부분의 한국계 미국인들은 아프리카계 미국인들에 대해서 혹은 그들과의 갈등에 대해 어느 정도의 인종차별주의가 관여하고 있음을 인정하면서도 한-흑 갈등의 중대성에 대해 부인했다.

이와 같은 맥락에서, 우리는 한국계 미국인에 대한 아프리카계 미국인의 저항을 이해하기 위해서 다른 여러 가지 요소들도 고려해야 한다. 한국계 미국인 상인들을 상대할 때 겪었던 어려움을 떠나서 아프리카계 미국인들이 소규모 자영업자들에 대해 기대하는 요소들은 한국계 미국인들의 것과는 달랐다. 게다가 아프리카계 미국인에게 한국계 미국인은 그들이 거부하는 지배적 이데올로기를 상징하는 민족으로 여겨지기도 했다. 한국계 미국인은 아프리카계 미국인의 억압의 역사에서 '외부의 상인'으로서 영향력을 끼쳤다. 이러한 사실들뿐만 아니라

제6장_ 시험대에 오른 미국 이데올로기

우리는 아프리카계 미국인들이 가지는 견해의 다양성을 인식해야 한다. 대다수의 사람들이 한국계 미국인 상인들에 대해 호의적이지는 않았지만, 그들과 타협하는 법을 터득하고 함께 생활했다.

아프리카계 미국인에 대한 한국계 미국인의 인종차별주의는 미국의 인종차별적 이데올로기에서 비롯되었다. 한국에 만연한 미국 문화의 존재는 한인 이민자들의 인종차별적 태도의 원인이 되었다. 한국인들은 흑백으로 분리된 식당, 바 그리고 윤락업소의 모습을 인식하고 있었다. 또한, 비무장지대에 집중적으로 배치된 흑인 병력과 피부색이 하얄수록 서울 근교에 배치되기 쉬운 상황으로 대변되는 주한 미군의 흑-백 구조를 인지했다.[5] 이러한 이미지들은 인종과 연관되어 더욱 복잡하게 발전되었다. 아프리카계 미국인과 한국인의 결혼은 한국인 신부가 미국으로 떠나면서 겪는 반아시안, 반-아프리카계 미국인 인종차별 그리고 그녀가 아이를 낳으면서 직면한 반-아시아계 아프리카인 인종차별의 이야기를 발생시킨다. 영화 〈깊고 푸른 밤Deep Blue Night〉에서 아프리카계 미국인 군인과 이혼한 한국 여성은 "그는 술에 취한 채 울면서 집에 와서는 그가 흑인으로서 겪는 슬픔을 나에게 토로하고는 했어요"라고 과거를 상기했다. 미국의 대중 매체는 한국의 방송과 미군 방송인 AFKN을 통해서 한국에 인종차별적인 인식을 심었다. 생각 외로 많은 수의 한국인들이 미국의 뉴스와 예능 방송을 시청했다. 한 한국인은 "저는 미국 영화와 흑인 군인과 만난 경험을 통해서 흑인은 청결하지 않고 공격적인 사람들이라는 인식을 가지게 되었습니다. 처음 미국에 갔을 때 저는 흑인들이 무서워서 밖으로 나가지 않았을 정도로 흑인들은 위험하다고 생각했습니다."[6] 이를 봤을 때, 한국계 미국인의 인종차별적 인식의 형성에는 미국의 문화적 지배의 영향이 컸다.

한국의 열렬한 민족주의 속에서 자란 많은 한인 이민자들은 사회를 종족적 민족주의의 틀로 바라보는 습관이 있다. 한인 사업가들이 겪는 들치기와 폭력으로 인한 매일의 소란들은 일부 한인 사업가들의 아프리카계 미국인에 대한 부정적인 과잉 일반화를 야기했다. 일부의 한인 사업가들의 자녀들은 이러한 그들의 부모들의 고정관념에 대해 비판적인 입장을 취했다. 다민족적인 학교 교육환경은 그들로 하여금 인종차별주의적 시각을 떨쳐내는 데 기여했다. 그들의 부모는 대체로 가난하고 교육받지 못한 고객들을 상대했다. 그리고 부모 세대의 종족적 민족주의 틀은 매체에 만연해 있는 아프리카계 미국인에 대한 비난을 여과 없이 받아들이게 하였고, 그들에게 아프리카계 미국인에 대한 부정적인 편견을 심어주었다.

이러한 맥락에서, 한국계 미국인들은 아프리카계 미국인의 빈곤의 원인을 보수적인 시각에서 해석했다. 그들의 관점에서 아프리카계 미국인들은 한인들의 특성인 '열심히 노력하는 자세'가 부족하다고 비난했다.[7] 아프리카계 미국인의 빈곤을 구조적인 분석을 통해 설명하고자 시도했던 한인 상인들까지도 아프리카계 미국인들이 한국계 미국인들을 본보기로 삼아야 한다고 주장했다. 스왑미트의 노점 주인인 윤 씨는 "처음에 저는 제 딸에게 스왑미트들에서 구입한 중고 의류들을 입혔습니다. 때때로 저는 사람들이 우리가 얼마나 힘들게 노력했는지 이해하지 못한다고 생각합니다. 이와 같은 이해의 부족은 갈등을 불러 일으켰습니다. 이것이 한국계 미국인 이민자들의 비극입니다"[8]

라고 말했다. 이를 봤을 때 많은 한국계 미국인 상인들은 아메리칸 드림에 대한 믿음이 강한 것으로 보인다.

그러나 오로지 아프리카계 미국인에 대한 한국계 미국인의 편견에 집중하는 것은 이 두 민족 간의 갈등의 복잡성을 왜곡시킨다. 아프리카계 미국인들과 접촉하는 한인 상인과 근로자들은 그들의 부족한 교육과 게으름을 지적했지만, 그들의 친절함과 강한 공동체 유대를 칭찬하기도 했다. 로스앤젤레스 사우스 센트럴에서 일하는 한국계 미국인들은 이 빈곤한 지역에 심각한 문제가 있음을 언급했지만, 언론 매체에서 보도하는 것처럼 지옥이나 전쟁 지역과 같은 황폐한 지역이라는 생각은 하지 않았다. 사우스 센트럴에서의 한국계 미국인과 아프리카계 미국인의 관계는 이 두 민족이 서로에게 느끼는 양면적 가치를 내포하여 매우 복잡하다.

한국계 미국인들은 대체로 그들의 인종차별주의에 대한 비난에 대해 방어적인 태도를 보인다. 우리의 인터뷰 대상자의 대다수는 정상 참작을 요구했다. 예컨대, 언어적 장벽으로 인한 오해가 주요했다고 언급했다. 한 젊은 한국계 미국인은 우리에게 다음과 같이 말했다. "하지만 당신은 한인 업주들이 영어를 잘하지 못하고, 종종 절망감을 느낀다는 것을 이해해야 합니다. 이들이 자신의 의사를 제대로 표현하지 못할 때, 종종 격분할 수 있습니다. 이에 수반된 상황들이 단지 축적된 절망감의 문제임에도, 흑인과 다른 이들은 이를 한국인들의 인종차별주의라고 생각합니다." 이처럼, 두 민족이 함께 생활하면서 발생한 단순한 오해들이 점점 축적되었다.

다른 한국계 미국인은 언론에서 그들이 부당하게 묘사되었다고 격분했다. 한 한국계 미국인 여성은 두순자-라타샤 할린스 사건에 대한 언론 보도에 대해서 다음과 같이 언급했다. "언론에서는 오렌지 주스만 반복해서, 계속 오렌지 주스(할린스가 훔쳤다고 알려진)에 관해서만 보도했고, 그 여자아이가 두순자를 어떻게 잡아챘는지 그리고 그 전에 죽은 수백 명의 한국인들에 대해서는 어떠한 보도도 하지 않았어요." 계속해서 그녀는 두순자의 분노가 나이가 어린 고객의 고령의 가게 주인에 대한 오만한 태도에서 비롯된 것이기 때문에 이해할 수 있다고 말했다. 또한 그녀는 채널7에 대한 한국계 미국인들의 시위를 지지한다고 했다. "사람들은 한국인들을 가볍게 생각하지만, 이제 그들은 우리를 적어도 심각하게 여기는 척이라도 해야 할 거예요." 3명의 한국계 미국인 상인들이 살해당하는 사건이 발생한 후 며칠 뒤, 한 한국계 미국인 사회서비스 복지사는 폭동 피해자들의 라타샤 할린스 소동에 대한 분노가 점점 더 커지고 있다고 설명했다. "네, 그녀의 생명은 귀했지만, 그렇다면 수십 명의 한인 상인들의 생명은요? 그들의 목숨은요? 그들도 중요하지 않나요?" 여기서 그들은 위험과 죽음까지도 직면하고 있는 로스앤젤레스 사우스 센트럴의 한인 상인들에 대해서 언급했다.

결정적으로, 우리가 인터뷰한 거의 대부분의 한국계 미국인들은 한-흑 갈등을 LA 폭동의 주요 요인으로 보는 것에 이의를 제기했다. 많은 한국계 미국인들은 LA 폭동에 대해서 논할 때, 언론 매체의 폭동에 대한 보도의 부당성의 문제를 함께 언급했다. 그들은 총을 든 자경단원들의 이미지부터 영어가 유창하지 않은 한국계 미국인들의 애처로운 모습까지 선정적인 이미지만을 집중해서 보도하는 언론에 반발했

제6장_ 시험대에 오른 미국 이데올로기

다. 한-흑 갈등의 언론 묘사는 몇몇 한국계 미국인들의 강렬한 분노를 불러일으켰다. 로스앤젤레스 사우스 센트럴에서 주유소를 운영하는 앤지 전Angi Chon은 "방송에서는 한국인과 흑인들이 사소한 좀도둑 문제로 인해서 서로 죽이려고 안달이 난 것처럼 우리의 갈등을 다루고 있습니다. 방송에서의 우리의 모습은 동물과 다를 바가 없습니다. 하지만 우리가 겪고 있는 언어적 장벽 때문에 이러한 부당한 방송에 제대로 반발할 수 있는 사람이 없습니다"[9]라고 말했다.

우리가 인터뷰한 모든 한국계 미국인들은 한-흑 갈등이 폭동의 근원이 아니었다는 신념을 공유했다. 해병대 출신의 한인은 "LA 폭동은 한-흑 갈등과 아무 상관도 없습니다. 그런 것은 애초에 존재하지도 않았습니다"라고 말했다. 또한, 거의 대부분의 사람들은 우리의 요청 여부와 관계없이 LA 폭동의 발생 원인에 대해서 언급했다. 대부분의 경우, 또 다른 원인을 밝히는 것은 부당한 언론의 보도에 대해 대응하기 위해서였으며, 동시에 한-흑 갈등의 프레임을 해체하기 위한 토론의 출발점이었다. 고등교육을 받은 한국계 미국인 상인들은 이 폭동을 설명하기 위해서 미국의 정치적·경제적 구조를 언급했다. 이러한 한국계 미국인들의 분석은 언론의 왜곡된 보도를 약화시키려는 시도였다. 그들의 분석은 "정말 사람들은 이 나라에서 무슨 일이 벌어지고 있는 것인지 모르고 있는 것일까요?"라는 말로 시작되었다. 대부분의 이야기에서 "우리는 여기서 일하고, 살아가고 있습니다." "우리는 무슨 일이 벌어지고 있는지 알고 있습니다"라는 말들이 곳곳에서 나타났다. 일부 한인 상인들은 아프리카계 미국인 역사를 이상하거나 동 떨어진 이야기로 언급하지 않았고, 그들이 알고 있는 역사

인 듯이 이야기했다.[10]

한국의 언론 보도는 미국의 상황에 대한 이야기로 채워졌다. 지역 방송과 신문사들에서는 여러 차례 한국계 미국인들을 등장시켰다. 엔젤라 오의 〈나이트라인〉 출연은 언론의 한-흑 갈등 보도에 대한 한국계 미국인들의 계속된 항의로 성사되었다.[11] 그러나 엔젤라 오는 그녀가 전하고자 하는 메시지와 상반되는 입장을 가진 언론의 프레임의 대상일 뿐이었다. 카메라가 그녀를 비추기 전에, 폭동 피해의 장면 위로 "한인 사업들은 아프리카계 미국인들의 높은 적대감으로 인해 전멸의 대상이 되었다"라는 목소리가 흘러나왔다. 엔젤라 오는 그녀가 얼마나 자주 언론으로부터 묵살당했는지 설명했다. "제작자는 나를 불러서 이제 우리가 앞으로 어떤 얘기를 어떻게 할지 일러준 다음에 인터뷰를 하고, 간단히 방송의 준비를 했죠. 하지만 방송이 시작되면, 문제의 초점은 다시 LA 폭동의 원인이라고 일컬어지는 한-흑 갈등으로 맞춰졌죠."[12]

많은 한국계 미국인들은 한-흑 갈등을 언론의 날조라고 생각했을 뿐만 아니라 소수민족 간의 갈등을 일으키도록 하는 시도로 여겼다. 민족학교Korean Resource Center의 임경규는 언론이 소수민족 집단들을 분열시키고 정복하려 하고 있고, 언론이 이러한 인종차별적인 관점을 미국인들에게 주입시키고 있다고 말했다.

그후에 그들은 폭력의 근본 요인을 한-흑 갈등의 탓으로 여겼습니다. 이러한 그들의 관점을 정당화하기 위해서, 미디어의 보도들은 약탈자들을 저주하면서 울부짖는 한인 상인들, 그리고 한국인들은 인과응보의 대가를

제6장_ 시험대에 오른 미국 이데올로기

치룬 것이라고 주장하는 분노한 아프리카계 미국인 행인들의 이미지들로 넘쳐났습니다. 불행하게도, 시간이 흐르면서 사람들의 판단력은 흐려졌고, 많은 이들은 한국계 미국인과 아프리카계 미국인의 갈등을 폭동의 강력한 요인으로 인식하게 되었습니다.[13]

같은 맥락에서, 한인 노동 상담소Korean Immigrant Workers Advocates의 로이 홍Roy Hong은 주류 언론들이 한-흑 갈등을 만들었다고 주장했다. 예컨 대, 한국 정부 관계자들의 방문에 대한 언론의 관심은 마치 한국계 미 국인들에 대한 정치적인 지지가 존재하는 것처럼 보이게 했다. "나는 한국 정부의 개입이 우리를 어떤 방식으로든 우리에게 도움이 되지 않 을 것이라고 생각합니다. 한국 정부 관계자들이 지역을 방문하면 시장 이 그들을 직접 맞이하고, 한국 정부 관계자들에게 도시로 들어갈 수 있는 열쇠를 주는 등의 모습을 보면서 흑인과 라티노 공동체들은 그들 의 지역에 심상치 않은 일이 벌어지고 있다는 생각을 하게 됩니다. 그 모자란 사람들이 가진 거라곤 열쇠밖에 없는데도 말입니다!"[14] 시 당 국자와 주류 언론은 한국계 미국인 피해자들에게 특별한 관심을 쏟는 모습을 공개적으로 보이는 공작을 계획했고, 한국계 미국인들은 편애 를 받고 있는 것처럼 보였다. "정치인들은 한국인들에게 호의를 베푸 는 듯 하면서 우리를 또 다시 이용했습니다."[15]

일부 노동계급의 한국계 미국인은 아프리카계 미국인들과의 연대 를 강조하기도 했다. 그들의 주장은 한국인들의 단일 민족에 대한 믿 음과 대치되었다. 한 실직자는 우리의 노트 위에 지도 하나를 그렸다. 그 위에 코리아타운과 로스앤젤레스 사우스 센트럴을 가로지르는 주요 이스트 웨스트 거리들을 그린 후 그는 "한국인들과 히스패닉들에 의해 흑인들이 이곳에서 밀려나고 있습니다"라고 설명했다. 그는 여러 차례 "흑인들은 노력하고 있었습니다. 그들은 사라지지 않기 위해서 뭐든 해야만 했습니다"라고 말했다. 수년간 아프리카계 미국인들과 함께 일한 그는 정부 차원의 혹은 다른 분야에서의 직무집행비용에서 아프리카계 미국인들은 항상 외면당했다며 분노했다. 또 다른 노동자는 다음과 같이 말했다.

"흑인들은 그들이 무시당하고 있다고 느꼈습니다. 이는 군중심리였습니다. 흑인들은 순수하다는 점에서 우리 한국인들보다 낫습니다. 우리는 그들의 긴 비하의 역사를 살펴야합니다. 수백 년 동안 그들은 모든 소수민족들로부터 무시를 당했습니다. 50년 전에 그들은 봉기했고, 1992년에 폭동에서 봉기했고, 그들은 50년 후에 또 다시 봉기할 것입니다."

그는 폭동 중에 가장 슬펐던 일은 자신을 아빠라고 부르던 친한 아프리카계 미국인 동료가 "나는 여기서 죽지 않을 거예요"라는 말을 남기고 직장을 떠난 일이었다. 그의 동료는 한국계 미국인 업주에게 연락이 닿지 않아 폭동 중에 가게에 갇혀서 홀로 가게를 지켜야 했다. 이 일로 인해 그들 간의 노동자로서의 연대의식은 사라졌다. 또한 그는 폭동 중에 실직한 한국계 미국인, 라티노, 그리고 아프리카계 미국인 근로자들이 정부의 지원을 요구하며 함께 싸울 수 있기를 바랐다. 그는 국가와 민족의 연대가 가능한 것처럼 민족을 초월한 계급적 연대도 가능하다고 생각했다.

이와 대조적으로 한인 상인들에 대한 아프리카계 미국인들의 분노는 널리 퍼진 듯 보였다. 폭동 후에 로스앤젤레스 사우스 센트럴로 부터의 목소리를 담은 『로스앤젤레스 타임스』의 보도를 고려해보자. 노년의 아프리카계 미국인 여성인 조니 틸먼 블랙스톤Johnnie Tillman Blackston은 기자에게 "주류 판매점을 운영하는 한국인들은 절대 자기들 가게에서 절대 흑인들을 고용하지 않습니다. 그리고 그들은 흑인들을 개처럼 대했습니다"라고 말했다.[16] 라타샤 할린스 살인사건 이후에, 그녀는 그녀의 손자들에게 근처의 한국계 미국인이 운영하는 가게에 가지 말라고 일러두었다. 분노에 대한 극단적인 공식적 표현으로, 1989년의 랩퍼 아이스 큐브의 노래 〈블랙 코리아〉에서 드러나듯이, 한국계 미국인들에 대한 분노는 인종차별주의에 대한 외침으로 이어졌다.[17]

사우스 센트럴의 한인 상인들은 그들이 지역사회를 착취하고 있다고 비난받았다. 다시 말해, 한국계 미국인들은 수익의 일부를 지역사회의 발전을 위해 쓰지 않았다는 것이다. 우리가 앞서 살펴본 것과 같이, 사회 이동 지향의 한국계 미국인들은 그들 개개인의 아메리칸 드림을 이루기 위해서 일했다. 그들의 목적은 가난한 지역과 소규모 사업에서 탈출하는 것이었다. 그들은 돈을 벌기 위해 미국에 온 것이지 미국을 변화시키기 위해 온 것이 아니었다. 그들은 더 큰 기회를 잡기 위해서 한국을 떠났다.

간단히 말하자면, 많은 한인 상인들은 지배적인 자본주의의 틀 안에서 일했다. 이와 같은 맥락에서, 아프리카계 미국인 상인들이 한인 상인들을 대체하여 그들의 이윤 추구 동기를 억제하거나 지역사회에 수익을 반환할 것이라고 생각하는 것 또한 민족적 낭만주의에 기반한 상상일 뿐일 것이다. 민족 이타주의는 개인의 결정과 행동을 형성하는 강력한 요구들에 맞서서 사라졌다. 게다가 로스앤젤레스 사우스 센트럴의 지역사회는 한인 상인들이 아닌 거대한 사회 경제적 힘에 의해 서서히 무너지고 있었다. 또한, 주류 판매점을 운영하는 한국계 미국인 상인들은 그들의 가게가 가난한 주민들의 필요를 충족시켜주는 일을 하고 있다는 점을 언급하며 이 지역에서의 그들의 사업을 정당화했다. 이는 폭동 이후에 한 아프리카계 미국인 여성의 말 속에서 증명된다. "내가 애용하는 가게에 도대체 나는 무슨 일을 저지른 거죠? 나는 그 가게에 매일 들렀어요. 정말 멋진 사람들이었어요. 이제 물건을 살 곳이 없어요. 나는 돌봐야 하는 손자가 두 명이나 있고, 그들을 위한 우유가 필요해요. 이제 어디에 가서 필요한 물건을 구할 수 있는 건가요?"[18] 로스앤젤레스 사우스 센트럴의 한인 상인들은 대체적으로 그들이 초래했을 수도 있는 사회 역기능에 대해서는 무지했고, 그들이 사회에서 중요한 역할을 수행하고 있다고 생각했다. 이러한 한국계 미국인 상인들이 좋은 교외의 소매상처럼 행동하거나 공동체의 이익을 목표로 삼고 일할 것이라는 희망은 잘못된 기대라고 볼 수 있다. 한인 상인들은 가난한 아프리카계 미국인들의 생활을 개선하거나 도심을 개혁하기 위해서 미국에 온 것이 아니었다.

일부 아프리카계 미국인 운동가들은 한국계 미국인이 모범 소수민족을 대표한다고 인식했고, 아프리카계 미국인들을 비난하는 미국의 지배적인 이데올로기의 전형을 한국계 미국인이 반영하고 있다고 생각했다. 아프리카계 미국인들은 한국계 미국인은 한국에서 가져온 자본을 기반으로 사업을 한다고 반복적으로 언급했는데, 이는 미국에서

제6장_ 시험대에 오른 미국 이데올로기

는 누구나 성공할 수 있다는 아메리칸 드림의 이데올로기를 간접적으로 비난하고자 한 것이었다. 한국계 미국인의 성공과 아프리카계 미국인의 사업실패를 비교하는 것은 두 집단의 사업 전제 조건이 다르기 때문에 적절하지 않다. 한편, 아프리카계 미국인의 한인 상인에 대한 저항은 미국 이데올로기에 대해 우회적인 비난을 시도한 것으로 볼 수 있다.

지배적인 흑인 민족주의 이데올로기가 강조하는 지역사회 통제처럼, 아프리카계 미국인의 정치적 행보는 가장 가까이 있는 성공적인 새로운 이민자 집단을 표적으로 삼았다. 수많은 역사적 사건들은 한-흑 갈등이 실제로는 같은 갈등 구조를 가진 역사적 사건의 반복이라는 사실을 입증한다. 실제로 아프리카계 미국인이 직면한 구조적 불이익과 이와 대비되어 성공가도를 가는 듯한 새로운 이민자 집단 간의 갈등은 미국 역사의 단면을 보여준다. 예를 들어, 18세기의 가난한 유럽 이민자들과 19세기의 백인 노동계급은 그들과 대응관계에 잇는 아프리카계 미국인 노예들과 농노들로부터 물자를 얻고 심리적인 우위를 차지했다.[19] 오랜 과거부터 노예의 역사, 짐 크로우Jim Crow로 대변되는 차별은 계속되고 있다.

1980~1990년대의 가난한 아프리카계 미국인과 갈등을 빚은 다수의 민족 집단들에 대해서 생각해보자. 클리블랜드에서는 흑인-팔레스타인 갈등이, 필라델피아에서는 흑인-라오스인 갈등이, 워싱턴디씨에서는 흑인-중국인 갈등이, 마이애미에서는 흑인-쿠바인 갈등이, 그리고 로스앤젤레스에서는 흑인-라티노 갈등이 존재했다.[20] 가난한 아프리카계 미국인이 대거 거주하는 대부분의 미국 대형 도시

에서는 새로운 이민자들이 소규모 사업의 틈새시장을 채웠다. 과거에서부터 현재에까지 이르는 민족 집단 간의 갈등의 역사를 통해서 우리는 이 갈등의 보다 근본적인 원인은 민족적·문화적 요인이 아닌 경제적·구조적 요인임을 알 수 있다. 지배적인 담론에 의해 형성된 인종 간 갈등 프레임에 몰두하는 것은 더욱 근본적인 구조적 맥락을 간과하게 만든다.

이러한 경제적 요인을 바탕으로 일부 아프리카계 미국인들은 한-흑 갈등을 외부에서 온 상인들과 가난한 지역사회 간의 갈등으로 이해한다. 또한 이들은 한-흑 갈등을 그들의 오랜 분투의 역사의 일부로 인식했다. 웨슬리대학의 아프리카 연구 교수인 토니 마틴Tony Martin은 "아메리칸 드림을 이룬 민족 집단들은 전통적으로 아프리카계 미국인인 지역사회를 디디고 출세했습니다. 유대인, 이탈리아인, 그리스인, 중국인, 아랍인 그리고 이제 동인도 사람들과 한국인들이 그 과정을 거치고 있습니다"[21]라고 기술했다. 매닝 마블Manning Marable이 묘사한 1960년의 왓츠는 시사적이다. "로스앤젤레스 빈민가의 직업이 없는 십 대 흑인 청소년들이 유대인 상인들을 조롱하기 위해 모욕적인 표현을 서슴없이 내뱉었다. 유대인, 그리고 1945년 이후의 레바논인, 팔레스타인인, 라틴계 미국인 그리고 중국인은 흑인이 아닌 사업가라는 이유만으로 흑인 소비자 적개심의 표적이 되었다."[22] 1990년대의 한국계 미국인은 1960년대의 유럽계 미국인 '민족' 상인의 역할을 그대로 이어받았다.[23]

인종 간 갈등과 계급 간 갈등의 차이는 오로지 학술적인 문제만은 아니다. 에릭 쇼코만E. Erick Schockman이 시사하듯, 한-흑 갈등에 대한 언론 보도가 한국계 미국인들에 대한 아프리카계 미국인들의 증오 범죄를 초래했다.[24] 언론에 비춰진 이미지와 이데올로기적 가정은 사회 현실에 영향을 미친다. 일부 아프리카계 미국인 운동가들은 한국계 미국인을 희생양으로 삼아, 흑인 지역사회 문제의 원인을 그들 탓으로 돌렸다.

그러나 다른 관점도 존재했다. 예컨대, 아프리카계 미국인 작가인 찰스 시몬스Charles Simmons는 "흑인 고객과 한인 상인 간에 갈등이 존재했지만, 언론에서 이를 지나치게 과장했다"고 기술했다.[25] 비슷한 맥락에서, 워터게이트 크리프스Watergate Crips의 네이트 투Nate II의 조직원은 "이것은 한인과 흑인이 문제가 아닙니다. 상인들에게 문제가 있었던 것도 사실이지만, 이는 백인 억압자들이 우리가 문제의 본질에 대해 생각하지 못하도록 주의를 돌리는 시도일 뿐입니다"[26]라고 말했다. 1993년의 『로스앤젤레스 타임스』의 조사에 따르면, "요즘 남부 캘리포니아에 특히 문제를 일으키는 특정한 아시아 민족 집단이 있다고 생각하십니까?"라는 질문에 대해서 가장 많은 대답은 28%를 차지한 '없다'였다. 이어서 '모든 집단'이 26%, 한국계 미국인이 19%, 그리고 베트남계 미국인이 12%를 차지했다.[27] 같은 조사에서, 백인을 아시안들보다 더 '편견적'으로 받아들였다. 게다가 엘린 스튜어드Ellen Stewart는 그녀가 조사한 아프리카계 미국인의 한국계 미국인에 대한 편견이 폭동 직후보다 1980년대 후반에 더 강하게 나타났다고 보고했다.[28]

로스앤젤레스 사우스 센트럴이라는 좁은 지역 안에서도 아프리카계 미국인들은 다양한 의견을 표출했다. 의심의 여지없이, 소수의 아프리카계 미국인들은 그들의 사회통제 이념인 블랙 파워Black Power 이데올로기에서 동기를 부여받고, 한국계 미국인 상인들을 그들의 지역에서 몰아내기 위해 노력했다. 그러나 그 외의 대다수의 사람들은 한국계 미국인 상인들의 존재에 적응했다. 일부 한인 상인들이 지역사회의 발전을 위해서 기여한 것처럼, 몇몇 아프리카계 미국인 고객들은 그들의 존재를 환영했다. 두 민족 간의 우정과 호의에 비롯된 사례도 다수 존재했다. 로스앤젤레스 사우스 센트럴의 파괴된 한인 상점들은 아프리카계 미국인 고객들의 연민을 불러일으켰다. 예를 들어, 이청의 가게가 전소되었을 때, "Sorry Mr. Lee"라고 쓰인 팻말이 세워졌다.[29]

두순자-라타샤 할린스 사건도 뚜렷한 인종 양극화가 드러나지 않기 때문에, 한-흑 갈등의 범주 아래에 포함된다고 볼 수 없다. 로스앤젤레스 사우스 센트럴에 거주하는 아프리카계 미국인인 조지George는 작가 존 에드거 와이드맨John Edgar Wideman에게 두순자에게 "미안함을 느꼈다"고 전했다. "그녀는 영어를 전혀 하지 못했음에도 이 나라에 왔어요. 그녀가 모든 일을 하는 동안 그녀의 남편은 텔레비전만 봤어요. 영어를 말하지도 읽지도 못하는 그녀는 영어로 적힌 목록을 건네면 거꾸로 들고 있기도 했어요. 물건을 사려면 손으로 무엇을 원하는지 집어야 했어요. 그녀의 남편은 젊은 흑인 소녀들과 놀아나기 시작했어요. 언젠가 그녀를 보러 가게로 갔을 때, 나는 그녀를 알아보지 못했어요. 그녀는 소녀의 모습으로 이곳에 왔지만 불과 몇 년 사이에 60세 노인처럼 변했어요."[30] 두순자의 이웃은 "그 소녀는 죽었고, 그 여자는 집행 유예를 받았죠. 이제 그만 내버려 둡시다. 이 일 때문에 다른 사람들에게 상처를 주지 맙시다"라고 말했다.[31]

우리는 한인 상인과 아프리카계 미국인 간의 갈등이 존재했다는 것과 두 집단 모두에 선동 정치가와 외국인 혐오자가 존재했다는 사실을

제6장_ 시험대에 오른 미국 이데올로기

부정하지는 않는다. 다만, 두 집단 간의 갈등만이 존재하지만은 않았고, 이들 간의 관계는 생각만큼 단순하지 않았다. 동네 야유회를 개최하고, 스포츠 팀을 후원하고, 장학금을 제공하며 더 나은 공동체 생활을 위해 노력하는 한인 상인들도 있었다. 아프리카계 미국인 한국계 미국인 노동자 간의 '부모 자녀 관계'가 폭동을 겪으면서 사라진 사례도 있었지만, 우리는 이 사례에만 집중하여 한국계 미국인과 아프리카계 미국인 간의 인간적 유대가 전무했다고 인식해서는 안 된다.

사회 이동을 위해서 이민을 택한 한인 동포들에 대한 논의를 통해 우리는 한국계 미국인의 아메리칸 드림 속에서 아프리카계 미국인들은 그저 부수적인 존재로 여겨질 뿐이라는 사실을 알 수 있다. 한인 상인들에게 사우스 센트럴의 아프리카계 미국인 고객들은 자신들의 아메리칸 드림을 이루기 위해 거쳐야 하는 한시적이고 수단적인 고객일 뿐이었다. 수많은 한국계 미국인들이 빈곤한 아프리카계 미국인 밀집 지역에서 재산을 축적한 것은 구조적 요인에서 기인한다. 한편, 도심 지역의 아프리카 미국인들의 개혁 운동의 궁극적인 목표는 그들의 운명에 대한 어느 정도의 전체적 통제 권한을 되찾기 위함이었다. 또한, 아프리카계 미국인들이 직면한 가장 긴급한 문제들은 인종차별정책, 탈산업화 그리고 점차 축소되고 있는 사회 복지 제도를 포함한 구조적인 문제들이었다. 한-흑 갈등만을 강조하는 지배적인 담론은 이러한 시급한 문제들로부터 사람들의 주의를 전환하기 위한 시도일 뿐이었다. 역사적, 정치경제적 맥락을 다루지 않고 인종 간 갈등에만 초점을 맞추는 것은 로스앤젤레스 사우스 센트럴 안에서 두 집단 모두가 대체적으로 직면하고 있는 핵심적인 문제들을 간과하게 만들었다.[32] 편견과 갈등이 존재한 것은 사실이나, 한-흑 갈등의 프레임은 한국계 미국인과 아프리카계 미국인이 당면한 문제들의 핵심에 도달하지 못하도록 했다.

인종 간 갈등의 구체화

한-흑 갈등의 이데올로기적인 뿌리를 탐구하기에 앞서, 우리는 한-흑 갈등의 서술과 해석의 문제를 생각해 볼 것이다. 한-흑 갈등은 한국계 미국인과 아프리카계 미국인 그리고 갈등 그 자체를 고정시켜 규정했다. 다양한 현상과 문제들은 인종 간 갈등에만 초점을 맞추어 해석되었고, 이러한 경향은 또 다른 해석의 가능성을 저지했다.

언론은 두 집단에 관한 기존의 고정관념들을 사실인 것처럼 퍼뜨렸다. 모든 아프리카계 미국인들이 빈곤했던 것은 아니며, 동질적이고 화합적인 공동체만을 구성했던 것도 아니다. 마찬가지로 모든 한국계 미국인들이 상인은 아니었으며, 코리아타운이라는 좁은 공간에서 조차도 통합된 공동체를 구성하지 못했다. 다민족적인 로스앤젤레스 사우스 센트럴과 코리아타운은 단순한 민족적 일반화가 거짓임을 보여 준다. 따라서 우리는 개별적인 분노 표출의 사례와 특정 사회 계층에 속한 사람들의 편견을 통해 인종 간 분노의 총체를 판단하지 않도록 주의해야 한다.

이러한 프레이밍은 각 그룹에 대한 일반화를 야기했을 뿐만 아니라 일반화된 내용을 바탕으로 갈등에 대한 정의를 내렸다. 프레임에 대한 무비판적인 수용은 현상에 대한 서술과 해석의 오류로 이어진다. 한인 상인과 아프리카계 미국인 고객 간의 갈등에 대해 정해진 시나리오가 구축되면서, 다른 원인과 특징을 가진 사건들조차도 같은 종류의 갈등의 사건으로 치부되었다. 모든 사건이 한-흑 갈등의 프레임으로 해석되었고, 이는 다양한 사건들이 동일한 기준 아래서 논해지도록 만들었다. 예컨대, 뉴욕의 1990년의 불매운동에 대해서 생각해보자. 표면적으로는 한-흑 갈등의 사례로 보이지만, 브루클린의 현실은 로스앤젤레스 사우스 센트럴과 동일하지 않았다. 최초의 충돌은 아이티 출신의 새로운 이민자들과 한국계 미국인들 가게 주인 사이에 발생했다.[33] 미국의 인종적 틀 안에서 사우스 센트럴의 아프리카계 미국인과 브루클린의 아이티 출신의 이민자들을 모두 흑인으로 분류할 수도 있지만, 그들을 같은 범주로 묶음으로써 해석적 오류를 범할 수 있다. 마이애미 사람들은 이 두 집단을 구분하여 '흑인-아이티인 갈등'이라는 용어를 쓰기도 했다는 사실을 주목해야 한다.[34]

각 민족 집단에 대한 고정적 규정을 바탕으로 구축된 인종 간 갈등의 프레임은 모든 갈등의 원인을 각 민족의 특성에서 찾으려고 했다. 이러한 프레임은 정치경제적 맥락을 간과한 채, 민족적 특성으로 동질화된 각 집단 간의 차이로 인해 갈등이 불가피한 것으로 판단하도록 했다. 한국계 미국인 고용주가 아프리카계 미국인 직원을 해고하는 상황을 가정해보자. 지배적인 언론의 프레임에서 이 개별 사례는 대표적인 한-흑 갈등의 사례나 각 민족 집단의 문화적 차이에서 기인한 상호 작용 방법의 차이 때문에 발생한 사례로 해석될 것이다. 그러나 이는 고용주가 직원을 해고하는 일반적인 사례에 불과하며, 인종 간 갈등의 사례가 아닌 자본주의적 사회관계로 초래된 결과이다.

한-흑 갈등을 당연하게 여기는 자세는 우리가 수많은 불편한 진실들에 직면하지 못하도록 했다. 두 집단 사이에 주체할 수 없는 증오가 존재하고 있었다면, 폭동 중에 인종 간 살인사건이 수없이 발생했을 수도 있다. 그러나 그러한 일로 기록된 사건은 한 건도 없었다. 결정적으로, 1992년의 격변의 시초는 로드니 킹 구타 사건에 대한 평결이었다. 처음의 아프리카계 미국인들의 분노는 백인 인종차별과 흑인에 대한 폭력을 향해 있었다.[35] 폭동에 대한 즉각적인 반응과 사후의 아프리카계 미국인 작가들의 반추에서도 한국계 미국인은 거의 언급되지 않았다.[36] 폭동 중에 "사람들은 다른 표적을 제안하는 노래를 부르기 시작했다. 한 무리는 '베벌리 힐즈'라고 외쳤다. 또 다른 무리는 '파커 센터Parker Center' (로스앤젤레스 경찰서 본부)라고 외쳤다".[37] 『뉴욕타임스』는 파멜라 프랭클린Pamela Franklin와의 대화를 다음과 같이 보도했다. "약탈과 폭력은 로스앤젤레스의 분노한 흑인들이 백인에게 자신들의 고통을 표현하기 위한 유일한 방법이었다. 그녀는 베벌리 힐즈가 파괴되었어야 했다고 말했다."[38] 폭도들과 약탈자들은 경찰의 보호와 물자 지원의 어려움으로 베벌리 힐즈로 향하지 못했을 뿐, 그 의도가 전혀 없었던 것은 아니었다. 한편, 한국계 미국인들은 아프리카계 미국인들의 폭동이나 약탈 행위가 아니라 폭동 중에 코리아타운과 사우스 센트럴의 보호를 포기해 버린 정부의 행위에 초점을 맞췄다.

한편 한-흑 갈등의 프레임은 다른 인종 간 갈등에 대한 명확한 분석을 어렵게 만들었다. 중앙아메리카 이민자를 중심으로 한 라티노와 아프리카계 미국인은 고용, 주택 공급, 정치권력의 문제로 경쟁했다. 이를 바탕으로 '흑인-갈색인종 갈등'이라 일컫는 아프리카계 미국인과 라티노 간의 강한 인종 간 갈등을 예상할 수 있다.[39] 이와 대조적으로,

제6장_ 시험대에 오른 미국 이데올로기

특히 로스앤젤레스 사우스 센트럴에서, 한국계 미국인은 아프리카계 미국인과 제조업이나 서비스업의 직장을 두고 경쟁하지 않는다. 사우스 센트럴에는 소수의 한국계 미국인들만이 거주했기 때문에 아프리카계 미국인과 남은 주택 공급량을 두고 경쟁할 일이 없었고, 정치권력과 대의권을 위해 분투하지도 않았다. 또한, 많은 라티노들이 한국계 미국인 사업과 산업 분야에서 일하고 있다는 것을 고려했을 때, '한인-라티노 갈등'으로 인한 사건이 더욱 많이 발생했을 것이라 예상할 수 있다. 앞서 언급했듯이, 체포당한 폭도들과 약탈자들의 대부분이 라티노였다. 라티노 이웃과 지인들이 코리아타운에서 약탈을 하는 모습을 보고 충격을 받은 2세대 한인 이민자를 떠올려보자.

우리의 의도는 흑인-라티노 갈등이나 한인-라티노 갈등에 대한 논의를 시작하고자 하는 것이 아니라 한-흑 갈등의 프레임에 의문을 던지고자 하는 것이다. 물론, 유럽계 미국인들 또한 코리아타운을 약탈했다는 사실을 고려할 때, 언론에서 왜 한-백 갈등을 포착하지 않았는지에도 의문을 제기할 수 있다. 아프리카계 미국인 소설가인 이스마엘 리드Ishmael Reed는 "왜 퍼시픽 라디오Pacifica Radio의 카와지 엔크루마Kwazi Nkrumah가 보도한 백인들이 코리아타운을 약탈한 사건은 백인의 한국계 미국인을 향한 편견에 대한 논의를 촉발시키지 못하는가?"라고 의문을 던졌다.[40]

정반대의 특징을 가진 소수민족

왜 한-흑 갈등은 1992년 LA 폭동의 보도에서 중심현상으로 대두되었는가? 우리는 한-흑 갈등은 미국의 이데올로기에 깊이 뿌리를 두고 있다고 주장하고자 한다.

한-흑 갈등에 대한 언론의 보도들은 종종 다른 관습과 대인 상호 작용 방식의 차이를 한인 상인들과 아프리카계 미국인 고객들 간의 마찰을 원인으로 강조한다.[41] 한인 상인들은 시선을 피하고, 잔돈을 카운터 위에 던지듯 놓았고, 담소를 나누지 못했고, 대체적으로 미국 문화 규범에 동화되지 않았다고 알려졌다.[42] 기자인 코니 강C. Connie Kang은 "유교가 깊이 스며든 한국 문화에서, 미소는 가족 구성원과 친한 친구들을 위한 것이다. (…중략…) '감사합니다'와 '실례합니다'라는 표현은 삼가서 사용되었다"[43]라고 말했다. 그러나 유교적 유산보다 더 분명한 원인은 세계에서 가장 인구가 밀집해 있고 빠르게 도시화되고 있는 서울에서 살면서 한국인들이 세련된 태도를 갖출 수 있는 여유가 없었다는 것이다. 최악의 경우, 한인 상인들은 무례하고, 인종차별적이며, 탐욕스러운 사람들로 묘사된다. 한편으로, 아프리카계 미국인 고객들은 한국 문화 규범들을 이해하지 못하고 한인 상인들이 불쾌하게 여기는 행동을 했다고 알려졌다. 앤드류 킴H. Andrew Kim은 "흑인들은 한국인들의 낯선 문화, 관습, 언어적 차이를 인식하면서도, 한인 상인들이 강도 또는 총격을 당할 수도 있다는 두려움 속에서 살고 있다는 사실에 대한 이해가 전혀 없었다."[44]

문화는 대체적으로 한 집단과 다른 집단을 구별하는 특성들의 종합이다. 문화적 특성들은 한국인이 송로버섯을 선호하게 되거나 프랑스인이 매운 김치의 맛을 알게 되는 것처럼 쉽게 집단 간에 전이가 될 수 있지만, 종종 가치와 세계관이 문화 간에 잘 옮겨지거나 이식되지 않기 때문에 더욱 비타협적이 될 수 있다. 문화의 변화 가능성 혹은 비타협적인 측면 모두 한국계 미국인과 아프리카계 미국인의 갈등을 특성화하는 데 사용되었다.

문화의 변화 가능성에 중점을 두는 것은 인종 간의 화해를 이루기 위한 표면적인 변화를 요구한다. 이러한 관점에서 상호 인정과 인종 간 상호 작용으로 촉진되는 서로에 대한 이해가 문제를 해결할 것이다. 문화의 변화 가능성의 강조는 『뉴욕타임스』로 하여금 뉴욕의 '훌륭한 예'(LA 폭동 이후에 어떠한 폭동이나 약탈도 일어나지 않은 것)가 국가인권위원회가 제공한 '한인 상인들과 흑인 공동체에게 어떻게 갈등을 예방하고 문제가 발생했을 때는 어떻게 해야 하는지 제시한 감수성 훈련'[45]의 결과라고 찬양하는 것으로 이어졌다. 또한, 한국계 미국인 상인들에게 '더 자주 미소 지으라'고 교육하는 세미나들이 있었고 아프리카계 미국인 지도자들이 한국에 초청되었다.[46] 긍정적인 사례들이지만, 이러한 단계들은 피상적인 해결책들일 뿐이었다. 결과적으로, 미소 짓는 한국계 미국인 상인과 아프리카계 미국인을 고객으로 이해하고자 하는 변화는 한국계 미국인을 상인의 위치에서, 아프리카계 미국인을 고객의 위치에 고정시키는 시각에서 더 나아가지 못했다.

이에 따라 많은 분석가들은 갈등의 더 깊은 원인을 찾고자 노력했다. 그들은 상반되는 가치, 태도 그리고 행동으로 나타나는 두 집단의 비타협적 문화적 차이에 집중했다. 문화의 비타협적인 측면들을 강조하는 해석은 한국계 미국인의 교육, 근면, 그리고 가족 연대를 유교 정신의 필연적인 결과물로 보고 이에 대응하는 요소들이 아프리카계 미국인에게는 부재한다고 본다. 이러한 대조적 문화 구조들은 한국계 미국인과 아프리카계 미국인이 성공할 수 있는 확률이 다르다는 점을 설명하는 데 사용되었다.

근면한 한국계 미국인 사업가의 성공을 민족적 기질과 인종 간 차이를 통해 설명하고자 하는 시도가 다수 있었다. 이코노미스트는 "한국인들은 놀라운 사업적 기질이 있다. 또한 그들은 자본주의자들이다. 즉, 그들은 모델 아메리칸 시민들이다"라고 적었다.[47] 에드워드 노르덴Edward Norden은 한국계 미국인 상인인 로이 김에 대한 열렬한 마음을 나타냈다. "로이 김의 이야기는 사우스 센트럴에서 개업한 상인들 사이에서 유명한 이야기입니다. 그는 단 100달러를 가지고 미국에 왔습니다. 그는 가족 노동력을 동원해서 사업을 하고, 계에 참여하고, 15년 동안 하루에 15시간을 일하면서, 결과적으로 대출을 받아 교외에 주택을 장만할 수 있을 만큼의 돈을 벌 수 있었습니다."[48]

한국계 미국인의 기업가적 영웅주의에 대조하여 아프리카계 미국인은 이러한 이데올로기적 구조에서 무기력한 집단으로 묘사되었다. 노든Norden은 사회만을 탓하는 아프리카계 미국인 운동가에 대해 분개했다. "왜 흑인들은 그들의 돈으로 은행을 설립하려는 시도 조차 하지 않는가? 왜 한국계 미국인들처럼 계를 조직하려고 하지 않는가? 아니면 왜 한국계 미국인처럼 가족들을 동원해서 15시간 동안 일하며 구멍가게라도 운영할 생각조차 하지 못하는가?"[49] 한국계 미국인과 아프리카계 미국인의 대조는 각 민족 집단의 복지제도와의 관계에서 더욱 극명하게 나타났다. "한인 이민자들이 실업수당을 받는 일

제6장_ 시험대에 오른 미국 이데올로기

은 거의 없었습니다. 이 사람들에게는 그들이 구축해 놓은 생계 수단
이 파괴되었다는 것을 증명하는 일보다도 그들이 저축한 자금, 보험
증서, 일하고 있는 친척들이 없다는 사실을 증명하는 일을 더욱 수치
스럽게 여겼습니다."[50] 이 논의에서 드러나듯, 한국계 미국인들은 복
지에 의존하지 않으려고 했다.[51]

이러한 맥락에서, 한국계 미국인 상인들은 가족과 공동의 자원에만
의존하여, 개인주의의 덕목을 나타냄과 동시에 인종차별주의와 복지
제도의 존재를 조롱하는 것처럼 보일 수 있다. 이에 대해 짐 슬리퍼Jim
Sleeper는 다음과 같이 말했다.

> 많은 한국인들은 서로에 대한 책임감을 지니고 있었기 때문에 사업을
> 시작했다. 그들은 서로를 '받쳐주기' 위해서 자신들의 제한된 자원들을
> 끌어 모았다. 빈민가에서 성공한 아프리카계 미국인의 사례에서도 이러한
> 현상을 찾아볼 수 없다. 성공에 있어서 가족 단위가 핵심이라는 것은 너무나
> 분명했다. 도심의 흑인 공동체들은 서로를 받쳐주기 위해 필요한 신뢰의
> 유대와 한국계 미국인 가족과 같은 종류의 가족들의 노력을 유지할 사회적
> 구조가 없다.[52]

이러한 맥락에서 한국계 미국인과 아프리카계 미국인은 정반대의
성향을 지닌 집단으로 묘사되었다. 보수주의적 분석가들은 이러한 민
족 간의 대조를 지속해서 언급했다.

로스앤젤레스의 한인들에 대한 흑인들의 적대감을 두순자에 대한 '분노'

와 연관해서 설명하는 것은 용인된다. 두순자는 그녀를 폭행한 15세의 소녀 라타샤 할린스를 총격하여 살해했지만 판사에 의해 풀려났다. 하지만 2년간 빈민가에서 25명의 한인 상인들이 살해되었다는 사실은 허용될 수 없다. 분명 흑인들은 한국 경제의 성장에 좌절을 느꼈을 것이다. 하지만 이 폭동이 하루에 14시간의 노동을 하면서 도제살이에 가까운 삶을 사는 개인의 희생과 가족 유대를 기반으로 하는 한국계 미국인 상인들을 향했다는 것만으로 용인될 수 없을 것이다.[53]

이러한 옹호적 입장은 한국계 미국인 상인을 찬양했을 뿐만 아니라 아프리카계 미국인의 인종차별주의와 차별에 대한 반발을 폄하했다. "한국인은 흑인 지도층에서 의존해왔던 인종차별주의에 대한 환상과 인종차별주의에 대한 불만이 거짓된 것임을 상징적으로 보여준다. 한국인들의 존재는 일하는 사람들은 얼간이로 취급하고, 마약과 같이 자기 연민이 팽배했으며, 피해의식으로 가득 찬 로스앤젤레스 사우스 센트럴의 빈민가에 사는 흑인들의 하소연을 반증했다."[54]

이러한 해석은 한국계 미국인 사업가가 지닌 책임의식과 가족 연대의 가치를 전형적으로 보여줌과 동시에 아프리카계 미국인의 복지 의존적 행태와 가족 해체를 논했다. 이러한 견해들은 널리 퍼져있었다. 닐 사리Neil Saari는 『타임』지에 "한국인에 대한 맹렬한 공격은 명백히 인종차별적이다. 그들을 불 태워버리려고 할 것이 아니라, 로스앤젤레스의 아프리카계 미국인들은 한국인의 직업윤리와 가족 연대를 잘 연구하고 따라야 한다"라고 기고했다.[55] 익명의 백인은 『로스앤젤레스 타임스』에 "저는 정말로 화가 납니다. 이 사람들의 소유물이 불에 타 없어지게 내버려두다니요. 한국인이 싫으면 너희들만의 식료품 가게를 만드시던가요"라고 이야기했다.[56] 『베버리지 블리튼Beverage Bulletin』의 발행인인 맥스 커스타인Max Kerstein은 "우리 도시의 열심히 사는 정직한 시민들이 파괴, 피해, 죽음 그리고 증오에 작정한 우리 사회의 범죄자들과 대면한다는 것은 정말 서글픈 현실입니다. 폭동 중에 큰 손해를 입은 사람들에 대해 한인 공동체는 그 어느 누구보다도 큰 절망감을 느꼈습니다"[57]라고 적었다.

요약하자면, 많은 논의에서 아프리카계 미국인과 한국계 미국인 집단은 정 반대의 성향을 지닌 집단으로 서술되었다. 한국계 미국이니은 모범 소수민족으로, 아프리카계 미국인은 도시 하층민으로 대조적으로 묘사되었다.

한인과 모범 소수민족

1980년대 중반에 이르러, 많은 사람들은 한국계 미국인의 성공을 찬양했다. 성공한 한국계 미국인들은 고학력의 근면한 비백인 미국인으로서 모범 소수민족을 대표했다.

그러나 이러한 찬양적인 묘사가 오래도록 유지된 것은 아니었다. 한국계 미국인, 그리고 전반적인 아시아계 미국인은 역사적으로 불가해하고 환영받지 못하는 존재로 특징지어졌다. 『타임』의 1983년의 기사는 "로스앤젤레스가 침략당했으며" 이는 "민족 정체성을 고수하고, 그들의 관습과 언어를 유지하며, 오랜 편견(일본인이 한국인을 무시하는) 속에 살면서 새로운 편견(한국인이 흑인과 치카노를 무시하는)을 만든"[58] 한인 이민자들에 의한 것이라고 외쳤다. 많은 이들은 아시아계 미국인과 그들의 고국에 대한 이미지는 떼어놓을 수 없는 관계를 형성한다고 생각했다. 이들의 고국에 대한 사람들의 무지와 편견은 아시아계 미국인에 대한 경멸을 더욱 두드러지게 만들었다. 김영미는 그녀의 시 「Into Such Assembly」를 통해서 한국에 대한 대중의 무지를 보여준다. "한국에 나무가 자라기는 하나요? / 한국 아이들은 쓰레기통을 뒤져서 끼니를 해결하나요?"[59] 사람들은 여전히 한국을 한국전쟁을 겪은 가난한 아시아 국가로 인식했다.[60]

한국인의 미국 이민이 급증했던 1970년대에 이르러, 일부 한국인들에 대한 보도들은 긍정적으로 변했다. 1975년의 『뉴스위크*Newsweek*』기사는 로스앤젤레스의 코리아타운을 다음과 같이 소개했다. "아메리칸 드림에 대한 수많은 아시안 비전들이 실현되는 곳이며, 코리아타운은 허레이쇼 알저풍의 자수성가 성공스토리로 넘쳐 나는 곳이다."[61] LA 폭동이 발생했을 때 쯤, 한국계 미국인들은 아메리칸 드림을 실현하게 되었다. 1992년 『월스트리트 저널*Wall Street Journal*』은 제1면에 실린 '아메리칸 드림'을 제목으로 한 기사에서는 "한국계 미국인들의 비결은 무엇인가? 어떻게 아메리칸 드림을 이루었는가?"라고 질문했다. 이에 대한 답은 Byung K. Kim과 그의 가족에 대한 1975년의 『뉴스위크』기사를 상기시켰다. 그들은 "다른 한국인들처럼 각고의 노력, 동료 이민자들로 부터의 재정적 지원, 가족 구성원의 무임금 노동, 그리고 자부심과 자립심의 문화적 전통을 통해 성공을 이루었다".[62]

이와 같은 보도들에서 내세워진 한국계 미국인의 성공은 한국인들의 문화적 성향에서 비롯된 것이었다. 한국계 미국인을 논할 때, 노력과 교육의 강조와 강한 가족 유대의 유교 정신에 대한 언급은 빼놓을 수 없게 되었다. 웨인 패터슨Wayne Patterson과 김형찬은 1997년에 출판된 그들의 책에서 한국인의 성공을 그들의 노력과 높은 교육 수준의 성취를 통해서 설명했다.[63] 루치아노 만기아피코Luciano Mangiafico는 "한인 이민자들의 집념(끈기), 분명한 노동관, 교육적 성취에 대한 의지 그리고 사업가 정신"에 대해 기술했다.[64]

한국계 미국인의 성공담에 대한 찬양은 1980년대에 모범 소수민족으로서 아시아계 미국인을 예찬한 것으로부터 분리될 수 없다.[65] 교육적 측면에서 아시아계 미국인들은 표준 이상의 성공을 거두는 민족이었다. 실제로, 굉장히 많은 학생들이 MIT나 스탠포드와 같은 명문대학교에 진학했다. 사업 부문에서, 그들의 성실성은 컴퓨터나 이와 관련된 분야를 포함하는 최첨단 기술 기반 사업과 소규모 식료품점이나 유사한 상점들을 포함하는 저차원 기술 기반 사업 모두에서 꽃을 피웠다. 심지어 문학 부문에서도, 맥신 홍 킹스턴Maxine Hong Kingston과 에이미 탄Amy Tan과 같은 아시아계 소설가들이 베스트셀러 작가가 되었다. 1991년 『비즈니스 위크Business Week』가 발표한 것처럼 아시아계 미국인은 '경영자들의 이상'으로 자리했다. "그들의 높은 소득, 교육 그리고 인구의 증가로 기업들은 그들을 포섭하기 위해서 재빠르게 움직이고 있다."[66] 그러나 이는 소비지상주의적 미국에서의 성공에 대한 인정에서 더 나아가지 못했다.

한편, 아시아계 미국인들의 성공은 아시아 경제의 부흥과 함께 거론되었다. 1980년대 후반에 미국 경제는 상대적으로 쇠퇴하였고 아시아 경제는 가파른 성장을 이루었다. 아시아인들과 아시아계 미국인들의 성공의 공동의 문화적 기원을 강조한 로렌스 해리슨Lawrence Harrison에게 아시아 경제의 역동성과 아시아계 미국인들의 성공은 직접적인 관계를 맺고 있었다. "대만, 한국, 그리고 일본의 경제 기적은 노동, 교육 그리고 공헌의 유교적 가치들과 절약이라는 도교적 가치로 채워진 사람들에 의해 만들어졌다."[67] 아시아계 미국인을 언급하면서, 그는 "'유교적 미국인들'의 경험은 그들의 고국에서의 경험과 유사하다"라고 말했다. 이 관점에서, 유교적 가치들과 태도들은 모범 소수민족의 성공의 이유가 된다.

시대의 변화에 따른 이데올로기의 변화에 맞춰 모범 소수민족 이론도 변화했다. 왜 1980년까지만 해도 사회의 일원으로 동화시키기 어려운 존재로 묘사되었던 아시아계 미국인들이 갑자기 아메리칸 드림을 구현하게 된 것인가? 모범 소수민족 이론의 대중성은 일부분 소수민족의 발전에 대한 미국의 개방적 입장에서 기인한다. 이 이론이 1960년대 중반, 시민 평등권 운동에서 아프리카계 미국인을 포함한 다민족 집단이 미국이 인종차별적 국가라는 비난을 활발하게 펼쳤을 때 등장했다는 사실은 그리 놀랍지 않다.[68] 대조적으로 모범 소수민족은 미국의 인종차별주의의 존재를 반증했다.

모범 소수민족 이론은 여러 가지 방법으로 아시아계 미국인의 현실을 왜곡했다. 먼저, 이는 아시아계 미국인들의 상당한 다양성을 무시했다. 둘째로, 이는 반-아시아계 미국인 인종차별의 지속을 일축했다. 마지막으로, 이는 아시아 이민자들의 엄청난 성공에 필적하지 못하는 다른 소수민족들을 암시적으로 비난했다.

큰 집단의 사람들은 쉽게 일반화할 수 없다. 1990년에 미국에 70만 명이 넘는 한국계 미국인들이 있었고, 아시아 출신의 사람들은 720만

제6장_ 시험대에 오른 미국 이데올로기

명 이상이었다. 계급, 성별, 세대 간 분열, 서로 다른 국적과 언어를 포함한 이질적인 요소들은 일반화를 불가능하게 만들었다. 게다가 각 집단을 분명하게 규정내릴 수 있는 특성도 존재하지 않았다. 몇몇은 4세대 혹은 5세대 이민자들이었고, 다른 이들은 최근에 이민을 왔거나 전쟁 난민들이었다. 일부는 불교신자였고, 다른 이들은 기독교인이었다. 몇몇은 영어만 구사했고, 다른 이들은 각자 수백 개의 많은 언어들을 구사했다. 교육적 성취를 고려해보자. 1980년도에 51.9%의 아시아 인디언들이 대학 학위를 보유한 반면, 동남아시아 출신의 몽족 중 단 2.9%만이 대학 학위를 지니고 있었다. 동시에 라오스인들의 빈곤율이 67.2%에 이르렀지만, 일본계 미국인들의 빈곤율은 단 4.2%였다. 한국계 미국인들의 평균 가계 소득은 미국 평균을 약간 웃돌았지만, 빈곤선 이하의 인구 비중 역시 미국 평균을 웃돌았다.[69] 불평등과 빈곤은 아시아계 미국인에게 심각한 문제로 남아 있다.[70] 1인당 소득에 관해서 모든 민족 그룹 가운데 일본계 미국인들이 가장 높은 순위에 위치했지만, 많은 아시아계 미국인들은 일자리를 찾는 데에 어려움을 겪었고, 그들의 교육 수준에 상응하는 임금을 받지 못했다.[71]

나아가, 아시아계 미국인들 간의 연대는 거의 일어나지 않았다. 집단 간의 갈등은 새로운 이민자와 고참 이민자, 일본계 미국인과 한국계 미국인, 부유한 한국계 미국인과 가난한 한국계 미국인 사이에 존재했다.[72] 잠재되어 있던 충돌 가능성은 LA 폭동을 통해 실현되었다. 예컨대, 일부 아시아계 미국인들은 한국계 미국인들이 폭동 발생에 일조했다면서 그들을 비난했다. 은퇴한 일본계 미국인 식료품 잡화 상인 로이 요코야마Roy Yokoyama는 "저는 이 사업을 계속 흑인들과 함께

했고, 아무 문제도 없었습니다. 한번 생각해보세요. 분명히 한국인들이 무언가 잘못하고 있는 겁니다."[73] 과거에서부터 이어진 아시아계 미국인들 간의 갈등은 그들의 연대 가능성을 부인한다. 아시아계 민족 간의 갈등은 새로운 것이 아니다. 예를 들어 역사적으로, 일본계 미국인과 한국계 미국인의 관계는 1910년부터 1945년까지의 한국에 대한 일본 식민화를 반영한다. 1941년에 일본과 미국 사이에 전쟁이 발발하자 "미국에 있는 한국인들은 신이 났다. 그들은 '한국은 미국의 승리를 위해 싸운다'라고 외쳤다. 『태평양주보』는 한국인이 한 명씩 태어날 때 마다 일본의 적이 한 명씩 늘어난다는 '사실'을 선언했다."[74] 아시아계 미국인들의 연대의 가능성은 아시아계 미국인들이 비슷하게 생겼다는 인종차별적 특성을 기반으로 한 것이다.[75] 수잔 모팻Susan Moffat 일반적으로 아시아계 미국인들이 동일하게 취급되는 현상을 잘 포착해냈다.[76] "제2차 세계대전 당시 포로수용소에서 태어난 일본계 미국인 타카오 히라타Takao Hirata는 데니 레지날드Reginald O. Denny가 폭행을 당했던 위치에서 반-한국적 욕설을 내뱉는 폭도들에게 죽음에 가까운 지경으로 폭행을 당했다. 이와 마찬가지로, 도시에 거주하는 많은 아시아인들이 공격을 받거나 협박을 당했다."[77]

모범 소수민족은 전반적인 아시아계 미국인들과 특히 한국계 미국인들에 대해 지속된 인종차별주의와 차별을 모호하게 만들었다. 한국계 미국인 시인 청미 김은 "내가 나의 노란 피부와 낮은 코 때문에 사회에서 차별을 받았다는 것은 단순하지만 사실이다. 차별당하는 것이 너무도 고통스러웠기 때문에 내가 소외감에 시달려야 했다는 것은 진실이다".[78] 아이러니하게, 유럽계 미국인 학생의 모범적인 아시아계

제6장_ 시험대에 오른 미국 이데올로기

미국인 학생에 대한 불만에서부터 아프리카계 미국인의 성공적인 아시아계 미국인에 대한 원망에 이르기까지, 많은 민족들은 아시아계 미국인의 성공을 지각하는 것만으로도 그들에 대한 분노를 키울 수 있었다.[79]

아시아계 미국인에 대한 인종차별주의는 다양한 모습들로 나타난다. 일부는 아시아계 미국인을 즉각적으로 응대하지 않음으로써 그들을 '그들의 공간'에 묶어 두고자 시도했고, 다른 이들은 아시아계 미국인들을 쉽게 조롱했다. "너네 나라로 돌아가"[80]라는 추악한 외침을 들어보지 않은 아시아계 미국인은 매우 드물었다. 역사적으로, 아시아계 미국인을 향한 이민 배척주의적 공격은 흔히 나타났다. 최악의 사례는 1882년의 중국인배제법과 1942년의 일본인 억류사건이다.[81] 1948년의 외국인토지법 폐지 이전까지만 해도, 미국 태생이 아닌 아시아 이민자들은 미국의 땅을 소유하지 못했고, 1952년의 매커란–월터법McCarran-Walter Act 이전까지 그들은 귀화할 수 없었다.[82] 아시아계 미국인 운동가들과 학자들은 아시아계 미국인 학생에 대한 몇몇 명문대학의 제한적 입학과 아시아계 미국인 근로자의 '유리 천장'을 비판했다.[83] 아시아계 미국인에 대한 물리적 폭력도 일어났다. 1982년에 일본인에게 분노했던 디트로이트 자동차 제조 공장 해고 노동자들이 중국계 미국인 빈센트 친Vincent Chin을 일본계 미국인으로 오인하고 야구 방망이로 구타한 사건은 아시아계 미국인에 대한 대표적인 폭력 사건이다.[84] 이러한 사례를 통해 우리는 사람들은 아시아계 미국인들을 그들의 고국의 이미지에 비추어 해석된다는 점과 모든 아시아계 미국인 집단이 동일시되는 현상을 볼 수 있다.

일반화된 모범 소수민족의 이미지로 인해 각 민족들의 특성과 개인의 인간성은 드러나지 않았다. 폭동 이후에 작성된 댄 권Dan Kwon의 독백은 조용하고, 규칙에 순종하고, 미소 짓는 아시아계 미국인이라는 지배적인 고정관념을 풍자한다. "미안합니다! 미안해요, 내가 모범 소수민족의 일원이라는 것을 깜빡했네요! 평지풍파를 일으키지 말아야 했어요! 풍파를 만들고 싶지 않아요! 그저 입 닥치고, '근면하고 부지런히 일해서' 우리가 다른 소수민족들의 목표로 내세워져야 하는데 말이죠. 내 말은, 예를 들어, 미국의 시스템이 모든 사람들에게 얼마나 공평하게 잘 작용하는지 보여줘야 하는데 말입니다."[85] 이 이미지는 미소 짓는 중국인 세탁소 종업원이나 일본인 정원사의 이미지에서 발전된 것이다. 한 캘리포니아의 고급 레스토랑에서 지배인은 한국계 미국인 2세에게 "왜 당신은 동양적으로 행동하지 않습니까?"라고 발언하기까지 했다.

댄 권이 주장했듯이, 모범 소수민족 이론은 단지 아시아계 미국인을 찬양하기 위한 것이 아니라, 게으르고 반항적인 소수민족을 꾸짖기 위해서 만들어진 것이다. 로렌스 해리슨Lawrence Harrison은 "미국으로 이민 온 중국인, 일본인, 한국인은 직업윤리, 우월성, 훌륭함이라는 가치를 미국에 주입했다. 하지만 멕시코인들은 당황스러울 정도로 퇴보적인 문화를 가지고 왔다"고 말했다.[86] 또한 해리슨은 "흑인 빈민가 문제는 이제 문화적인 문제가 되었다"라고 말하면서 이에 대한 해결책은 이들을 주류문화에 동화시키는 것뿐이라고 주장했다.[87] 이러한 추론은 각 민족 집단의 문화적 가치가 그 집단의 성공을 결정한다고 보기 때문에, 실패한 민족 집단들의 문화적 가치를 바꾸는 것을 중요하게 여겼다. 따라서 아시아계 미국인들의 성공에 대한 분석은 실패한 집단들과의 명시적인 대조를 수반한다. 이러한 맥락에서 모범 소수민족에 대한 찬양은 주류 담론에서 부정적으로 여겨지는 도시 하층민에 대한 비난을 의미하기도 한다.

도시 최하층계급—비-모범 소수민족

1980년대에 '도시 최하층계급'의 개념은 미국의 정책과 미디어 담론에서 널리 사용되었다. 이는 특히 아프리카계 미국인들의 태도와 행동에서 드러나는 인종 집단의 민족적·문화적 특성을 강조하기 위한 시도였다. 아프리카계 미국인의 실패의 원인을 그들의 민족적 특성에서 설명하고자 했던 최하층계급 이론은 모범 소수민족 이론과 상반된다.

1980년대의 방송 토론에서 빈번하게 제시된 주제는 아프리카계 미국인의 빈곤과 이에 뒤따른 문제였다. 여기서 최하층계급은 구제할 길이 없는 집단으로 묘사되었다. 공공 정책 토론에서 이 용어가 널리 사용되었음에도, 이 용어를 누구에게 적용해야 하는지는 불분명하게 남아 있었다. 『이코노미스트』의 설명에 주목해보자.

미국인들이 그들의 도시에 있는 '최하층계급'에 대해서 이야기할 때는, 단순히 가난한 사람들만 뜻하는 것은 아니다. 이는 가난하지만 일을 할 수 없거나 일을 할 의지가 없는, 일을 하지 않는 건강하고 젊은 청년들을 뜻한다. 복지 수표에 의지해서 사는 미혼모, 근근이 생활하기 위해서 마약을 팔며, 이 여자 저 여자에게 기웃거리며 사는 청년 등 이들의 이미지는 분명하다. 이러한 최하층계급의 규모는 크게 모든 빈곤층의 5%에서 50%까지 차지하고 있는 것으로 추정된다. 200만 명에서 1,500만 명에 이르는 사람들의 3분의 2는 흑인이고, 10분의 1은 히스패닉이었다.[88]

200만 명에서 1,500만 명 사이라는 불분명한 추정치가 시사하듯, 최하층계급의 식별은 소득 수준이나 직업 분류와 같은 객관적인 지표를 기반으로 하지 않는다. 대신에, 대부분이 로널드 레이건에 의해 알려진, 유럽계 미국인들이 감히 발을 디딜 엄두도 내지 못하는 황폐화된 빈민가들의 과도한 복지 기금 수혜자들과 마약 밀매자의 이미지들로 상징되었다.[89]

이와 같이 아프리카계 미국인으로 대표되는 백인이 아닌 가난한 도시인이라는 기준 외에, 최하층계급은 주로 그들의 행동양식이나 문화에 의해 정의되었다.[90] 켄 아울레타Ken Auletta는 "최하층계급은 소득 부족뿐만 아니라 제한된 행동반경으로 인해 고통받았다. 주로 최하층계급은 일반적으로 인정된 사회 경계의 외부에서 움직인다. 그들은 그들의 가난뿐만 아니라 나쁜 습관들로 인해 생긴 '일탈적인' 면모나 반사회적 행동으로 인해 종종 따로 구분되었다"라고 언급했다.[91] 빈곤문화에 대한 언급에서 암시하듯이, 최하층계급의 개념에 대한 실질적인 근거는 1980년대에 새로 제시된 것이 아니었다. 1960년대에 빈곤문화 이론은 빈민가의 빈곤을 설명하는 이론으로 널리 전파되었다. 인류학자인 오스카 루이스Oscar Lewis에 따르면, 빈곤문화를 지닌 사람들은 "충동 조절 능력의 부족, 좋아하는 일을 뒤로 미루는 경향과 미래를 계획하는 능력이 떨어지는 경우 나타나는 강한 현재 지향성, 운명론과 체

제6장_ 시험대에 오른 미국 이데올로기

념의식"으로 특징지어진다.[92] 어렸을 때부터 형성된 태도와 행동의 지속성이 빈곤문화를 형성했다.[93]

1980년대의 도시 최하층계급 이론은 계속해서 결함이 있는 문화와 가족의 붕괴를 가난의 원인으로 강조했다. 1960년대에 많은 이들이 문화의 적응적 형질을 강조하여 경제적 원조만으로는 빈곤을 완화할 수 없다고 주장했지만, 이러한 주장은 대부분 1980년대에 이르러 폐기되었다. 보수적인 학자들과 논객들은 빈곤문화를 이해하려고 시도하지 않았고, 이를 단순히 반영구적인 조건으로 치부했다. 빈민가로의 경제적 원조 이상의 것을 요구하기보다, 1980년대의 논의는 정부가 경제적인 원조까지 중단해야 한다고 주장함으로써 초기의 통찰을 무시했다. 우리가 앞서서 해리슨의 아시아계 미국인들과 '빈민가 흑인들'의 비교에서 봤듯이, 최하층계급의 문화는 경제적 성공에 적합하지 않다고 선언되었다. 문화의 비타협적인 성격으로 인해 문화는 빠른 변화를 수용하지 못한다는 사실을 감안할 때, 도시 빈곤 문제를 해결하기 위해 근본적으로 할 수 있는 일은 거의 없었다. 이러한 맥락에서 빈곤을 근절하기 위한 정부와 단체의 노력이 실패할 것이라는 점은 이미 예견된 사실이었다.

도시 최하층계급 이론이 성립할 수 있었던 정치적 배경에는 1980년대에 최하층계급에 대해 부정적인 입장을 취했던 보수층이 우세했기 때문이다.[94] 특히 레이건과 부시 행정부는 아프리카계 미국인들의 삶을 개선하기 위해 마련된 장치들을 없앴다.[95] 가장 주목할 만한 지적 근거는 찰스 머레이Charles Murray의 *Losing Ground*에서 제안되었다. "나의 결론은 민주주의 사회에서의 사회 복지 프로그램들은 가장 어려운 문제들을 다루는 데 있어서 해를 끼치는 대책을 생산하는 경향이 있다."[96] 그는 다음과 같은 주요 증거를 제시했다. "1960년대 후반 그리고 1970년대까지도, 수표들의 수, 수표들의 액수, 그리고 수혜자의 수가 모두 증가했다. 그러나 애석하게도, 한때 감소세를 보였던 빈곤율은 몇 년간 감소세를 보이지 않았다.[97] 머레이는 빈곤을 완화하거나 근절하기 위해 마련된 사회 복지 프로그램들이 득이 되기보다는 해가 되었다고 주장했다. 말할 것도 없이, 그의 저서는 보수층 사이에서 인기를 끌었고, 복지 프로그램을 없애려는 레이건 행정부의 노력을 정당화했다.

최하층계급의 개념은 윌리엄 줄리어스 윌슨William Julius Wilson이 그의 저서인 *The Truly Disadvantaged*에서 제시한 것처럼, 도심에서의 대규모 실업을 야기한 광범위한 정치적 그리고 경제적 힘의 맥락 안에 위치시켜야 한다.[98] 최하층계급에 대한 논의에서 보수적인 입장은 이러한 구조적인 힘을 무시했기 때문에 문제가 있다.[99] 모범 소수민족 이론과 마찬가지로, 범주화는 다양한 아프리카계 미국인들을 동질하게 만들고, 고정적인 개념으로 규정하여 인종차별주의적인 고정관념을 영속화했다. 게다가, 이는 도심 생활의 다양한 양상을 잘못 특징지었다. 결론적으로 최하층계급 이론은 도시 빈민들이 직면한 시급한 문제들을 완화시킬 수도 있었던 사회 복지제도를 축소 혹은 폐지시키는 역할을 했다.

'최하층계급'이라는 용어는 일련의 고통스러운 도심의 병리를 떠올리게 한다. 일부 사람들은 범주에 인종적 특징을 부여하지 않으려고 주의했지만, 그 외의 많은 이들은 이에 실패하여 사실상 최하층계급과 아프리카계 미국인들을 동일시했다. 흑인과 도시 빈곤의 암울한 이미지는 동일시되는 경향이 있었던 반면, 실제로 많은 아프리카계 미국인들은 사회·경제적으로 신분 상승을 이룰 수 있었다.[100] 그러나 중산층 혹은 상류층 아프리카계 미국인에 대해 계속된 인종차별을 과소평가해서는 안 된다.[101] 인종으로 특징지어진 이미지는 인종과 계층의 융합을 영속화시켰다. 그러나 실제로는, 한국계 미국인의 경우와 마찬가지로, 아프리카계 미국인 사이에서도 계급 분화의 다양한 모습이 포착되었다.[102]

도시의 부패와 빈곤을 보여주는 끔찍한 이미지가 투영되면서, 도시 최하층계급 이론은 빈곤으로 인한 심각한 문제들을 회복의 가망이 없는 사례로 변모시켰다. 이론의 거대서사 안에서, 범죄조직들과 포주들은 지역을 황폐화시키고, 다양한 병리와 왜곡을 영속화시키고, 가족과 공동체의 쇠퇴에 기여했다. 그러나 이러한 관점은 오해의 소지가 있다. 수 년 간의 방치와 오랜 도시 재정 위기로 인해 번영했던 도시의 중심지는 빈곤한 도시 거주지역으로 변모했지만, 사회적·도덕적 질서의 회복의 가능성이 아직 남아 있었다.[103] 아프리카계 미국인 가족과 문화에 대한 폄하는 일부분 인종차별의 현대적 발현이다. 예컨대, 균열된 주택들과 마약 밀매업자들의 이미지들은 도시 최하층계급과 연결되어 있다. 심각한 약물 문제들이 가난한 아프리카계 미국인들 사이에 존재한다는 것은 사실이나, 이는 결코 이 집단에서만 나타나는 문제가 아니다.[104] 그 위선 너머에,[105] 마약 상인들을 투옥시키기 위한 레이건 행정부의 노력은 도심 거주민들의 빈곤의 근본적 문제를 무시한 처사였다. 일자리를 창출하는 대신에, 레이건과 부시 행정부는 미국

을 수감 인구의 비율이 가장 높은 국가로 만들었다.[106]

최하층계급 이론은 이데올로기 구조를 정립하는 데 이용되었다.[107] 최하층계급의 도심 생활에 대한 묘사는 타자성의 선험적 특성화를 나타낸다. 최하층계급 이론의 보수적인 해석은 빈곤문화의 적응적 본질과 빈곤문화로부터 비롯되지 않은 다른 비문화적 사유의 존재를 부정한다. 최하층계급을 불행하고 가망이 없는 집단으로 보는 관점은 정부의 소극성을 쉽게 정당화했다. 최하층계급의 개념은 도시 부패의 내부 원인에 영향을 준 외부 맥락에 대한 이해를 돕는 대신에, 이 개념의 전제를 인지하는 것에 기여했다. 정부의 지출이 계속 증가했지만, 빈곤이 전혀 완화되지 않았다는 머레이의 주장과는 달리 1980년대에 복지 지출은 급격하게 감소했다. 결과적으로, 빈곤율은 증가했다. 1979년과 1989년 사이에 빈곤선 아래에 속하는 집단에 430만 명의 사람들이 추가되었다.[108] 복지 프로그램들의 축소는 최하층계급과 관련된 태도들과 행동 양식들의 지속성을 보장할 뿐이었다.

줄어드는 기회 구조는 빈곤의 영속화에 치명적이었다.[109] "로스앤젤레스에서 가장 가난한 지역 중 하나에서 사는 고등학교 중퇴자"인 18살의 살바도르 마르티네즈[110]의 경험은 전혀 이례적이지 않았다. "그는 한 번도 안정적인 직업을 가진 적이 없었다. 그리고 그가 더 구직활동을 할수록 점점 더 절대 안정된 직장을 구할 수 없을 것이라는 그의 생각이 굳어졌다.[111] 사회학자 엘리 앤더슨Elijah Anderson은 가난한 아프리카계 미국인의 인생과 관련지으면서, 주류 경제에서 안정된 직업을 찾을 가능성이 매우 희박했기 때문에, 마약 거래가 주를 이루는 '거리 경제'의 매력에 빠지는 것은 당연하다고 말했다. "기존의 문화

제6장_ 시험대에 오른 미국 이데올로기

가 수용할 수 없다고 여겨지는 도심의 많은 흑인들에게 반대문화는 매혹적으로 여겨졌다."[112] 또한, 제조업 근로자들의 약 40%가 가난을 면하고 4인 가족을 부양하는 데 필요한 돈보다 낮은 수준의 임금을 받았다.[113] 1992년도에 최저임금이 4.25달러였다는 것을 고려해보자. 40시간의 주당 근무 시간을 가정하면, 한 근로자는 세전에 연간 8,840 달러를 버는데, 이는 정부에서 정한 3인 가족의 빈곤 수치를 밑도는 액수였다. 할렘에 거주하는 십 대인 월터Walter는 부시 대통령에게 다음과 같이 말했다고 전해진다. "'저는 125달러를 받으려고 일주일 내내 일할 생각이 없어요. 맥도날드에서? 햄버거 패티들을 부치면서?' 월터는 분개했다. '일주일에 100달러요? 그건 돈이 되지 않아요. 마약을 팔면 15분 안에 100달러를 벌 수 있는걸요.'"[114] 기회의 부재 속에서 몇몇은 불법 거래의 유혹에 빠졌다. 다른 이들은 가난을 이겨내기 위한 생존 전략을 취했으며, 이는 외부 관찰자들에게 빈곤문화의 특징으로 규정되었다. 거주지, 교육, 고용에 이르기까지 가난한 아프리카계 미국인들은 다양한 차별과 어려움에 직면했다.[115] 우리가 피해자들을 비난하기 전에, 이들에 직면한 제약을 이해해야만 할 것이다.

아메리칸 드림—자본주의, 인종, 그리고 지역사회

모범 소수민족에 대한 찬양과 도시 최하층계급에 대한 비난에는 빈익빈 부익부 현상이 계속된 1980년대의 분위기가 반영되었다.[116] 케빈 필립스Kevin Phillips는 "과시적인 부에 대한 찬양, 인구의 3분의 1을 차지하는 부유층의 정치적 지배 그리고 자본주의와 자유 시장과 금융에 대한 예찬으로 요약되는 1980년대는 미국 상류층이 지배했다"

고 말했다.[117] 규제가 없는 이윤의 추구가 횡행했다. 조지 길더George Gilder와 찰스 머레이와 같은 자본주의 신학자들은 미국의 자본주의의 기업가 정신을 찬양하였고, 동시에 이 체제의 모든 문제들에 대한 책임을 면하게 했다. 탐욕적인 동기의 발현에 수반된 것은 이로 인해 치러야 할 대가에 대한 부인이었다. 헤인즈 존슨Haynes Johnson은 레이건 행정부 시절에 발간한 그의 저서의 이름을 미국이 '역사에서 방황하고 있다'[118]라는 점에서 차용했다. 미국이 점차 세계 최고의 경제 대국으로서의 위치를 잃어가는 동안, 걸프전Gulf War 승리에 대한 찰나의 기쁨이 상징화되었고, 로드니 킹 사건은 자축의 시대의 어두운 이면을 전형적으로 나타냈다.[119]

우리는 이 맥락에서 최하층계급 이론과 모범 소수민족 이론을 이해해야 할 것이다. 이 두 이론이 전하는 근본적인 메시지는 외부의 제약 조건이나 불리한 상황 속에서도 성공하는 사람과 실패하는 사람이 모두 나타날 수 있다는 점이다. 정부의 지원 없이 자명한 성공을 이룬 아시아계 미국인들의 사례는 아마도 도심 빈곤을 완화하기 위해서 더 많은 복지나 반인종주의적 개선책들이 필요하다는 주장을 반증할지도 모른다.

모범 소수민족과 도시 최하층계급의 범주는 지배적인 이데올로기 운동과의 밀접성에 의해 1980년대에 지속되었다. 또한, 이러한 이론의 등장은 단지 임시적인 이상 현상으로 보기는 어렵다. 현재 미국의 지배적인 이데올로기는 아메리칸 드림의 이상이라는 이들의 유서 깊은 기원을 제시한다. 아메리칸 드림의 주요 교리는 미국은 누구나 그 혹은 그녀의 꿈을 이룰 수 있는 개방 사회라는 것이다. 이러한 믿음은 미국의

제6장_ 시험대에 오른 미국 이데올로기

경제, 인종, 지역사회의 본질에 대한 다양한 논의를 발생시켰다.

알렉시스 드 토크빌Alexis de Tocqueville에서 로버트 벨라Robert Bellah에 이르는 외국 인사들과 국내의 주석가들은 미국에서 널리 공유되는 개인주의, 자유 그리고 평등에 대한 믿음을 정의했다. 1994년에 출판된 『미국의 딜레마*American Dilemma*』에서 군나르 뮈르달Gunnar Myrdal은 '미국 신조'의 주요 구성요소들을 '개인의 본질적 존엄성, 모든 인간의 근본적 평등, 그리고 확실히 빼앗을 수 없는 자유, 정의, 그리고 평등한 기회의 권리'로 나타냈다.[120] 무려 40년 이후에 출판된, 벨라와 그의 동료들의 저서인 『마음의 습관*Habits of the Heart*』 역시 "자유는 아마도 가장 공감을 불러일으키는 미국의 가치일 것이다"라는 유사한 주제를 다루었다. 미국의 정신으로 불리는 개인의 자유와 기회라는 개념은 미국을 거시적인 관점에서 정의하는 요소였다. 또한, 뮈르달은 폭력적인 편견들로부터 고통받고 있는 아프리카계 미국인들조차도 '자유, 평등, 정의 그리고 모든 사람들에게 주어지는 공정한 기회라는 모든 미국 신조'를 믿는다고 지적했다.[121] 따라서 가난한 자들과 실업자들 또한 결연하게 아메리칸 드림 이데올로기를 붙잡고 있었다.[122]

이러한 개념은 여러 세대를 거치면서 그 의미가 변화하였다. '자유'를 모든 사람이 똑같이 이해하지는 않을 것이다. 개인의 자유와 존엄성에 대한 믿음은 아프리카계 미국인 노예들의 자유나 아시아인의 이민 개방으로 이어지지 않았다. 불평등에 대한 투쟁에서 자유에 대한 미국의 약속이라는 논리가 사용될 수 있지만, 그 이전에 짚고 넘어가야 할 것은, 아메리칸 드림 이데올로기의 실체는 정확히 규정할 수 없다는 것이다. 아메리칸 드림은 이데올로기로서 구체적인 신조나 정책을 지지하거나, 정당화하기 위해서 적용될 수 있었다. 우리의 목적은 모범 소수민족과 도시 최하층계급이 직면한 이데올로기적 고난을 조명하기 위해서 아메리칸 드림을 구성하는 신념들을 올바로 기술하는 것이다.[123]

아메리칸 드림은 개인이 성공하는 데 있어서 주된 장애물들이 존재하지 않는 미국은 기회의 땅이라는 믿음을 나타낸다. 구세계(유럽, 아시아, 아프리카)나 제3세계와 달리, 각 개인은 이전의 족쇄로부터 해방되어 각자의 행복과 비전을 추구할 수 있게 되었다.[124] 계급, 성별 그리고 인종의 분리와 불평등은 궁극적으로 무의미하다. 이 사회에서는 견고한 개인주의를 최고로 생각한다. 간단히 말해서, 재능이 있고 노력하는 사람들은 성공하고 그렇지 않은 사람들은 실패한다. 실패한 사람들은 자신들을 탓할 수밖에 없다.[125]

아메리칸 드림은 개인주의적 이데올로기이다. 이에 나타난 경제질서는 주권적 개인들이 물질적 이익을 추구하기 위해서 서로 경쟁하는 자유방임적 자본주의였다. 이 관점에서 재능과 노력에 의존하는 기업가가 이상적인 성공을 상징한다.[126] 또한, 사회 복지 프로그램은 '정말로 궁핍한 사람들'을 위한 자선의 의미가 아니라면 정당화될 수 없다. 마이클 카츠Michael Katz는 *The Undeserving Poor*(1989)에서 '우리' 풍족한 중산층을 도덕적으로 열등하고 가난한 '그들'과 격리시키는 오랜 전통이 존재해 왔다고 평했다. 노동의 도덕적 가치와 이와 반대되는 게으르고 가난한 사람들에 대한 비난은 유럽 귀족들에 대한 거부와 아프리카 노예들에 대한 폄하에 기반한 깊이 뿌리 내린 아메리카니즘Americanism에서 비롯된다.[127] 이러한 사고방식에서, 생활 보조비

제6장_ 시험대에 오른 미국 이데올로기

를 받는 사람들의 도덕성이 의심되었다. 사회 복지의 개념 자체는 경멸적인 의미를 내포하였다. 레이건 행정부와 부시 행정부가 복지 수혜자들의 도덕적 지위를 크게 책망한 것은 아메리칸 드림 이데올로기에 대한 보수적인 입장에서 기인한 것이다.[128] 1987년에 레이건은 복지에 대해 "이제 낡은 것을 바꾸고 마침내 빈곤의 올가미를 끊어낼 때입니다"라고 말했다.[129]

개인주의에 대한 찬양은 종종 집단적이고 체계적인 제약들에 대한 묵인을 수반한다. 공적 담론에서 계급에 대한 언급은 삼가졌다.[130] 인종차별, 성차별 혹은 다른 형식의 조직적 차별은 기존의 불평등을 설명하거나 정당화하지 못한다. 앞서 우리가 주장했던 것처럼, 인종차별주의에 대한 반박은 모범 소수민족 이론의 순기능 중 하나이다.[131] 인종차별주의에 대한 거부의 종착지 중 하나는 보편적 '민족구심화'이다. 사실상, 미국에서 모든 사람은 '민족'이 된다. 리처드 알바Richard Alba는 "유럽-미국인 정체성의 요지는 미국의 체제를 노력으로 빈곤과 차별의 장벽을 넘을 의사가 있는 사람들에게 열려 있는 체제로 묘사하면서 이 체제의 개인주의적 관점을 옹호하는 것에 있다.[132] 만일 모든 민족들이 동일한 조건 아래에서 평등과 번영을 향한 각자의 길을 헤쳐나가고 있다고 간주된다면 인종차별에 대한 비난은 동력을 잃게 된다.[133]

마지막으로, 아메리칸 드림은 특정한 사회적 비전을 제시한다.[134] 좋은 사회의 개요는 '삭막한 세상의 안식처'로서의 가족과 개인주의의 정신들을 옹호하는 지역사회라는 두 개의 기둥으로 구성된다. 이 시각에서, '집'은 보호적인 환경이며, 이보다 더 큰 '지역사회'는 집을 보호한다. 아메리칸 드림의 이상에서 가족은 신성한 제도이다. 본질적으로, 집은 개인들이 양육되고 보호받는 안식처이다.[135] 집은 개체성의 인큐베이터이며 보호자이다. 지역사회는 가족으로부터 분리될 수 없다.[136] 예컨대, 레이건은 '이웃들이 서로를 돕는 지역사회'에 대해 이야기했다.[137] 게다가, 현대 미국의 이상적인 가족이 머무는 이상적인 환경은 교외지역이다. "완벽한 미국의 핵심적 상징은 교외의 가족이다. 교외지역은 물리적 안락이상의 의미를 지녔다. 이는 행복하고 안정된 가정 생활에 대한 오랜 아메리칸 드림을 구현했다."[138] '부르주아 유토피아'인 미국 교외지역은 이상적 지역사회가 되었다.[139] 반면, 무질서와 위험을 상징하는 도시 생활은 바람직하지 않은 환경으로 묘사되었다. 이러한 도시에서 비정상적인 조직과 사회관계가 증식했다.[140] 다시 말해, 도시는 교외지역의 입장에서 이해되는 '지역사회'에 대한 개념이 무너지는 공간이다. 도시에서는 낯선 언어들, 음식들, 그리고 사람들이 공존했다. 게다가 도시는 다인종의 경제적 빈곤한 사람들의 공간이었다. 개개인의 성취 대신에, 나태와 의존(정부의 복지)가 있었고, 가족적 가치 대신에 일탈이 있었고, 교외 커뮤니타스communitas 대신에, 도시 아노미가 있었고, 마지막으로 '진짜' 미국인들 대신에 소수민족들이 있었다.[141] 도시, 특히 도심은 아메리칸 드림의 반대 개념으로 이해되었다.

따라서 아메리칸 드림은 개인 주도권과 노력이 성공과 실패를 결정하며, 인종차별은 심각한 고난이 아니고, 가족과 지역사회는 주권적 개인들을 양육하기 위해서 존재한다는 미국의 비전을 나타낸다.

현대 미국의 사회 현실은 아메리칸 드림의 이상적 비전과 모순된다.

제6장_ 시험대에 오른 미국 이데올로기

예를 들어, 기업가 자본주의의 세계는 현대 미국 경제에서 지속되고 있으나, 상대적으로 작은 부분을 차지한다. 20세기 말의 세계 경제는 대기업과 거대 정부에 의해 지배된다. 그것은 대부분의 미국인들이 부유한 교외에서의 물질적 풍요를 추구하는 모습으로 나타나는 고전적인 기업가 정신에서 비롯된 것이 아니었다. 그러나 자유 시장 이데올로기는 19세기의 기업가 자본주의를 찬양했고 20세기의 법인 자본주의를 현실을 무시했다.[142] 개인 사업가의 성공 사례는 여전히 존재하지만, 현대 경제에서의 대기업들의 우세를 부정하는 것은 어리석은 일일 것이다.

아메리칸 드림에서 표현된 개인주의는 인종차별과 같은 개인의 성공에 있어서의 구조적 장벽들을 경시했다. 이러한 관점은 1960년대의 미국의 일부 지역에서 사실상 '불가촉천민' 계급을 만든 짐 크로우 법에서도 볼 수 있는 아프리카계 미국인들을 향한 인종차별의 잔인한 역사뿐만 아니라 여전히 존재하는 현대의 인종차별을 간과했다.[143]

이와 유사하게, 핵가족의 이상은 대부분의 미국 가정의 현실과 달랐다. 모든 민족의 사람들은 다양한 '비전통적인' 가정에서 살았다.[144] 게다가, 수 세대에 거친 여성운동과 페미니스트적 글쓰기는 가부장적 핵가족의 역기능을 지적했다.[145] 마찬가지로, 교외에 대한 찬양과 도시에 대한 폄하에도, 도시 사람들의 견고한 삶의 방식과 이상은 이러한 단순한 이분법을 복잡하게 만들었다. 도시의 부활과 고급 주택 지역의 형성이 이에 대한 단적인 예다.[146] 나아가, 많은 사람들이 교외지역의 격리, 아노미, 동질화를 싫어했다. 대부분의 미국 교외지역은 레이건 대통령이 이상화한 이미지로, '이웃이 서로 돕는' 곳이 아니라 실제로는 차갑고 냉정한 도시의 전형이었다.

아메리칸 드림은 개인의 삶과 지역사회의 문제적 이상을 나타낸다. 결정적으로 아메리칸 드림을 구성하는 가치와 제도는 모범 소수민족과 도시 최하층계급을 강하게 대비했다. 아메리칸 드림의 관점에서, 한국계 미국인들은 아메리칸 드림을 구현했지만, 아프리카계 미국인들은 아메리칸 드림의 약속을 저버렸다. 한-흑 갈등의 이데올로기적 구조는 정치경제적 맥락의 중요성뿐만 아니라, 지배적 미국 이데올로기들에 대한 재검토의 필요성을 의식하게 한다.

우리가 갈등과 협력, 인종차별주의와 연대에 대한 이질적인 주장들이 어떤 이데올로기적 작용을 바탕으로 하는지 분석하지 않는다면, 한국계 미국인과 아프리카계 미국인을 제대로 이해할 수 없을 것이다. 특히, 폭동에 대한 한국계 미국인들의 대응과 한-흑 갈등을 이해하기 위해서는 한국계 미국인의 초국가적인 배경과 이질성을 고려하는 작업이 필요하다. 이로써 우리는 미국의 지배 이데올로기를 시험대에 올리고자 한다. 이민자들의 씁쓸한 삶의 현실과 한국계 미국인 사회의 복잡성과 모순은 이 책의 핵심적인 주제로 인식되어야 할 것이다.

1993년 4월 17일의 이른 아침, 연방 배심원은 로드니 킹의 인권을 침해한 혐의로 로스앤젤레스 경찰국 경찰관 스테이시 쿤과 로렌스 파웰에게 유죄를 선고했고, 다른 두 경찰관 티모시 윈드와 테어도어 브리스노에게는 무죄를 선고했다. LA 폭동을 촉발한 원심 평결 이후 거의 1년 후에 다시 내려진 평결에 법무 장관 자넷 레노Janet Reno는 "로스앤젤레스에서 정의가 승리했다"라고 말하며 평결에 만족했음을 나타냈다.[1] 클린턴 대통령은 "로드니 킹 재판을 통해 우리는 인간성을 재확인하고 다양성의 저력을 믿고 노력해야 함을 배워야 할 것이다"라고 말했다.[2] 아프리카 감리교 주교 교회에서는 축하파티가 벌어진 한편, 코리아타운과 로스앤젤레스의 나머지 지역들은 안도의 한숨을 내뱉는 듯했다.

온 세상이 두 번째 평결로 인해 1992년의 폭동이 재현될 수도 있다는 사실에 관심을 기울였고, 로스앤젤레스에는 긴장감이 감돌았다. 기자 마이클 레젠데스Michael Rezendes는 이를 "가장 주목받은 세기의 재판 중 하나"로 평했다.[3] 언론은 재판의 모든 측면을 다루기 위해 과도한 관심을 가졌던 반면, 정치인들과 지역 지도자들은 평화를 호소했다. 폭동 발생에 대한 두려움은 널리 퍼져 있었다. 폭동 직후에 시행된 『로스앤젤레스 타임스』의 여론조사에 따르면, 응답자의 3분의 2 이상이 로스앤젤레스를 휩쓴 '폭력이 아직 끝나지 않았다고 생각한다' 고 응답했다.[4] 폭동의 발생을 예상한 로스앤젤레스 경찰국은 폭동 진압 장비에 100만 달러를 사용했다고 전해졌다.[5] 한 윌셔의 거주민은 『뉴욕타임즈』에 "많은 사람들은 떠날 준비를 하고 있어요. 나는 모든 것이 안정을 되찾을 것이라고 생각하지만, 그보다 저는 아이들을 위해서 최악에 대비하려고 해요."[6] 배심원들이 일주일 간 숙고하는 동안 전역에 다양한 소문이 퍼졌고, 긴장감은 고조되었다.[7]

도심지역에 대한 교외지역 사람들의 과열된 두려움과 도심지역 사람들의 무관심 간의 대비는 언론 보도와 현실 사이의 괴리를 보여주는 듯했다.[8] 폭동이 다시 일어날 것이라고 야단법석이었던 언론에 대해 실직한 흑인 건설 노동자인 밀턴 말로리Milton Mallory는 "내가 아는 사람들 중 폭동이 발생할 것이라고 걱정하는 사람은 한국인과 기자뿐이다"라고 말했다.[9] 마이클 벤투라Michael Ventura는 다음과 같이 비꼬아서 언급했다. "당장 무슨 일이 터질 것 같은 코리아타운에 살고 있지 않다면, 잠재적 폭동의 공포가 와닿지 않을 것이라고 생각합니다. 언론은 이를 고려하고 있지 않는 듯 보입니다. 그저 모든 사람이 근심과 걱정에 빠지기를 바라고 있는 듯합니다."[10]

1993년의 평결 이후 폭동과 약탈 모두 일어나지 않았다. 해럴드 마이어슨Harold Meyerson은 "여러분 안심하세요. 결국 우리가 겪은 일은 폭동이 아니라, 로스앤젤레스가 전쟁 후에 잠시간 지녔던 응집력이 깨졌음을 보여준 피해망상에서 기인한 사건이었을 뿐입니다".[11] 다른 이들은 더 낙관적이었다. 로스앤젤레스 카운티 관리자 이본느 브레쓰웨이트 버크Yvonne Brathwaite Burke는 "전 세계 사람들은 이곳에 증오와 혼란이 가득할 것이라고 생각했지만, 실제로는 사랑과 평화가 가득했습니다"[12]라고 말했다. 시 공무원인 노마 존슨Norma Johnson은 "너무도 큰 긴장감이 감돌고 있었습니다. 이제 정의가 실현되었으니, 우리는 편히 잘 수 있을 것입니다"라고 언급했다.[13] 그러나 모든 이해 당사자들이 사건의 결론에 만족하지 않았다. 쿤의 변호사인 아이라 살즈만Ira M. Salzman은 "저는 그들을 위해 외쳤습니다. 이는 서커스가 아니라 정의입니다. 스테이시 쿤은 로스앤젤레스의 평화를 위한 희생 재물이 아닙니다"라고 역설했다.[14] 『이코노미스트』[15]는 "평결이 어떻든 간에, 공정한 재판의 원칙은 무너졌다"라고 평했다. 이와 대조적으로, 몇몇은 4명 모두가 유죄 판결을 받았어야 했다며 비판했다.

평결 이후의 로스앤젤레스의 지배적인 분위기는 안도, 추모, 그리고 재건이었다. 1992년 폭동의 일주년 맞아 로스앤젤레스 전역에 교회 예배나 촛불집회와 같은 사적 기념식이나 공식 집회가 개최되었다.[16] 21세기 미국에서 가장 큰 민간인 소요사태로 평가받기도 하는 1992년의 폭동은 아직까지도 논쟁의 중심에 있지만, 미국 역사의 일부를 차지하는 사건으로 기록되고 있다.

2차 미디어의 한국계 미국인 프레이밍

언론에서는 1993년의 평결 이전의 한국계 미국인들의 긴장상태를 중점적으로 보도했다. 그들은 또 다른 폭동을 대비하면서 공황상태에 빠진 듯이 보였다. 한국계 미국인들이 자신의 가게를 지키기 위해 총기류를 구입하는 모습이 언론에서 다뤄졌다. 『뉴욕타임스』는 "코리아타운의 마이크 김Mike Kim은 작년의 폭동을 겪고 난 후 어렵게 재건한 그의 편의점을 최근에 구입한 총으로 지켜낼 것이라고 스스로 다짐했다. 그는 '이번엔 피하지 않을 것입니다'라고 말했다"라고 보도했다.[17] 미디어 속의 한인들은 선동적이고 선정적인 발언을 하고 있었다. 형의 가게를 지키고 있던 한 한국계 미국인은 다음과 같이 말한 것으로 인용 보도되었다. "약탈자의 90%는 모두 깡패들과 사기꾼들이었습니다. 그들이 나의 형의 가게에 발을 들이기라도 했다면, 저는 주저 없이 그들에게 총을 쏴버렸을 것입니다."[18] 미디어에서는 코리아타운의 한국계 미국인을 무장한 민간 자경단 혹은 무례한 가게 주인의 이미지로 프레이밍했다.[19] 이와 함께, LA 폭동의 숨겨진 원인을 한-흑 갈등으로 제시하기도 했다.

한국계 미국인은 주류 언론에 의해 쉽게 프레이밍되고 있었다. 로스앤젤레스 한국계 미국인 지역사회의 주요 대변인으로 등장한 엔젤라 오는 미디어의 공세에 대해서 다음과 같이 반박했다. "미디어에서 다루는 것만 보면 이 한국인들이 통제 불능이고 아무 이유 없이 총기를 구입하고 있다고 생각할 수 있습니다. (…중략…) 하지만 분명 이유가 존재합니다. 그들은 한때 표적이 되었었고, 또 다시 표적이 될 수도 있다는 생각을 할 이유가 충분히 존재합니다."[20] 한편, 1993년 평결이 내려진 시기에 요세미티Yosemite로 여행을 떠난 한국계 미국인 찰스 김은 기자들에게 맞섰다. "당신은 내가 로드니 킹 사건 때문에 이곳을 떠난다고 말하기를 바라겠죠 (…중략…) 나는 그저 한국에서 온 손님들을 접대하는 것이고, 그들과 도시 밖으로 떠나고 싶었을 뿐입니다."[21]

많은 한국계 미국인들은 주류 언론에서 다루는 한국계 미국인의 이미지와 한-흑 갈등 프레임에 계속해서 저항했다. 앞서 우리가 논의했듯이, 한국계 미국인을 이해하는 데 있어서 이러한 언론의 프레이밍, 이데올로기, 정치·경제적 맥락을 함께 분석하지 않는다면, 그들에 대한 이해는 일차원적 단계에만 머물 것이다.

LA 폭동 이후

한국계 미국인들의 다양한 특성을 감안할 때, 1993년 4월 평결 전후의 상황에 대한 한국계 미국인의 반응은 다양하게 나타났다. 교외에 거주하여 직접적인 피해를 입지 않은 한국계 미국인들 중 일부는 LA 폭동을 마치 때때로 일어나는 자연재해처럼 기억했다. 폭동에 대한 그들의 대응방법은 이전보다 코리아타운에 적게 방문하는 것이었다.

그러나, 1992년의 LA 폭동은 한국계 미국인들에게 엄청난 영향을 미쳤다. 폭동으로 인해 피해를 입었거나 완전히 사업을 잃은 사람들과 같이 폭동으로 인한 커다란 상처를 감당하고 있는 이들은 아직도 피해에서 회복되지 못했다. 폭동 발발 10개월 후에 1,500명의 응답자를 대상으로 시행한 한인합동위원회Korean American Inter-Agency Council의 설문조사에 따르면, "한국계 미국인 피해자들의 약 75%가 아직도 폭동의 여파로부터 회복되지 않았다".[22] 28% 미만의 응답자들만이 영업을 재개할 수 있었다.[23] 또한, 폭동이 처음 일어났던 장소만이 연방 재난 지역으로 지정되었으며, 연방의 구호지원은 지체되었다.[24] 한편, 폭동으로 물질적인 피해만 발생한 것은 아니었다. 대부분의 폭동 피해자들은 1년이 지난 후에도 외상 후 스트레스 장애를 가지고 있었다. 외상 후 스트레스 장애를 겪고 있는 한 피해자는 폭동으로 인해 일시적 기억상실을 경험했다. 또한 그는 아프리카계 미국인과 라티노가 그를 공격하는 악몽에 시달렸다. 그의 악몽에서 아직 폭동은 끝나지 않은 듯 보였다.[25] 자본, 현대화, 사회 이동에 대한 이민자의 꿈은 1992년 LA 폭동의 불길과 함께 불에 타 사라졌다.

이 씨 가족의 사례는 비극적이기까지 하다. 6년 동안 운영한 그의 가게는 약탈을 당했고 불에 타 없어졌다. 지급된 구호비는 이듬해에 고갈된지 오래였고, 이 씨의 우울증에 걸린 남편은 우울, 악몽, 소화불량 그리고 심장 떨림과 싸워야 했고, 남편은, 그녀가 찾을 수 있었던 유일한 자리인, 한인 식당에서 종업원으로 일하게 되었다. 그녀는 일주일에 6일간, 하루에 오전 9:30부터 오후11시까지 일했고, 팁을 포함해서 한 달에 600달러를 벌었다.[26] 그녀는 "20년 동안 저는 저의 아메리칸 드림을 위해서 일했어요. (…중략…) 우리는 먹고 싶은 것을 참아가면서, 우리 돈을 안 써가면서 돈을 모았어요. 우리는 일요일에도 일을 했어요. 저는 불과 수 시간 만에 그렇게 살아오면서 모아온 모든 것을 잃게 되었어요"[27]라고 말했다. 이처럼, LA 폭동은 폭동의 피해로부터 시달린 한국계 미국인들의 삶에 긴 그림자를 드리울 것이다.[28]

한편 LA 폭동은 한인 2세들의 정계 진출에 큰 영향을 주었다. 한 30대 한국계 미국인은 다음과 같이 말했다. "폭동을 통해서 한인의 지도자가 부재하고, 이에 따라 정치세력이 부족했다는 것을 깨닫게 되었습니다. 한인 지역사회는 사춘기를 겪고 있습니다. 이는 성장통이며 우리는 안정을 되찾아야 합니다. 경제적 측면에서 폭동은 많은 손실을 가져왔지만, 정치적 측면에서 많은 변화를 가져왔기 때문에, 어쩌면 폭동은 우리의 변화를 위해 필요한 경험이었을지도 모르겠습니다." 폭동은 한국계 미국인의 의식과 정치적 변화에 큰 영향을 주었다. 예컨대, 그들의 초국가적인 공간에 대한 새로운 표현이 만들어졌고, 미국에서의 그들의 위치를 되찾기 위해서 노력했다. 이러한 변화가 어떤 결말을 맞이할 지는 앞으로 지켜봐야 할 것이다. 본질주의적 민족주의, 다민족 공조, 문화 보수주의, 노동 연대, 정치적 정적주의 등 다양한 모습이 나타날 수 있다. 변화된 한국계 미국인의 정치 구조는 해당 시대의 주요 이데올로기적 갈등의 모습을 변화시키기도 하였다. 이는 계속된 인종과 계급의 구분, 지역사회 도덕성의 의미, 다문화주의와 성별에 대한 갈등으로 나타났다.

많은 한국계 미국인들에게 LA 폭동이 준 근본적인 교훈은 그들의 근본을 한국에서 미국으로 옮겨야 한다는 것이었다. '한국계 한국인'에서 '한국계 미국인'으로의 전환은 세력의 세대 전이로만 볼 수 없다. 이는 고국과 끊을 수 없는 관계를 맺은 1세대 한인에서 미국에 확고한 기반을 둔 2세대 한인으로의 전환으로 한국과 미국의 관계를 새롭게 기술했다. 따라서 많은 한국계 미국인들은 미국 정치와 미디어에서 한국계 미국인들에 대한 묘사를 개선하고자 지역사회를 조직하려고 노력했다. 그러나 이러한 젊은 한국계 미국인들의 계획은 쉽게 성취되지 않았다. 한인 1세대의 잔재는 좀처럼 사라지지 않았다. 그들은 쉬지 않고 일했다. 게다가, 우리가 앞서 보았듯이, '한국계 미국인'은 획일적인 정체성이 아니다.

이와 관련해서, 폭동 도중과 그 직후의 정부의 외면과 언론의 왜곡된 보도는 한국계 미국인들에게 정치와 언론에서의 참여에 대한 분명한 메시지를 전달했다. 언론에서의 한국계 미국인들의 묘사가 개선되기를 바라는 이들은 미디어를 강력한 사회적, 정치적 행위자로 인식하고 주의를 기울였다. 전국적으로 전파되는 방송에서의 엔젤라 오의 등장은 지금까지 그녀와 같은 인물이 부재했다는 것과 언론 대표가 절실하게 필요함을 시사했다. 텔레비전 토크쇼에 출연했던 한 한국계 미국인은 자신을 포함한 단 세 명의 한국계 미국인들을 제외하고는 모두 아프리카계 미국인들이 있었던 상황에서 겁에 질려 아무 말도 하지 못했다. 이 남성은 "come long, work hard"라는 쉬운 영어 구절도 더듬거리면서 말하는 한인 1세대 이민자와 자신의 생각을 유창하고 강력하게 표현하는 아프리카계 미국인 운동가가 맞붙는 상황에서 측은하게 비춰지는 등의 한국계 미국인에 대한 이미지에 진절머리가 났다. 이러한 그는 〈나이트라인〉에서의 엔젤라 오의 등장에 고무되었다. 그는 그녀가 솔직하게 그녀의 메시지를 전달했다는 사실만으로도 전율을 느꼈다. "'할 말 있어요. 제 얘기를 들어보세요' 그녀가 그들에게 말했습니다."

다른 이들은 미국 정부의 폭동에 대한 대응을 보고, 한국계 미국인을 대변할 수 있는 정치적 대표가 필요하다고 절실하게 느꼈다. 폭동 직후 코리아타운 평화 집회에서 한 발표자는 경찰, 소방관, 게이츠 경찰서장에게 버림받은 한국계 미국인이 "정치적 행보를 시작해야 한다"고 말했다.

이것은 우리 지역사회의 정치의 시작입니다. 우리는 좋은 시민이었습니다. 우리는 경찰을 지지해왔습니다. 우리는 (로스앤젤레스 시장 톰) 브래들리에게 돈을 주었습니다. 우리는 무엇을 얻었습니까? 폭도들과 약탈자들이 우리 가게에 와서 도둑질하고 불을 지를 때, 경찰들은 어디에 있었습니까?

소방관은 어디에 있었습니까? 게이츠는 어디 있었나요? 만약 시의회에
한국인이 있었다면 이러한 일은 일어나지 않았을 것입니다.[29]

한 이민자는, 폭동과 차후에 미국 정부가 한국계 미국인들을 방치한
일을 통해서, 그녀가 "흑인들이 이 나라에서 겪고 있는 인종차별과 배
제"에 대해서 더 잘 이해하게 되었다고 말했다. 또 그녀는 다음과 같이
언급했다. "시의회에는 우리를 위한 한국인 대표가 없어요. 우린 어떻
게 해야 할까요, 그냥 그 자리에 나가면 될까요? 그럼요! 우리는 우리 아
이들이 의사나 변호사가 되는 것만 생각하지 아이들이 정계로 나가기
를 바라지 않아요. 왜냐하면 한국에서 정치는 하루하루가 불안하고 달
라져서 하루아침에 직장을 잃고 상황이 한 번에 나빠질 수 있기 때문이
죠." 이어서 그녀는 "가장 마음 아픈 것은 우리는 정부와 어떤 연결고
리도 없어서 그곳에 우리의 이야기를 전할 사람이 없다는 것이에요.
우리는 아무 말도 할 수 없어요"라고 말했다.

폭동 이후에 한국계 미국인의 정치 참여는 급증했다. 우리가 만난
몇몇 젊은 한국계 미국인들은 돈을 많이 벌 수 있는 직업을 포기하고
한국계 미국인 단체 대표, 시민 단체 자원봉사자, 혹은 지역사회 조직
의 지원과 같이 지역사회를 위해서 일하고자 했다. 이러한 개인적 노
력을 기반으로, 새로운 로스앤젤레스를 위한 아시아 태평양 미국인
Asian Pacific Americans for a New Los Angeles, 한인 합동위원회, 아시아 태평양 기
획위원회Asian Pacific Planning Council과 같은 새로운 단체들이 등장했다.[30]

그러나 언론 대응이나 정계 진출에 대한 노력이 한국계 미국인의
단합을 의미하지는 않는다. 앞서 우리는 한국계 미국인들이 정치적,

경제적, 그리고 이념적으로 다양하다는 것을 보았다. 일부 한국계 미국인 지도자들은 민족적·국가적 연대를 주장했지만, 한인 사회 내에는 여전히 계급 분열을 비롯한 다양한 분열의 조짐이 있었다. 한국계 미국인은 단일 민족이라는 전제로 인해, 빈민, 실업자, 노동 계급의 한국계 미국인에 대한 논의는 이루어지지 않았다. 1992년에 한국계 미국인 최초로 미국 의회에 선출된 제이 김Jay Kim은, 부유한 오렌지 카운티의 백인 유권자에 의해 선출된 공화당원이었다. 따라서 그는 실업했거나 노동계급의 한국계 미국인들에게 크게 관심을 가지지 않았다고 평가되기도 했다.

코리아타운의 미래와 로스앤젤레스 사우스 센트럴에서의 한인 사업의 재건은 모두 간단히 해결할 수 있는 문제가 아니었다. 코리아타운은 어떻게 될 것인가? 간판을 영어로 바꾸는 노력으로 코리아타운이 라티노를 위한 공간으로 탈바꿈될 것인가? 폭동 이후의 도심부의 경제 쇠퇴와 중상류층의 교외지역으로의 이동은 코리아타운의 종말을 재촉할 것인가? 코리아타운이 리틀 도쿄와 같은 상징적인 상업 중심지로 변모할 수 있을 것인가? 시간이 갈수록 대중의 기억에서 희미해지고 있는 피해자들과 다른 재해로 인해 발생한 새로운 피해자들은 어떻게 할 것인가? 한국계 미국인 폭동 피해자들의 일부는 한국으로 돌아가거나 백인 중심의 교외지역이나 타주로 떠났다. 남은 이들은 재건을 위해 노력하고, 국가와 정부를 상대로 싸웠다. 급성장하는 2세대 집단이 폭동 피해자들을 계속 대변할 수 있을 것인가? 폭동 후에 제기된 이러한 질문들은 디아스포라와 이데올로기 논쟁이라는 공적 담론의 지형을 구성하였다.

미국 이데올로기에 대한 평결

LA 폭동과 한국계 미국인에 대한 지배 담론의 기술은 모범 소수민족으로서의 한국계 미국인을 찬양하고 이들과 최하층계급 간의 갈등을 강조했다. 다른 이들은 아프리카계 미국인들을 부당하게 이용했다는 이유로 한인 상인들을 호되게 비난했다. 우리가 앞서 봤듯이, 그 어떤 의견도 한국계 미국인의 이야기의 복잡성이나 로스앤젤레스 한국계 미국인들의 다양성을 담아내지 못했다.

한국인의 이야기에 대한 우리의 해석은 아메리칸 드림의 환상에 이의를 제기한다. 인종차별과 같은 구조적인 제약을 부인하는 기업가 정신에 대한 보수주의적 찬양은 한국인들의 미국에서의 경험에 의해 반박된다. 기업과 정부가 가난한 도심지역을 방치하면서 한인들은 로스앤젤레스에 기반을 마련하고 사회 이동을 이루기 위해 노력하게 되었다. 인종 간 갈등의 사회·경제적 배경을 이해한다면 한-흑 갈등이 단순한 민족적 혹은 문화적 차이에서 기인하였다고 할 수 없을 것이다. 한국계 미국인이 도심지역의 탈산업화와 이에 대한 정부의 외면을 야기하지는 않았다. 한편, 사우스 센트럴의 아프리카계 미국인들은 자신들의 권리를 되찾기 위해 노력했지만, 로스앤젤레스로 몰려드는 다양한 인종들과 아프리카계 미국인 사이에서도 발생하는 계급 갈등이 그들의 노력을 무력하게 했다. 또한, 갱과 연관된 폭력 사건은 이러한 아프리카계 미국인들의 노력을 헛되게 만들었다. 이러한 일련의 상황들 속에서 아프리카계 미국인들은 한인 상인들을 희생양으로 삼게 된 것이다.

많은 사람들이 여전히 민족적·문화적 간극에 대해서 논하지만, 집단의 민족성과 문화를 일반화하는 것은 일부 문제를 재조명하기도 하지만 전체 맥락에서의 논점을 흐리게 하는 역할을 하기도 한다. 아프리카계 미국인들의 도심지역 이탈 추세나, 성공한 한국계 미국인들은 코리아타운을 떠난다는 사실은 민족적 연대가 쉽지 않다는 사실을 보여준다. 문제의 핵심은 계급 간 갈등과 차별에 있다. 계급 구분과 계층 이동에 대한 지향이 팽배한 사회에서 민족적 연대에 대한 요구는 극히 현실적이지 못한 생각이다.

블루 드림즈 I

로스앤젤레스를 샅샅이 관찰하던 데이비드 리프David Rieff는 불과 반 년 만에, 로스앤젤레스에 LA 폭동의 흔적이 거의 남지 않은 것에 매우 놀랐다. "LA 폭동은 엄청난 폭동이었지만, 사람들의 성공에 대한 갈망과 노력에 악영향을 크게 남기지는 않았던 것으로 보입니다."[31] 부유한 사람들이 교외로 떠났다는 점을 언급하면서 그는 다음과 같이 말을 이어나갔다. "만일 LA 폭동처럼 큰 폭동을 겪고도, 이에 대한 보도가 '머피 브라운' 부적절성 논란에 밀려 신문 1면에 실리지 못했다면, 폭동의 직접적인 피해자를 제외한 사람들은 폭동은 작은 소요에 불과했다고 과소평가했을 것이다."[32] 그는 다음과 같이 그의 논의를 마무리했다. "리옹Lyon에서 시애틀Seattle까지 많은 곳에서 제2의 LA 폭동이 발생할 것입니다. 동물들의 도살이나 가난한 사람들의 참담한 운명이 부르주아들에게 와 닿지 않는 것처럼, 미래에 발생할 수 있는 다른 폭동들은 새로운 세계질서의 작은 흠집 정도로 치부될 것입니다. 이 시대의 표어가 존재한다면 그것은 '눈에서 멀어지면 마음에서도 멀어진다'

일 것입니다."[33]

리빌드 LA^{Rebuild LA}는 미디어의 광범위한 관심을 끌었지만, 당시 로스앤젤레스가 직면한 위기를 여실하게 나타냈다. 1984년 LA 올림픽을 성공적으로 이끈 피터 위버로스^{Peter Uberroth}가 이끈 리빌드 LA는 기업과 정부와의 협력을 모색했다. 그러나 이는 로스앤젤레스 사우스센트럴의 경제적 성장보다 언론의 관심만을 이끌어냈고, 위버로스는 심한 비난을 받고 1993년 5월에 사임했다.[34] 한편, 도시 지역 재건을 위한 연방정부, 주정부 혹은 지방정부의 재정지원은 실현되지 않았다. 폭동의 구호자금으로 약속되었던 12억 달러의 절반만이 제공되었다.[35] 폭동이 발생하고 불과 1년이 지난 후 치뤄진 로스앤젤레스 시장 선거에서 아시아계 미국인 민주당원인 마이클 우^{Michael Woo}는 유럽계 미국인 공화당원인 리처드 리오단^{Richard Riordan}에게 치열한 접전 끝에 패배했다.[36] 시인 준 조단^{June Jordan}은 "근본적인 것은 아무것도 변하지 않았다"라고 언급했다.

미국의 현재와 미래에는 어두운 시나리오만이 펼쳐진 듯이 보인다. 앞서 4장에서 언급한 로스앤젤레스의 부유한 교외지역 거주민들과 가난한 도심지역 거주민들 간의 분리, 탈산업화와 도시 제조업 일자리 부족, 그리고 민족 집단 내에서와 모든 민족 집단을 초월하는 계급 양극화는 국가와 복지에 엄청난 피해를 입혔다. 빈곤한 지역의 비극은 여전히 모습을 드러내지 않았고, 그들의 울부짖음은 들리지 않았고, 오랜 침묵을 깬 폭발은 아주 잠시 동안 풍족한 삶을 누리는 이들의 관심을 받을 뿐이었다. 존 케네스 갤브레이스^{John Kenneth Galbraith}의 저서인 『만족의 문화^{culture of contentment}』에서 그는 이기심이 불평등과 가난을 정당화한다고 하였으며, 이로 인해 촉발된 사건의 대가를 치러서라도 개인들은 자신의 특권을 유지하려고 노력한다고 기술했다.[37] 이러한 맥락에서 아메리칸 드림은 선택받은 소수를 위한 꿈인 것처럼 보인다.[38] 랭스턴 휴즈Langston Hughes가 〈Same in Blues〉에서 이에 대해 격정적으로 노래했다. "혼돈을 야기한 책임은 지연된 꿈에 있다."[39]

많은 한국계 미국인들, 특히 약탈당한 상인들에게, LA 폭동은 미국과 아메리칸 드림에 대한 그들의 믿음을 산산조각냈다. 불과 며칠 만에 그들이 축적해 온 재산과 꿈이 사라졌다. 폭동의 불길 속에서 한국계 미국인의 희망은 불에 타 없어져 버렸다. 이는 마치 남부 캘리포니아에서의 호화스러운 삶에 대한 꿈이 처참하게 무너진 모습을 다룬 고전소설『메뚜기의 하루*The Day of the Locust*』의 결말이 현실화된 것 같았다.[40] 한국계 미국인 기업가들은 로스앤젤레스에서 태양을 즐기고 서핑하려고 온 것 아니다. 그들은 아메리칸 드림이 이뤄질 수 있도록 끊임없이 노력했다.[41] 그들이 얻은 부는 자본주의 도시 경제와 인종차별적 억압의 균열 사이에서 타버렸다. 아메리칸 드림을 향한 땀과 눈물로 채워진 길목의 끝에는 혼란과 파괴만이 자리했다.

블루 드림즈 II

만일 물질적 꿈과 비극이 현재 미국 경제와 이데올로기의 특징이라면, 무한한 낙관주의와 희망 역시 아메리칸 드림의 상당한 부분을 차지한다. 만일 이러한 꿈들이 환상에 불과하다면, 이 꿈들은 불가능한 것들을 가능하게 만드는 유토피아적 충동의 대가를 치른 것이기도 하다. 심연의 색인 파란색은 우울과 절망을 암시하기도 하지만 이와 동시에 파란 하늘의 영광과 햇살을 상징하는 색이며, 한국에서의 이미지처럼 꿈을 상징하기도 할 것이다.

자매애와 형제애에 대한 꿈은 텅 빈 이상이 아니라 실제적인 힘으로 작용했다. 구원의 가능성은 예상치 못한 장소들에서 놀라운 형태로 나타났다. 아프리카계 미국인 가스펠 가수인 파울라 벨라미 프랭클린Paula Bellamy-Franklin은 아프리카계 미국인-한국계 미국인 합동 예배에서 폭동의 기념일을 기리기 위해 한국어로 불려진 〈우리 승리 하리We Shall Overcome〉를 듣고 감동을 받았다. "모두들 너무 아름다웠어요. 우리는 모두 하나에요."[42] 물론, 이러한 감정은 새로운 것이 아니었다. 초기 한인 이민자로서의 미국에서의 삶이 빈곤과 차별로 얼룩진 메리 백 리는 미국의 불의에 대한 생각을 저버리지 않으면서도 앞으로의 밝은 미래에 대한 희망을 놓지 않았다. 그녀는 소수민족 간의 연대에서 희망을 찾았다. "우리의 흑인 친구들은 동양인들과 같은 상황에 있었습니다. 영어를 구사해도 더 나은 삶으로 나아가는 일은 쉽지 않았습니다. 멕시코인들은 이곳에 우리보다 먼저 왔지만, 그들 역시 절망적인 상태였습니다. 우리의 상호 간의 문제들로 인해, 모든 소수민족들은 서로에게 동정심을 가졌고, 유대감을 느꼈습니다. 우리는 서로 돕기 위해서 서로의 가게를 이용하고는 했습니다."[43] 그녀는 그녀의 노년기에 "저는 아주 편안한 마음으로 매주 교회에서 많은 흑인 신도들과 함께했습니다"라고 썼다.[44]

이러한 인간 연대에 대한 갈망은 민족 증오와 오해로 가득해 보이는 현실 속에서도 여전히 강력한 힘이 될 수 있다. 로스앤젤레스를 황폐하게 만든 민족주의, 자기민족중심주의, 그리고 인종차별주의를 모른

체하는 것은 어리석기 짝이 없는 일일 것이다.[45] 그러나 사람들의 동포애에 대한 갈망 역시 간과해서는 안 된다.

공동체에 대한 갈망은 단순히 과거로의 회귀나 결코 도래하지 않을 미래를 위한 것이 되어서는 안 된다. 로스앤젤레스는 마치 미국의 축소판인 것처럼 수많은 민족들이 살고있다. 이러한 로스앤젤레스에서 교외에 거주하는 유럽계 미국인들, 도심지역의 아프리카계 미국인 민족주의자들, 그리고 한국계 미국인 민족 순수주의자들이 자신들만의 지역을 형성하는 것은 무의미했다. 존 버거John Berger가 우리에게 상기시킨 것처럼, 모든 사건이 일어나기 전으로 돌아갈 수 없기 때문에, 연대의 필요성은 분명히 있다. 과거로 돌아갈 수 없다는 사실은 형제애와 연대에 대한 노력이 시급함을 말해준다.

참고문헌

안영효, 『할리우드 키드의 생애』, 민족과문학사, 1994.

이군식·김대동, 『땅』, 피봉출판사, 1991.

임권택, 『서편제』, 하늘, 1993.

장소현, 『꽁트 아메리카』, 책나무, 1990.

장태한, 『흑인—그들은 누구인가』, 한국경제신문사, 1993.

장투이, 『아메리카 꿈나라』, 명상, 1992.

Abelmann, Nancy, "The March First Movement : Nationalism and History", Paper presented at the American Anthropological Association meeting, Chicago, Ill : 1987.

_____, "The Practice and Politics of History : A South Korean Tenant Farmers' Movement", Ph.D. dissertation, Berkeley : University of California, 1990.

_____, "Transgressing Headlines : Reporting Race in the African American / Korean American Conflicts", Paper presented at the Association for Asian Studies meeting, New Orleans, La., 1991.

Against the Current, " ······ No Peace!", *Against the Current* 39, 1992.

Aguilar-San Juan, Karin ed., *The State of Asian America : Activism and Resistance in the 1990s*, Boston : South End Press, 1993.

Ahn, Choong Sik. "An Alternative Approach to the Racial Conflict between Korean Small Business Owners and the Black-American Community in the New York Area", In Kwak and Lee eds., *The Korean-American Community*, 1991.

Ahn, Junghyo, *White Badge : A Novel of Korea*, New York : Soho Press, 1989.

Alan-Williams, Gregory *A Gathering of Heroes : Reflections on Rage and Responsibility-A Memoir of the Los Angeles Riots,* Chicago : Academy Chicag, 1994.

Alarcon, Evelina, "The Los Angeles Rebellion", *Political Affairs* 71, 1992.

Alba, Richard, *Ethnic Identity : The Transformation of White America*, New Haven, Conn. : Yale University Pres., 1990.

Allis, Sam, "Kicking the Nerd Syndrome", *Time*, Mar.25.1991.

Amnesty International, *USA : Torture, Ill-Treatment and Excessive Force by Police in Los Angeles, CA*, Washington, D.C. : Amnesty Internationa, 1992.

Andersen, Kurt, "The New Ellis Island", *Time*, June.13.1983.

Andersen, Margaret L. · Patricia Hill Collins eds., *Race, Class, and Gender : An Anthology*, Belmont, Calif. : Wadsworth, 1992.

Anderson, Elijah, *A Place on the Corner*, Chicago : University of Chicago Pres., 1978.

_____, *Streetwise : Race, Class, and Change in an Urban Community*, Chicago : University of Chicago Press, 1990.

_____, "The Story of John Turner", *Public Interest* 108, 1992.

Anzaldúa, Gloria, "La conciencia de la mestiza : Towards a New Consciousness", In idem ed., *Making Face, Making Soul, Haciendo Caras : Creative and Critical Perspectives on Women of Color*, San Francisco : Aunt Lute Foundatio, 1990.

Appadurai, Arjun, "Disjuncture and Difference in the Global Cultural Economy", *Public Culture* 2, 1990.

_____, "Global Ethnoscapes : Notes and Queries for a Transnational Anthropology", In Richard G. Fox ed., *Recapturing Anthropology : Working in the Present*, Santa Fe, N.M. : School of American Research Press, 1991.

Arnold, Fred · Benjamin V. Cariño · James T. Fawcett · Insook Han Park, "Estimating the Immigration Multiplier : An Analysis of Recent Korean and Filipino Immigration to the United States", *International Migration Review* 23, 1989.

Asian American Policy Review, "An Interview with Angela Oh", *Asian American Policy Review* 3, 1993.

Asian Women United of California ed., *Making Waves : An Anthology of Writings by and about Asian American Women*, Boston : Beacon Pres., 1989.

Aubry, Larry, "Black-Korean American Relations : An Insider's Viewpoint", *Amerasia Journal* 19(2), 1993.

Aufderheide, Patricia ed., *Beyond PC : Toward a Politics of Understanding*, Minneapolis, Minn. : Graywolf Pres., 1992.

Auletta, Ken, *The Underclass*, New York : Random Hous, 1982.

Bailey, Eric · Dan Morain, "Anti-Immigration Bills Flood Legislature", *Los Angeles Times*, May.3.1993.

Banfield, Edward C., *The Unheavenly City Revisited*, Boston : Little, Brow, 1974.

Bang, Heeduk, "The Self-Help / Mutual Aid Component in Small Business within the Korean-American Community", Ph. D. dissertation, University of Pennsylvani, 1983.

Banham, Reyner, *Los Angeles : The Architecture of Four Ecologies*, Harmondsworth : Pengui, 1971.

Baritz, Loren, *The Good Life : The Meaning of Success for the American Middle Class*, New York : Alfred A. Knop, 1989.

Bark, Dong Suh, "The American-Educated Elite in Korean Society", In Koo · Suh eds., *Korea and the United States*, 1984.

Barkan, Elliott Robert, *Asian and Pacific Islander Migration to the United States : A Model of New Global Patterns*, Westport, Conn. : Greenwood Pres., 1992.

Barringer, Felicity, "Census Data Show More U.S. Children Living in Poverty", *New York Times,* May 29, 1992a.

―――――――, "Census Reveals a City of Displacement", *New York Times*, May.15.1992b.

―――――――, "*As* American as Apple Pie, Dim Sum or Burritos", *New York Times,* May.31.1992c.

Barringer, Herbert R. · Sung-Nam Cho, *Koreans in the United States : A Fact Book*, Honolulu : Center for Korean Studies, University of Hawai, 1989.

Barringer, Herbert R. · Robert W. Gardner · Michael Y. Levin, *Asians and Pacific Islanders in the United States*, New York : Russell Sage Foundatio, 1993.

Bechhofer, Frank · Brian Elliott, eds., *The Petite Bourgeoisie : Comparative Studies of the Uneasy Stratum*, New York : St. Martin', 1981.

Bechhofer, Frank · Brian Elliott, "Petty Property : The Survival of a Moral Economy", In Bechhofer · Elliott eds., *The Petite Bourgeoisie,* 1981.

Bellah, Robert et al., *Habits of the Heart : Individualism and Commitment in American Life*, Berkeley : University of California Pres., 1985.

Bello, Madge · Vincent Reyes, "Filipino Americans and the Marcos Overthrow : The Transformation of Political Consciousness", *Amerasia Journal* 13, 1986~1987.

Berger, John, *And Our Face, My Heart, Brief as Photos*, London : Readers and Writer, 1984.

Bernstein, Iver, *The New York City Draft Riots : The Significance for American Society and Politics in the Age of Civil War*, New York : Oxford University Pres., 1990.

Berry, Jeffrey M. · Kent E. Portney · Ken Thompson, "The Political Behavior of Poor

People", In Jencks · Peterson eds., *The Urban Underclass*, 1991.

Bertaux, Daniel · Isabelle Bertaux-Wiame, "Artisanal Bakery in France : How It Lives and Why It Survives", In Bechhofer · Elliott eds., *The Petite Bourgeoisie*, 1981.

Berthoff, Rowland, "Independence and Enterprise : Small Business in the American Dream", In Stuart W. Bruchey ed., *Small Business in American Life*, New York : Columbia University Pres., 1980.

Bielski, Vince · George Cochran, "The Emergency That Wasn't", In Hazen ed., *Inside the L. A. Riots*, 1992.

Blauner, Bob, *Black Lives, White Lives : Three Decades of Race Relations in America*, Berkeley : University of California Press, 1989.

Bluestone, Barry · Bennett Harrison, *The Deindustrialization of America : Plant Closings, Community Abandonment, and the Dismantling of Basic Industries*, New York : Basic Book, 1982.

Bonacich, Edna, "Asian Labor in the Development of California and Hawaii", In Cheng and Bonacich eds., *Labor Immigration under Capitalism*, 1984.

_____, "The Role of the Petite Bourgeoisie within Capitalism : A Response to Pyong Gap Min", *Amerasia Journal* 15, 1989.

Bonacich, Edna · Ivan H. Light · Charles Choy Wong, "Koreans in Business", *Society*, Sept.~Oct.,1977.

Bonacich, Edna · John Modell, *The Economic Basis of Ethnic Solidarity : Small Business in the Japanese American Community*, Berkeley : University of California Pres., 1980.

Boston, Thomas D., *Race, Class, and Conservativism*, Boston : Unwin Hyma, 1988.

Bottles, Scott L., *Los Angeles and the Automobile : The Making of the Modern City*, Berkeley : University of California Pres., 1987.

Bradley, Bill, "The Real Lesson of L. A.", *Harper's Magazine*, July.1992.

Braun, Denny, *The Rich Get Richer : The Rise of Income Inequality in the United States and the World*, Chicago : Nelson-Hal, 1991.

Brodsly, David, *L. A. Freeway : An Appreciative Essay*, Berkeley : University of California Pres., 1981.

Brown, Georgia, "Town without Pity", *Village Voice*, Mar.2,1993.

Buchanan, Patrick J., "The War for the Soul of America", *Human Events*, May.23, 1992.

Bunch, Lonnie G., Ill, "A Past Not Necessarily Prologue : The Afro-American in Los

Angeles since 1900", In Klein · Schiesl eds., *20th Century Los Angeles*, 1990.

Burstein, Paul, *Discrimination, Jobs, and Politics : The Struggle for Equal Employment Opportunity in the United States since the New Deal*, Chicago : University of Chicago Pres., 1985.

Buruma, Ian, "Playing for Keeps", *New York Review of Books*, Nov.10, 1988.

Camarillo, Albert, *Chicanos in a Changing Society : From Mexican Pueblos to American Barrios in Santa Barbara and Southern California, 1848 ~ 1930*, Cambridge, Mass. : Harvard University Pres., 1979.

Cannon, Lou, "A Different Story If Black Police Had Beaten a White", *Manchester Guardian Weekly*, May.10, 1992.

Carson, Tom, "Sophist's Choice : Cornel West's Intellectual Agitprop", *L. A. Weekly*, Apr.30~May.6, 1993.

Castells, Manuel, *The Informational City : Information Technology, Economic Restructuring, and the Urban-Regional Process*, Oxford : Blackwel, 1989.

Castuera, Ignacio ed., *Dreams in Fire, Embers of Hope : From the Pulpits of Los Angeles after the Riots*, St. Louis, Mo. : Chalice Pres., 1992.

Caughey, John · Lauren Caughey eds., *Los Angeles : Biography of a City*, Berkeley : University of California Pres., 1976.

Center for Korean Youth Culture(CKYC), "Let's Get to Know : Center for Korean Youth Culture", Korean Immigrant Workers Advocates of Southern California Opening Ceremony and Fundraising Dinner Event, Mar.21, 1992.

Cha, Marn, "An Ethnic Political Orientation as a Function of Assimilation : With Reference to Koreans in Los Angeles", *Journal of Korean Affairs* 5, 1975.

_____, "An Ethnic Political Orientation as a Function of Assimilation : With Reference to Koreans in Los Angeles", In H. C. Kim ed., *Korean Diaspora*, 1977.

Cha, Theresa Hak Kyung, *Dictee*, New York : Tanam Pres., 1982.

Chai, Alice, "Picture Brides : Feminist Analysis of Life Histories of Hawai'i's Early Immigrant Women from Japan, Okinawa, and Korea", In Donna Gabaccia ed., *Seeking Common Ground : Multidisciplinary Studies of Immigrant Women in the United States*. Westport, Conn. : Greenwood Pres., 1992.

Chan, Suchenga, *Asian Americans : An Interpretive History*, Boston : Twayn, 1991a.

Chan, Suchenga ed., *Entry Denied : Exclusion and the Chinese Community in America, 1882 ~ 1943*. Philadelphia : Temple University Pres., 1991b.

Chang, Edward T., "Korean Community Politics in Los Angeles : The Impact of the Kwangju Uprising", *Amerasia Journal* 14, 1988.

_____, "New Urban Crisis : Korean-Black Conflicts in Los Angeles", Ph. D. dissertation, University of California, Berkeley, 1990.

_____, "New Urban Crisis", In Hune, Kim · Fugita Ling eds., *Asian Americans*, 1991.

_____, "America's First Multiethnic 'Riots'", In Aguilar-San Juan ed., *The State of Asian America*, 1993b.

_____, "Jewish and Korean Merchants in African American Neighborhoods : A Comparative Perspective", *Amerasia Journal* 19(2), 1993c.

Chang, Jeff, "Race, Class, Conflict and Empowerment : On Ice Cube's Black Korea", *Amerasia Journal* 19(2), 1993.

Chang, Ryun, "Korean Churches in Los Angeles Metropolis in Relation to Present Status and Future Prospects", M. A. thesis, University of California, Los Angele, 1989.

Chang, Yunshik, "The Personalist Ethic and the Market in Korea", *Comparative Studies in Society and History* 33, 1991.

Charles, Roland · Toyomi Igus eds., *Life in a Day of Black L. A. : The Way We See It*, Los Angeles : Center for Afro-American Studies, University of California, Los Angele, 1993.

Chay, John, "The American Image of Korea to 1945", In Koo · Suh eds., *Korea and the United States*, 1984.

Chayanov, A. V., *The Theory of Peasant Economy*, Madison : University of Wisconsin Press, 1986.

Chen, Elsa Y., "Black-led Boycotts of Korean-owned Grocery Stores", B. A. thesis, Princeton University, 1991.

Cheng, Lucie · Edna Bonacich eds., *Labor Immigration under Capitalism : Asian Workers in the United States before World War II*, Berkeley : University of California Pres., 1984.

Cheng, Lucie · Yen Espiritu, "Korean Businesses in Black and Hispanic Neighborhoods : A Study of Intergroup Relations", *Sociological Perspectives* 32, 1989.

Chin, Frank, "Hello USA, This Is LA", In Hazen ed., *Inside the L. A. Riots*, 1992.

Cho, Hae-joang, "Children in the Examination War in South Korea", Yonsei University. Manuscrip, 1993.

Cho, Mindy, "Farewell America, Good-Bye Shattered Dreams", *Korea Times Weekly English Edition* 2(12), 1993.

Cho, Myung Hyun, "The New Student Movement in Korea : Emerging Patterns of Ideological Orientation in the 1980s", *Korea Observer* 20, 1989.

Cho, Soon Kyoung, "The Labor Process and Capital Mobility : The Limits of the New International Divison of Labor", *Politics and Society* 14, 1985.

Cho, Sumi K., "Korean Americans vs. African Americans : Conflict and Construction", In Gooding-Williams ed., *Reading Rodney King / Reading Urban Uprising*, 1993.

Choi, Keun-Hyuk, Tai-Hwan Kim · Chan-Rai Cho, "The Impact of Anti-Americanism on U.S.-Korea Relations", *Korea Observer* 22, 1991.

Choi, Kyung Soo, "The Assimilation of Korean Immigrants in the St. Louis Area", Ph. D. dissertation, Saint Louis Universit, 1982.

Choi, Sung-il, "Anti-Americanism in South Korea : From Kwangju to Reunification", *Korea Scope* 7, 1989.

Choldin, Harvey M., "Kinship Networks in the Migration Process", *International Migration Review* 7, 1973.

Chomsky, Noam, *Deterring Democracy*, London : Vers, 1991.

Choy, Bong-youn, *Koreans in America*, Chicago : Nelson-Hal, 1979.

Chu, Judy, "Social and Economic Profile of Asian Pacific American Women : Los Angeles County", In Okihiro, Hune · Hansen, Liu eds., *Reflections on Shattered Windows*, 1988.

Chun, Jinny, "The Ise and the Korean Independence Movement : Balancing between Social Reality and Social Goals", M. A. thesis, University of California, Los Angele, 1987.

Chung, Min, "Activists Send Telegram to White House", *Koream*, Feb.1993.

Chung, Tong Soo, "Koreans in Los Angeles : Immigration and Misperceptions", In Los Angeles County Human Relations Commission ed., *Rising Anti-Asian Bigotry*, 1983.

Church, George J., "The Fire This Time", *Time*, May.11, 1992.

_____, "Cries of Relief", *Time*, Apr.26, 1993.

Clark, Donald N., *Christianity in Modern Korea*, New York : Asia Societ, 1986.

_____, "Bitter Friendship : Understanding Anti-Americanism in South Korea", In idem ed., *Korea Briefing*, Boulder, Colo. : Westview Press,1991.

참고문헌

Clark, Donald N. ed., *The Kwangju Uprising*, Boulder, Colo. : Westview Pres., 1988.

Clark, Kenneth B., *Dark Ghetto : Dilemmas of Social Power*, New York : Harper & Ro, 1965.

Cleage, Pearl, *Deals with the Devil and Other Reasons* to *Riot*, New York : Ballantin, 1993.

Clifford, Frank · Penelope McMillan, "Most in L. A. Expect New Riots but Feel Safe",
　　Los Angeles Times, May.14, 1992.

Clifford, James, *The Predicament of Culture*, Cambridge, Mass. : Harvard University Pres.,
　　1988.

Cockburn, Alexander, "Beat the Devil : All in Their Family", *Nation,* July.24~31, 1989.

＿＿＿＿＿＿＿＿＿＿, "Ashes and Diamonds : The Voice of the Unheard", In *These*
　　Times, May.13~19, 1992a.

＿＿＿＿＿＿＿＿＿＿, "On the Rim of the Pacific Century", In Reid ed., *Sex, Death,and*
　　God in L. A., 1992b.

Cole, Benjamin Mark, "Making Things Happen", In Los Angeles Business Journal ed.,
　　Beyond the Ashes, 1992.

Colhoun, Jack, "The Family That Preys Together", *Covert Action Information Bulletin* 41,
　　1992.

Collins, Keith E., *Black Los Angeles : The Maturing of the Ghetto, 1940~1950*, Saratoga, Calif.
　　: Century Twenty One Publishin, 1980.

Commission on Theological Concerns of the Christian Conference on Asia, *Minjung*
　　Theology, London : Zed Press, 1981.

Coontz, Stephanie, *The Way We Never Were : American Families and the Nostalgia Trap*, New
　　York : Basic Book, 1992.

Cooper, Marc, "L. A.'s State of Siege", In Hazen ed., *Inside the L. A. Riots*, 1992.

Cose, Ellis, *A Nation of Strangers : Prejudice, Politics, and the Populating of America*, New York
　　: William Morro, 1992.

＿＿＿＿＿＿＿, *The Rage of a Privileged Class*, New York : HarperCollins, 1993.

Cumings, Brucea, *The Origins of the Korean War* 1 : *Liberation and the Emergence of Separate*
　　Regimes, Princeton, N.J. : Princeton University Pres., 1981.

＿＿＿＿＿＿＿＿＿, "Chinatown : Foreign Policy and Elite Realignment", In Thomas
　　Ferguson · Joel Rogers eds., *The Hidden Election : Politics and Economics in the* 1980
　　Presidential Campaign, New York : Pantheon, 1981b.

＿＿＿＿＿＿＿＿＿, *The Two Koreas*, Washington, D.C. : Foreign Policy Association, 1984.

_____, "Silent but Deadly : Sexual Subordination in the U.S.-Korean Relationship", In Sturdevant and Stoltzfus eds., *Let the Good Times Roll*, 1993.

Daniels, Roger, *The Politics of Prejudice : The Anti-Japanese Movement in California and the Struggle for Japanese Exclusion*, Berkeley : University of California Pres., 1962.

_____, *Asian America : Chinese and Japanese in the United States since 1850*, Seattle : University of Washington Press, 1988.

Darnton, Robert, "Reading a Riot", *New York Review of Books*, Oct.22, 1992.

Davis, F. James, *Who Is Black? One Nation's Definition*, University Park : Pennsylvania State University Pres., 1991.

Davis, George · Glegg Watson, *Black Life in Corporate America*, Garden City, N.Y. : Doubleda, 1982.

Davis, Mike, *City of Quartz : Excavating the Future in Los Angeles*, London : Vers, 1990.

_____, *L. A. Was Just the Beginning : Urban Revolt in the United States-A Thousand Points of Light*, Westfield, N.J. : Open Magazine Pamphlet Series, 1992a.

_____, "Chinatown, Revisited? The 'Internationalization' of Downtown Los Angeles", In Reid ed., *Sex, Death, and God in L. A.*, 1992b.

_____, "The Empty Quarter", In Reid ed., *Sex, Death, and God in L. A.*, 1992c.

_____, "The L. A. Inferno", *Socialist Review* 22(1), 1992d.

_____, "Fortress Los Angeles : The Militarization of Urban Space", In Sorkin ed., *Variations on a Theme Park*, 1992e.

_____, "Who Killed L. A.? A Political Autopsy", *New Left Review* 197, 1993a.

_____, "Who Killed Los Angeles? Part Two : The Verdict Is Given", *New Left Review* 199, 1993b.

Davis, Mike · Manning Marable · Fred Pfeil · Michael Sprinker eds., *The Year Left 2 : Toward a Rainbow Socialism-Essays on Race, Ethnicity, Class and Gender*, London : Vers, 1987.

Deeter, Midge, "How the Rioters Won", *Commentary*, July.1992.

Delaney, Paul, "An Optimist Despite the Evidence", *New York Times Book Review*, May.16, 1993.

DeMott, Benjamin, *The Imperial Middle : Why Americans Can't Think Straight about Class*, New York : William Morro, 1990.

DeParle, Jason, "1988 Welfare Act Is Falling Short, Researchers Say", *New York Times*,

Mar.30, 1992.

Derber, Charles, *Money, Murder, and the American Dream : Wilding from Wall Street* to *Main Street*, Boston : Faber and Fabe, 1992.

Didion, Joan, *After Henry*, New York : Simon and Schuste, 1992.

Doerner, William R., "To America with Skills", *Time*, July.8, 1985.

Dotson, John L. Jr., "The Pioneers", *Newsweek*, May.26, 1975.

DuBois, W. E. B., "The Souls of Black Folk", In Nathan Huggins ed., *W. E. B. DuBois : Writings*, New York : Library of America, 1986.

Dunne, John Gregory, "Law and Disorder in Los Angeles" 1~2, *New York Review of Books*, Oct.10~24, 1991.

Eckert, Carter, "The South Korean Bourgeoisie : A Class in Search of Hegemony", *Journal of Koran Studies* 7, 1990.

_____, *Offspring of Empire : The Koch'ang Kims and the Colonial Origins of Korean Capitalism, 1876~1945*, Seattle : University of Washington Press, 1991.

Eckert, Carter · Ki-baik Lee · Young Ick Lew, Michael Robinson · Edward W. Wagner, *Korea Old and New : A History*, Cambridge, Mass. : Korea Institute, Harvard Universit, 1990.

Economist, "America's Blacks : A World Apart", *Economist*, Mar.30, 1991.

_____, "Getting Along", *Economist*, May.9, 1992a.

_____, "Return of the Nativist", *Economist*, June.27, 1992b.

_____, "*A* Sip of Something Good", *Economist*, Oct.10, 1992c.

_____, "Justice in Los Angeles", *Economist*, Apr.17, 1993.

Edsall · Thomas Byrne · Mary D. Edsall, *Chain Reaction : The Impact of Race, Rights, and Taxes on American Politics*, New York : W. W. Norto, 1991.

Elkholy, Sharin · Ahmed Nassef, "Crips and Bloods Speak for Themselves", *Against the Current* 39, July~Aug.1992.

Ellis, David, "L. A. Lawless", *Time*, May.11, 1992.

Emshwiller, John R. · Sarah Lubman, "Shaken Faith : Small-Business Owners Say L. A. Is Murder, Even without Quakes", *Wall Street Journal,* Jan.20, 1994.

Enloe, Cynthia, *Bananas, Beaches, and Bases : Making Feminist Sense of International Politics*, Berkeley : University of California Press, 1990.

Espiritu, Yen Le, *Asian American Panethnicity : Bridging Institutions and Ideologies*, Philadelphia

: Temple University Pres., 1992.

Farley, Reynolds, "Residential Segregation of Social and Economic Groups among
Blacks, 1970~1980", In Jencks · Peterson eds., *The Urban Underclass*, 1991.

Fawcett, James T. · Benjamin V. Carino eds., *Pacific Bridges : The New Immigration from
Asia and the Pacific Islands*, New York : Center for Migration Studie, 1987.

Feagin, Joe R. · Harlan Hahn, *Ghetto Revolts : The Politics of Violence in American Cities*, New
York : Macmilla, 1973.

Ferguson, Thomas · Joel Rogers, *Right Turn : The Decline of the Democrats and the Future of
American Politics*, New York : Hill & Wan, 1986.

Fernández Kelly · M. Patricia, "International Development and Industrial Restructuring
: The Case of Garment and Electronics Industries in Southern California", In
Arthur MacEwan · William K. Tabb eds., *Instability and Change in the World Economy*,
New York : Monthly Review Pres., 1989.

Ferrell, David, "World Sees Lotus Land as Badlands", *Los Angeles Times,* Apr.29, 1993.

Fischer, Claude S., "Ambivalent Communities : How Americans Understand Their Localities",
In Wolfe ed., *America at Century's End,* 1991.

Fishman, Robert, *Bourgeois Utopias : The Rise and Fall of Suburbia*, New York : Basic Book,
1987.

Flanner, Hildegarde, *A Vanishing Land*, Portola Valley, Calif. : No Dead Line, 1980.

Fogelson, Robert, *The Fragmented Metropolis : Los Angeles, 1850~1930*, Cambridge, Mass.
: Harvard University Pres., 1967.

Fogelson, Robert ed., *The Los Angeles Riots*, New York : Arno Press, 1969.

Fong, Katharine, "Looking for Hope", In Hazen ed., *Inside the L. A. Riots*, 1992.

Franklin, Raymond S., *Shadows of Race and Class*, Minneapolis : University of Minnesota
Pres., 1991.

Frayn, Michael, *A Very Private Life*, New York : Vikin, 1968.

Frazier, E. Franklin, *The Negro Family in the United States*, Chicago : University of Chicago
Pres., 1939.

Fredrickson, George M., *The Black Image in the White Mind : The Debate on Afro-American
Character and Destiny, 1817~1914*, Middletown, Conn. : Wesleyan University Press,
1987.

Fruto, Richard Reyes, "L. A. Slauson Reaches Out through Ad", *Korea Times Weekly English*

Edition, June.3, 1992.

Fuchs, Lawrence H., "The Reactions of Black Americans to Immigration", In Yans-McLaughlin
ed., *Immigration Reconsidered*, 1990.

Fugita, Stephen S. · David J. O'Brien, *Japanese American Ethnicity : The Persistence of Community*, Seattle
: University of Washington Pres., 1991.

Gabler, Neal, *An Empire of Their Own : How the Jews Invented Hollywood*, New York : Crow,
1988.

Gader, June Rose, *L. A. Live : Profiles of a City*, New York : St. Martin's Pres., 1980.

Galbraith, John Kenneth, *The Culture of Contentment*, Boston : Houghton Miffli, 1992.

Gans, Herbert J., *Middle American Individualism : The Future of Liberal Democracy*, New York
: Free Pres., 1988.

_____, "Deconstructing the Underclass : The Term's Danger as a Planning
Concept", *Journal of the American Planning Association* 56, 1990.

Gates, Henry Louis Jr., "*Two* Nations ······ Both Black", In Gooding-Williams ed., *Reading
Rodney King / Reading Urban Uprising*, 1993.

Gayn, Mark, *Japan Diary*, Rutland, Vt. : Charles E. Tuttle Company, 1981.

Gee, Emma ed., *Counterpoint : Perspectives on Asian America*, Los Angeles : Asian American
Studies Center, University of California, Los Angele, 1976.

George, Lynell, *No Crystal Stair : African-Americans in the City of Angels*, London : Vers,
1992.

Georges, Kathi · Jennifer Joseph eds., *The Verdict Is In*, San Francisco : manic d Pres.,
1992.

Gerth, Jeff, "Clinton Satisfied by Jury's Decision", *New York Times*, Apr.18, 1993.

Gitlin, Todd, *The Whole World Is Watching : Mass Media in the Making and Unmaking of the
New Left*, Berkeley : University of California Pres., 1980.

Givens, Helen Lewis, "The Korean Community in Los Angeles County", M. A. thesis,
University of Southern California, 1939.

Glasgow, Douglas, *The Black Underclass : Poverty, Unemployment, and Entrapment of Ghetto
Youth*, San Francisco : Jossey-Bas., 1980.

Glazer, Nathan, *The Limits of Social Policy*, Cambridge, Mass. : Harvard University Pres.,
1988.

Glenn, Evelyn Nakano, "The Dialectics of Wage Work : Japanese-American Women and

Domestic Service, 1905~1940", In Cheng · Bonacich eds., *Labor Migration under Capitalism*, 1984.

Goldsmith, William W. · Edward J. Blakely, *Separate Society : Poverty and Inequality in U.S. Cities*, Philadelphia : Temple University Pres., 1992.

Gonzales, Paul, "Speaking Of : Foreign Students", *Los Angeles Times*, Jan.19, 1993.

Gooding-Williams, Robert ed., *Reading Rodney King / Reading Urban Uprising*, New York : Routledg, 1993.

Goodman, Walter, "Talking about the Riots That Tore Los Angeles", *New York Times*, Apr.27, 1993.

Gorov, Lynda · Tom Mashberg, "Peace in the Streets Source for Elation in an Anxious City", *Boston Globe*, Apr.18, 1993.

Gould, Mark, "The New Racism in the United States Society", In Paul Colomy ed., *The Dynamics of Social Systems*, London : Sag, 1992.

Graubard, Stephen R., *Mr. Bush's War : Adventures in the Politics of Illusion*, New York : Hill & Wan, 1992.

Greenhouse, Pat Photo, *Boston Globe*, Apr.18, 1993.

Gregor, Kyung Sook Cho, "Korean Immigrants in Gresham, Oregon : Community Life and Social Adjustment", M. A. thesis, University of Orego, 1963.

Gregory, James N., *American Exodus : The Dust Bowl Migration and Okie Culture in California*, New York : Oxford University Pres., 1989.

Grimond, John, "Somewhere Serious : Los Angeles-A Survey", *Economist*, Apr.3, special survey sectio, 1982.

Griswold del Castillo, Richard, *The Los Angeles Barrio, 1850~1890*, Berkeley : University of California Pres., 1979.

Gross, Jane, "Collapse of Inner-City Families Creates America's New Orphans", *New York Times*, Mar.29, 1992.

Gupta, Akhil · James Ferguson, "Beyond 'Culture' : Space, Identity, and the Politics of Difference", *Cultural Anthropology* 7, 1992.

Gutman, Herbert G., *The Black Family in Slavery and Freedom, 1750~1925*, New York : Pantheo, 1976.

Hacker, Andrew, *Two Nations : Black and White, Separate, Hostile, Unequal*, New York : Scribner', 1992.

Hahm, Pyong-choon, "The Korean Perception of the United States", In Koo · Suh eds., *Korea and the United States*, 1984.

Hall, Peter, *Cities of Tomorrow*, Oxford : Blackwel, 1988.

Hall, Stuart, "The Local and the Global : Globalization and Ethnicity", In King ed., *Culture, Globalization, and the World-System*, 1991.

Halliday, Jon · Bruce Cumings, *Korea : The Unknown War*, New York : Pantheo, 1988.

Hamilton, Cynthia, *Apartheid in an American City : The Case of the Black Community in Los Angeles*, Van Nuys, Calif. : Labor/Community Strategy Cente, 1992.

Hamilton, Denise, "Family Still Struggles a Year after Riots", *Los Angeles Times*, May.6, 1993.

Han, Sungjoo, "South Korea's Participation in the Vietnam Conflict : An Analysis of the U.S.-Korean Alliance", *Orbis* 21, 1978.

Harrison, Lawrence E., *Who Prospers? How Cultural Values Shape Economic and Political Success*, New York : Basic Book, 1992.

Hattori, Tamio, *Kankoku : Nettowāku to seiji bunka*[South Korea : Networks and Political Culture], Tokyo : Tokyo Daigaku Shuppankai, 1992.

Hattori, Tamio ed., *Kankoku no kōgyōka : hatten no kōzu*[Industrialization of South Korea : The Composition of Development], Tokyo : Ajia Keizai Kenkyush, 1987.

Hau, Jong-Chol, "Teaching of Korean at Home : A Family's Experience", In Kwak · Lee eds., *The Korean-American Community*, 1991.

Hayden, Dolores, *Redesigning the American Dream : The Future of Housing, Work, and Family Life*, New York : W. W. Norto, 1984.

Hazen, Don ed., *Inside the L. A. Riots*, New York : Institute for Alternative Journalis, 1992a.

_____, "Foreword", In Hazen ed., *Inside the L. A. Riots*, 1992b.

Heizer, Robert F. · Alan J. Almquist, *The Other Californians : Prejudice and Discrimination under Spain, Mexico, and the United States to 1920*, Berkeley : University of California Pres., 1971.

Hellman, Donald C., "The American Perception of Korea : 1945~1982", In Koo · Suh eds., *Korea and the United States*, 1984.

Henderson, Gregory, *Korea : The Politics of the Vortex*, Cambridge, Mass. : Harvard University Pres., 1968.

Henry, Charles P., *Culture and African American Politics*, Bloomington : Indiana University

Press, 1990.

_____, "Understanding the Underclass : The Role of Culture and Economic Progress", In J. Jennings ed., *Race, Politics, and Economic Development*, 1992.

Herman, Edward S. · Noam Chomsky, *Manufacturing Consent : The Political Economy of the Mass Media*, New York : Pantheo, 1988.

Hess, Darrel Eugene, "Korean Immigrant Entrepreneurs in the Los Angeles Garment Industry", M. A. thesis, UCLA, 1990.

Heterodoxy, Jun.1992.

Hicks, Joe, Antonio Villaraigosa · Angela Oh, "Los Angeles after the Explosion : Rebellion and Beyond", *Against the Current* 40, 1992.

Higham, John, *Strangers in the Land : Patterns of American Nativism*, New Brunswick, N.J. : Rutgers University Pres., 1955.

Hing, Bill Ong, *Making and Remaking Asian America through Immigration Policy, 1850~1851*, Stanford, Calif. : Stanford University Pres., 1993.

Hitchens, Christopher, "Minority Report", *Nation*, June.22, 1992.

Hoch, Charles, "City Limits : Municipal Boundary Formation and Class Segregation", In William K. Tabb · Larry Sawers eds., *Marxism and the Metropolis : New Perspectives in Urban Political Economy*(2nd ed), New York : Oxford University Pres., 1984.

Hochschild, Arlie, *The Second Shift : Working Parents and the Revolution at Home*, New York : Vikin, 1989.

Holley, David, "Koreatown Suffering Growing Pains", *Los Angeles Times*, Dec.8, 1985.

Hong, Doo-Seung, "Spatial Distribution of the Middle Classes in Seoul, 1975~1985", *Korean Journal of Population and Development* 21, 1992.

Hong, Lawrence K., "The Korean Family in Los Angeles", In E. Y. Yu, Phillips · Yang eds., *Koreans in Los Angeles*, 1982a.

_____, "Perception of Community Problems among Koreans in the Los Angeles Area", In E. Y. Yu, Phillips · Yang eds., *Koreans in Los Angeles*, 1982b.

Hong, Roy, "Korean Perspectives", *Against the Current*, July~Aug.1992.

Horowitz, David. "Givin' Good Riot", *Heterodoxy*, June.1992.

Houchins, Lee · Chang-Su Houchins, "The Korean Experience in America, 1903~1924", In Norris Hundley, Jr. ed., *The Asian American : The Historical Experience*. Santa Barbara, Calif. : Clio Book, 1976.

참고문헌

Hsia, Jayjia, *Asian Americans in Higher Education and at Work*, Hillsdale, N.j. : Lawrence Erlbaum Associate, 1988.

Hubler, Shawn, "South L. A.'s Poverty Rate Worse Than '65", *Los Angeles Times*, May.11, 1992.

Hughes, Langston, *Selected Poems of Langston Hughes*, New York : Vintage, 1959.

Hune, Shirley · Hyung-chan Kim, Stephen J. Fugita · Amy Ling eds., *Asian Americans : Comparative and Global Perspectives*, Pullman : Washington State University Pres., 1991.

Hunter, James Davison, *Culture Wars : The Struggle to Define America*, New York : Basic Book, 1991.

Hurh, Won Moo, "Marginal Children of War : An Explanatory Study of American-Korean Children", *International Journal of Sociology of the Family* 2, 1972.

_____, *Comparative Study of Korean Immigration in the United States : A Typological Approach*, San Francisco : R & E Associates, 1977.

_____, "The '1.5 Generation' : A Paragon of Korean-American Pluralism", *Korean Culture*, 1990.Spring.

Hurh, Won Moo · Hei Chu Kim · Kwang Chung Kim, *Assimilation Patterns of Immigrants in the United States : A Case Study of Korean Immigrants in the Chicago Area*, Washington, D.C. : University Press of America, 1979.

Hurh, Won Moo · Kwang Chung Kim, *Korean Immigrants in America : A Structural Analysis of Ethnic Confinement and Adhesive Adaptation*, Rutherford, N.J. : Fairleigh Dickinson University Pres., 1984.

_____, "The 'Success' Image of Asian Americans : Its Validity · Its Practical and Theoretical Implications, *Ethnic and Racial Studies* 12, 1989.

_____, "Adaptation Stages and Mental Health of Korean Male Immigrants in the United States", *International Migration Review* 24, 1990.

Hyun, David, "Rising Anti-Asian Bigotry", In Los Angeles County Human Relations Commission ed., *Rising Anti-Asian Bigotry*, 1983.

Immigration and Naturalization Service, *Statistical Yearbook of the Immigration and Naturalization Service*, Washington, D.C. : Immigration and Naturalization Servic, 1990.

Indiana, Gary, "Closing Time", *Village Voice*, Apr.20, 1993.

INS, *See*, Immigration and Naturalization Servic.

Irons, Peter, *Justice at War*, New York : Oxford University Press, 1983.

Jackson, Jesse, "Time to Invest in People", *Manchester Guardian Weekly*, May.10, 1992.

Jackson, Kenneth T., *Crabgrass Frontier : The Suburbanization of the United States*, New York
: Oxford University Pres., 1985.

Jacobs, Brian D., *Fractured Cities : Capitalism, Community, and Empowerment in Britain and
America*, London : Routledg, 1992.

Jacobs, Paul · Saul Landau, *To Serve the Devil* 1 : *Natives and Slaves*, New York : Vintag,
1971.

James, Daniel, "Bar the Door", *New York Times*, July.25, 1992.

Janelli, Roger L. · Dawnhee Yim Janelli, *Ancestor Worship and Korean Society*, Stanford, Calif.
: Stanford University Pres., 1982.

Jasso, Guillermina · Mark R. Rosenzweig, *The New Chosen People : Immigrants in the United
States*, New York : Russell Sage Foundatio, 1990.

Jencks, Christopher, "Is the American Underclass Growing?" In Jencks · Peterson eds.,
The Urban Underclass, 1991.

Jencks, Christopher · Paul E. Peterson eds., *The Urban Underclass*, Washington, D.C. :
Brooking, 1991.

Jennings, James, *The Politics of Black Empowerment : The Transformation of Black Activism in
Urban America*, Detroit : Wayne State University Pres., 1992a.

Jennings, James ed. *Race, Politics, and Economic Development : Community Perspectives*, London
: Vers, 1992b.

Jennings, Keith, "Understanding the Persisting Crisis of Black Youth Unemployment",
In Jennings ed., *Race, Politics, and Economic Development*, 1992.

Jewell, K. Sue, *Survival of the Black Family : The Institutional Impact of U.S. Social Policy*, New
York : Praege, 1988.

_____, *From Mammy to Miss America and Beyond : Cultural Images and the Shaping
of U.S. Social Policy*, London : Routledge, 1993.

Jo, Moon H., "*Korean* Merchants in the Black Community : Prejudice among the Victims
of Prejudice", *Ethnic and Racial Studies* 15, 1992.

Jo, Yung-Hwan, "Problems and Strategies of Participation in American Politics", In E.

참고문헌

Y. Yu, Phillips · Yang eds., *Koreans in Los Angeles*, 1982.

Johnson, Dirk, "Las Vegas's Hope Leaves Blacks Bitter", *New York Times*, May.25, 1992.

Johnson, Haynes, *Sleepwalking through History : America in the Reagan Years*, New York : W. W. Norto, 1991.

Johnson, James H · Walter C. Farrell Jr. · Maria-Rosario Jackson, "*Los* Angeles One Year Later : A Prospective Assessment of Responses to the 1992 Civil Unrest", *Economic Development Quarterly* 8, 1994.

Jones, Jacqueline, *The Dispossessed : America's Underclasses from the Civil War* to *the Present*, New York : Basic Book, 1992.

Jones, Mack, "The Black Underclass as Systemic Phenomenon", In Jennings ed., *Race, Politics, and Economic Development*, 1992.

Jordan, June, "*The* Light of the Fire", *Progressive*, June.1992.

_____, "*The* Truth of Rodney King", *Progressive*, June.1993.

Jordan, Winthrop D., *White over Black : American Attitudes toward the Negro, 1550~1812*, Chapel Hill : University of North Carolina Pres., 1968.

Kahng, Anthony, "What Are the Lessons of Los Angeles?", *IMADR Bulletin* 16, 1992.

Kahrl, William, *Water and Power : The Conflict over Los Angeles' Water Supply in the Owens Valley*, Berkeley : University of California Pres., 1982.

Kang, Hyeon-dew, "Changing Image of America in Korean Popular Literature : With an Analysis of Short Stories between 1945~1975", *Korea Journal* 19(3), 1976.

Kang, Miliann · Juliana J. Kim · Edward J. W. Park · Hae Won Park, *Bridge toward Unity*, Los Angeles : Korean Immigrant Workers Advocates of Southern Californi, 1993.

Kang, Younghill, *The Grass Roof*, New York : Charles Scribne, 1947.

Katz, Ephraim, *The Film Encyclopedia*, New York : Perigee Books, 1982.

Katz, Jesse, "*County's* Yearly Gang Death Toll Reaches 800", *Los Angeles Times*, Jan.19, 1993.

Katz, Michael B., *The Undeserving Poor : From the War on Poverty* to *the War on Welfare*, New York : Pantheo, 1989.

Katz, Michael B. ed., *The "Underclass" Debate : Views from History*, Princeton, N.J. : Princeton University Pres., 1993.

Kazin, Alfred, "*The* Art of 'Call It Sleep'", *New York Review of Books*, Oct.10, 1991.

Kelley, Robin D. G., "Straight from Underground", *Nation*, June.8, 1992.

Kendall, Laurel, *The Life and Hard Times of a Korean Shaman : Of Tales and the Telling of Tales*, Honolulu : University of Hawaii Pres., 1988.

Kerr, Peter, "Did Insurers Abandon the Inner City?", *New York Times*, May.31, 1992.

Kerstein, Max, "Rebuilding Anew", *KAGRO Newsletter* 3(5 · 6), 1992.

Kim, Bernice Bong Hee, "The Koreans in Hawaii", *Social Science* 9, 1934.

Kim, Bok-Lim C., "Asian Wives of U.S. Servicemen : Women in Shadows", *Amerasia Journal* 4, 1977.

―――――――――, *The Asian Americans : Changing Patterns, Changing Needs*, Montclair, N.J. : Association of Korean Christian Scholars in North America, 1978.

Kim, Chi Ha, *Cry of the People and Other Poems*, Hayama, Japan : Autumn Pres., 1974.

Kim, Choong Soon, *Faithful Endurance : An Ethnography of Korean Family Dispersal*, Tucson : University of Arizona Pres., 1988.

Kim, Chungmi, *Chungmi-Selected Poems*, Anaheim, Calif. : Korean Pioneer Pres., 1982.

―――――――――, "My Silent Rage", *High Performance*, 1992.Summer.

Kim, David D. · Jeff Yang, "Koreatown Abandoned", *Village Voice*, May.12, 1992.

Kim, David S., *Korean Small Businesses in the Olympic Area*, Los Angeles : School of Architecture and Urban Planning, University of California, Los Angele, 1975.

Kim, David S. · Charles Choy Wong, "Business Development in Koreatown, Los Angeles", In H. C. Kim ed., *The Korean Diaspora*, 1977.

Kim, Elaine H., *Asian American Literature : An Introduction to the Writings and Their Social Context*, Philadelphia : Temple University Pres., 1982.

―――――――――, "Defining Asian American Realities through Literature", *Cultural Critique* 6, 1987.

―――――――――, "War Story", In Asian Women United of California ed., *Making Waves*, 1989.

―――――――――, "Home Is Where the *Han* Is : A Korean-American Perspective on the Los Angeles Upheavals", In Gooding-Williams ed., *Reading Rodney King / Reading Urban Uprising*, 1993a.

―――――――――, "Creating a Third Space", *Bay Guardian,* Mar.10, 1993b.

―――――――――, "Between Black and White : An Interview with Bong Hwan Kim", In Aguilar-San Juan ed., *The State of Asian America*, 1993c.

Kim, Elaine H. · Janice Otani, *With Silk Wings : Asian American Women at Work*, San

Francisco : Asian Women United of Californi, 1983.

Kim, Eun Mee, "From Dominance to Symbiosis : State and *Chaebol* in Korea", *Pacific Focus* 3, 1988.

Kim, H. Andrew, "It Cuts Both Ways", *Korea Times Weekly English Edition*, June.22, 1992.

Kim, Hyung-chan, "Some Aspects of Social Demography of Korean Americans", *International Migration Review* 8, 1974.

Kim, Hyung-chan ed. *The Korean Diaspora : Historical and Sociological Studies of Korean Immigration and Assimilation in North America*, Santa Barbara, Calif. : ABC-Cli, 1977a.

_____, "Ethnic Enterprises among Korean Immigrants in America", In idem ed., *The Korean Diaspora*, 1977b.

Kim, Il soo, *New Urban Immigrant : The Korean Community in New York*, Princeton, N.J. : Princeton University Pres., 1981.

_____, "Korea and East Asia : Premigration Factors and U.S. Immigration Policy", In Fawcett · Carino eds., *Pacific Bridges*, 1987.

Kim, Kong-On · Kapson Lee · Tai-Yul Kim, *Korean Americans in Los Angeles : Their Concerns and Language Maintenance*, Los Alamitos, Calif. : National Center for Bilingual Researc, 1981.

Kim, Kwang Chung, "Ethnic Resources Utilization of Korean Immigrant Entrepreneurs in the Chicago Minority Area", *International Migration Review* 19, 1985.

Kim, Kwang Chung · Won Moo Hurh, "Korean Americans and the 'Success' Image : A Critique", *Amerasia Journal* 10, 1983.

_____, "Ethnic Resources Utilization of Korean Immigrant Entrepreneurs in the Chicago Minority Area", *International Migration Review* 19, 1985.

_____, "The Burden of Double Roles : Korean Wives in the USA", *Ethnic and Racial Studies* 11, 1988.

_____, "The Extended Conjugal Family : Family-Kinship System of Korean Immigrants in the United States", In Kwak · Lee eds., *The Korean-American Community*, 1991.

_____, "Beyond Assimilation and Pluralism : Syncretic Sociocultural Adaptation of Korean Immigrants in the U.S", *Ethnic and Racial Studies* 16, 1993.

Kim, Kwang Chung · Won Moo Hurh · Shin Kim, "Generation Differences in Korean Immigrants' Life Conditions in the United States", *Sociological Perspectives* 36, 1993.

Kim, Kwang Chung · Hei Chu Kim · Won Moo Hurh, "Division of Household Tasks in Korean Immigrant Families in the United States", *International Journal of Sociology of the Family* 9, 1979.

_____, "Job Information Deprivation in the United States : A Case Study of Korean Immigrants", *Ethnicity* 8, 1981.

Kim, Myung Mi, "Into Such Assembly", In Lim and Tsutakawa eds., *The Forbidden Stitch*, 1989.

Kim, Richard E., "O My Korea!" *Atlantic*, 1966.Feb.

Kim, Richard, et al., "Asian Immigrant Women Garment Workers in Los Angeles : A Preliminary Investigation", *Amerasia Journal* 18, 1992.

Kim, Ronyoung, *Clay Walls*, Seattle : University of Washington Pres., 1987.

Kim, Sally, "*The* New Generation", *Pacific Ties* 16(5), 1993.

Kim, Se Jin, "South Korea's Involvement in Vietnam and Its Economic and Political Impact", *Asian Survey* 10, 1970.

Kim, Seong-Kon, "On Native Grounds : Revolution and Renaissance in Art and Culture", In Chong-Sik Lee ed., *Korea Briefing*, Boulder, Colo. : Westview Pres., 1991.

Kim, Shin, "Conceptualization of Inter-Minority Group Conflict : Conflict between Korean Entrepreneurs and Black Local Residents", In Kwak · Lee eds., *The Korean-American Community*, 1991.

Kim, Warren Y., *Koreans in America*, Seoul : Po Chin Cha, 1971.

King, Anthony D. ed., *Culture, Globalization, and the World-System*, Binghamton, N.Y. : Department of Art and Art History, State University of New York at Binghamto, 1991.

Kinkead, Gwen, *Chinatown : A Portrait of a Closed Society*, New York : HarperCollin, 1992.

Kirschenman, Joleen · Kathryn M. Neckerman, "We'd Love to Hire Them, But ······ ' : The Meaning of Race for Employers", In Jencks · Peterson eds., *The Urban Underclass*, 1991.

Klein, Norman M., "The Sunshine Strategy : Buying and Selling the Fantasy of Los Angeles", In Klein · Schiesl eds., *20th Century Los Angeles*, 1990.

_____, "Open Season : A Report on the Los Angeles Uprising", *Social Text* 34, 1992.

Klein, Norman M. · Martin J. Schiesl eds., *20th Century Los Angeles : Power, Promotion, and Social Conflict*, Claremont, Calif. : Regin, 1990.

Kluegel, James R. · Eliot R. Smith *Beliefs about Inequality : Americans' Views of What Is and What Ought to Be*, New York : Aldine de Gruyte, 1986.

Kō, Chan Yu · Su Rī, *Amerika, Koriataun*, Tokyo : Shakai Hyōronsh, 1993.

Koo, Hagen, "The Political Economy of Income Distribution in South Korea : The Impact of the State's Industrialization Policies", *World Development* 12, 1984.

_____, "The Emerging Class Order and Social Conflict in South Korea", *Pacific Focus* 2, 1987.

Koo, Hagen · Doo-Seung Hong, "Class and Income Inequality in Korea", *American Sociological Review* 45, 1980.

Koo, Hagen · Eui-Young Yu, *Korean Immigration to the United States : Its emographic Pattern and Social Implications for Both Societies*, Honolulu, Hawaii : East-West Cente, 1981.

Koo, Youngnok, "The First Hundred Years and Beyond", In Koo · Suh eds., *Korea and the United States*, 1984.

Koo, Youngnok · Dae-Sook Suh eds., *Korea and the United States : A Century of Cooperation*, Honolulu : University of Hawaii Pres., 1984.

Korean American Inter-Agency Council(KAIAC), *KAIAC Press Packet*, Los Angeles : Korean American Inter-Agency Counci, 1993.

Korean American Research Center, *Mijutongp'o Sahoe Yŏn'guso ŭi sŏllip paegyŏng*[The Background of the Founding of the Korean American Research Center], Los Angeles : Korean American Research Cente, 1993.

Korean Immigrant Workers Advocates of Southern California Opening Cerernony and Fundraising Dinner Event(21 March), Los Angeles : Korean Immigrant Workers Advocates of Southern Californi, 1992.

Korea Times, "Letters to Ted Koppel", *Korea Times,* May.11, 1992.

Kotkin, Joel, *Tribes : How Race, Religion, and Identity Determine Success in the New Global Economy*, New York : Random Hous, 1992.

Kotkin, Joel · Paul Grabowicz, *California, Inc*, New York : Rawson, Wad, 1982.

Kwak, Tae-Hwan · Seong Hyong Lee eds., *The Korean-American Community : Present and*

Future, Seoul : Kyungnam University Pres., 1991.

Kwoh, Stewart · Angela E. Oh · Bong Hwan Kim, "Don't Let Up Now That Verdicts Are In", *Los Angeles Times*, May.3, 1993.

Kwon, Peter, "Report on the Needs of Korean Community and Churches in the United States", Paper presented at the meeting of the Asian American Presbyterian Caucus in Southern California, Los Angele, 1972.

Kwong, Dan, "New Season", *High Performance,* Summer, 1992.

Kwong, Peter, *Chinatown, New York : Labor and Politics, 1930 ~ 1950*, New York : Monthly Review Pres., 1979.

―――――――, *The New Chinatown*, New York : Hill & Wang, 1987.

―――――――, "The First Multicultural Riots", In Hazen ed., *Inside the L. A. Riots*, 1992.

Lacey, Mark, "Last Call for Liquor Outlets", *Los Angeles Times*, Dec.14, 1992.

La Ganga, Maria L., "Once-Booming Koreatown Goes Downhill", *Los Angeles Times*, Aug.15, 1982.

Lamott, Kenneth *Anti-California : Report from Our First Parafascist State*, Boston : Little, Brow, 1971.

Lang, Curtis, "Legal Looting", *Village Voice*, May.19, 1992.

Lapham, Lewis, "Notebook : City Lights", *Harper's Magazine*, 1992.July.

Larson, James F., "Quiet Diplomacy in a Television Era : The Media and U.S. Policy toward the Republic of Korea", *Political Communication and Persuasion* 7, 1990.

L. A. Weekly, "Riot Chronology", In Hazen ed., *Inside the L. A. Riots*, 1992.

Lee, Chantel, "Causes of Riots Remain Constant", *Daily Bruin News*, Apr.29, 1993.

Lee, Daniel Booduck, "Marital Adjustment between Korean Women and American Servicemen", *Korea Observer* 20, 1989.

Lee, Don, "'We're Walking on a Blade's Edge'", *Los Angeles Times*, May.13, 1992a.

―――――, "I Felt Sad and Angry That We'd Come to This", *Los Angeles Times*, May.13, 1992b.

Lee, Don Chang, "Intermarriage and Spouse Abuse : Korean Wife-American Husband", *Korea Observer* 21, 1990.

Lee, Dong Ok, "Commodification of Ethnicity : The Sociospatial Reproduction of Immigrant Entrepreneurs", *Urban Affairs Quarterly* 28, 1992.

Lee, Eun-Ho · Hyung-chan Kim · Yong Joon Yim, "Korea in American Kaleidoscope

: What Americans Think of Her", *Korea Observer* 22, 1991.

Lee, Hwa Soo[Yi, Hwa-su], "Hanin tanch'e ŭi t'ŭkchil kwa lidŏswip munje"[The Special Characteristics and the Leadership Problem of Korean Organizations], In Han'gukhak Yŏn'guhoe ed., *Miguk an iii Hanin k'ŏmyunit'i*[The Korean Community in the United States], Los Angeles : Korean Pioneer Press, 1978.

_____, "Korean-American Voluntary Associations in Los Angeles : Some Aspects of Structure, Function, and Leadership", In E. Y. Yu, Phillips · Yang eds., *Koreans in Los Angeles*, 1982.

Lee, Jin-Won, "The Ethnic Enclave as a 'Place' : A Case Study of Koreantown of Los Angeles", M. A. thesis, University of California, Berkele, 1986.

Lee, Joan Faung Jean, *Asian Americans*, New York : New Press, 1992.

Lee, John H., "Looking at a Ravaged Koreatown ……" In Los Angeles Times, *Understanding the Riots*, 1992.

_____, "Stuck in the Middle", *L. A. Weekly*, Apr.29, 1993.

Lee, John Kyhan, "The Notion of 'Self' in Korean-American Literature : A Sociohistorical Perspective", Ph. D. dissertation, University of Connecticu, 1990.

Lee, John Y., *A Study on Financial Structure and Operating Problems of Korean Small Businesses in Los Angeles*, Los Angeles : Mid-Wilshire Community Research Cente, 1983.

Lee, Kapson Yim, "Civil Rights Commission Hears Community Criticism of Media", *Korea Times Weekly English Edition*, May.18, 1992.

_____, "Hate Crimes Propelled by Media", *Korea Times Weekly English Edition*, Mar.31, 1993.

Lee, Kyung, "Settlement Patterns of Los Angeles Koreans", M. A. thesis, University of California, Los Angele, 1969.

Lee, Marie G., *Finding My Voice*, Boston : Houghton Miffli, 1992.

Lee, Mary Paik, *Quiet Odyssey : A Pioneer Korean Woman in America* Sucheng Chan ed., Seattle : University of Washington Pres., 1990.

Lee, Seong Hyong, "The Role of Korean Language Newspapers in the Korean-American Community", In Lee · Kwak eds., *Koreans in America*, 1988.

Lee, Seong Hyong · Tae-Hwan Kwak eds., *Koreans in America : New Perspectives*, Seoul : Kyungnam University Pres., 1988.

Lee, Sharon M., "Racial Classification in the U.S. Census, 1890~1990", *Ethnic and Racial*

Studies 16, 1993.

Leibowitz, Ed., "The Color of Justice", *L. A. Weekly*, Apr.23~29, 1993.

Leong, Russell C., "Asians in the Americas : Interpreting the Diaspora Experience", *Amerasia Journal* 15, 1989.

Levine, Lawrence, *Black Culture and Black Consciousness : African-American Folkthought from Slavery to Freedom*, New York : Oxford University Pres., 1977.

Lew, Walter, "Black Korea", In Jessica Hagedorn ed., *Charlie Chan Is Dead*, New York : Pengui, 1993.

Lewis, Oscar, *La Vida : A Puerto Rican Family in the Culture of Poverty-San Juan and New York*, New York : Random Hous, 1966.

_____, *A Study of Slum Culture : Backgrounds for "La Vida"*, New York : Random House, 1968

Lie, John, "The Political Economy of South Korean Development", *International Sociology* 7, 1992a.

_____, "The State as Pimp", Paper presented at the meeting of the American Sociological Association, Pittsburgh, Pa., 1992b.

Lieberman, Paul, "Latinos Lead in Riot Arrests, Study Says", *Los Angeles Times*, June.18, 1992.

Lieberman, Paul · Richard O'Reilly, "Most Looters Endured Lives of Crime, Poverty", *Los Angeles Times*, May.2, 1993.

Lieberson, Stanley, *A Piece of the Pie : Blacks and White Immigrants since 1880*, Berkeley : University of California Pres., 1980.

Light, Ivan, *Ethnic Enterprise in America*, Berkeley : University of California Pres., 1972.

_____, "Los Angeles", In Mattei Dogan and John Kasarda eds., *TheMetropolis Era : Mega-Cities*. Newbury Park, Calif. : Sag, 2, 1988.

Light, Ivan · Edna Bonacich, *Immigrant Entrepreneurs : Koreans in Los Angeles, 1965~1982*, Berkeley : University of California Pres., 1988.

Light, Ivan · Im Jung Kwuon · Deng Zhong, "Korean Rotating Credit Associations in Los Angeles", *Amerasia Journal* 16, 1990.

Light, Ivan · Georges Sabagh, Mehdi Bozorgmehr · Claudia DerMartirosian, "Internal Ethnicity in the Ethnic Economy", *Ethnic and Racial Studies* 16, 1993.

Lillard, Richard G., *Eden in Jeopardy : Man's Prodigal Meddling with His Environment : The*

Southern California Experience, New York : Alfred A. Knop, 1966.

Lim, Hy-sop, "*A* Study of Korean-American Cultural Relations, With Emphasis on Koreans' Perception of American Culture", *Korea Journal* 1978.June.

Lim, Kyung Kyu, "Los Angeles 'Urban Unrest' : A Progressive Korean Perspective", *Korea Report*, 1992.Summer.

Lim, Shirley Geok-lin · Mayumi Tsutakawa eds., *The Forbidden Stitch : An Asian American Women's Anthology*, Corvallis, Oreg. : Calyx Book, 1989.

Lipset, Seymour Martin, *The First New Nation : The United States in Historical and Comparative Perspective*, New York : W. W. Norton, 1979.

Lo, Clarence Y. H., *Small Property versus Big Government*, Berkeley : University of California Pres., 1990.

Logan, Andy, "Around City Hall : Two Cities", *New Yorker,* June.8, 1992.

Logan, John R. · Harvey L. Molotch, *Urban Fortunes : The Political Economy of Place*, Berkeley : University of California Pres., 1987.

Los Angeles Business Journal ed., *Beyond the Ashes*, Los Angeles : Los Angeles Business Journal, 1992.

Los Angeles County Human Relations Commission ed., *Rising Anti-Asian Bigotry : Manifestations, Sources, Solutions*, Los Angeles : Los Angeles County Human Relations Commission, 1983.

Los Angeles Times, "A Market Looking for Legitimate Businesses", *Los Angeles Times*, Nov.29, 1991.

_____, *Understanding the Riots : Los Angeles before and after the Rodney King Case*, Los Angeles : Los Angeles Times, 1992a.

_____, "*An* End to the Self-Destruction", *Manchester Guardian Weekly*, May.10, 1992b.

_____, "Understanding the Riots" 1~5, *Los Angeles Times*, May.11~16, 1992c.

_____, "Globalization of Los Angeles : The First Multiethnic Riots", *Los Angeles Times*, May.10, 1992d.

_____, "Hopefuls : Many Seek to Be Mayor", *Los Angeles Times*, Jan.23, 1993a.

_____, "Race Relations in L. A. : Attitudes toward Asian Americans",

Crosscurrents 16(2), 1993b.

Lotchin, Roger W., *Fortress California 1910~1961 : From Warfare to Welfare*, New York : Oxford University Pres., 1992.

Lowe, Lisa, "Heterogeneity, Hybridity, Multiplicity : Marking Asian American Differences", *Diaspora* 1, 1991.

Lyman, Princeton N., "Korea's Involvement in Vietnam", *Orbis* 12, 1968.

Lyu, Kingsley K., "Korean Nationalist Activities in Hawaii and America, 1901~1945", In Gee ed., *Counterpoint*, 1976.

Madhubuti, Haki R. ed., *Why L. A. Happened : Implications of the '92 Los Angeles Rebellion*, Chicago : Third W orld Pres., 1993.

Mangiafico, Luciano, *Contemporary American Immigrants : Patterns of Filipino, Korean, and Chinese Settlement in the United States*, New York : Praege, 1988.

Marable, Manning, *How Capitalism Underdeveloped Black America*, Boston : South End Pres., 1983.

_____, *Black American Politics : From the Washington Marches to Jesse Jackson*, London : Verso, 1985.

_____, "The Contradictory Contours of Black Political Culture", In Davis, Marable, Pfeil · Sprinker eds., *The Year Left* 2, 1987.

_____, "Multicultural Democracy : Toward a New Strategy for Progressive Activism", *Z Magazine*, 1991.Nov.

Marmor, Theodore R. · Jerry L. Mashaw · Philip L. Harvey, *America's Misunderstood Welfare State : Persistent Myths, Enduring Realities*, New York : Basic Book, 1990.

Marriott, Michael, "Fire of Anguish and Rage as Random Violence Spreads across Los Angeles", *New York Times*, May.1, 1992.

Martin, Douglas, "Seeking New Ties and Clout, Korean Grocers Join Voices", *New York Times*, Mar.22, 1993.

Martin, Tony, "From Slavery to Rodney King : Continuity and Change", In Madhubuti ed., *Why L. A. Happened*, 1993.

Martínez, Ruben, *The Other Side : Fault Lines, Guerilla Saints, and the True Heart of Rock In' Roll*, London : Vers, 1992.

_____, "Muchachos in the Hood", *L. A. Weekly*, Apr.29, 1993.

Mashberg, Tom · Lynda Gorov., "L. A. Mood : Training Hard, Buying Guns", Boston

Globe, Apr.11, 1993a.

_____, "After Seven Days, L. A. Calls It a Night", *Boston Globe*, Apr.19, 1993b.

Massey, Douglas S. · Nancy A. Denton, *American Apartheid : Segregation and the Making of the Underclass*, Cambridge, Mass. : Harvard University Pres., 1993.

Mattera, Philip, *Prosperity Lost : How a Decade of Greed Has Eroded Our Standard of Living and Endangered Our Children's Future*, Reading, Mass. : Addison-Wesley, 1990.

Matzek, Virginia, "Neighbors in the 'Hood", *California Monthly*, 1993.Nov.

Mazón, Mauricio, *The Zoot-Suit Riots : The Psychology of Symbolic Annihilation*, Austin : University of Texas Pres., 1984.

McClain, Leanita, "The Middle-Class Black's Burden", In Andersen and Collins eds., *Race, Class, and Gender*, 1992.

McKibbin, Ross, *The Ideologies of Class : Social Relations in Britain, 1880~1950*, Oxford : Clarendon Pres., 1990.

McMillan, Penelope, "Making a Grateful Pay-Back", *Los Angeles Times*, July.11, 1992a.

_____, "Merchants Find Political Quest for Riot Relief Frustrating", *Los Angeles Times*, June.30, 1992b.

_____, "Korean American Protesters Pelted from City Hall Windows", *Los Angeles Times*, July.8, 1992c.

_____, "Task Force on Liquor Stores Is Unveiled", *Los Angeles Times*, June.30, 1992d.

McNelis-Ahern, Margaret, "Agenda for Action", In Los Angeles Business Journal ed., *Beyond the Ashes*, 1992.

McPhail, Clark, *The Myth of the Madding Crowd*, New York : Aldine de Gruyte, 1991.

McWilliams, Carey, *Prejudice : Iapanese-Americans-Symbol of Racial Intolerance*, Boston : Little, Brow, 1944.

_____, *California : The Great Exception*, New York : A. A. Wyn, 1949.

_____, *Southern California : An Island on the Land*, Salt Lake City, Utah : Peregrine Smith, 1973.

_____, *North from Mexico : The Spanish-Speaking People of the United States*, New York : Praeger, 1990.

Melendy, H. Brett, *Asians in America : Filipinos, Koreans, and East Indians*, Boston : Twayn,

1977.

Meyerson, Harold, "Casualties of the Los Angeles Riot", In *These Times*, May.13~19, 1992.

_____, "Fear Takes the Primary", *L. A. Weekly*, Apr.29, 1993a..

_____, "The Death of Urban Liberalism?", In *These Times*, June.28, 1993b.

Miles, Jack, "Blacks vs. Browns", *Atlantic*, 1992.Oct.

Miller, Gary J., *Cities by Contract : The Politics of Municipal Incorporation*, Cambridge, Mass. : M.I.T. Pres., 1981.

Millican, Anthony, "Presence of Koreans Reshaping the Region", *Los Angeles Times*, Feb.2, 1992.

Min, Katherine, "K-Boy and 2 Bad", *Triquarterly* 89, 1994.

Min, Pyong Gap, "From White-Collar Occupations to Small Business : Korean Immigrants' Occupational Adjustment", *Sociological Quarterly* 25, 1984a.

_____, "A Structural Analysis of Korean Business in the United States", *Ethnic Groups* 6, 1984b.

_____, "Filipino and Korean Immigrants in Small Business : A Comparative Analysis", *Amerasia Journal* 13, 1986~1987.

_____, *Ethnic Business Enterprise : Korean Small Business in Atlanta*, New York : Center for Migration Studies, 1988a.

_____, "Korean Immigrant Entrepreneurship : A Comprehensive Explanation", In Lee · Kwak eds., *Koreans in America*, 1988b.

_____, "The Social Costs of Immigrant Entrepreneurship : A Response to Edna Bonacich", *Amerasia Journal* 15, 1989.

_____, "Problems of Korean Immigrant Entrepreneurs", *International Migration Review* 24, 1990a.

_____, "The Role of a Social Scientist in Social Change : A Responseto Edna Bonacich", *Amerasia Journal* 16, 1990b.

_____, "Cultural and Economic Boundaries of Korean Ethnicity : A Comparative Analysis", *Ethnic and Racial Studies* 14, 1991a.

_____, "Korean Immigrants' Small Business Activities and Korean-Black Interracial Conflicts", In Kwak and Lee eds., *The Korean-American Community*, 1991b.

_____, "The Structure and Social Functions of Korean Immigrant Churches in the U.S", *International Migration Review* 26, 1992.

Miranda, Gloria E., "The Mexican Immigrant Family : Economic and Cultural Survival in Los Angeles, 1900~1945", In Klein · Schiesl eds., *20th Century Los Angeles*, 1990.

Modell, John, *The Economics and Politics of Racial Accommodation : The Japanese of Los Angeles, 1900~1942*, Urbana : University of Illinois Pres., 1977.

Moffat, Susan, "Splintered Society : U.S. Asians", *Los Angeles Times*, July.13, 1992.

_____, "Both Sides of the Fence", *Los Angeles Times*, Jan.25, 1993.

Moon, Daniel Y., "Ministering to 'Korean Wives' of Servicemen", In Sunoo · Kim eds., *Korean Women in a Struggle for Humanization*, 1978.

Moon, Hyung June, "The Korean Immigrants in America : The Quest for Identity in the Formative Years, 1903~1918", Ph. D. dissertation, University of Nevada at Ren, 1976.

Morgan, Edward, *American Slavery, American Freedom : The Ordeal of Colonial Virginia*, New York : W. W. Norto, 1975.

Morris, Robert · Michael Harrelson, "A New Civil Rights Militancy", In Hazen ed., *Inside the L. A. Riots*, 1992.

Morrison, Patt, "Symbol of Pain Survives Flames", *Los Angeles Times*, May.7, 1992.

Morrison, Toni, *The Bluest Eye*, New York : Holt Rinehart & Winsto, 1970.

_____, *Playing in the Dark : Whiteness and the Literary Imagination*, Cambridge, Mass. : Harvard University Press, 1992.

Morrow, Lance, "Essay : Video Warriors in Los Angeles", *Time*, May.11, 1992.

Moynihan, Daniel Patrick, *The Negro Family : The Case for National Action*, Westport, Conn. : Greenwood Press, 1981.

Mumford, Lewis, *The City in History : Its Origins, Its Transformations, and Its Prospects*, New York : Harcourt Brace & Worl, 1961.

Munoz, Carlos Jr., "Chicano Politics : The Current Conjuncture", In Davis, Marable · Pfeil, Sprinker eds., *The Year Left* 2, 1987.

Mura, David, "Strangers in the Village", In Andersen · Collins eds., *Race, Class, and Gender*, 1992.

Murchison, William, "We Are Searching for Irrelevant Solutions", *Human Events,* May.23, 1992.

Murray, Charles, *Losing Ground : American Social Policy 1950~1980*, New York : Basic Book, 1984.

_____, "Causes, Root Causes, and Cures", *National Review*, June.8, 1992a.

_____, "The Legacy of the 60's", *Commentary*, July, 1992b.

_____, "The Reality of Black America", *Times Literary Supplement*, May.22, 1992c.,

Muwakkil, Salim, "Fight the Powerless", *In These Times*, Oct.4, 1993.

Mydans, Seth, "The Young Face of Inner City Unemployment", *New York Times*, Mar.22, 1992a.

_____, "Los Angeles Policemen Acquitted in Taped Beating", *New York Times*, Apr.30, 1992b.

_____, "An Invisible Presence Grows in the Barrios of Los Angeles", *New York Times*, May.24, 1992c.

_____, "2 of 4 Officers Found Guilty in Los Angeles Beating", *New York Times*, Apr.18, 1993a.

_____, "Giving Voice to the Hurt and Betrayal of Korean-Americans", *New York Times*, May.2, 1993b.

_____, "Awaiting Quake Aid, and Riot Aid, Too", *New York Times*, Jan.27, 1994.

Mydans, Seth · Michel Marriott, "Riots Ruin a Business, and a Neighborhood Suffers", *New York Times*, May.18, 1992.

Myrdal, Gunnar, *An American Dilemma : The Negro Problem and Modern Democracy*, New York : Harper & Row, 1962.

Nash, Gerald D., *The American West Transformed : The Impact of the Second World War*, Bloomington : Indiana University Pres., 1985.

National Advisory Commission on Civil Disobedience, *The Kerner Report : The Report of the National Advisory Commission on Civil Disobedience*, New York : Pantheon, 1988.

Nee, Victor G. · Brett de Bary Nee, *Longtime Californ' : A Documentary Study of an American Chinatown*, Stanford, Calif. : Stanford University Press, 1986.

Nelson, Howard J., *Los Angeles Metropolis*, Dubuque, Iowa : Kendall/Hun, 1983.

Nelson, Laura, "Driving Nationalism : The South Korean Automobile Industry and Consumer Nationalism", Paper presented at the Association for Asian Studies meeting, Bosto, 1994.

New Korea, "KCIA Agents All Out to Get New Korea", In Gee ed., *Counterpoint*, 1976.

Newman, Katherine S., *Declining Fortunes : The Withering of the American Dream*, New York : Basic Book, 1993.

New Yorker, "The Talk of the Town : Notes and Comment", *New Yorker*, May.11, 1992.

New York Times, "Of 58 Riot Deaths, 50 Have Been Ruled Homicides", *New York Times*, May.17, 1992a.

_____, "Bridges between Blacks and Koreans", *New York Times,* May 18.1992b.,

_____, ⟨Photo⟩, *New York Times*, May.2, 1992c.

Njeri, Itabara, "The Conquest of Hate", *Los Angeles Times Magazine*, Apr.25, 1993.

Noble, Allen G. ed., *To Build in a New Land : Ethnic Landscapes in North America*, Baltimore : Johns Hopkins University Pres., 1992.

Noel, Peter, "When the Word Is Given", *Village Voice*, May12, 1992.

Norden, Edward, "South-Central Korea : Post-Riot L. A", *American Spectator*, Sept, 1992.

Novak, Michael, *The Rise of the Unmeltable Ethnics : Politics and Culture in the Seventies*, New York, 1972.

O, Chŏng-hŭi, "Chinatown", In Sŏk-kyŏng Kang · Chi-wŏn Kim · Chŏng-hŭi O, trans. Bruce · Ju-Chan Fulton, *Words of Farewell : Stories by Korean Women Writers*, Seattle : Seal Pres., 1989.

O'Brien, David J. · Stephen S. Fugita, *The Japanese American Experience*, Bloomington : Indiana University Pres., 1991.

Ogbu, John U., *Minority Education and Caste : The System in Cross-Cultural Perspective*, New York : Academic Pres., 1978.

Ogle, George E., *South Korea : Dissent within the Economic Miracle*, London : Ze, 1990.

Oh, Moonsong David, *An Analysis of the Korean Community in the Mid-Wilshire Area*, Los Angeles : Mid-Wilshire Community Research Center, 1983.

_____, "A Survey of Korean Business in the Los Angeles Area", In Lee and Kwak eds., *Koreans in America*, 1988.

Okihiro, Gary Y. · Shirley Hune · Arthur A. Hansen · John M. Liu eds., *Reflections on Shattered Windows : Promises and Prospects for Asian American Studies*, Pullman : Washington State University Press, 1988.

Okubo, Mine, *Citizen 13660*, Seattle : University of Washington Press, 1983.

Oliver, Melvin L. · James H. Johnson Jr., "Inter-Ethnic Conflict in an Urban Ghetto : The Case of Blacks and Latinos in Los Angeles", *Research in Social Movements, Conflict, and Change* 6, 1984.

Oliver, Melvin L. · James H. Johnson Jr. · Walter C. Farrell Jr., "Anatomy of a Rebellion : A Political-Economic Analysis", In Gooding-Williams ed., *Reading Rodney King / Reading Urban Uprising*, 1993.

Omi, Michael · Howard Winant, *Racial Formation in the United States : From the 1960S to the 1980s*, New York : Routledg, 1986.

Ong, Aihwa, "Limits to Cultural Accumulation : Chinese Capitalists on the American Pacific Rim", In Schiller, Basch · Blanc-Szanton eds., *Toward a Transnational Perspective on Migration*, 1992.

Orfield, Gary · Carole Ashkinaze, *The Closing Door : Conservative Policy and Black Opportunity*, Chicago : University of Chicago Pres., 1991.

Osajima, Keith, "Asian Americans as the Model Minority : An Analysis of the Popular Press Image in the 1960s and 1980s", In Okihiro, Hune · Hansen, Liu eds., *Reflections on Shattered Windows*, 1988.

Pacific Ties, "Emergency Issue, Peace : Notes from the L. A. Uprising", *Pacific Ties*, Ma, 1992.

Paik, Irvin, "A Look at the Caricatures of the Asians as Sketched by American Movies", In Tachiki, Wong, Odo · Wong eds., *Roots*, 1971.

Paik, Sook Ja, "Korean-American Women's Underemployment and Dual Labor Burden", In Kwak · Lee eds., *The Korean-American Community*, 1991.

Pak, Ty, *Guilt Payment*, Honolulu, Hawaii : Bamboo Ridge Press, 1983.

Palumbo-Liu, David, "Los Angeles, Asians, and Perverse Ventriloquisms : On the Functions of Asian America in the Recent American Imaginary", *Public Culture* 6, 1994.

Pang, Morris, "A Korean Immigrant", In Hyung-chan Kim · Wayne Patterson eds., *The Koreans in America, 1882~1974 : A Chronology and Fact Book*, New York : Oceana Publications, 1974.

Park, Gary Wanki, "Koreans in Transition : The Evolution of the Korean Community in Los Angeles", B. A. thesis, University of California, Los Angele, 1988.

Park, Hyoung Cho, "The Urban Middle Class Family in Korea", Ph. D. dissertation,

Harvard University, 1973.

Park, Insook Han · James T. Fawcett · Fred Arnold · Robert W. Gardner, *Korean Immigrants and U.S. Immigration Policy : A Predeparture Perspective*, Honolulu, Hawaii : East-West Centerm, 1990.

Park, Kyeyoung, "'Born Again' : What Does It Mean to Korean-Americans in New York City", *Journal of Ritual Studies* 3, 1989.

_____, "The Korean American Dream : Ideology and Small Business in Queens, New York", Ph.D. dissertation, City University of New York, 1990a.

_____, "Declaring War at Home : Different Conceptions of Marriage and Gender in the Korean American Community", Paper presented at the meeting of the American Anthropological Association, New Orleans, La., 1990b.

_____, "Conceptions of Ethnicities by Koreans : Workplace Encounters", In Hune, Kim · Fugita, Ling, *Asian Americans*, 1991.

Park, Peter, Review of Korean Immigrants in America by Won Moo Hurh and Kwang Chung Kim. *Amerasia Journal* 9, 1982.

Patterson, Orlando, *Ethnic Chauvinism : The Reactionary Impulse*, New York : Stein and Da, 1977.

Patterson, Orlando · Chris Winship, "White Poor, Black Poor", *New York Times*, May.3, 1992.

Patterson, Wayne, *The Korean Frontier in America : Immigration to Hawaii, 1896~1910*, Honolulu : University of Hawaii Pres., 1988.

Patterson, Wayne · Hyung-chan Kim, *The Koreans in America*, Minneapolis : Lerner Publication, 1977.

Petersen, William, "Success Story, Japanese American Style", *New York Times Magazine*, Jan.6, 1966.

Peterson, Paul E., "The Urban Underclass and the Poverty Paradox", In Jencks · Peterson eds., *The Urban Underclass*, 1991.

Phillips, Gary, "Destructive Engagement", *CrossRoads* 22, 1992.

Phillips, Kevin, *The Politics of Rich and Poor : Wealth and the American Electorate in the Reagan Aftermath*, New York : Harper Perennial, 1991.

Piven, Frances Fox · Richard A. Cloward, *Regulating the Poor : Then Functions of Public Welfare*(updated ed), New York : Vintag, 1993.

Pomerantz, Linda, "The Background of Korean Emigration", In Cheng · Bonacich eds., *Labor Immigration under Capitalism*, 1984.

Porter, Bruce · Marvin Dunn, *The Miami Riot of 1980*, Lexington, Mass. : Lexington Book, 1984.

Portes, Alejandro · Ruben Rumbaut, *Immigrant America : A Portrait*, Berkeley : University of California Pres., 1990.

Portes, Alejandro · Alex Stepick, *City on the Edge : The Transformation of Miami*, Berkeley : University of California Pres., 1993.

Portes, Alejandro · Min Zhou, "Gaining the Upper Hand : Economic Mobility among Immigrant and Domestic Minorities", *Ethnic and Racial Studies* 15, 1992.

Raban, Jonathan, *Hunting Mister Heartbreak : A Discovery of America*, New York : HarperCollin, 1991.

Rabinow, Paul, "Representations Are Social Facts : Modernity and Post-Modernity in Anthropology", In James Clifford · George E. Marcus eds., *Writing Culture : The Poetics and Politics of Ethnography*. Berkeley : University of California Pres., 1986.

Rand, Christopher, *Los Angeles : The Ultimate City*, New York : Oxford University Pres., 1967.

Reed, Adolph Jr., "The Underclass as Myth and Symbol : The Poverty of Discourse about Poverty", *Radical America* 24(1), 1990.

Reed, Ishmael, *Airing Dirty Laundry*, Reading, Mass. : Addison-Wesle, 1993.

Reich, Robert B., *The Work of Nations : Preparing Ourselves for 21st-Century Capitalism*, New York : Knop, 1991.

Reichl, Ruth, "Grills, Chills, and *Kimchee*", *Los Angeles Times Magazine*, Jan.17, 1993.

Reid, David ed., *Sex, Death, and God in L. A.*, New York : Pantheo, 1992.

Reimers, David M., *Still the Golden Door : The Third World Comes to America*, New York : Columbia University Pres., 1985.

Reinhold, Robert, "6 Months after Riots, Los Angeles Still Bleeds", *New York Times*, Nov.1, 1992.

_____, "An Edgy Los Angeles Awaits a Jury's Verdict", *New York Times*, Apr.11, 1993a.

_____, "While Waiting for the Verdict, Los Angeles Troubled", *New York Times*, Apr.18, 1993b.

Rezendes, Michael, "L. A. Calm after Two Guilty Verdicts", *Boston Globe*, Apr.18, 1993a.

참고문헌

_____, "L. A. Relaxes in Wake of a Riot That Wasn't", *Boston Globe*, Apr.19, 1993b.

Ridgeway, James, "What Did You Do in the Class War?", *Village Voice*, May.12, 1992.

Rieder, Jonathan, *Canarsie : The Jews and Italians of Brooklyn against Liberalism*, Cambridge, Mass. : Harvard University Pres., 1985.

_____, "Trouble in Store", *New Republic*, July.2, 1990.

Rieff, David, *Los Angeles : Capital of the Third World*, New York : Touchston, 1991.

_____, "Homelands : Seeing, Not Seeing", *Salmagundi* 96, 1992.

Rigdon, Susan M., *The Culture Facade : Art, Science, and Politics in the Work of Oscar Lewis*, Urbana : University of Illinois Press, 1988.

Ríos-Bustamante, Antonio · Pedro Castillo, *An Illustrated History of Mexican Los Angeles, 1781~1985*, Los Angeles : Chicano Studies Research Center, University of California, Los Angele, 1986.

Rivera, Carla, "Disaster Agency Probe Hit for Ignoring Riots", *Los Angeles Times*, Jan.11, 1993.

Robinson, W. W., *Los Angeles : A Profile*, Norman : University of Oklahoma Pres., 1968.

Rodgers, Daniel, *The Work Ethic in Industrial America, 1850~1920*, Chicago : University of Chicago Pres., 1978.

Rodriguez, Richard, "Multiculturalism with No Diversity", *Los Angeles Times*, May.10, 1992.

_____, "The Birth Pangs of a New L. A", *Harper's Magazine*, July, 1993..

Roediger, David R., *The Wages of Whiteness : Race and the Making of the American Working Class*, London : Verso, 1991.

Roh, Kil-Nam, "Issues of Korean American Journalism", *Amerasia Journal* 10, 1983.

Roh, Tae Woo, *Korea : A Nation Transformed, Selected Speeches by Roh Tae Woo*, New York : Pergamon Pres., 1990.

Rosaldo, Renato, *Culture and Truth : The Remaking of Social Analysis*, Boston : Beacon Pres., 1989.

Rosenthal, Andrew, "Quayle Says Riots Sprang from Lack of Family Values", *New York Times*, May.20, 1992.

Rosin, Hanna, "*Boxed* In", *New Republic*, Jan.3, 1994.

Rothman, David J., "The Crime of Punishment", *New York Review of Books*, Feb.17, 1994.

Rothstein, Richard, "*Who* Are the Real Looters?", *Dissent*, Fall, 1992.

Rouse, Roger, "Mexican Migration and the Social Space of Postmodernism", *Diaspora* 1, 1991.

Rutten, Tim, "A New Kind of Riot", *New York Review of Books*, June, 1992.

Ryang, Sonia, "Indoctrination or Rationalization? The Anthropology of 'North Koreans' in Japan", *Critique of Anthropology* 12, 1992.

Saari, Neil, "Letter", *Time*, June 1, 1992.

Sakong, MyungDuk C., "Rethinking the Impact of the Enclave : A Comparative Analysis of Korean-Americans' Economic and Residential Ad-aptation", Ph. D. dissertation, State University of New York at Albany. Sanchez, George J. 1993. *Becoming Mexican American*, New York : Oxford University Pres., 1990.

Sassen, Saskia, *The Global City : New York, London, Tokyo*, Princeton, N.J. : Princeton University Pres., 1991.

Saxton, Alexander, *The Indispensable Enemy : Labor and the Anti-Chinese Movement in California*, Berkeley : University of California Pres., 1971.

　　　　　, *The Rise and Fall of the White Republic : Class Politics and Mass Culture in Nineteenth-Century America*, London : Verso, 1990.

Schaller, Michael, *Reckoning with Reagan : America and Its President in the 1980s*, New York : Oxford University Pres., 1992.

Scharnhorst, Gary · Jack Bales, *The Lost Life of Horatio Alger Jr.*, Bloomington : Indiana University Pres., 1985.

Scheer, Robert, "Everybody Is Pointin' Their Finger at Everybody", *Los Angeles Times*, May, 1992.

Schifrin, Matthew, "Horatio Alger Kim", *Forbes*, Oct.17, 1988.

Schiller, Nina Glick · Linda Basch · Cristina Blanc-Szanton, "Transnationalism : A New Analytic Framework for Understanding Migration", In idem eds., *Toward a Transnational Perspective on Migration : Race, Class, Ethnicity, and Nationalism Reconsidered*, New York : New York Academy of Science, 1992.

Schlesinger, Arthur M. Jr, *The Disuniting of America : Reflections on a Multi-cultural Society*, New York : W. W. Norto, 1992.

Schlozman, Kay Lehman · Sidney Verba, *Insult to Injury : Unemployment, Class, and Political Response*, Cambridge, Mass. : Harvard University Pres., 1979.

Schoenberger, Karl, "Bridging the Gap between Two Worlds", *Los Angeles Times*, July.12, 1992.

Schumpeter, Joseph, *The Theory of Ecwonomic Development : An Inquiry into Profits, Capital, Credit, Interest, and the Business Cycle,* trans. Redvers Opie. Cambridge, Mass. : Harvard University Pres., 1934.

Schwarz, John E. · Thomas J. Volgy, *The Forgotten Americans : Thirty Million Working Poor in the Land of Opportunity*, New York : W. W. Norto, 1992.

Scigliano, Eric, "Seattle's Little Big Riot", In Hazen ed., *Inside the L. A. Riots*, 1992.

Scott, A. J. · A. S. Paul, "Industrial Development in Southern California", In John Hart ed., *Our Changing Cities*. Baltimore : Johns Hopkins University Pres., 1991.

Scott, Peter Dale · Jonathan Marshall, *Cocaine Politics*(2nd Gen.), Berkeley : University of California Press, 1992.

See, Carolyn, "Melting", In Reid ed., *Sex, Death, and God in L. A.*, 1992.

Senate Office of Research, *The South-Central Los Angeles and Koreatown Riots : A Study of Civil Unrest*, Sacramento, Calif. : Senate Office of Researc, 1992.

Seo, Diane, "L. A. Threatens, Seoul Beckons : South Korean Emigration to the U.S. Has Reached a Turning Point", *Los Angeles Times*, Aug.15, 1993.

Serrano, Richard, "LAPD Seeks to Spend $1 Million on Riot Gear", *Los Angeles Times*, Jan.20, 1993.

Shao, Maria, "Suddenly, Asian-Americans Are a Marketer's Dream", *Business Week*, June.17, 1991.

Shapiro, Andrew L., *We're Number One*, New York : Vintag, 1992.

Shaw, David, "Asian-Americans Chafe against Stereotype of *'Model Citizen'* ", *Los Angeles Times*, Dec.11, 1990.

Sherman, Diana, "Korean Town's Extent, Population Grows Daily", *Los Angeles Times*, Feb.25, 1979.

Shim, Steve S., *Korean Immigrant Churches Today in Southern California*, San Francisco : R & E Associate, 1977.

Shin, Eui-Hang · Kyung-Sup Chang, "Peripheralization of Immigrant Professionals : Korean Physicians in the United States", *International Migration Review* 22, 1988.

Shin, Eui-Hang · Shin-Kap Han, "Korean Immigrant Small Businesses in Chicago : An Analysis of the Resource Mobilization Processes", *Amerasia Journal* 16, 1990.

Shin, Eui-Hang · Hyung Park, "An Analysis of Causes of Schisms in Ethnic Churches : The Case of Korean-American Churches", In Lee and Kwak eds., *Koreans in North America*, 1988.

Shin, Linda, "Koreans in America, 1903~1945", In Tachiki, Wong, Odo · Wong eds., *Roots*, 1971.

Shindler, Merrill · Karen Berk eds., *Zagat Los Angeles / So. California Restaurant Survey 1993*, New York : Zagat Surve, 1992.

Shiver, Jube Jr., "South L. A. Patrons Pay a Hefty Price as Banks Leave", *Los Angeles Times*, Nov.26, 1991.

_____, "Tensions, Bargains Share Space at Indoor Swap Meets", *Los Angeles Times*, July.8, 1992.

Shklar, Judith N., *American Citizenship : The Quest for Inclusion*, Cambridge, Mass. : Harvard University Pres., 1991.

Shorris, Earl, *Latinos : A Biography of the People*, New York : W. W. Norton. Silverstein, Stuart, and Nancy Rivera Brooks. 1991.

_____, "Shoppers in Need of Stores", *Los Angeles Times*, Nov.24, 1992.

Simmons, Charles E., "The Los Angeles Rebellion : Class, Race, and Misinformation", In Madhubuti ed., *Why L. A. Happened*, 1993.

Sims, Calvin, "Vons Opens New Store in a City Torn by Riots", *New York Times*, Jan.13, 1994.

Skerry, Peter, *Mexican Americans : The Ambivalent Minority*, New York : Free Pres., 1993.

Skolnick, Arlene, *Embattled Paradise : The American Family in an Age of Uncertainty*, New York : Basic Book, 1991.

Skolnick, Jerome · James J. Fyfe, *Above the Law : Police and the Excessive Use of Force*, New York : Free Pres., 1993.

Sleeper, Jim, *The Closest of Strangers : Liberalism and the Politics of Race in New York*, New York : W. W. Norto, 1990.

Smith, Anna Deavere, *Twilight Los Angeles, 1992*, New York : Anchor Book, 1994.

Sniderman, Paul M. · Thomas Piazza, *The Scar of Race*, Cambridge, Mass. : Harvard University Pres., 1993.

Soja, Edward W., *Postmodern Geographies : The Reassertion of Space in Critical Social Theory*, London : Vers, 1989.

_____, "Inside Exopolis : Scenes from Orange County", In Sorkin ed., *Variations on a Theme Park*, 1992.

Son, Young Ho, "Korean Ethnic Institutions in America : The Church and Village Council", *Korea Observer* 22, 1991.

Sonenshein, Raphael J., *Politics in Black and White : Race and Power in Los Angeles*, Princeton, N.J. : Princeton University Pres., 1993.

Song, Cathy, *Picture Bride*, New Haven, Conn. : Yale University Pres., 1983.

Song, Mia, "Defects of the Heart", *Transpacific*, Nov., 1993.

Song, Young In, "Battered Korean Women in Urban America : The Relationship of Cultural Conflict to Wife Abuse", Ph. D. dissertation, Ohio State Universit, 1986.

_____, "The Silent Suffering of Abused Korean Women", *Korea Observer* 20, 1989.

Sanu, Hwi, "Thoughts of Home", In Peter Lee ed., *Modern Korean Literature*. Honolulu : University of Hawaii Pres., 1990.

Sorkin, Michael ed., *Variations on a Theme Park : The New American City and the End of Public Space*, New York : Noonday Pres., 1992.

Sowell, Thomasa, *Ethnic America : A History*, New York : Basic Book, 1981a.

_____, *Markets and Minorities*, New York : Basic Books, 1981b.

Spickard, Paul R., *Mixed Blood*, Madison : University of Wisconsin Pres., 1989.

Stack, Caroll, *All Our Kin : Strategies for Survival in a Black Community*, New York : Harper & Ro, 1974.

Starr, Kevin, *Americans and the California Dream, 1850~1915*, New York : Oxford University Pres., 1973.

_____, *Inventing the Dream : California through the Progressive Era*, New York : Oxford University Press, 1985.

_____, *Material Dreams : Southern California through the 1920s*, New York : Oxford University Press, 1990.

Steele, Shelby, *The Content of Our Character : A New Vision of Race in America*, New York : St. Martin's Pres., 1990.

Steinberg, Stephen, *The Ethnic Myth : Race, Ethnicity, and Class in America*(updated ed.), Boston : Beacon Press, 1989.

Sterngold, James, "South Korea's Vietnam Veterans Begin to Be Heard", *New York Times*,

May.10, 1992.

Stewart, Ellen, "Ethnic Cultural Diversity : An Interpretive Study of Cultural Differences and Communication Styles between Korean Merchants / Employees and Black Patrons in South Los Angeles", M. A. thesis, California State University, Los Angele, 1989.

_____, "Communication between African Americans and Korean Americans : Before and after the Los Angeles Riots", *Amerasia Journal* 19(2), 1993.

Stewart, James B., *Den of Thieves*, New York : Simon and Schuste, 1991.

Stone, Keith, "L. A. Will Mark Year since Riots", *Daily News*, Apr.29, 1993.

Sturdevant, Saundra Pollock · Brenda Stoltzfus eds., *Let the Good Times Roll : Prostitution and the U.S. Military in Asia*, New York : New Pres., 1993.

Sue, Stanley · Harry H. L. Kitano eds., "Asian Americans : A Success Story?", *Journal of Social Issues* 29(2), 1973.

Suk, Chin-Ha · James L. Morrison, "South Korea's Participation in the Vietnam War : A Historiographical Essay", *Korea Observer* 18, 1987.

Sundquist, Eric J., *To Wake the Nations : Race in the Making of American Literature*, Cambridge, Mass. : Harvard University Pres., 1993.

Sunoo, H. Cooke, "Koreans in Los Angeles : Employment and Education", Paper presented at the meeting of the Association of Korean Christian Scholars in the United State, 1974.

Sunoo, Harold Hakwon · Dong Soo Kim eds., *Korean Women in a Struggle for Humanization*, Memphis, Tenn. : Association of Korean Christian Scholars in North Americ, 1978.

Tachiki, Amy · Eddie Wong · Franklin ado · Buck Wong eds., *Roots : An Asian American Reader*, Los Angeles : Asian American Studies Center, University of California, Los Angele, 1971.

Takagi, Dana Y., *The Retreat from Race : Asian-American Admissions and Racial Politics*, New Brunswick, N.J. : Rutgers University Pres., 1992.

Takaki, Ronald, *Strangers from a Different Shore : A History of Asian Americans*, Boston : Little, Brow, 1989.

Terkel, Studs., *Race : How Blacks and Whites Think and Feel about the American Obsession*, New York : New Pres., 1992.

Thompson, Anderson, "The Los Angeles Rebellion : Seizing the Historical Moment",

In Madhubuti ed., *Why L. A. Happened*, 1993.

Thompson, E., *The Poverty of Theory and Other Essays*, New York : Monthly Review Press, 1978.

Thorne, Barrie, "Feminism and the Family : Two Decades of Thought", In Barrie Thorne · Marilyn Yalom eds., *Rethinking the Family : Some Feminist Questions*(rev. ed.), Boston : Northeastern University Pres., 1992.

Tikkun, "Roundtable : Domestic Social PoliCY after the L. A. Uprising", *Tikkun*, July · Aug., 1992.

Tilly, Charles, "Transplanted Networks", In Yans-McLaughlin ed., *Immigration Reconsidered*, 1990.

Trachtenberg, Jeffrey A., "'My Daughter, She Will Speak Better.'" *Forbes*, Oct.6, 1986.

Trager, Oliver ed., *America's Minorities and the Multicultural Debate*, New York : Facts on Fil, 1992.

Trillin, Calvin, "Personal History : Messages from My Father", *New Yorker*, June.20, 1994.

Tsuchida, Nobuya, "Japanese Gardeners in Southern California, 1900~1940", In Cheng and Bonacich eds., *Labor Immigration under Capitalism*, 1984.

Tunney, Kelly Smith, "L. A. Riots Soured American Dream", *Korea Times*, June.15, 1992.

Turner, Patricia A., *I Heard It through the Grapevine : Rumor in African-American Culture*, Berkeley : University of California Pres., 1993.

Uchida, Yoshiko, *Desert Exile : The Uprooting of a Japanese-American Family*, Seattle : University of Washington Pres., 1982.

UCLA Ethnic Studies Centers, *Ethnic Groups in Los Angeles : Quality of Life Indicators*, Los Angeles : Ethnic Studies Centers, University of California, Los Angele, 1987.

Ugwu-Oju, Dympna, "Black and No Place to Hide", *New York Times*, May.17, 1992.

United Nations, *United Nations Demographic Yearbook 1990*, New York : United Nation, 1990.

U.S. Commission on Civil Rights, *A Dream Unfulfilled : Korean and Pilipino Health Professionals in L. A.*, Washington, D.C. : U.S. Commission on Civil Right, 1975.

_____, *Civil Rights Issues Facing Asian Americans in the 1990s*, Washington, D.C. : U.S. Commission on Civil Rights, 1992.

U.S. General Accounting Office, *Asian Americans : A Status Report*, Washington, D.C. : United States General Accounting Offic, 1990.

Valentine, Charles A., *Culture and Poverty : Critique and Counter-Proposals*, Chicago : University of Chicago Pres., 1968.

Vanneman, Reeve · Lynn Weber Cannon, *The American Perception of Class*, Philadelphia : Temple University Pres., 1987.

Ventura, Michael, "Riotous Dreams", *L. A. Weekly,* Apr.23~29, 1993.

Wada, Haruki, *Kin Nissei to Manshū kōnichi sensō*[Kim Il Song and Man churian Anti-Japanese War], Tokyo : Heibonsh, 1992.

Wales, Nym · San Kim, *Song of Ariran : A Korean Communist in the Chinese Revolution*, San Francisco : Ramparts Pres., 1941.

Walker, Martin., "Dark Past Ambushes the 'City of the Future'", *Manchester Guardian Weekly,* May.10, 1992a.

_____, "Clinton Turns Tables on Bush over Riots", *Manchester Guardian Weekly,* May.17, 1992b.

Wall, Helena M., *Fierce Communion : Family and Community in Early America*, Cambridge, Mass. : Harvard University Pres., 1990.

Wallace, Amy · K. Connie Kang, "One Year Later, Hope and Anger Remain", *Los Angeles Times,* Apr.30, 1993.

Ward, Arvli, "24 Hours in the Life of the Rebellion", *Nommo,* May · June, 1992.

Waters, Mary C., *Ethnic Options : Choosing Identities in America*, Berkeley : University of California Pres., 1990.

Wei, William, *The Asian American Movement*, Philadelphia : Temple University Pres., 1993.

Weiner, Michaell, *The Origins of the Korean Community in Japan*, Atlantic Highlands, N.J. : Humanities Pres., 1989.

Weinstock, Matt, *My L. A.*, New York : A. A. Wy, 1947.

Weiss, Richard, *The American Myth of Success : From Horatio Alger to Norman Vincent Peale*, New York : Basic Book, 1969.

Wellman, David T., *Portraits of White Racism*(2nd ed.), Cambridge : Cambridge University Pres., 1993.

West, Cornel, "On Black Rage", *Village Voice,* Sept.17, 1991.

, *Race Matters*, Boston : Beacon Press, 1993.

West, Nathanael, *The Day of the Locust*, In idem, *Miss Lonelyhearts and The Day of the Locust*, New York : New Direction, 1962.

참고문헌

Wheeler, B. Gordon, *Black California : The History of African-Americans in the Golden State*, New York : Hippocrene Book, 1993.

White, Michael J. · Ann E. Biddlecom · Shenyang Guo, "Immigration, Naturalization, and Residential Assimilation among Asian Americans in 1980", *Social Forces* 72, 1993.

White, Morton · Lucia White, *The Intellectual vs. the City : From Thomas Jefferson to Frank Lloyd Wright*, Cambridge, Mass. : Harvard University Pres., 1962.

White, Richard, *"It's Your Misfortune and None of My Own" : A New History of the American West*, Norman : University of Oklahoma Pres., 1991.

Whyte, William Foote, *Street Corner Society*(2nd ed.), Chicago : University of Chicago Press, 1955.

Wideman, John Edgar, "Dead Black Men and Other Fallout from the American Dream", *Esquire,* Sept., 1992.

Wiley, Ralph, *What Black People Should Do Now : Dispatches from Near the Vanguard*, New York : Ballantin, 1993.

Wilkinson, Tracy · John Lee, "Ethnic Media Serve as Lifeline amid the Chaos", *Los Angeles Times*, May.3, 1992.

Wills, Garry, *Reagan's America : Innocents at Home*, Garden City, N.Y. : Doubleda, 1987.

Wilson, William Julius, *The Truly Disadvantaged : The Inner City, the Underclass, and Public Policy*, Chicago : University of Chicago Pres., 1987.

_____, "public Policy Research and *The Truly Disadvantaged*", In Jencks and Peterson eds., *The Urban Underclass*, 1991.

Wines, Michael, "White House Links Riots to Welfare", *New York Times*, May.5, 1992.

Wolfe, Alan ed., *America at Century's End*, Berkeley : University of California Pres., 1991.

Wong, Charles Choy, "Black and Chinese Grocery Stores in Los Angeles' Black Ghetto", *Urban Life* 5, 1977.

Wong, Roberta May, "All Orientals Look Alike", In Lim · Tsutakawa eds., *The Forbidden Stitch*, 1989.

Woo, Elaine, "A Third-Generation Chinese-American ……", In Los Angeles Times ed., *Understanding the Riots*, 1992.

Wright, Gwendolyn, *Building the Dream : A Social History of Housing in America*, Cambridge, Mass. : M.I.T. Pres., 1981.

Yang, Eun Sik, "Korean Women of America : From Subordination to Partnership, 1903~1930", *Amerasia Journal* 11, 1984.

_____, "Korean Revolutionary Nationalism in America : Kim Kang and the Student Circle, 1937~1956", *California Sociologist* 13, 1990.

Yang, Jeff, "Shooting Back", *Village Voice*, May.19, 1992.

Yans-McLaughlin, Virginia ed., *Immigration Reconsidered : History, Sociology, and Politics*, New York : Oxford University Pres., 1990.

Yi, Jeongduk, "Social Order and Protest : Black Boycotts against Korean Shopkeepers in Poor New York City Neighborhoods", Paper presented at the meeting of the American Anthropological Association, Chicago, Il, 1992.

Yim, Sun Bin, "Korean Battered Wives : A Sociological and Psychological Analysis of Conjugal Violence in Korean Immigrant Families", In Sunoo and Kim eds., *Korean Women in a Struggle for Humanization*, 1978.

_____, "The Social Structure of Korean Communities in California, 1903~1920", In Cheng, 1984.

_____, "Korean Immigrant Women in Early Twentieth-Century America", In Asian Women United of California ed., *Making Waves*, 1989.

_____, "Kinship Networks among Korean Immigrants in the U.S. : Structural Analysis", In Kwak · Lee eds., *The Korean-American Community*, 1991.

Yoo, Chul-In, "Life Histories of Two Korean Women Who Married American GIs", Ph. D. dissertation, University of Illinois at Urbana-Champaig, 1993.

Yoo, Jay Kun, *The Koreans in Seattle*, Elkins Park, Pa. : Philip Jaisohn Memorial Foundatio, 1979.

Yoon, In-Jin, "The Changing Significance of Ethnic and Class Resources in Immigrant Businesses : The Case of Korean Immigrant Businesses in Chicago", *International Migration Review* 25, 1990.

_____, "Self-Employment in Business : Chinese-, Japanese-, Korean-Americans, Blacks, and Whites", Ph. D. dissertation, University of Chicago, 1991.

_____, "The Social Origins of Korean Immigration to the United States, 1965-Present", Paper presented at the meeting of the American Sociological Association, Pittsburgh, Pa., 1992.

Yoshihashi, Pauline · Sarah Lubman, "American Dreams : How the Kims of L. A. and

Other Koreans Made It in the U.S", *Wall Street Journal*, June.16, 1992.

Young, Philip K. Y., "Family Labor, Sacrifice, and Competition : Korean Greengrocers in New York City", *Amerasia Journal* 10, 1983.

Yu, Eui-Young, "Koreans in Los Angeles : Size, Distribution, and Composition", In E. Y. Yu, Phillips · Yang eds., *Koreans in Los Angeles*, 1982a.

_____, "Occupation and Work Patterns of Korean Immigrants", In E. Y. Yu, Phillips · Yang eds., *Koreans in Los Angeles*, 1982b.

_____, "Korean Communities in America : Past, Present, and Future", *Amerasia Journal* 10, 1983.

_____, "'Koreatown' in Los Angeles : Emergence of a New Inner-City Ethnic Community", *Bulletin of the Population and Development Studies Center* 14, 1985.

_____, *Juvenile Delinquency in the Korean Community of Los Angeles*, Los Angeles : Korea Times, 1987.

_____, "The Growth of Korean Buddhism in the United States, with Special Reference to Southern California", *Pacific World : Journal of the Institute of Buddhist Studies*(new ser.) 4, 1988.

_____, *Korean Community Profile : Life and Consumer Patterns*, Los Angeles : Korea Times, 1990a.

_____, "Regionalism in the South Korean Power Structure", *California Sociologist* 13, 1990b.

_____, "The Korean American Community", In Donald N. Clark ed., *Korea Briefing, 1993*, Boulder, Colo. : Westview Press, 1993.

Yu, Eui-Young, Earl H. Phillips · Eun Sik Yang eds., *Koreans in Los Angeles : Prospects and Promises*, Los Angeles : Koryo Research Institut, 1982.

Yu, Jin H., *The Korean Merchants in the Black Community : Their Relations and Conflicts with Strategies for Conflict Resolution and Prevention*, Elkins Park, Pa. : Philip Jaisohn Memorial Foundatio, 1980.

Yun, Chung-Hei, "Beyond 'Clay Walls' : Korean American Literature", In Shirley Geok-lin Lim · Amy Ling eds., *Reading the Literatures of Asian America*. Philadelphia : Temple University Pres., 1992.

Yun, Grace ed., *A Look Beyond the Model Minority Image : Critical Issues in Asian America*, New York : Minority Rights Grou, 1989.

Zhou, Min Chinatown : *The Socioeconomic Potential of an Urban Enclave*. Philadelphia : Temple University Pres., 1992.

Zukin, Sharon, "Hollow Center : U.S. Cities in the Global Era", In Wolfe ed., *America at Century's End*, 1991.

Zweigenhaft, Richard L. · G. William Domhoff, *Blacks in the White Establishment? A Study of Race and Class in America*, New Haven, Conn. : Yale University Pres., 1991.

참고문헌

본문
주석

서문

1 Herman and Chomsky 1988, chap.1.
2 Muñoz 1987 : 36~37; Portes and Rumbaut 1990 : 137~139; Shorris 1992 : xv~xvii.
3 Rosin 1994 : 12; Spickard 1989도 참조
4 F. James Davis's 1991의 연구인 미국에서 "흑인은 누구인가(Who is black?" in the United States)?" 참조 Waters 1990; S. M. lee 1993 도 참조
5 1991 : 238; Cha 1977 : 198도 참조
6 Oliver, Johnson, and Farrell 1993; Thompson 1993 : 49 참조
7 Klein 1992 : 115~116 · 120; Noel 1992 : 41; Carson 1993 : 35; Lieberman and O'Reilly 1993 : A1 비교
8 1978 : 398; McPhail 1991 : 225도 참조
9 B. L. Kim 1978 : 177.

제1장

1 1992 : 41.
2 LA 폭동과 그 이후의 사건들을 비춰볼 때, 구타사건 당시에 로드니 킹(Rodney King)이 한국산 자동차를 운전하고 있었다는 사실과 그가 이전에 한국계 미국인이 운영하는 상점에서 도둑질을 한 혐의로 체포된 적이 있다는 점은 아이러니하다. 로드니 킹, 로드니 킹 구타사건, 로스앤젤레스 경찰서에 관한 사실은 Dunne 1991; Los Angeles Times 1992c : I 참조
3 당시에 작성된 미국 신문의 사설들은 Trager 1992 : 28~33 참조 로드니 킹에 대한 과도한 폭력 행사에 관한 것은 Amnesty International 1992 참조; Davis 1990 : chap.5; Leibowitz 1993; Skolnick and Fyfe 1993도 참조
4 로드니 킹에게 가장 심한 폭력을 행사한 것으로 알려진 로렌스 파웰(Laurence Powell)은 다른 3명의 경찰관과 함께 시민권 침해 혐의 외에 또 다른 혐의로도 재판에 회부되었다

(Mydans 1992b 참조). 1993년 4월, 로드니 킹의 시민권 침해 혐의에 대해 파웰(Powell)과 쿤(Koon)은 유죄 판결을 받은 반면 윈드(Wind)와 브리제노(Briseno)는 무죄 판결을 받았다. 인종차별주의가 구타사건의 주요한 동기 중 하나로 밝혀졌다 : "킹(King)이 의식을 잃을 때까지 구타하기 20분 전에 파웰은 순찰차의 컴퓨터 시스템을 통해서 어떤 흑인 가족을 향해 그들이 영화 〈Gorilla in the Mist〉의 고릴라들 같다고 조롱했다. 뿐만 아니라 파웰은 반대 심문에서 킹이 동물은 아니지만 "마치 동물처럼 행동했다"고 발언하며 킹을 인간 이하의 존재로 묘사했다"(Cannon 1992 : 18; Cooper 1992도 참조).
5 1992a : 45; 1992c : 4도 참조
6 각각 Bielski and Cochran 1992; Johnson 1992; Morris and Harrelson 1992; Scigliano 1992 참조 놀랍게도 뉴욕에는 별다른 사건이 발생하지 않았다 : "뉴욕에서 인종 간 갈등이 가장 극심하게 나타나며 폭력적인 양상을 보인다는 인상이 널리 퍼져 있었다. 그러나 이러한 뉴욕에 대한 인상은 로드니 킹 재판에 평결 이후에 뉴욕에서 별 다른 사건이 발생하지 않고 상대적으로 평온이 유지되었다는 사실에 의해 반증되었다"(Logan 1992 : 90).
7 Wheeler 1993 : 274. 다른 통계치를 보고자 한다면 Senate Office of Research 1992 : 4~6; Reinhold 1992 : 14 참조
8 Los Angeles Times(1992a : 8)은 이를 "금세기 최악의 민간소요사태"로 평가했다. 한편, Hazen(1992b : 10)은 "미국 역사상 가장 치명적이고 파괴적인 폭동"이라고 말했다. LA 폭동에 대한 요약적인 서술은 Hazen 1992a; Los Angeles Times 1992a 참조 뉴욕 징병거부 폭동(New York City Draft Riots)에 관한 것은 Bernstein 1990 참조
9 Davis 1992a : 5. Paul Delaney(1993 : 11)는 "앞으로도 몇 년간 많은 평론가, 사회학자, 그리고 정치인들은 로드니 킹 구타사건과 1992년 로스앤젤레스 폭동을 1955년의 에밋 틸(Emmett Till) 린치 사건이나, 1965년의 왓츠(Watts) 폭동만큼이나 흑인들에게 중요한 사건 중 하나로 평가할 것이다"라고 언급했다. 보수파인 Charles Murray(1992c : 10)는 "로스앤젤레스 폭동은 미국 내 인종관계의 분수

령이 되는 사건이 될 것이다"라고 말했다.

10 Patterson and Winship 1992 참조 사실상 텔레비전 중심의 주류 미디어는 미국의 현실을 그대로 보여주는 LA 폭동에 대한 담론을 단조롭게 만들었다 : "현기증이 날 정도로 복잡하고 폭력적인 장면들을 담고 있는 만화경이 하나의 단정적인 시나리오에 의해 단조로워졌다. 로드니 킹 평결에 대한 흑인들의 이유 있는 분노는 거리의 범죄자들의 이미지에 의해 정당성을 잃었고, 그들의 행위는 단지 지역사회에 대한 폭력적 공격으로 변질되었다"(Davis 1992a : 4).

11 1992a : 7.

12 1992a : 139.

13 Davis 1992a : 3.

14 1992 : 13.

15 1992 : 796.
Communist Party USA의 발행물인, *Political Affairs*는 폭동이 급진적인 정치운동을 상징하고 있다는 점을 강조하며 열광적인 반응을 쏟아냈다. "*People's Weekly World*와 Communist Party USA의 도움으로 우리 측의 사람들은 비로소 현실에 직면하고 미국의 시스템에 대한 깊은 통찰력을 지닐 수 있게 될 것이다. 미국 내에서의 사회주의 운동은 로스앤젤레스를 시작으로 국가 전역에 퍼질 것이다"(Alarcon 1992 : 24). Anderson Thompson(1993 : 49)은 "로스앤젤레스 반란은 근본적으로 전 세계적으로 진행되고 있는 아프리카 해방 운동(African Liberation Movement)에 근거를 두고 있다"고 말했다. 반면, Meyerson (1992 : 2)은 "(로스앤젤레스 폭동은) 미국의 좌파진영에 잔존하는 극단적 좌파들도 미화하기 어려운 폭동일 것이다"라고 말했다.

16 Cockburn 1992a : 17.

17 1992 : frontcover.

18 1992 : 27; Colhoun 1992; Lang 1992; Rothstein 1992도 참조

19 1992 : 17.

20 George 1992 : 13.

21 Los Angeles Times 1992c : pt. 3 : 9.

22 1992 : 3.

23 1992 : 10 · 12.

24 1992 : 6 · 1.

25 Walker 1992b : 10.

26 1992 : 16.

27 1992 : 11 · 14.

28 McNelis-Ahern 1992 : 15.

29 Rosenthal 1992 : A1.

30 Walker 1992b : 10. 『뉴욕타임스』는 "백악관은 지난주에 로스앤젤레스에서 있었던 폭동은 1960년대와 1970년대에 의회가 제정한 사회 복지 프로그램의 결과라고 말했다"(Wines 1992 : A1)라고 보도했다. Murray(1992b) 참조

31 Georges and Joseph 1992; Gooding-Williams 1993; Kang et al. 1993; Kō and Rī 1993; Madhubuti 1993 참조

32 Edsall and Edsall 1991 : 50; Fogelson 1969; Henry 1990 : 54~59 참조

33 Feagin and Hahn 1973.

34 Edsall and Edsall 1991 : 51.

35 National Advisory Commission on Civil Disobedience 1988 : 22.

36 1992a : 13.

37 Church 1992 : 18.

38 1992 : 68; Los Angeles Times 1992b : 9도 참조

39 Rutten1992 : 52. Peter Kwon 1992 : 88(「첫 번째 다문화 폭동(first multicultural riots)」); Davis 1992a : 1(「국내 최초의 다인종 폭동 (the nation's first multiracial riot)」); West 1993 : 1(「다민족의, 계급 초월적, 남성 중심의 정당화된 사회적 격노의 표출(a multiracial, trans-class, and largely male display of justified social rage)」) 등등 참조

40 Decter 1992 : 18; Palumbo-Liu 1994도 참조

41 1965년과 1992년의 폭동 사이에 많은 공통점이 존재하지만, 이를 지나치게 강조해서는 안 될 것이다. 이러한 유사성은 수세기와 대륙을 초월하여 18세기 파리 폭동과 1992년의 LA 폭동 사이에서도 발견되기 때문이다. 역사학자인 로버트 단턴(Robert Darnton 1992 : 46)은 두 폭동에서 모두 "폭력의 역사, 빈곤, 이민자의 유입, 열악한 주거환경, 경찰에 대한 도발"이라는 특징을 공유한다고 서술했다. 그러나 이러한 형식적인 유사성에 집중하는 것은 각 폭동의 특이성과 본질을 흐리게 하는 큰 위험을 담보하게 한다.

42 Skerry 1993 : 9.

43 Lieberman 1992 : B3; Lieberman and O'Reilly

1993.

44 D. H. Kim 1992 : 1.

45 '흑인과 백인에 대한 보편적인 이미지는 Blauner 1989; Hacker 1992; Sonenshein 1993; Terkel 1992의 서적 참조 근래에 이르러, 이 서적들뿐만 아니라 미국 내에서 구축된 흑인과 백인에 대한 시각들은 점차 다민족화 되었다.

46 Davis 1992a : 5; Kō and Rī 1993 : 34~35.

47 1992 : M1.

48 1992 : 12.

49 1992 : 155.

50 이는 한국계 미국인을 포함한 대부분의 아시아계 미국인 필자들이 공유한 시각이다. Joan Lee 1992 : 229 참조

제2장 ——————

1 Yu 1993 : 144.

2 이러한 내용을 다룬 한국인 / 한국계 미국인 작가의 소설, 드라마, 시 등의 작품이 점차 증가하고 있다. S. H. Chang 1990; T. Y. Chang 1992 참조

3 1988 : 275.

4 1991 : 22.

5 John Berger(1984 : 55)는 이민자는 우리 시대의 단면을 보여주는 전형적인 상징이라고 서술했다 : "우리가 살고 있는 이 시대에 수많은 사람들이 고향을 떠나고 있다. 타의 혹은 자의로, 마을에서 대도시로의 이주 혹은 국경을 넘은 이주는 우리 시대를 서술하는 전형적인 사건으로 볼 수 있을 것이다"(Schiller, Bsch, and Blanc-Szanton 1992 : 13 또한 참조). 여러 학문 분야에서 생성되고 있는 새로운 용어들은 정체성과 민족성, 고향과 이민, 타국을 향한 이주와 고향으로 돌아오는 이주를 이해하기 위한 노력을 보여준다. 또한 새로운 용어들은 문자 그대로 혹은 은유적으로 우리가 오로지 고정된 공간 내에 존재하지 않는다는 사실을 강조한다 : '세계주의(cosmopolitanism)'(Rabinow1986 : 258), '세계적 민족지형(global ethoscapes)'(Appadurai 1990), '초국가적 공공영역(transnational public sphere)'(Gupta and Ferguson 1992 : 9), '세계적 대중문화(globalmass culture)'(Hall 1991 : 28), '사회적 공간의 신

지도학(new cartography of social space)'(Rouse 1991 : 12) 새로운 용어들과 함께 나타난 새로운 서술 전략은 이러한 용어들에 대한 분명한 규정을 거부했으며, 다양한 언어와 심상을 초월한 서술 방식이 등장했다. Gloria Anzaldua(1990 : 379)는 두 언어의 관용구를 혼합하면서 "몇 세기 안에, 미래는 혼혈의 문명이 지배할 것이다(En unas pocas centurias, the future will belong to the mestiza)"라고 선언했다.

6 한 중년의 한국계 미국인 남성은 에이벨만에게 어디 출신이냐고 물었고, 그녀는 보스턴 출신이라고 대답했다. 다시 그는 "아니, 어디 출신입니까?"라고 물었고, 그녀는 "저희 아버지는 나치가 독일을 지배했을 때 독일을 떠나 스위스에서 자랐습니다"라고 대답했다. 그는 다시 똑같은 질문을 했고, 그녀는 "저희 아버지는 독일에서 태어난 유대인이고, 어머니는 보스턴에서 태어난 유대인입니다"라고 답했다. 마침내 그는 "아 그럼 당신은 두 이스라엘인 사이에서 태어났군요. 알겠습니다"라고 말했다.

7 J. Chang 1993.

8 코리아타운이 사실상 서울의 또 다른 행정 구역이라는 생각은 한국과 로스앤젤레스에 보편적으로 여겨지는 개념이었다.

9 그러나 임 씨의 주장은 부, 교육, 직업 등의 다양한 요소들을 기준으로 한 한국의 현대적 계층구조의 복잡성을 간과하고 있었다.

10 Gorov and Mashberg 1993 : 15.

11 박태삼은 1993년 3월 20일에 로스앤젤레스에서 한국으로 다시 돌아간 이민자였다. 『코리아타임스』는 그의 소감을 보도했다. "저는 문제가 발생했을 때 저를 도와준 한국 지역사회에 감사하다고 전하고 싶습니다. 또한 은혜를 제대로 갚지도 못하고 이렇게 한국으로 돌아간 것에 대해 죄송하다는 말을 하고 싶습니다. 저는 이제 교전 지역에서 벗어난 것인 양 마음이 놓입니다"(M. Cho 1993 : 1).

12 Weiner 1989 : chap.6.

13 Elaine Kim(1993a : 230)은 미국에서의 한국 '문화 민족주의'의 존속은 일본 식민 지배의 잔재와 미국에서의 인종차별의 경험에서 기인한 것일 수 있다고 언급했다. Kim(1993a : 229)은 그녀가 문화 민족주의에 대해서 비판적인 입장이지만, 이것이 유일한 피난처일 수

있다는 사실을 인식하고 있다고 고백했다. "(4
·29; 로스앤젤레스 폭동) 저는 다시 생각해보
게 됐습니다. (문화 민족주의에 대해) 홀로 남
겨진 이 사람들에게 남는 것은 무엇인가요?"

14 Henderson 1968 : chap.9.

15 D. Lee 1992b : 12.

16 1993a : 219.

17 p.234.

18 Mydans 1993b : 9.

19 한국어 문어체와 구어체는 순우리말 단어들
과 한자 기반의 단어들로 이루어졌다.

20 두 용어 모두 순우리말이다. 다시 말해서, 이
들은 한자를 기반으로 하지 않는 한글 단어이
다. 그러나 보편적으로 사용되는 '동포'는 한
자어이다.

21 Korean American Research Center 1993 :
1~2.

22 Kō and Rī 1993 : 51~57.

23 Wilkinson and Lee 1992 : A15.

24 한국 정부의 한국계 미국인 저널리즘에 대한
통제에 관한 논의는 Roh 1983 참조. 현재는
발행이 중단된 독립 주간지인 로스앤젤레스
의 『코리안 스트리트 저널(Korean Street
Journal)』은 한국의 제어 아래에 있는 민족매
체들에 대한 보편적인 시각에 대해 다른 견해
를 제시했다(E. Chang 1988 : 63). 1905년부
터 발간된 한인사회 독립신문인 『뉴 코리아
(the New Korea)』는 박정희 대통령 정권하에
서 한국 정부로부터 크게 시달렸다. 한국 정
부는 뉴 코리아에 광고를 실은 기업들에게 광
고를 빼라고 압박했으며, 상인들에게는 신문
가판대에서 뉴 코리아의 자리를 없애라고 지
시했다(New Korea 1976 : 140~141). 1960
년대와 1970년대 전반에 걸쳐, 심지어는 광
주 항쟁 이후에도, 반정부운동에 가담한 한국
계 미국인들은 한국 정부의 압력을 받았다.

25 일부 기자들은 이 사건을 '도를 넘은' 한국의
민족주의에 의한 사건으로 기술했다. 심지어
Ian Buruma(1988)는 이 사건을 악명 높은
1936년의 베를린 올림픽과 비교하기도 했다.
Appadurai 1991 : 204 참조.

26 광주는 전라남도의 광역시이다. 호남 지역은
전라남도와 전라북도로 구성된다. 한국의 남
서부 지방에 위치한 이 지역들은 1960년대에
서 1990년대에 이르기까지 전면적인 외면을

받았으며, 다른 지역들에 비해 덜 개발되기도
했다. 이 지역은 급진적인 사회·정치 활동의
근거지로 알려져 있으며, 김대중 전 대통령은
매우 중요한 반체제 인사이자, 야당 소속의
유력 정치인이었다.

27 그러나 많은 한국계 미국인들은 류 씨가 설명
한 식민시대의 사고방식으로부터 자유롭게
살고 있었다. 1993년의 로스앤젤레스 시장 선
거 후보중 한 명이었던, 로스앤젤레스의 한인
목사 임평순은 "형제애, 자매애 그리고 로스앤
젤레스 고속도로 합류 차선의 확장"을 공약으
로 걸고 선거 운동에 나섰다. 그는 "엘비스
(Elvis) 기타 모양의 시계와 할리우드 간판의
미니어처를 팔았던 할리우드 블루바드
(Hollywood Boulevard)"의 운영을 그만두고
목회활동을 시작했다. 『로스앤젤레스 타임스
(Los Angeles Times)』의 기자는 임평순이 밝힌
공직에 도전하게 된 동기에 대해 구체적인 질
문을 던졌다. 임평순에게 왜 자신이 로스앤젤
레스에 인종적 화합을 가져올 수 있을 것이라
고 생각하는지에 대해 물었을 때, "그(임평순)
는 그의 세 명의 여자 형제 중 두 명이 외국인과
결혼하여 가족 중에 백인과 흑인이 있는데, 모
두와 굉장히 잘 지내고 있다는 점을 언급했
다"(Los Angeles Times 1993a : A23). 임평순
의 다문화적인 로스앤젤레스에 대한 이미지
는 류 씨가 비난한 로스앤젤레스의 모습과는
완전히 달랐다.

28 일부가 한국으로 돌아가기를 갈망한 반면, 다
른 이들은 회의적이었다. 한 한인 도매업자는
폭동을 겪은 후에 한국으로 돌아가고자 하던
사람들의 생각을 비웃기도 했다. 그는 폭동 중
에 많은 '감정적인' 한인들이 라디오 코리아
(Radio Korea) 방송 중의 전화 연결을 통해서
모든 한국계 미국인들은 '집으로 돌아가야 한
다'고 설득하는 것을 참고 볼 수가 없다고 말했
다. LA 폭동 1주년을 맞아 한국에서 방영된 한
프로그램은 한국과 미국에 거주하는 한국계
미국인들 사이의 장벽이 높아서 고국에 돌아
갈 수 없다는 사실을 깨닫고 실의에 빠진 한국
계 미국인들의 모습을 담아내기도 했다.

29 Korean Immigrant Workers Advocates of
Southern California 1992 : 12.

30 Chung 1993 : 4.

31 우리는 이 설문조사의 출처나 관련된 문헌을

찾을 수 없었다.

32 Castuera 1992 : 19.

33 p.22.

34 Castuera 1992 : 82.

35 pp.82~83.

36 Korean American Inter-Agency Council(19 93 : 6)은 피해자들에게서 '가족 갈등, 가정 폭력, 아동 학대 그리고 약물 남용의 증가'가 나타났다고 보고했다. 상담사들은 폭동 이후에 많은 한인 피해자들이 '그들이 감당할 수 없는 문제들'로 인해 어려움을 겪고 있다고 말했다.

37 D. Kim and Yang 1992 : 33.

38 Lim 1992 : 25.

39 McMillan 1992b : B4.

40 Clifford and McMillan 1992 : A1.

41 1992 : 157.

42 ibid.

43 D. Lee 1992a : 9.

44 스트라이프 와이셔츠를 입고 안경을 쓴 한인 청년이 한 손에는 담배를, 다른 손에는 소총을 들고 있는 사진은 가장 대중적으로 알려진 사진들 중 하나이다. 청년 뒤에는 단정하게 차려 입은 또 다른 한인 남성이 담배와 총을 들고 있었다(New York Times 1992c : 2). 1993년의 사진(1993년 4월의 재심 이전)은 Greenhouse 1993 : 14 참조; 사진 밑에는 "바로 어제, 불안한 평온이 감도는 로스앤젤레스 코리아타운에서 제이 신(Jay Shin)은 그의 주류 판매점 앞에 무장한 경비원들과 함께 서 있다"라고 쓰여 있다.

45 그러나 일부 사람들은 다른 답변을 내놓았다. 중국계 미국인 리포터인 Elaine Woo(1992 : 155)는 텔레비전을 통해서 한국계 미국인들이 총을 들고 다니는 모습을 들고 충격을 받았지만, 그녀의 한인 동료는 다른 반응을 보였다고 말했다. 그녀의 동료는 "한인 자경단을 부끄럽게 여기지 않았으며, 다른 아시아인들도 그렇게 생각해야 한다고 믿었다. 그는 다음과 같이 얘기했다. '저는 그런 이미지들이 주류 문화에 주입되어야 한다고 생각합니다. 그래야 사람들은 우리를 소심한 아시아인들로 생각하지 않을 것입니다. 미국이 어떤 곳입니까? 미국은 총으로 쟁취된 나라입니다. 이 나라는 자신의 존엄을 총으로 지킨 개인들

로 인해 세워졌습니다. 이러한 한인 자경단의 모습은 아시아인들에 대한 시각의 균형을 맞추는 데에 도움이 될 수 있을 것입니다. 일부는 온화하지만, 또 다른 이들은 자신들을 지켜낼 수 있을 만큼 강한 면모를 지니고 있습니다.'" 이러한 반응은 '괴짜'로 여성화된 아시아계 미국인 남성에 대한 고정관념에 반발하는 것으로도 볼 수 있다(Allis 1991).

46 Kwoh, Oh, and Kim 1993 참조.

47 1993년 3월에 Korean American Inter-Agency Council(1993 : 2)은 본토 사람들에게 정부 관료체제는 귀찮고 피곤하게만 여겨질 뿐이지만 영어가 익숙하지 않은 피해자들이 정부를 대응하는 것은 상당히 감당하기 힘든 일이었다.

48 Korean American Inter-Agency Council(19 93 : 5)에 따르면, 527명의 피해자 응답자들 중 단 35%만이 '그들 사업에 대한 보유계약액'이 있었다고 답했다.

49 Korean American Inter-Agency Council(19 93 : 6)는 "대부분의 피해자들이 불안한 심리 상태와 허약해진 건강으로 인한 고통을 받고 있었지만, 정신 건강에 관련한 서비스에 대한 의심과 상담에서 느끼는 수치심으로 인해 제대로 상담을 받지 못했다"고 보고했다.

50 그러나 1993년에 이르러 이 이야기는 언론을 통해 전해졌다(Mydans 1993b : E9).

제3장 ─────────────

1 많은 이민자들이 곧바로 미국으로 가지 않았다는 사실은 중요하다. '국경이 존재하지 않는 현대 세계에서의 이민'에 대한 종합적인 논의는 Barkan 1992 참조.

2 1983 : 114~115.

3 Light and Bonacich 1988 : 107.

4 1945년에 "한국인의 20%가 해외로 이민을 가거나, 그들이 태어난 고향을 떠나 다른 지역에 거주했다"(Cumings 1984 : 25).

5 Cha 1982.

6 Lie 1992b.

7 이에 대한 자전적 이야기는 『아리랑』(Wales and Kim 1941)참조. 이 책은 지금도 한국에 있는 학생 운동가들에게 권장 도서로 추천되고 있다.

8   Abelmann 1990; Eckert 1991.

9   Wada 1992.
    일부 청년들과 한국 내에 존재하는 반정부 집단들은 김일성이 위대한 게릴라 독립 투사였다고 믿고 있다.

10 이러한 대립하는 이데올로기의 계보는 한국 전쟁이 일어났을 당시 극명하게 드러났다. "부분적으로 (…중략…) 일본에서 훈련을 받은 군 장교들이 일본에서 태어난 저항 세력의 지도자와 대립하는 모습에서도 나타났다"(Cumings 1984 : 23).

11 킹슬리 류(Kingsley Ryu)는 "(식민 시대의) 미국에서의 한국인의 정치활동을 이해한다면 한국에서의 한국인들의 정치 활동도 이해할 수 있다"고 말했다(quoted in Gee 1976 : 126). W. Kim 1971 참조.

12 C. S. Kim 1988 : 30.

13 북한과 북한의 가장 큰 도시인 평양(북한의 수도)이 기독교의 본거지이기 때문에 우리는 기독교인의 높은 비율에 주목해야 할 것이다. Linda Pomerantz(1984 : 291)는 1904년에 도시 인구의 4분의 1인 15,000명이 기독교인이었다고 추정했다. 1977년에 북한 난민들과 그들의 후손들은 남한 인구의 약 14%를 차지했다(Light and Bonacich 1988 : 113); 1960년대에 북한 출신의 한인 난민들은 라틴 아메리카로 향한 한국인 이민자의 약 50%를 차지했다(I. Kim 1987 : 337~338). 반면, 미국에 관련한 수치는 상대적으로 낮았다 : 유의영의 통계치에 따르면, 미국 내 한국계 미국인의 22%가 북한 출신인 반면, 남한의 인구의 2%만이 북한 출신이었다(Yu 1983 : 30).

14 I. Kim 1981 : 35. 소누 휘(Sonu Hwi 1990 : 213)의 1965년도의 단편, "Thoughts of Home"은 남한에 있는 북한 출신의 한국인들이 느끼는 깊은 상실감을 보여준다. 한 노령의 남성은 북한에 있는 자신의 고향과 비슷한 지형과 풍경을 지닌 남한의 한 마을에 고향의 모습을 재현하기 위해 노력했다. "가장 힘든 점은 내가 고향 집에 대한 기억에 따라 지금의 집을 바꿀 때 지나치게 사소한 요소에 집중한다는 것이다. 심지어 돌계단 하나를 놓을 때도 나는 어디에 놓아야 할지 깊이 고민했고, 돌계단을 놓고 나면 또 무언가 잘못된 것 같다는 생각이 들었다. 그때부터 나는 돌계단을 여기저기에 놓기 시작했고, 대여섯 번이나 땅을 헤집고 난 후에 결국에는 처음의 위치에 돌계단을 놓고는 했다." 후에 그는 서까래에 쥐가 없었다는 사실에 고민한 끝에 쥐를 사서 먹이를 여기저기에 뿌려두기까지 했다. 그는 북한에 두고 온 누이를 생각하며 눈물을 훔치며 술을 마셨다. 또한 그는 칡 지팡이로 여기저기를 가리키면서 "아니야, 아니야, 원래 이런 모습이 아니었어"라고 되뇌었다(1990 : 214). 이 이야기는 그가 근처 습지에서 북한에서 즐겨 했던 낚시를 하다가 죽는 것으로 마무리된다. 그는 쪽지에 북한에 있는 그의 가족 매장지를 떠올리게 했던 소나무 숲에 자신을 묻어달라고 적어 놓았다.

15 Roh 1990 : 15.

16 주민들의 간첩 신고를 독려하기 위해 공공시설, 가로등, 지하철, 버스 등 서울의 곳곳에 간첩 신고 전화번호를 공지해 놓았다. 1980년대 후반에 한국이 정치적 격변을 겪고, 전 세계적으로 냉전 이데올로기가 무너지면서, 이러한 간첩 신고 포스터들이 검게 칠해지는 등의 훼손 사례가 여러 차례 보고되었다.

17 드문 일이었지만, 남한과 북한 사이의 침묵을 깨기 위한 민간 영역에서의 노력이 있었다. 1960년대와 1970년대의 언론의 노력, 1964년 도쿄 올림픽 때, 몇몇 북한 사람들이 남한에 있는 가족을 만난 일, 그리고 1985년 9월에 "50명의 이산가족, 50명의 민요가수들과 무용수들, 30명의 기자들 그리고 그들의 지원 인력이 다른 사상과 체제의 국가를 방문한 일"이 있었다(C. S. Kim 1988 : 107).

18 C. S. Kim 1988.

19 남한 이산가족의 흥미로운 민족지학은 C. S. Kim 1988 참조. 가난한 이주 난민들의 대부분이 문맹이었기 때문에 이전의 인쇄매체를 통한 이산가족 상봉의 기회를 누릴 수 없었다. 분단으로 인한 이산가족의 아픔을 겪는 한 개인의 이야기는 Ty Pak(1983)의 단편집인 Guilt Payment를 참조.

20 Patterson 1988 : 9~10.

21 Yu 1983 : 23; Yang 1984; Yim 1989; Chai 1992도 참조.

22 Patterson 1988.

23 Patterson 1988 : 177. Lee and Chang-Su Houchins(1976 : 135)는 한인 이민이 일본의 한국 지배력에 위협이 되었을 것이라고 주장했다.

본문 주석

24 Houchins and Houchins 1976 : 136.

25 INS (1990) : app.·A.1~5. 이 정책의 잔재는 중국인배제법(Chinese Exclusion Laws)에서 찾을 수 있다. 1882년에서 1904년까지의 법과 법의 시행에 대한 논의는 Chan(1991b) 참조

26 INS 1990 : A.1~5.

27 INS 1990 : app.·A.1~6.

28 Patterson 1988 : 105; Moon 1976 : 12.

29 Patterson 1988 : 109.

30 Hy-Sop Lim(1978 : 8)은 한국인들이 "개신교를 통해서 자유주의와 민주주의를 받아들였다"라고 언급했다. "일본을 향한 강한 적대감이 암시적으로 미국의 긍정적 이미지를 강화시켰다"라고 보는 견해도 존재한다(Kang 1976 : 23).

31 그러나 3·1운동에서의 기독교의 기여는 매우 논쟁적인 사안이다. 많은 학자들은 패권적인 기독교와 보수 지도층, 그리고 급진적 대중 운동가들로 인해 평화주의적인 지도자들의 활동에 대한 계획과 비전이 낮게 평가 받았다고 논하기도 했다(Abelmann 1987).

32 사회주의계열 독립운동가인 김산에 관한 기록에(Wales and Kim 1941 : 83) 그의 혁명적 행동들은 식민시대의 부당성과 3·1운동의 실패를 그저 '참고 견뎌야' 한다고 가르친 어머니의 깊은 기독교 신념에 대한 저항에서 시작된 것이라고 기술되어 있다. "3·1운동이 일어나기 전까지만 해도 저는 독실한 기독교인 이었습니다. (…중략…) 제 믿음은 3·1운동의 실패(3·1 운동의 진압) 이후에 깨ј버렸습니다. 더 이상 하나님은 존재하지 않는 것 같았고, 기독교의 가르침은 제가 살고 있는 투쟁의 시대에 적용되기 어렵다고 생각했습니다. 나아가 미국인 선교사가 사람들에게 '하나님은 한국이 저지른 잘못들 때문에 한국에 벌을 내리고 있으며 (…중략…) 하나님이 뜻을 세우고자 하는 시기가 도래했을 때 비로소 한국이 해방될 것'이라고 말한 사실은 저를 더욱 화나게 만들었습니다. 또한 김 씨는 "일본이 (3·1운동을 진압 할 때) 기독교에 대한 탄압은 가하지 않았다"고 말했다(Wales and Kim 1941 : 82). 우리는 김 씨가 반감을 가진 기독교의 정적 수용주의에 대한 또 다른 예를 메리 백 리(Mary Paik Lee)의 이민 회고록(1990 : 12)에서 찾을 수 있었다. 그녀의 가족이 하와이를 떠나 1906년에 샌프란시스코에 도착했을 때, "(젊은 백인 남성의 무리가) 우리를 비웃었고, 우리의 얼굴에 침을 뱉었다". 그녀의 아버지는 "미국인 선교사들이 한국에 처음 왔을 때 우리도 똑같이 그들을 비웃고 멸시했기 때문에 자업자득"이라고 그녀에게 말했다.

33 M. P. Lee 1990 : 6.

34 M. P. Lee 1990 : 7.

35 1974 : 117.

36 많은 여성들은 어느 정도의 교육을 이수했으며, 중국 만주와 시베리아로 망명한 가족의 출신이었다(Yang 1984 : 8).

37 Houchins and Houchins 1976 : 140.

38 Yim 1989 : 55. Cathy Song(1983 : 3~4)은 사진 중매 신부였던 그녀의 할머니에 대한 시이며, 이를 통해 현대 디아스포라 정체성이 한국인의 이주의 이야기에 어떻게 맞물려 있는지 볼 수 있다. 한국계 미국인 문학에 대한 논평에서 J. K. Lee(1990 : 198)는 사진 중매 신부 여성들의 후손인 한국계 미국인 여성 작가들은 "(그들의) 이민의 조상들과의 논리적으로는 이해할 수 없는 이끌림"을 경험한다고 논했다.

39 Kang 1947 : 182. Elaine Kim(1982 : 34·43)은 The Grass Roof는 "강 씨가 한국을 떠난 행위를 정당화"하려는 시도이며, 그와 그의 소설의 주인공은 당시의 한국인과 한인 이민자에 대한 대표성을 지니지 못한다고 지적했다. Yun 1992 : 80~86 참조

40 W. Kim 1971; Shim 1977 : 168; E. H. Kim 1989 : 82; Son 1991; Yang 1992 참조 미국에서의 초기 한국인 독립운동은 '평화원칙 14개 조항 연설(Fourteen Points Speech)'(Houchins and Houchins 1976 : 156)에서의 우드로 윌슨의 국가 자기결정권에 대한 선언(Woodrow Wilson's declaration)에서 영향을 받았다. 그러나 미국이 일본의 한국 지배를 공식적으로 인정하고, 한국인들과 한국계 미국인들의 독립에 대한 열성적인 외침을 묵과하면서, 이러한 이데올로기의 인종성 배타성이 분명하게 드러났다. 한국인들이 느낀 깊은 배신감은 김산의 회고를 통해 상징적으로 드러난다 : "나는 내가 세계적인 운동의 중책을 맡고 있으며, 곧 새로운 시대가 도래 할 것이라고 믿었

다. 그러나 베르사유(Versailles)에서 느낀 배
신감은 (…중략…) 너무도 커서 내 심장이 찢
기는 것 같았다. 그들의 말을 믿은 우리 한국인
들은 정말 애처롭고 순진무구한 사람들이다"
(Wales and Kim 1941 : 78).

41 그래샴(Gresham)과 오리건(Oregon)에 거
주하는 한국계 미국인 25가구를 대상으로 한
1963년의 연구에 따르면, 그들은 3·1절이 1
년 중 가장 중요한 기념일 중 하나라고 답했다
(Gregor 1963 : 83).

42 Patterson and Kim 1977 : 102.

43 Yang 1984 : 20.

44 Givens 1939; Choy 1979; Yu 1983 : 26;
Chun 1987 참조 민족주의자들과 교회 활동
들에 대한 소설은 Clay Walls(R. Kim 1987)
참조

45 1939 : 49.

46 Cumings 1984 : 27.

47 1981 : 433.

48 p.352.

49 Gayn 1981 : 353. 그의(1981 : 429) 일본의 식
민지배에 대한 고발은 광범위하게 이루어졌
다. "나는 우리나라가 상상을 초월할 정도로
인간의 기초적인 자유를 야만적으로 억압하
는 경찰국가가 되어가고 있다는 것에 수치심
과 고통을 느꼈다. 우리나라에서는 민주주의
적 모습을 거의 찾을 수 없었고, 민주주의의 그
어떤 요소도 실현되지 않았다. 나는 정치와 행
정의 무능과 함께 암울하고 무력한 시기가 도
래했음을 알게 되었다. Bruce Cumings(1981a)
의 해설도 이와 같은 맥락에서 이루어졌다. 미
군 기록의 철저한 분석을 바탕으로 한 커밍스
의 해석은 미국이 본토에서 이루어지는 독립
과 사회 개혁에 대한 요구를 급진적인 친 소련
적 행위로 오해하고 있으며, 이에 따라 사회적
운동을 억압했다고 결론지었다. 커밍스의 저
서인 『한국전쟁의 기원(Origins of the Korean
War)』 1은 한국의 학생 운동가들에게 고전 서
적으로 여겨진다.

50 Hahm 1984 : 42. 한국계 미국인 소설가
Richard Kim(1966 : 109)은 1966년에 한국
에서 "우리는 누구도(어떤 국가도) 믿을 수 없
다"라는 말이 유행했다고 언급했다.

51 1981 : 349.

52 윌리엄 왓츠(William Watts)는 이 프로그램

이 "한국인의 열등감과 예속의식을 보여주
며", 이로 인해 한국이 척박하고, 퇴보하고,
가난한 이미지를 가지게 되었다고 말했다(Y.
Koo 1984 : 367). 아이러니하게도 같은 책에
서 Hellman(1984 : 84)은 "한국인은 연민과
인간애의 이미지로 묘사되며, 이로 인해 한국
전쟁의 비극은 더욱 극명하게 나타난다"고
말했다.

53 Halliday and Cumings 1988 : 200.

54 cf. Kendall 1988 : 54.

55 Hellman 1984 : 83~84.

56 Kang 1976 : 26.

57 E. Kim and Otani 1983 : 34.

58 Cumings 1993; Enloe 1990.

59 미군의 자녀들의 대부분은 한국에서 살았다.
허원무(1972 : 17~18)는 1966년에 1,541명
의 미군 자녀들이 한국에 있었다고 보고했다.
그는 '수많은 오명의 꼬리표'로 인해 그 자녀
들이 '주변적 사회 신분'을 가지게 되었고, 아
프리카계 한국인들이 가장 많이 시달렸다고
언급했다. 우리가 인터뷰한 한 아시아·아프
리카계의 미국인은 그가 한국인 어머니를 만
나기 위해 한국에 왔을 때, 그와 그의 여동생
은 마을 사람들의 눈을 피해 집 안에 갇혀 있
었어야 했다고 회상했다.

60 미군을 상대한 한국인 매춘부들에 대한 단편
소설 문집인 1975년의 천승세의 『황구의 비
명』은 문학상을 수상했다(Hahm 1984 : 44).

61 O 1989 : 220.

62 이러한 인종차별적 용어는 1990년대 후반까
지도 한국과 미국의 1세대 이민자 사이에서
무의식적으로 사용되었다. 이러한 용어의 사
용은 점차 줄어들고 있다.

63 I. Kim 1987 : 330.

64 미국 입양 아동들은 전쟁 중의 이주, 혼혈, 가
난이라는 요소를 지닌 이민자 집단이다. 1962
년에서 1983년 사이에 45,000명이 넘는 아동
들이 미국으로 입양되었다(I. Kim 1987 :
331). 한국인의 부계와 혈족에 대한 이념으로
인해 대부분의 아동들이 한국에서 입양되지
못했다. 최근에 한국 내 입양이 증가하고 있
지만, 입양에 대한 거부감은 여전히 존재한
다. 한국의 입양에 대한 거부감의 역사적인
맥락과 지속은 Janelli and Janelfi(1982 : 53~
57) 참조

65 1989 : 112.

66 Barkan 1992 : 74.

67 INS의 이민자 통계에 따르면 미군과 결혼한 여성들, 입양된 여자 아이들, 간호사들을 포함한 여성 이민자의 비율은 지속적으로 변했다. 여성 이민자의 비율은 1950년대부터 지속적으로 감소했으며, 1965년에 한인 이민자의 81%, 1970년에는 67%, 1975년에는 58%, 그리고 1990년에는 55%가 여성이었다.

68 I. Kim 1987 : 334.

69 Moon 1978; Song 1989; Yoo 1993.

70 1981 : 433.

71 B. Kim 1977 : 102.

72 Moon 1978 : 103.

73 1966 : 115~116.

74 cf. H. Lim 1978 : 9.

75 Bark 1984.

76 Gonzales 1993 : H6.

77 E. Kim and Otani 1983 : 36.

78 Ahn 1989 : 8~9.

79 Hy-Sop Lim(1978 : 9)은 "미군 문화가 미국 하층계급문화의 많은 요소를 담고 있다. (…중략…) (이는) 프로테스탄트주의를 기반으로 한 미국 자본주의의 사회 도덕을 대변한다고 보기 어렵다. 오히려 미군 문화는 물질주의와 개인주의의 왜곡적인 모습을 보여준다"고 주장했다. Raban 1991 : 276~277 참조.

80 Kang 1976 : 28.

81 한국과 미국의 이중적인 관계만큼이나 한국의 일본에 대한 대중적 소비 역시 다각적인 면모를 지니고 있다. 이는 식민시대로부터 시작된 일본에 대한 혐오감과 일본의 산업화 모델에 대한 선망과 모방이라는 복합적인 요소를 지닌다.

82 H. Lim 1978 : 11~12.

83 안정효(1992)의 자전적 소설인 『할리우드 키드의 생애』는 1950년대에 한 남성이 할리우드 영화에 빠져들게 되는 모습과 함께 할리우드에 대한 흥미로운 묘사를 담고 있다.

84 1989 : 197.

85 *The Film Encyclopedia*는 테리 무어(Terry Moore)를 '할리우드의 성적 아이콘'으로, "영화에서의 역할보다도 하워드 휴즈(Howard Hughes)나 헨리 키싱거(Henry Kissinger) 등의 남성 배우들과의 연애 행각으로 언론에 오

르내렸다"라고 기술했다(Katz 1982 : 826).

86 Raban 1991 : 284. 1985년의 한국영화 〈깊고 푸른 밤〉은 미국의 영주권을 취득하기 위한 불법 계약 결혼과 여성에 대한 폭력 등을 통해 미국 이민의 어두운 이면을 담았다. 영화에서 한 한국계 미국인 남성은 본래 미군과 결혼해서 미국으로 이민을 온 한국인 여성과 계약 결혼을 한다. 그녀는 이민 전에 가지고 있었던 아메리칸 드림의 모순에 대해서 이야기 한다 : "나는 매일 바다가 보이는 근사한 집에서 파티를 즐길 줄 알았어요. 긴 드레스를 차려 입은 사람들과 섞여 춤을 출 것이라고 생각했어요. 마치 내가 미국 영화에서 본 장면처럼 말이에요." 영화의 후반부에서 불법 이민자가 된 주인공은 그의 한국 성 씨를 바꿔 자기 자신을 그레고리 팩(Gregory Paek)이라고 칭했다.

87 Sterngold 1992 : 6; Han 1978 : 893.

88 Suk and Morrison 1987.

89 Sterngold 1992 : 6. 베트남전쟁을 다룬 다른 1980년대의 영화들과는 달리, 〈하얀전쟁〉은 참전 용사의 지속되는 개인적 트라우마를 집중적으로 다루었다.

90 Bonacich, Light, and Wong 1977 : 55; Barkan 1992 : 118 · 122도 참조

91 실제로 한국이 군대를 파견한 후에 미군의 원조가 두 배로 증가했다(Han 1978 : 907).

92 Princeton Lyman(1968 : 572)은 "그들은 베트남과의 화해 협상이 한국의 DMZ(비무장지대) 준하는 평화와 안전을 불러일으킬 것이라고 생각했다"고 말했다. 많은 사람들에게 베트남전쟁 참전은 "강한 애국심과 국민적 자긍심을 불러일으켰다"(S. Kim 1970 : 577). 한국 병사들의 용감함은 언론을 통해 한국과 미국에 널리 알려졌다. 1967년에 *Newsweek*의 헤드라인은 "어떻게 한국 부대가 베트남전에서 큰 활약을 할 수 있었는가"였고, *U. S. News & World Report*는 "한국인 장교가 밝힌 베트콩을 무찌르는 방법"이라는 특집 기사를 실었다(Han 1978 : 910). 1966년에 미국의 존슨(Johnson) 대통령이 아시아 국가들을 순회했을 때, 한국에서만큼은 베트남에 대한 미국의 개입에 반대하는 시위가 일어나지 않았다(Lyman 1968 : 576).

93 Hattori 1987 : 93. 경제적 호황은 "군사 물품

조달, 전쟁위험에 따른 보험 초과액, 서비스 계약, 건설 계약, 군사 및 민간 인력의 지원 그리고 상업적 수출"에서 기인한 것이다(Han 1978 : 898).

94 S. Kim 1970 : 522.

95 Lyman 1968 : 577. 그러나 한편으로는 한국인 병사들의 참전은 미국에 금전적으로 도움이 되었다. 한국 부대를 유지하는 데 드는 비용이 미국 부대를 유지하는 데 필요한 비용의 절반을 밑돌았기 때문이다(Han 1978 : 897 · 899).

96 Lyman 1968 : 575～576.

97 S. Kim 1970 : 526～527.

98 Ahn 1989 : 213～214.

99 Ahn 1989 : 40.

100 1989년 10월에 미국 의회에서 노태우 전 대통령(1990 : 12)은 "발전을 위한 파트너 - 변화하는 사회에서의 한국과 미국의 관계"를 제목으로 연설했다. 그는 그의 베트남 참전의 기억을 회고했다 : "나는 미국에 깊은 친밀감을 가지고 있습니다. (한국전쟁 동안) 우리나라가 불길에 휩싸여 있을 때, 학생이었던 나는 자유를 위해 싸우기 위해서 군대에 자원했습니다. 그 당시 많은 미국 병사들은 나와 나의 동료들과 함께 싸웠습니다. 이들은 한국의 자유를 위해 기꺼이 목숨을 내놓았습니다. 몇 년 후 저는 젊은 미국 병사들과 함께 베트남에서 싸웠습니다. 저는 여기 이 자리에 있는 상원과 하원 의원들 중에 저와 함께 싸운 전우들이 많다는 것을 알고 있습니다." 그는 "미국에 하나님의 축복이 있기를 바라고, 모든 분들께 감사합니다"라고 말하며 연설을 마무리 지었다. 로널드 레이건(Ronald Reagan) 대통령은 1981년에 전두환 전 대통령을 백악관으로 초청했을 때, 노태우 전 대통령의 연설과 비슷한 감정을 불러일으키는 연설을 했다 : "우리 젊은이들은 한국에서뿐만 아니라 베트남에서도 함께 싸웠습니다. 거듭 말하지만, 베트남전쟁은 자유를 수호하기 위함이며, 현재 우리는 전쟁에서 서로를 지키기 위해 최선의 노력을 다하고 있습니다"(Larson 1990 : 89). 영화 〈하얀전쟁〉에서 한국전쟁과 베트남전쟁은 유사성을 지니는 것으로 묘사된다 : "제 인생은 전쟁의 연속이었습니다. 1941년 12월에 제가 태어났을 때, 일본은 진주만에 폭

격을 가하고 필리핀을 공격했습니다. 저는 제1차 세계대전 때 태어났고, 한국전쟁 중에 어린 시절을 보냈습니다. 그리고 제 청춘의 일부는 베트남전 참전에 쓰였습니다. (…중략…) 우리 트럭이 가파른 능선을 넘고 있을 때, 나는 베트남 사람들이 쓰레기차 주변에 모인 광경을 보았습니다. 베트남 사람들이 구겨진 깡통과 부패한 음식 더미에서 필요한 물건을 고르는 모습은 괴이하기까지 했습니다. 이 모습에서 나는 20년 전의 한국의 모습이 떠올랐습니다"(Ahn 1989 : 8 · 51).

101 Reimers 1985 참조 LA 폭동 이후에, 『로스앤젤레스 타임스』의 사설은 "1965년의 이민 개혁 법안은 1964년의 시민권법과 거의 동일하다고 볼 수 있다"(Los Angeles Times 1992d : M4)라고 주장했다.

102 INS 1990 : 37.

103 INS 1990 : app. · A. 1～12. 동반구 전체의 제한 인원은 170,000명으로 정해졌다(app. · A. 1～12). 이는 1978년에 290,000명으로 제한되었을 때로부터 수정된 것이다(A.1～17). 1995년을 시작으로 이민법은 총 이민자 수의 제한을 675,000으로 늘렸고, 1992년에서 1994년 사이에는 700,000으로 늘렸다(· A. 1～20). Barringer, Gardner, and Levin (1993 : 35)은 1990년의 이민법은 이민의 핵심 원인 중 하나인 가족의 재결합을 제한하는 것을 목표로 한 것으로 보인다고 주장했다.

104 Reimers 1985 : 94.

105 1980년과 1990년 사이에 아시아인과 태평양 제도민 가운데 한국인이 베트남인에 이어서 이민 비율이 가장 크게 변했다. 이 수치는 125%에 이르렀다(Barringer, Gardner, and Levin 1993 : 4).

106 1993년의 캘리포니아의 반이민 법안은 Fuchs 1990; Bailey and Morain 1993 참조 Ellis Cose(1992 : 219)는 "미국은 역사적으로 이민자의 유입에 관대했지만, 한편으로는 반이민 히스테리가 발생하기도 했다. 소수 인종 출신 이주민들 간의 마찰은 끊임없이 발생했다"라고 말했다.

107 1992 : 15.

108 Light and Bonacich 1988 : 103.

109 Light and Bonacich 1988 : 89.

110 Eui-Hang Shin and Kyung-Sup Chang(1988 : 622)은 "이민을 온 의사들은 한국에 머문

의사집단과 주류를 형성하는 본토 출신의 의사집단에 비해 상대적으로 주변부로 밀려났다"고 설명했다.

111 cf. Gng 1992 : 127.

112 Hall 1991 : 28. 1970년대의 문학, 문화 및 종교 분야의 운동가인 김지하(1974 : 72~73)는 한국의 고위간부인 고관(공안 혹은 고위 관리)에게 세계 자본주의를 투사시켜 아이러니한 서술을 제시했다.

고관이 옷을 입는다.
하이얀 눈보다도 더 쌔하얀 메이드 인 유에쓰에이
팬츠를 입고 런닝을 입고
내의를 입는다 낙타의 털내의를
털양말을 신고 또 한짝 털양말을 신고
하이얀 눈보다도 더 쌔하얀 大丸(다이마루),
高島屋(타카시마야)[일본의 백화점]의
와이셔츠를 입고
빠리에서 사온 넥타이를 매고
파아란 西湖(서호)보다도 더 새파란
支那翡翠(지나비취)의 카후스보탄을
익숙하게 끼우고
(…중략…)
아하 참 香水(향수)를 ……
夜間飛行(야간비행)과 토스타에
오늘은 라벤다와 가라를 섞어 그 위에
쟈스민을 조금 그린 노트를 약간
타부를 한 방울만
(…중략…)
강가루 장갑, 새카아만 고도방구두,
새카아만 黑豹(흑표)같은 거대한 팔기통 벤쯔71.

113 I. Kim 1981 : 17.

114 Koo(1987 : 108~109)는 한국의 새로운 중산층 구조가 신분상승을 열망하는 보수주의 집단과 민주적인 사회를 촉진하기 위해 노동을 권장하는 자유주의 혹은 급진주의 집단이 공존한다는 점에서 모순적이라고 평가했다.

115 Park et al. 1990 : 60~61. Hurh and Kim 1984 : 67; Min 1992 : 228 참조. 확정적으로 말할 수 없지만, 한국계 미국인들의 기독교는 한국의 기독교가 확장된 것이라고 볼 수 있을 것이다.

116 P. Park 1982 : 143. 오늘날 한국에는 정치적 스펙트럼의 양극단을 대표하는 두 집단의 기독교가 공존한다. 한 집단은 세계 그 어느 곳의 교회보다 많은 신도의 수를 보유한 중산층 지역의 호화로운 교회이다. 한국의 자본주의자들과 정치적 지도층들은 서울의 보수주의적인 교회에서 만나 반공주의적 측면의 기독교를 찬양한다. 다른 집단은 서울의 공장밀집 지역의 작은 교회에서 신앙생활을 한다. 이곳에서는 형식적인 교리보다 가난한 사람들을 위해 봉사하는 것이 더 중요하다. 상대적으로 적은 수의 사람들만이 있었지만, 한국의 해방신학(해방 혹은 민정 신학)을 시작으로 변모한 이 집단의 활동은 1980년대에 이르러 성공적인 문화·정치적 운동을 했다고 평가된다(Commission on Theological Concerns of the Christian Conference on Asia 1981). 한국 기독교의 다양한 양상은 Clark 1986 참조

117 선교사들이 여성을 위한 학교를 세우는 데에 중심적인 역할을 했다는 점에서 사람들은 기독교와 양성평등을 연관 지었다. 선교사들이 세운 대표적인 학교로는 이화여자대학교가 있다.

118 I. Kim 1981; Shim 1977; Min 1992. 실제로 기독교의 영향력은 불교에까지 확장되었다. 그들의 종교적 관례들은 '기독교화'되었다(Yu 1988).

119 Yu 1990a : 2.

120 Janelli and Janelli 1982 : chap.2.

121 Alfred Kazin(1991 : 15~18)의 유대인의 이민에 대한 논의에서도 유사한 방향성을 지닌다 : "유대인 문학에서 나타나는 가족의 이데올로기는 현실과는 거리가 멀다. 동유럽 출신의 유대인들이 이민을 떠난 이유는 반유대주의 때문만은 아니었다. 때때로는 가족 내에서도 서로에 대한 적대감이 자리하기도 했다."

122 일부 사람들은 이러한 구분이 육체노동과 상업에 낮은 가치를 부여하는 유교적 이데올로기에서 기인한 것이라고 주장할 것이다. 하지만, 5장에서 소규모 자영업을 하는 한국계 미국인에 대한 논의를 통해 이러한 문화적 주장의 설득력이 낮아지고 있다는 사실을 확인할 수 있을 것이다. 그러나 여전히 한국에서는 육체노동을 멸시하는 경향이 있다는 사실을 부인할 수는 없다.

123 Koo 1984 : 1031.

124 Lie 1992a.

125 1970년대 말, 대학 졸업자의 소득은 고등학교 졸업자의 2배였고, 초등학교 졸업자의 4배였다(Koo 1984 : 1033~1034).

126 H. Cho 1993 : 26.

127 지난 10년간 부유층에서 고등학교나 중학교 때 자녀를 해외 조기유학 보내는 것이 유행했다. 대다수의 경우 아버지는 한국에 남고 어머니는 해외의 아이들과 한국의 남편 사이를 왕래하며 지냈다 (Seo 1993 : 14).

128 Koo and Hong 1980 : 616.

129 Koo and Hong 1980 : 62. Koo(1987 : 109)는 "한국의 중산층은 자신들을 상류층과 비교하면서 강한 상대적 박탈감을 느끼고 있는 듯 보였다"고 했다.

130 Hagen Koo and Eui-Young Yu(1981 : 19)는 한국계 미국인의 "능력과 야망은 한인사회에서 충족될 수 없었다"고 시사했다.

131 Koo 1987 : 109.

132 E. M. Kim 1988.

133 Yunshik Chang(1991)는 개인적 네트워크로부터 수반된 '개성주의'에 대해 논했다. 1987년의 영화 〈성공시대〉는 한인 기업과 기업 내에서 성공하기 위해 부정도 마다하지 않는 모습을 풍자했다.

134 Yu 1990b.

135 급증하고 있는 화이트칼라 집단 내에서 중산층의 양극화와 자신들이 중산층의 생활방식에서 배제되었다고 생각하는 사무직 노동자의 하층계급으로의 프롤레타리아화가 나타난다.

136 Yi and Kim 1991.

137 INS 1990 : app. · A.1~16; I. Kim 1987 : 332~333.

138 I. Kim 1987 : 333.

139 Tilly 1990; Yim 1991.

140 아동과 가정주부와 같이 무직상태로 미국에 입국하는 경우도 있기 때문에 이민자의 구성을 정확히 추정하는 것은 어렵다. 1980년대 이민자의 80%가 자신의 직업을 신고하지 않았다.

141 Park et al. 1990 : 69.

142 1986년에 이루어진 필리피노와 한국인의 이민의 비교 연구에서, Fred Arnold와 그의 동료들(1989 : 833)은 미국으로 떠날 예정인 1,834명의 한국인을 대상으로 그들의 가족관계에 대해 조사했다. 평균적으로 각 응답자의 17.4명의 친척들이 이민 자격을 갖추고 있었다(아버지, 어머니, 배우자, 자녀, 사위, 며느리, 형제, 자매, 형제와 자매의 배우자, 형제와 자매의 자녀). 그러나 단 4.3명만이 새로운 이민 자격을 얻었고, 이민 자격을 갖춘 사람들 중 단 7명이 이민을 갈 의사가 있었다. 필리피노의 경우에는 25.3명, 5.3명, 1.8명이다. 과거에 비해 수치가 하락했지만, 이를 통해 우리는 가족을 통해 이민 자격을 갖추었던 사람들 중 소수만이 실제로 이민을 결정한다는 것을 알 수 있다.

143 Park et al. 1990 : 30. 이는 서울 거주자의 출신 지역을 보여주지 않는다. 대부분의 이들이 서울의 1세대 이주자들이다.

144 pp.32~35.

145 Park et al. 1990 : 46~48.

146 p.49.

147 p.58.

148 Seo 1993 : 14.

149 D. Hong 1992.

150 1992년의 기사는 다음과 같이 보도했다. "(이민자) 이수율은 일요일에 결혼할 예정이었지만, 그의 예비신부의 가족이 결혼식을 취소했다. 예비신부의 가족은 외동딸이 캘리포니아에 이민을 가는 것을 원치 않는다고 말했다. (…중략…) 예비신부의 부모님은 로스앤젤레스 폭동으로 인해 미국이 기회의 땅이라는 생각이 사라졌다고 했다. 미국 시민권을 취득하려고 했던 35세의 이 씨는 이 일로 인해 크게 상심했지만, 여전히 자신의 미래는 미국에 있다고 말했다. 프레스노(Fresno)와 로스앤젤레스에 있는 그의 의류매장에서 일하기 위해 지난 수요일에 캘리포니아로 떠났다"(Tunney 1992 : 8).

151 Cho 1989; Choi 1989; Choi, Kim, and Cho 1991; Clark 1991.

152 Clark 1988.

153 James Larson(1990 : 87)은 광주에 대한 미국의 보도가 "미국보다는 한국에 현저한 영향을 미쳤다"고 말했다. 공식적인 이야기와 그 이면에 숨겨진 이야기의 극명한 대조는 밤마다 텔레비전을 통해 '공산주의' 학생 시위의 광경을 조롱한 정치적으로 통제된 한국의 방송의 현실을 보여주었다. 1980년대의 반체제 저널인 말은 뉴스 사건 보도 방법에 대해

정부에서 각 언론사에 내려진 지침을 공개했다. 지침에는 어떤 단어를 사용하고 사용해서는 안 되는지, 어떤 이미지를 포함시키고 포함 시켜서는 안 되는지 등의 사항이 있었다.

154 광주민주화운동은 한국계 미국인 사회에서도 큰 주목을 받았고, 이는 디아스포라 정치에 파문을 일으켰다. 로스앤젤레스 한인들의 반응은 Edward Chang(1988)이 일컬는 영사관과 한국중앙정보부, 민족 미디어와 한국 연맹의 '삼자동맹'에 대한 반발이었다. 요컨대, 한국에서 정부의 시민 운동 유혈 진압에 대한 반대 시위가 일어나는 동안 미국의 일부 한인들은 거리로 나가 고국에서 일어난 사건, 그들의 삶에 대한 한국 정부의 개입, 이러한 일의 발생에 대한 미국의 책임에 대한 시위를 했다. 광주민주화운동이 일어난 직후에 미국에 온 한 전라남도 출신의 이민자는 민주화운동 이후에 한인 호남협회가 친교적 협회에서 정치적인 조직으로 변했다고 설명했다 : "광주와 나의 '형제·자매들'이 죽어가는 모습을 조용히 보고만 있을 수 없었습니다. 한국의 언론은 이 사건이 북한과 연관이 되어 있다는 말까지 하면서 이 사건을 왜곡하고 있습니다." 광주민주화운동에 대한 로스앤젤레스 한인들의 반응에 관한 논의는 Chang 1988 참조

155 Choi 1989 : 7.

156 이는 1976년에 한국에 주둔하는 미군의 수를 줄여야 한다는 카터(Carter) 대통령의 제안에 대해 부정적이었던 한국인의 응답과 대조된다.

157 1982 : 81.

158 이러한 문화적인 거부는 1980년대부터 시작된 것이 아니라 억압적이었던 1970년대에 활동한 문화 운동가들이 시작한 것이다. 작사가이자 가수인 김민기와 시인 김지하와 같은 인물들은 민정과 민중운동의 중요한 선구자로 여겨졌다.

159 현대 한국의 문화정치는 S. K. Kim 1991 참조. 헤게모니에 대한 노력으로 정부는 한국의 문화 정체성을 표현하는 데 있어서 전통 한국 문화를 강조하도록 했다. 판소리꾼의 삶을 그려낸 1993년의 장편영화 〈서편제〉는 이전의 한국 영화의 기록들을 갱신했다. 많은 언론들은 사람들에게 낯선 한국 문화의 전통을 다루어 난해한 듯 보이는 영화가 전 연령, 성별, 계급을 초월하여 인기를 끌었다는 사실에 관심을 가졌다(Im 1993 참조).

160 J. W. Lee 1986 : 36.

161 Seong-Kon Kim(1991 : 114)은 "역동적인 에너지와 강한 움직임으로, 이 (1980년대의) 새로운 춤은 한국의 민주화에 큰 역할을 할 것이다"라고 선언하기까지 했다.

제4장

1 Yu 1990a : 3.

2 Rand 1967 : 3.

3 Weinstock 1947 : 2. W. W. Robinson(1968 : 4)은 "로스앤젤레스에 갈 때마다 나는 내가 하나님께 무얼 잘못했는지 생각한다"고 적었다.

4 Robert Heizer and Alan Almquist(1971 : 202)는 "캘리포니아만큼이나 소수민족 집단에 대해 비인간적이고 야만적인 대우를 일삼은 곳은 없었음을 역사가 알려준다"고 말했다. 로스앤젤레스 형성의 아시아인들의 노동적 기여에 대한 논의는 Bonacich 1984 참조

5 Griswold del Castillo 1979 : 6. "로스앤젤레스는 1781년에 알타 캘리포니아(Alta California)의 농산품 공급지로 세워졌다"(Starr 1985 : 13).

6 Caughey and Caughey 1976 : xiii.

7 Saxton(1990). 남부 캘리포니아의 중심지로 부상한 로스앤젤레스에 관해서는 Fogelson 1967 : chap.3 참조

8 1973 : chap.12.

9 물의 정치학과 할리우드의 정치학에 관해서는 각각 Kahrl 1982와 Gabler 1988 참조

10 Richard White(1991 : 417)는 "1890년에 로스앤젤레스 상공회의소는 그들의 도시가 다른 도시들의 본보기가 되었다는 것을 전국적으로 선전하기 위해 엄청난 노력을 했다"고 기술했다. Lotchin 1992 : chap.4도 참조

11 Joan Didion(1992 : 222)은 "로스앤젤레스가 『로스앤젤레스 타임스』와 소유자인 해리슨 그레이 오티스(Harrison Gray Otis)와 챈들러 가문(Chandler family)에 속한 그의 후손들에 의해 세워졌다는 사실은 미국에 잘 알려지지 않은 사실이다"라고 적었다. Mike Davis(1990 : 101)는 "미국-스페인 전쟁과 한국전쟁 사이의 반세기 동안, 오티스-챈들

러 왕조(Otis-Chandler dynasty)는 미국의 중
앙 집중적이고, 무장된 지방자치의 권력 구조
를 통솔했다"라고 평가했다. Kotkin and
Grabowicz 1982 참조.

12 "20세기 로스앤젤레스 산업화의 중심에는
노동조합 형성을 반대하는 고용주 집단의 영
속적인 권력과 그들을 지지하는 공공 부문의
협력자들이 있었다"(Soja 1989 : 195).

13 Davis 1990 : 101~128.

14 Gregory 1989 : 42~52.

15 Fogelson 1967 : 77.

16 pp.72~73.

17 p.81.

18 p.192.

19 Bottles 1987, chap.8; Brodsly 1981, chap.3.

20 McWilliams 1949 : 22. 도시 스프롤 현상의
영향이 상세하게 기록되었다. 일부 사람들에
게 로스앤젤레스는 인간의 개발에 대한 맹목
적인 믿음을 상징적으로 보여주는 광대한 생
태적 황무지로 여겨졌다. 초기의 논의들 가운
데 Richard Lillard(1966 : 315)는 다음과 같
이 말했다 : "남부 캘리포니아는 훌륭한 즉흥
연주 속에서 속도를 내기 시작했다. (…중
략…) 한편, 과정을 중시하고 결과를 간과했
다. 여기에 계속되는 인간의 부주의하고 성급
한 시도들이 환경과 문명에 어떤 영향을 미칠
것인지에 대한 불길한 징조가 깃들어 있다."
1950년대에 Hildegarde Flanner(1980 : 22)
는 "우리는 서부에서 가장 무자비하게 농업이
인구, 주거, 산업, 고속도로로 대체되는 모습
을 목격했다"라고 기술했다. Lewis Mumford
(1961 : 510)는 로스앤젤레스의 정치적·미
학적 실패에 대해 논했다 : "교외의 생활방식
을 추구하는 사람들로 인해 넓은 대지와 빠른
이동성이 훌륭한 삶의 주요 요소라는 근거 없
는 믿음이 커져갔다. 인구 밀도가 낮은 거주지
역에서의 삶은 낭만주의 운동의 산물이며, 이
러한 믿음은 도시의 지역들을 재구성하고 새
로운 패턴으로 결합하는 작업의 주요한 장애
물 중 하나이다. 이러한 재구성 작업은 혼잡하
고 무질서한 대도시나 교외의 지역보다 더 풍
요로운 생활의 기회를 제공할 수 있을 것이다.
이러한 낭만적인 믿음이 불합리한 결과를 도
출한다는 것은 로스앤젤레스의 사례로 증명된
다." Banham 1971 : 243; Bottles 1987 : 254 참조

21 대공황 시대의 오클라호마 주 출신 이동 농업
노동자나 서남부 출신의 사람들 역시 주거의 격
리를 포함한 상당한 편견과 차별을 받았다는 점
에 주목해야 한다(Gregory 1989 : chap.3).

22 Hoch 1984; Logan and Molotch 1987 : 18
1~187.

23 Banham 1971 : 147.

24 Davis 1990 : 161.

25 이러한 민족 신화는 진보적인 작가에게도 영향
을 주었다. Paul Jacobs과 Saul Landau(1971 :
xxxi~xxxii)는 다음과 같이 말했다 : "또 다른
리틀 도쿄는 일본계 미국인들이 거주하는 주
요 지역에서 생겨났고, (…중략…) 중국계 미
국인들은 (…중략…) 곧 리틀 차이나타운이
될 지역에 모여들었다. (…중략…) 지금 미국
에는 새로운 민족 집단 결집의 유형이 발생하
고 있다. 이러한 민족 집단들은 친숙하고 안정
감을 주는 것들로부터의 고립을 두려워하는
것 같다." Bruce Cumings(1981 b : 197)는 "미
국인들의 생각대로 차이나타운은 동양 전쟁,
비도덕적인 음모, 추악한 권모술수, 난동, 그
리고 타락을 일삼는 이해 불가능한 일탈자들
로 가득하다. 이곳에 온 아시아인들은 자유와
시민성의 필요조건을 결여했다"고 논평했다.

26 Christopher Rand(1967 : 102)는 "로스앤젤
레스는 미국 문화에 융화되지 못했거나 융화
되기 어렵다고 여겨지는 인간 유형의 다양한
결합을 보여주는 지역이다"라고 말했다.
Fogelson(1967 : 198; p.147도 참조)은 "불행
하게도, 다수의 백인들은 유색 소수민족을
─ 각 민족 집단을 다른 방법과 다른 정도로
─ 경시하고 격리했고 이로 인해 그들의 작
은 포부마저 좌절되었다"라고 기술했다.

27 Sanchez 1993 : 76~77.

28 1930년에 로스앤젤레스시의 120만 명이 조
금 넘는 전체 인구는 약21,000명의 일본계 미
국인, 3,000명의 중국계 미국인, 51,000명의
멕시코 태생, 그리고39,000명의 아프리카계
미국인으로 구성되었다(Modell 1977 : 23).

29 Carey McWilliams(1990 : 202)는 "로스앤젤
레스의 가장 오래된 정착민인 멕시코인은
1980년대에 일어난 엄청난 토지 호황 이후에
빠른 속도로 많은 영국계 미국인들이 이주하
면서 주변부로 밀려났고 자취를 감추었다"고
기술했다.

30 Griswold del Castillo 1979 : 174.

31 1900년대에 "거주의 분산이 주택 공급의 개선
    으로 이어지지는 않았다. 인종적 제약은 스페
    인어를 구사하는 민족 집단의 부유한 교외지
    역으로의 유입을 막았다. 새로운 바리오스는
    상류계층이 거주를 기피하는 도시의 구역에 형
    성되었다"(Ríos-Bustamante and Castillo 1986
    : 127; Camarillo 1979 : 117~126·199~210).

32 Camarillo 1979 : 205.

33 Rieff 1991 : 71.

34 Griswold del Castillo 1979 : 174; Steinberg
    1989 : 22.

35 Jacobs and Landau 1971 : 257.

36 McWilliams 1973 : 319~320; Mazon 1984
    도 참조.

37 John Modell(1977 : ix)은 " 대부분의 일본계
    미국인들은, 마치 이동의 제약이 없는 것처
    럼, 로스앤젤레스를 누볐다"라고 적었다. 많
    은 학자들은, 다른 소수민족 집단에 비해서
    상대적으로 일본계 미국인이 잘 대우받았다
    는 것에 동의했다(McWilliams 1973 : 322;
    Modell 1977 : 32 참조). 일본계 미국인의 역
    사와 현재는 각각 O'Brien and Fugita 1991과
    Fugita and O'Brien 1991 참조.

38 Modell 1977 : 17~18.

39 1944, chap.2.

40 일본계 미국인들은 미국 태생의 아이의 이름
    으로 토지를 등기하는 것을 포함한 다양한 방
    법으로 법망을 피했다. 그러나 대부분의 사람
    들은 원예와 가정부와 같은 서비스업에서 일
    자리를 구했다(각각 Tsuchida 1984와 Glenn
    1984 참조). 일본계 미국인들의 농업은
    Modell 1977 : 94~108 참조.

41 Modell 1977 : 71. 전쟁 전의 일본계 미국인
    소규모 사업은 Bonacich and Modell 1980 :
    38~40 참조.

42 Modell 1977 : 60.

43 Modell 1977 : 63.

44 Daniels 1962; Uchida 1982; Irons 1983,
    Okubo 1983.

45 Barry Bluestone and Bennett Harrison(1982
    : 6)은 탈산업화에 대해 논했다 : "탈산업화
    는 국가의 기본 생산 능력에 대한 광범위하고
    구조적인 투자중단이다. (…중략…) (그러한
    자본은) 기본적인 국가 산업에 대한 생산적

    인 투자에서 비생산적인 투기, 인수 합병, 해
    외 투자로 전환되었다. 이로 인해 공장의 폐
    쇄, 일자리를 잃은 노동자들, 그리고 새로운
    유령 도시 만이 남았다.

46 Soja 1989 : 192. 그는 또한(1989 : 228) 1930
    년대부터 "로스앤젤레스는 계속해서 미국의
    모든 주요 대도시의 새로운 제조업 고용의 창
    출을 이끌었을지도 모른다"라고 기술했다.

47 Scott and Paul 1991 : 191; Soja 1989 : 192
    참조.

48 Castells 1989 : 218.

49 Light 1988 : 63~64.

50 Cole 1992 : 64.

51 남부 캘리포니아의 전자와 의류 산업에 대한
    연구에서 "고용주들은 생산 과정의 노동자 고
    용에 있어서 히스패닉, 특히 외국 태생의 히스
    패닉을 선호한다고 솔직하게 말했다. 히스패
    닉은 미국인보다 더 '근면한', '열심히 일하는',
    '충성도가 높은' 집단으로 인식되었다. 대체로
    아시아인에 대해서도 이와 같은 인식이 존재
    했다"고 보고했다(Fernandez Kelly 1989 :
    156). Miles 1992 : 59~60 참조 : "19세기 말
    유럽인들의 이민으로 인해 나의 선조가 겪은
    일을 20세기 말의 라티노의 이민으로 미국의
    흑인들이 겪고 있다." Fuchs 1990 참조.

52 Castells 1989 : 219.

53 "오렌지 카운티(Orange County)는 지역 노
    동 시장, 퇴폐된 노사 관계, 그리고 첨단 기술
    의 군수 산업에 깊숙이 자리하는 '거래 중심
    (transaction-intensive)' 경제의 선벨트
    (Sunbelt)의 산업과 도시를 전형적으로 나타
    낸다"(Soja 1992 : 97).

54 Cho 1985.

55 Davis 1992b : 27~29.

56 Castells 1989 : 224~228; Reich 1991 : 269;
    Sassen 1991 : 317~319.

57 Moffat 1993 : B3. 『로스앤젤레스 데일리 뉴
    스(The Los Angeles Daily News)』는 "실제로
    900명의 거주민을 위해 출입문과 10마일의
    전용도로를 설치한 브래드베리(Bradbury)
    는 지나치게 보안에 집착했기 때문에 세 명의
    시 고위 관계자들은 언론의 전화에 회신도 하
    지 않았다. 그들은 지역이 언론에 노출될 때
    마다 (…중략…) 사람들의 이목이 집중되어
    절도 사건의 수가 증가할 것이라고 생각했다"

고 보도했다(Davis 1992e : 172).

58 Davis 1992e : 160~167.

59 "따라서 우리는 우리의 성에 외벽을 쌓았습니다. 그 안에서 우리는 또 다른 사람들의 접근으로부터 우리의 가족을 지키기 위해 다시 벽을 만들었습니다"(Frayn 1968 : 26).

60 고속도로에서조차도 계급 차별이 드러난다. 대부분의 고속도로 진입로들은 가난한 지역들을 우회했다(Brodsly 1981 : 38~40 참조).

61 Davis 1990 : 165~169.

62 1981 : 98.

63 Lo 1990, chap.7.

64 1990 : 105.

65 Davis 1990 : 207~208.

66 Sniderman and Piazza 1993.

67 UCLA Ethnic Studies Centers 1987.

68 1992 : 1.

69 '검은 로스앤젤레스(Black LA)'의 묘사들은 George 1992; Charles and Igus 1993 참조.

70 Glasgow 1980; Wheeler 1993.

71 McWilliams 1973 : 324. 예를 들어 두보이스(W. E. B. DuBois)는 1913년에 "남부 캘리포니아에는 어디에도 비길 수 없는 무한한 기회와 가능성이 있는 것으로 보인다"라고 기술했다.

72 Bunch 1990 : 110. "1930년대와 1940년대에 센트럴 에비뉴(Central Avenue), 킹(King)의 남쪽과 맨체스터(Manchester)의 북쪽에 위치한)에는 로스앤젤레스 흑인의 약 90%가 거주했다"(Hamilton 1992 : 5).

73 Fogelson 1967 : 200.

74 Starr 1990 : 149. "1916년 이후에 상당한 규모의 흑인 지역사회가 로스앤젤레스의 외곽에 위치한 머드타운(Mud Town)이나 왓츠(Watts)에 형성되었다. 이들은 주로 미시시피(Mississippi), 조지아(Georgia), 알라바마(Alabama)의 시골지역 출신이었다"(McWilliams 1973 : 325).

75 McWilliams 1973 : 325.

76 Collins 1980 : 41; Nash 1985 : 92~97도 참조.

77 White 1991 : 510.

78 McWilliams 1973 : 325; Davis 1992c : 56.

79 Banham 1971 : 173.

80 ibid.; Glasgow 1980 : 37~42.

81 Davis 1992b : 30~31.

82 Soja 1989 : 201. Mike Davis(1990 : 305)는 "노동자 계급의 젊은 흑인 남성들은 (…중략…) 노동 시장에서의 제한적인 직업 선택권을 알게 되었다. (…중략…) 그들은 이전 세대의 흑인들에게 조금의 품위만을 허락한 공장과 트럭 운전의 일자리를 이민자가 대체하거나 로스앤젤레스의 중심부에서 멀리 떨어진 백인의 지역으로 이전된 것으로 인해 무너졌다"고 기술했다. 전반적인 논의는 Wilson 1987 참조.

83 Soja 1989 : 206~208; Davis 1992b : 32.

84 Farley 1991 : 293; Massey and Denton 1993 : 67~74.

85 West 1993 : 35~37.

86 Barringer 1992b : A12.

87 Hubler 1992 : A1·A22. 로스앤젤레스 사우스 센트럴의 민족 구성의 변화가 화합적인 단체의 구성으로 이어지지는 못했다. 예를 들어, 모든 인종을 아우르는 단체가 조직되지 않았다. 스페인어 일간지인 『라 오피니온(La Opinion)』의 편집국장인 세르지오 무뇨스(Sergio Munoz)는 『뉴욕타임스』와의 인터뷰에서 다음과 같이 말했다 : "폭동이 일어났을 때 (…중략…) 저는 폭동의 진정을 도모하기 위해 모인 히스패닉 지도자들 중 한 명이었습니다. 하지만 저는 그때 사람들이 사우스 센트럴에 있는 히스패닉 지역사회의 지도자를 한 명도 알고 있지 않았다는 사실만을 깨달았습니다"(Mydans 1992c : 07; Oliver, Johnson, and Farrell 1993 : 130~132 참조).

88 Davis 1992d : 57.

89 Kim and Wong 1977 : 230.

90 Yim 1984 : 520.

91 Givens 1939 : 22; Yim 1984 : 521.

92 Givens 1939 : 68. 제2차 세계대전 당시, 남부 캘리포니아의 100명의 한국계 미국인들은 캘리포니아주 방위군 특수 부대를 결성했다 (Shin 1971 : 205).

93 Yu 1985 : 34~36.

94 K. Lee 1969 : 61.

95 Kwon 1972 : 17.

96 Choy 1979 : 225~226; Holley 1985 : 1; Yu 1985 : 36.

97 1992 : 157.

98 Holley 1985 : 1.

99 Sunoo 1974 : 7.

100 Choy 1979 : 273.

101 J. W. Lee 1986 : 24.
102 1975 : 50~53.
103 1979 : 91.
104 1979 : 133.
105 Oh(1983 : 37)는 "한국의 은행들의 로스앤젤레스 지점은 남부 캘리포니아에서 사업을 하는 한인 회사에 재정적 지원을 제공했으며, 상대적으로 제한적인 정도였지만 지역의 한인 자영업에도 재정적 도움을 주었다"고 했다. D. O. Lee 1992 : 264도 참조.
106 Yu 1990a : 1~2. 1979년에 『로스앤젤레스 타임스』는 다음과 같이 보도했다 : "로스앤젤레스는 해외로 나간 한국인들이 가장 많이 거주하는 지역이 되었다. 약 150,000명에서 170,000명의 한국인들이 로스앤젤레스에 거주하고 있다. (…중략…) 코리아타운으로 불리는 지역에는 한국인들이 부동산을 보유하고 있기도 하다." 코리아타운에는 대형 쇼핑센터 5곳, 소규모 쇼핑센터 10곳, 한식당 30곳, 슈퍼마켓 5곳, 나이트클럽 10곳, 교회 80곳, 절 4곳, 병원 3곳, 그리고 몇 개의 학교가 있다"(Sherman 1979 : 1). 한편 Eui-Young Yu(1982b : 28)는 1979년에 로스앤젤레스 카운티에 거주하는 한국계 미국인은 55,000명이었다고 추정했다.
107 Ellis 1992 : 29.
108 J. W. Lee 1986 : 36. Nee and Nee(1986 : xxi) 참조 : "차이나타운의 경계는 명확하게 구획되어 있지 않다." 명확한 구획이 가능할 것이라는 생각은 자연적으로 발생하는 도시 생활의 무질서를 간과한 도시 계획 설계자의 상상에 기반을 둔 것일 뿐이다. 민족적 구축환경의 특징은 Noble 1992 참조.
109 코리아타운은 두 번째로 한국인이 많이 거주하는 도시로 잘못 알려졌다(Nelson 1983 : 241; Rieff 1991 : 171 참조). 이는 코리아타운에 대한 언론의 오보의 한 예시이다.
110 Alexander Cockburn's(1992b)의 tour d'horizon에서 로스앤젤레스를 다룬 부분에서 코리아타운은 언급되지 않았다. Davis(1990) 역시 코리아타운에 대해서 언급하지 않았다.
111 Andersen 1983 : 19.
112 Reichl 1993 : 33. 1993년의 Zagat Los Angeles / So. California Restaurant Survey에는 단 한 곳의 한식당만이 목록에 포함되었다(Shindler and Berk 1992).
113 1992 : 102.
114 Senate Office of Research 1992 : 2.
115 Yu 1990a : 4.
116 Rieff(1991)의 서적 Los Angeles : Capital of the Third World 참조.
117 Yu 1993 : 157.
118 Kyung Lee(1969 : 65)은 "암묵적으로 모두 인지하고 있는 한국인 교외화의 요인은 흑인 집단이 도시 남부를 점차 잠식하기 시작했다는 것이다"라고 언급했다.
119 1975 : 50.
120 Sherman 1979 : 27. 1980년대 초반에, Eui-Young Yu(1982a : 30)는 "로스앤젤레스 카운티 내에서 한국 인구의 분산의 추세가 점차 늘어나는 것으로 보인다"고 언급했다. Yu 1985 : 39 참조.
121 J. W. Lee 1986 : 24.
122 Schoenberger 1992 : A20.
123 Yu 1990a : 44.
124 Yu 1990a : 34. 코리아타운의 낮은 자택소유 수치는 코리아타운에 존재하는 많은 임대아파트 때문이기도 했다.
125 Millican 1992 : B3.
126 Millican 1992 : B3.
127 G. W. Park 1988 : 59~60.
128 Wright 1981.
129 Jonathan Raban(1991 : 258)는 다음과 같이 말했다 : "시애틀에서 맞이한 첫 날, 한 씨는 쇼어라인(Shoreline) 학군이 시애틀(Seattle) 학군보다 '비교할 수도 없이 낫다'는 것과 사이어(Syre) 초등학교가 그의 딸이 학계의 스타덤에 오르는 첫 걸음을 시작하는 데에 더할 나위 없이 좋은 학교라고 생각했다. 따라서 그는 리치몬드 비치(Richmond Beach)에 위치한 주택을 구입했다. 그의 집 주변에는 한국인 이웃이 없었다. 그에게는 그저 좋은 학교에서 가장 가까운 집을 구하는 것만이 중요했다."
130 Choy 1979 : 222.
131 Kang 1993 : 26.
132 1993a : 216.
133 H. S. Lee 1978.
134 S. H. Lee 1988 : 106~111.
135 Shin and Park 1988.
136 H. S. Lee 1982. Yung-Hwan Jo(1982 : 206)

는 자발적 한인 단체들은 갈등에 시달리고 있다고 말했다.

137 Pyong Gap Min(1991a : 236-237)은 한인 노동자들은 언젠가 자신들이 고용주가 될 것이라고 생각했고, 따라서 노동자 계급의식이 거의 없었다고 주장했다.

138 Hicks, Villaraigosa, and Oh 1992 : 46.

139 엔젤라 오(Angela Oh)는 언론 대응에서의 자신의 역할에 대해 양가감정을 느낀다고 말했다 : "어떤 면에서 엔젤라 오(자신을 지칭)가 대변인이 되었다는 사실은 조금 비극적이에요. 왜냐하면 우리 사회의 아주 근본적인 기둥을 세우기 위해서 몇 년간, 어떤 경우에는 수십 년간 노력해온 사람들이 따로 있기 때문이에요. 단지 언어적 능력이 부족하다는 점 때문에 이 사람들은 그들의 감정과 경험에 대해서 직접 이야기하지 못했어요."(Asian American Policy Review 1993 : 61). 이와 같이 모든 언론 대변인들이 그들이 담당하는 집단을 전적으로 대표하지는 못했다. 사회학자 토드 기틀린(Todd Gitlin 1980 : chap.5)은 집단을 대변하는 사람이 없는 상황에서 미디어는 그 집단을 마음대로 인식하고 재창조한다고 지적했다.

140 여기서 그녀는 Light and Bonacich(1988)이 내린 결론을 명시적으로 거론했다.

제5장 ─────

1 이 장은 많은 한인 기업가들의 중요 업적들을 기반으로 한다. 특히, Light and Bonacich(1988)는 우리의 논의에 중요한 이정표이다. 이 장에서 우리가 강조하고자 하는 것은 그들의 책에서 강조하고 있는 점과는 다르다. 특히, 우리는 한인 기업의 구조화에의 미국 자본의 역할과 한인 상인들의 민족적 연대를 집중적으로 다루지 않을 것이다. 이 책의 연구 결과와 결론에 대한 비평은 Min 1989; 1990b과 Bonacich 1989 참조

2 우리는 처음의 세 남성을 그들의 부인과 함께 인터뷰했다. 우리의 인터뷰는 대부분 부부가 함께 일하는 사무실이나 가게에서 이루어졌다. 이러한 '자연스러운' 인터뷰 환경 속에서, 우리의 의지와는 다르게 가부장적인 권력 구조가 재현되어 남성의 목소리가 상대적으로 우세했다.

3 Doerner 1985 : 43~44.

4 p.44.

5 Hacker 1992 : 109.

6 1990a : 12~13.

7 Millican 1992 : B7.

8 1934 : 75·92·93.

9 Eckert 1990; Eckert et al. 1990, chap.10.

10 Hattori 1992 : 203~205·226~228·231~233.

11 I. Kim 1981, chap.5.

12 주인공은 계속해서 "여태껏 나는 엄마 아빠를 위해 좋은 성적을 받았다. 그리고 부모님은 나에게 더 나은 삶을 마련해주고 싶어 했다"고 말한다(M. G. Lee 1992 : 145).

13 Hurh, Kim, and Kim 1979 : 49; Kim, Lee, and Kim 1981 : 5; Choi 1982 : 155; Yu 1982b : 69; Hurh and Kim 1984 : 115 참조. David S. Kim(1975 : 52)는 "일반적으로 한인사회의 단 10%만이 영어를 자유롭게 구사한다고 여겨진다"고 말했다.

14 J. F. Lee 1992 : 28.

15 Trachtenberg 1986 : 70.

16 Ivan Light(1972 : 4~5)은 그의 연구에서 중국계 이민자와 일본계 이민자의 사업에 대해 논했다. "본토 출신과 비교했을 때, 해외에서 태어난 사람들은 학교 교육을 더 적게 받았고, 상대적으로 낮게 인정받는 교육기관의 수료증을 가지고 있었다. 또한 고소득을 얻을 수 있는 기술을 적게 보유하였다. 나아가 이들은 억양과 인종 때문에 차별을 경험했다. 이러한 환경으로 인해 이들은 본토 출신에 비해 불리한 노동시장보다는 자영업을 택해 상대적으로 더 나은 소득과 지위의 보상을 받을 수 있었다."

17 Choy 1979 : 227·250.

18 1979 : 250.

19 1975 : iii.

20 p.28.

21 Cha 1975 : 23; Hurh 1977 : 34 참조

22 1975년에 코리아타운에서 실시된 연구에서 대학교를 졸업한 한인 남성의 51%와 한인 여성의 60%가 직공이나 공예사로 일한 것으로 조사되었다(D. S. Kim 1975 : 53). 1978년의 남부 캘리포니아의 한국계 미국인 대상의 연구에서 연구 대상자의 55%가 한국에서는 전문직 종사자였지만, 단 21%만이 미국에서도 전문직에 종사할 수 있었다(Yu 1982b : 60).

23 D. S. Kim 1975 : 54.

24 로스앤젤레스의 한국계 미국인을 대상으로 한 1984년의 연구에서 응답자의 약 90%가 한국에서 전문직, 경영관리직, 혹은 사무직에서 종사했다고 답했고, 63%는 미국에서의 첫 직장으로 생산직에서 일했다고 답했다 (Hurh and Kim 1984 : 105). Pyong Gap Min(1990a : 445)의 연구는 이민 후 첫 직장에서 직업적 위신이 그 이전의 직업에 비해 하락하는 것을 보여준다. 점차 상승하고는 있지만 이로부터 7년이 지난 지금도 이민자들은 미국에서 한국에서의 직업보다 낮은 직업적 위신을 가진 직종에서 일했다.

25 Raban 1991 : 268.

26 D. S. Kim and Wong 1977 : 232.

27 1990 : 468.

28 Barringer, Gardner, and Levin 1993 : 227 · 266~267.

29 K. C. Kim, Kim, and Hurh 1981 : 228~229.

30 R. Kim et al. 1992 : 75.

31 Yu 1982b : 69; Hurh and Kim 1984 : 115.

32 피터 김(Peter Kim)은 『로스앤젤레스타임스』에 다음과 같이 말했다 : "(한인 이민자들은) 언어 문제 때문에 좋은 직장을 구하지 못한다는 것을 알게 되었습니다. 이들에게는 자영업 말고는 다른 선택권이 없었습니다"(Millican 1992 : B7).

33 대다수의 한국계 미국인들은 사무직에서 일할 수 있는 기회가 있음에도 소규모 자영업으로 더 성공할 수 있을 것이라고 생각했다 (Min 1984a : 343~348; 1984b : 8).

34 Min 1988a : 125.

35 Bechhofer and Elliott 1981 b; Bertaux and Bertaux-Wiame 1981.

36 캘빈 트릴린(Calvin Trillin)은 그의 유대인 이민자 아버지를 떠올리면서 다음과 같이 기술했다 : "식료품업계에서 인정되는 성공의 척도 중 하나는 자식을 똑똑하게 잘 키워서 다른 직종에서 일할 수 있도록 하는 것이었습니다.(…중략…) 아버지가 식료품점을 운영하고 내가 그의 뒤를 따르지 않게 하는 것이 우리 가족에 주어진 과제와 같았습니다. 아버지는 그 일을 정말 싫어했습니다"(Trillin 1954 : 59) Bonacich and Modell 1980 : 152 참조.

37 1990 : 86.

38 p.53.

39 Yoon 1990 : 308. 1986년에 이민자들을 대상으로 한 조사에 따르면, 그들은 미국에 도착하는 대로 자신의 소득이 3배로 증가할 것이고, 5년 후에는 9배가 될 것이라고 예상했다. 대부분은 3년 안에 개업할 계획을 가지고 있었다(Park et al. 1990 : 87 · 95).

40 뉴욕의 청과물 상인에 관한 연구에서, Illsoo Kim은 자본과 더불어서, 가족노동과 긴 노동시간이 상업적 성공에 있어서 중요한 요소임을 강조했다(1981 : 121~143).

41 Light and Bonacich 1988 : chap.14.

42 Min 1988a : 127. Ivan Light and Edna Bonacich(1988 : 173)은 한인 사업가들의 일주일 평균 노동 시간은 46.2시간이라고 보고했다.

43 J. Y. Lee 1983 : 14. Illsoo Kim(1981 : 114~115)은 뉴욕 청과물 상인에 관한 연구에서 가족 노동과 긴 노동 시간의 중요성을 강조했다.

44 Chayanov 1986 : 73~76.

45 Oh 1985 : 183.

46 Hong 1982a : 129; Hurh and Kim 1984 : 127~128.

47 K. Park 1990b : 18; Paik 1991 참조.

48 Shin and Han 1990 : 55.

49 Light and Bonacich 1988 : 185~190.

50 Kim and Hurh 1985 : 107.

51 Bonacich, Light, and Wong 1977 : 56; I. Kim 1981 : 112; Light and Bonacich 1988 : 176

52 I. Kim 1981 : 115; Min 1988a : 45; Yoon 1990 : 304~305.

53 Hess 1990 : 98.

54 Hess 1990 : 82~83.

55 J. Y. Lee 1983 : 37.

56 Bang 1983 : 86(개인, 가족, 그리고 친척으로부터 74%)와 Min 1988b : 160(개인으로부터 63%) 참조 '한국의 축적요인', '미국의 축적요인', 그리고 '이중 축적요인' 간의 구분을 보여주는 Light and Bonacich 1988 : 243~272. Kwang Chung Kim and Won Moo Hurh 1985 : 90 참조.

57 H. C. Kim 1977b : 104; I. Kim 1981 : 64~69.

58 Schifrin 1988 : 92.

59 Hyung-chan Kim(1977b : 104)은 일반적으로 한국계 미국인들이 계에 의존하지 않았다

고 주장한다. Heeduk Bang(1983 : 86)은 50명의 인터뷰 대상자 중 한 명만이 계에 의존하여 사업 착수금을 마련했다고 했다. 그러나 우리는 한국계 미국인이 계를 거의 활용하지 않았다고 확정적으로 말할 수는 없을 것이다. Ivan Light, Im Jung Kwuon, and Deng Zhong(1990 : 40~43)에서 나타난 것처럼, 계의 범주를 알아내는 것은 상당히 어렵다. 일부는 계를 저축으로 얻은 수익과 같은 것으로 생각한 반면, 다른 이들은 계가 합법적이지 못한 수단이라고 생각했다. Park et al. 1990 : 89도 참조 게다가 계에는 몇 가지 위험성이 존재했다. 우리는 한국인이 곗돈을 가지고 달아난 몇몇 사례들을 접하기도 했다. 이들은 절도를 통해서 미국에서 새로운 삶의 발판을 마련하려고 했고, 또 다른 경우 이들은 미국의 다른 지역으로 이주해서 새로운 삶을 시작하고자 했다.

60 Shin and Han 1990 : 51.

61 Park et al. 1990 : 91.

62 J. Y. Lee 1983 : 38; I. Kim 1981 : 121~143도 참조

63 I. Kim 1981 : 121~143.

64 Min 1988b : 155; Oh 1988 : 180~181.

65 Kim and Hurh 1991 : 119120; Choldin 1973도 참조

66 1981 : 113.

67 pp.59~60.

68 Bang(1983 : 93)이 조사한 한인 사업가들에 따르면 그들의 사업정보의 75%가 가족 구성원, 친척, 그리고 친구로부터 제공된 것이라고 응답했다.

69 Light and Bonacich 1988 : 192~193; Min 1988b : 162.

70 Portes and Zhou 1992 : 492.

71 Min 1991 a : 225~226; Bonacich and Modell 1980 : 256~257 참조

72 Min 1988b : 155~156.

73 D. O. Lee 1992 : 264·272.

74 1990a : 106.

75 1988a : 45.

76 1991 : 181.

77 Min(1984b : 15)이 1982년에 실시한 아틀란타의 한인 상인 조사에 따르면, 응답자의 63%가 그들이 '백인 지역'에서는 성공하기

힘들 것이라고 답했고, 24%는 완전히 불가능할 것이라고 했다.

78 "높은 보험료, 낮은 판매량, 높은 재고 손실률(도둑질, 가격산정과 계산 오류, 훼손에서 비롯된), 높은 임대료, 낮은 수익, 그리고 높은 인건비는 슈퍼마켓들을 이 지역 밖으로 밀어냈다"(Economist 1992c : 30). Los Angeles Times 1991 : B4; Shiver(1991); 그리고 Silverstein and Brooks(1991) 참조

79 Davis 1992b : 31.

80 Min(1984b : 15)의 애틀랜타 상인 연구에 따르면, 상인들의 약 90%가 아프리카계 미국인 거주 지역에서의 개업을 위한 접근법을 논하는 데 있어서 '흑인 소비 패턴'을 언급했다.

81 Sims 1994 : C3.

82 Lacey 1992; Light and Bonacich 1988 : 227~242.

83 Edward T. Chang(1990 : 104)은 1983년과 1988년 사이에 매매된 모든 주류 판매점은 한국계 미국인 사이에서 거래되었다고 언급했다.

84 McMillan 1992d,. B3.

85 E. Chang 1990 : 150.

86 로스앤젤레스의 기업가 교육 센터의 사무국장인 바바라 스탠턴(Barbara J. Stanton)은 "저는 스왑미트를 선호하지 않습니다. (…중략…) 스왑미트 상인들을 사람들을 손님이 아닌 잠재적 범죄자로 취급합니다"라고 말했다(Shiver 1992 : A12).

87 1992 : 120.

88 Wong 1977 : 456.

89 Yim 1984 : 534; Givens 1939 : 50도 참조

90 H. C. Kim 1977b : 89-90; Choy 1979 : 129~133.

91 Givens 1939 : 48~50.

92 1990a : 13~14.

93 Barringer and Cho 1989 : 42.

94 1993 : 316.

95 Jo 1992 : 406~407.

96 cf. Hochschild 1989.

97 1988 : 162.

98 Barringer and Cho 1989 : 91~92.

99 Yim 1978.

100 Hurh 1990.

101 K. C. Kim, Hurh, and Kim(1993) 참조 1세대 이민자들이 영어 습득에 문제가 있었던 반

면, 그들의 자녀들은 한국어를 배우거나 한국
어 실력 유지하는 데에 어려움을 겪었다(Hau
1991).

102 Hicks, Villaraigosa, and Oh 1992 : 46.

103 1982 : 23.

104 S. Kim 1993 : 6~7.

105 Hong 1982b : 40. Eui-Young Yu(1987 : 65)
는 비행청소년들의 대부분은 코리아타운에
거주했으며 아버지가 생산직에 종사하거나
가게를 운영했고, 어머니의 경우 재봉사나 가
족 사업을 도왔다는 사실을 발견했다.

106 Y. Song 1986 : 189; M. Song 1993도 참조.

107 Melendy 1977 : 144~145.

108 Scharnhorst and Bales 1985 : xix.

제6장

1 1990년대 중반 이후부터 한-흑 갈등에 관한 문
헌이 증가하고 있다. E. Chang 1990, 1993a,
1993b; Abelmann 1991; Ahn 1991; Chen
1991; S. Kim 1991; Min 1991b; Yi 1992; S.
K. Cho 1993; 그리고 E. H. Kim 1993b 참조
문학 작품은 Lew 1993와 Min 1994 참조

2 McNelis-Ahern 1992 : 4.

3 1992 : 2.

4 1992 : 47.

5 Sturdevant and Stoltzfus 1993 참조

6 Rieder 1990 : 17에서 인용. 잰 선우(Jan
Sunoo)는 한국계 미국인들이 "아프리카계 미
국인의 문화와 생활방식을 거의 접하지 못했
기 때문에 그들에 대한 편견을 가지게 되었다.
대부분의 미국인들이 그랬듯이, 한국인들도
영화를 통해서 아프리카계 미국인에 대한 정
보를 얻었다"고 말했다(George 1992 : 83).

7 에드워드 장(Edward Chang)이 요약한 바와
같이, 한국계 미국인들은 "그들의 관점에서
진실로 보이는 흑인의 게으름과 복지에 대한
의존을 경멸했다. 한국인들은 왜 흑인들이 자
신의 신분을 향상시키기 위해서 더 열심히 일
하지 않는지 이해할 수 없었다"(1990 : 250).

8 Shiver 1992 : A12.

9 J. H. Lee 1993 : 25.

10 한인 그로서리 협회(Korean American Gro-
cers' Association)는 Edward Chang's(1993)
의 *Korean-language history of African Americans* 책

자 1,000부를 구입하고 배포했다(Matzek 1993
: 35).

11 Korea Times 1992 : 7; K. Y. Lee 1992 : 6도
참조

12 Hicks, Villaraigosa, and Oh 1992 : 47.

13 1992 : 25.

14 Hong 1992 : 11.

15 실제로, 한 아프리카계 미국인 여성은 당시
대통령 후보였던 클린턴과 대통령 부시 모두
아프리카계 미국인들과 라티노들을 만나기
도 전에 코리아타운을 방문했다고 비난했다.
"저는 폭동이 분명한 메시지를 전했다고 생
각했는데 이 사람들은 그 메시지를 제대로 이
해하고 있는 것 같지 않습니다. (…중략…) 그
(클린턴)가 로스앤젤레스에 왔을 때 가장 먼
저 간 곳이 어딘지 아시나요? 그는 곧바로 코
리아타운에 갔습니다. 그는 흑인과 멕시코인
공동체에 방문하기도 전에 한국인들을 만난
것입니다. 그리고 오늘 아침에 부시 역시 코
리아타운으로 먼저 향했습니다.

16 Los Angeles Times 1992c : 8.

17 J. Chang(1993) 참조 언론은 한국계 미국인
들에 대한 아프리카계 미국인들의 인종차별
을 강조했다. 크리스토퍼 히친스(Christopher-
Hit-chens) 다음과 같이 기술했다 : "흑인들
의 한국인들에 대한 혐오와 이러한 혐오를 대
한 흑인 지도자들의 완곡한 처리방법은 로스
앤젤레스의 위기와 민족 간 분열의 무기력한
측면을 보여준다"(1992 : 846).

18 LA Weekly 1992 : 37; Mydans and Marriott
1992도 참조

19 Morgan 1975; Roediger 1991; Fuchs 1990
참조

20 Jennings 1992a : 45; Portes and Stepick
1993, chap.8; Fuchs 1990 : 330~335.

21 1993 : 32.

22 1983 : 150.

23 1960년대부터 많은 아프리카계 미국인들은
'사회 통제'의 개념을 중요하게 여겼다(Feagin
and Hahn 1973 : 306~317 참조). 그러나 매
러블(Marable)이 기술한 것처럼 "흑인 교회에
서부터 시민단체에 이르는 아프리카계 미국
인 사회 조직들의 대부분은 공동체 안과 밖에
서 형성된 모든 형태의 인종 분리주의에 대해
서 적극적으로 적대적인 태도를 취하지는 않

왔다"(1985 : 57).

24 K. Y. Lee 1993 : 1.

25 1993 : 142.

26 Elkholy and Nassef 1992 : 8.

27 1993 : 5.

28 1993 : 33~35.

29 McMillan 1992a : B1.

30 Wideman 1992 : 153.

31 P. Morrison 1992 : B3.

32 Aubry 1993 : 155~156.

33 Rieder 1990.

34 Portes and Stepick 1993 : 190~192.

35 Turner 1993 : 207~208.

36 Cleage 1993 : 123~127; Wiley 1993 : 82~91; Alan-Williams 1994 : 169~173.

37 Meyerson 1992 : 2; Ward 1992도 참조

38 Marriott 1992 : All.

39 Oliver and Johnson 1984 : 75~84; Miles 1992; Skerry 1993 : 83~86.

40 1993 : 44.

41 Stewart 1989, 1993; Cheng and Espiritu 1989 : 525~528.

42 유의영은 "한국인 쇼핑객들은 한인 상점이 아닌 비한인 상점들이 더 공손하고, 더 저렴하고, 더 신선한 야채를 판매하며, 더 많은 선택권이 있다고 생각했다"고 언급했다(1990a : 106).

43 Shaw 1990 : A31. Edward Chang(1990 : 244)은 한국계 미국인들은 "그들이 모르는 사람들을 차갑게 대하는 경향이 있고" 따라서, "그들의 흑인 고객들을 무시하는 경향이 있었다"고 주장했다.

44 Korea Times 1992 : 6.

45 New York Times(1992a). 일거에 개인들로 하여금 다른 사람들에 대한 '부정적이고 거짓된 고정관념'을 확고히 하고 이를 바탕으로 행동하도록 강요했다(Njeri 1993 : 22).

46 D. Martin 1993.

47 Grimond 1982.

48 1992 : 33.

49 1992 : 38.

50 p.35.

51 찰스 머레이(Charles Murray)는 다음과 같이 서술했다 : "소수집단 우대정책을 찬성하는 측의 가장 주요한 주장은 다수의 백인들로 인

해 불이익을 당한 소수민족들을 돕기 위해서 이와 같은 정책이 필요하다는 것이다. 그러나 아시아인들에게서는 이러한 불이익의 결과가 드러나지 않았다"(1992a : 32).

52 Tikkun 1992 : 42. *The Closest of Strangers*에서 슬리퍼(Sleeper)는 다음과 같이 이야기 했다 : "그러나 아프리카계 미국인 운동가들이 마지막까지 독려하지 않은 방법은 한국인들이 이민자 대출 조직(순환식 신용 조합)의 빚을 갚기 위해 엄청난 노동을 하는 것처럼, 가족 사업에서 하루에 15시간가량을 낮은 임금을 받고 일을 하도록 몇 백의 흑인 청년들을 모으고 훈련시키는 것이다."

53 Heterodoxy 1992 : 10.

54 Heterodoxy 1992 : 10. 같은 맥락에서, Midge Decter(1992 : 21~22)는 "미국의 자유주의적 정치평론가들로부터 기인한 로스앤젤레스의 한국인들과의 공감의 거부는 깊은 뿌리를 지닌다"는 점을 비판했다 : "한 사람의 인생, 일상적인 선택과 도덕적 행위에 대한 책임을 지는 것은 미국에서 점차 사라지고 있다."

55 1992 : 10.

56 Los Angeles Times 1992c, pt. iii : 6.

57 1992 : 18.

58 Andersen 1983 : 18 · 20. 기사는 계속해서 한국계 미국인들에 대한 좋지 않은 평판만을 언급했다 : "모든 사람들은 한국인을 비난했다 : UCLA의 사회학자인 Harry Kitona(원문 그대로) : "그들은 한국인을 미국의 모티머 스너드(Mortimer Snerd)(나무인형 복화술사인 에드거 버겐(Edgar Bergen)의 인형 중 하나의 이름이다―옮긴이)로 여겼다. 그들은 영어도 할 줄 몰랐고, 음식은 냄새가 나는데다가 자신을 표현할 줄도 모른다"(p.21). 이 기사는 일부 한국계 미국인들의 공분을 샀고, 베벌리 힐즈의 『타임』 사무실 앞에서 시위가 벌어졌다(Chung 1983).

59 M. M. Kim 1989 : 18; E. Lee, Kim, and Yim 1991 : 582도 참조. 만화 둔즈베리(Doonesbury)에서, 한국의 위치를 묻는 선생님의 질문에 당황한 학생은 "화성 뒤에 위치한 행성의 이름 아닌가요?"라고 답했다.

60 Chay 1984 : 71, Hellman 1984 : 80 참조. 한국전쟁과 베트남전쟁이 아시아에서 발생한 반공 전쟁이었다는 유사성으로 인해서 1960

년대와 1970년대에 종종 한국이 베트남으로 오인되기도 했다(Hurh 1977 : 53~54 참조). 1970년대에 한국의 이미지는 통일교의 문선명, 코리아게이트의 박동선, 그리고 억압 통치를 한 박정희 전 대통령과 같은 인물들로 인해 악화되기도 했다(Hellman 1984 : 84~87).

61 Dotson 1975.

62 Yoshihashi and Lubman 1992 : Al.

63 p.51.

64 1988 : 108. 한국계 미국인들의 성공에 대한 소식은 고국에도 전해졌다 : "한국인들은 언어 문제, 문화 차이, 인종차별을 극복하고 미국에 튼튼한 기반을 세우고 있다. 많은 한국인들은 그들의 분야에서 전국적·세계적 명성을 얻고 있다. 문학 분야에는 강용흘(『초당』의 작가), 김은국(『순교자』, 『잃어버린 이름』, 『죄 없는 사람』의 작가), 그리고 피터 리(Songs of Flying Dragons의 작가)가 주목할 만한 성과를 냈다. 음악 분야의 정명훈(전 로스앤젤레스 필하모닉 오케스트라의 부지휘자), 정명화와 정경화는 최고의 음악가 중 한 명이다. 오순택과 자니 윤은 영화와 엔터테인먼트 산업에서 인기를 얻고 있다. 김경석은 1981년에 미스 위스콘신으로 선발되었다. 엔지니어에서 사업가로 변신한 황경태는 캘리포니아 실리콘 밸리(Silicon Valley)에서 미니 컴퓨터의 왕으로 성장했다"(Yu 1983 : 44).

65 1986년에 "NBC 〈나이틀리 뉴스(Nightly News)〉와 〈McNeil/Lehrer Report〉는 아시아계 미국인들과 그들의 성공에 대한 특집 방송을 했다. U. S. News & World Report에서는 부상하고 있는 아시아계 미국인에 대한 내용을 표지 기사로 내보냈고, 『타임』은 혜성같이 나타난 아시아계 미국인에 대한 기사로 한 면을 할애했다. 『포춘』은 이보다 더 나아가, 그들을 '미국의 슈퍼 소수민족'으로 칭송했고, 『뉴 리퍼블릭(New Republic)』은 '아시아계 미국인들의 성공'을 미국의 가장 위대한 성공 스토리로 찬양했다"(Takaki 1989 : 474).

66 Shao 1991 : 54.

67 1992 : 149.

68 K. C. Kim and Hurh 1983 : 3 참조 아마도 최초로 인기를 끈 아시아계 미국인 모범 소수민족에 대한 기사들은 Petersen(1966)과 Tachi

ki et al.(1971)에 재인쇄된, 1966년의 U. S. News & World Report의 기사일 것이다. Journal of Social Issues의 특별호(Sue and Kitano 1973); 그리고 Osajima (1988)도 참조

69 U. S. Commission on Civil Rights 1992 : 17. U. S. General Accounting Office 1990 : 20~28; Barringer, Gardner, and Levin 1993 : 267·317~332; 그리고 Hing 1993 : 140~153도 참조

70 70 See Yun 1989 : 33~52; and Chan 1991a : 168~171 참조 성별은 불평등의 중요한 요인이었다(Chu 1988 참조).

71 Hurh and Kim 1989 : 525~526. 특히, 한국계 미국인들에 관한 내용은 Kim and Hurh 1983 참조 "부정확한 '모범 소수민족'과 '외국인'에 대한 고정관념, 아시아 이민자들이 불공정하게 정부의 보조금을 받고 있다는 오해, 아시아계 미국인들의 다양한 역사, 문화, 사회경제적인 배경을 이해하지 못하는 대중은 반-아시아 감정 형성에 영향을 주었다"(U. S. Commission on Civil Rights 1992 : 24).

72 보라 칸토울(Vora Kanthoul)은 "아시아계 미국인이라는 용어는 존재하지도 않는 통합을 위해 만들어진 용어이다. 대부분(이민자들과 난민들)은 아시아계 미국인 운동에 대해 생각할 여유가 없다. 그들은 각자의 생계를 꾸려나가는 데에 매우 바빴다"(Moffat 1992 : A21). 한편, "아시아계 미국인의 범인종적단결성(panethnicity)"의 개념은 Espiritu 1992 참조 Hing 1993 : 168~183; Wei 1993 참조

73 Moffat 1992 : A21. 홍콩태생의 은퇴한 엔지니어인 지 친(Jee Chin)은 "사람들은 중국인과 한국인을 잘 구분하지 못합니다. 하지만 중국인들은 한국인들에 비해 사람들에게 더 친절한 편입니다"(p.A20)라고 주장했다.

74 Takaki 1989 : 365. 미국 정부는 일본인과 한국인을 구분하지 않았다 : "1940년대의 외국인등록법은 한인 이민자들을 일본의 신민으로 구분했다. 미국이 일본에 대한 전쟁을 선포했을 때, 정부는 미국의 한국인들을 '적대국 외국인'으로 식별했다"(ibid.).

75 Lim and Tsutakawa 1989 : 74~75에 있는 로버타 메이 웡(Roberta May Wong)의 작품인 "All Orientals Look Alike" 참조 다음에 제시된 Won Moo Hurh(1977 : 54)가 보고

한 "와스프(WASP) 학생과 아시아계 교수"의 대화를 보자 :

학생 : 안녕하세요! 저는 기말고사를 매우 잘 봤다고 생각했는데, 교수님은 저에게 'D'를 주셨습니다. 제 성적 좀 다시 봐주실 수 있으신가요?

교수 : 그럼요, 그런데 내 수업에서 학생을 본 적이 없는데, 내 수업에 참석한 적이 있습니까? 이름이 어떻게 되죠?

학생 : 저는 존 스미스(John Smith)입니다. 저는 교수님 수업을 한 번도 결석한 적이 없습니다. 김 교수님, 저는 교수님의 사회학 개론 (100-level) 수업을 듣고 있습니다.

교수 : 학생, 사람을 잘못 본 것 같은데, 나는 김 교수가 아닙니다.

학생 : (충격받은 표정으로) 음 …… 정말요?

교수 : (잠시 침묵한 후에) 네. 김 교수의 연구실은 복도 건너편에 있습니다.

76 1992 : A20.

77 Alan-Williams 1994도 참조

78 1992 : 28.
한 노년의 한국계 미국인은 "나는 극심한 편견이 다양한 방법으로 나타난다는 사실을 알고 있습니다. 내가 1947년에 하와이에서 로스앤젤레스로 왔을 때 (…중략…) 아시아인에 대한 제한 조약이 시행되고 있었습니다. 나는 일자리, 주택 공급, 그리고 심지어는 숙박시설에서까지 차별을 당했습니다(Hyun 1983 : n.p.)라고 말했다.

79 Takagi 1992 : 60~61; Wellman 1993 : 235~236.

80 엘렌 스튜어드(Ellen Stewart)는 "가장 놀라운 사실은 연구 대상자인 상인과 근로자들의 80%가 흑인 고객들이 자신들에게 한국으로 돌아가라고 말하는 것은 부적절하다고 생각하며, 이 말을 들었을 때 매우 화가 났다고 답했다는 것이다"(1989 : 91)고 서술했다. 그러나 왜 한인 상인들이 화가 났다는 것이 놀라운 사실인지는 영문을 알 수 없다.

81 각각 Saxton 1971 and Irons 1983 참조; 전반적인 내용은 Higham 1955 참조

82 Takaki 1989 : 41~43; Newman 1993 : 151~166도 참조

83 Takagi 1992; U. S. Commission on Civil Rights 1992 : 131~136; Hsia 1988 : 146 ·

203

84 크리스틴 최(Christine Choy)와 르네 타지마(ReneeTajima)의 1988년의 다큐멘터리인, 〈누가 빈센트 친을 죽였는가(Who Killed Vincent Chin)〉 참조. Wei 1993 : 194~196도 참조

85 1992 : 20.

86 1992 : 223.

87 p.211.
해리슨(Harrison)은 유교 문화의 가치의 미덕을 논하면서 주류 문화를 비난했지만, 그의 해결 방안이 주류 문화의 가치를 따른다는 사실은 아이러니하다.

88 1991 : 17.

89 Katz 1989 : 195.

90 폴 피터슨(Paul Peterson)은 "'under'는 낮은, 수동적인, 그리고 순종적이라는 의미와 함께 평판이 나쁜, 위험한, 파괴적인, 어두운, 악한, 그리고 심지어는 지옥 같다는 의미를 지닌다. 이러한 개별적 속성 외에도, 'under'는 복종, 종속, 박탈을 암시한다"(1991 : 3)라고 기술했다. Rieder 1985 : 57~79; and J. Jones 1992 : 54~55도 참조 성별을 초점으로 한 논의는 Jewell 1993 참조

91 1982 : 28.
정치학자 아돌프 리드 주니어(Adolph Reed, Jr.)는 최하층계급의 역사에서 나타나는 일탈 중심성과 반사회적 성격을 정확하게 포착했다(1990 : 23~24) : "미키 카우스(Mickey Kaus)와 니콜라스 레만(Nicholas Lemann)은 인종화, 빈곤문화의 구조를 명시적으로 제시한다. 카우스에게 최하층계급은 기업가적 원동력이 갱들과 마약 밀매에 맞춰져 직업 윤리가 없는, '흑인 하층계급'이다. (…중략…) 또한 그는, 빈곤문화에 '편부모 문화', '복지 문화'가 존재한다고 주장했다. (…중략…) (레만은) 최하층계급은 '강력한 자멸 문화'에 시달리고 있다고 말한다." 왓츠에 대한 연구는 Glasgow 1980 참조

92 1968 : 10~11; 1966 : xlvi.

93 빈곤문화와 밀접한 연관성을 지닌다고 일컬어지는 루이스(Lewis 1966 : xlv)는 그의 베스트셀러 도서인 La Vida에 다음과 같이 기술했다 : "대부분의 빈민가 아이들은 6살에서 7살쯤 됐을 때, 대부분의 경우 그들의 하위문화의 가치와 태도를 흡수했다. 그들은 변화하고 있

381 | 본문 주석

는 사회나 훗날 그들의 인생에서 나타날 수 있는 기회들을 활용할 수 있도록 정신적으로 준비를 할 수 없었다." 하지만 동시에 루이스는 빈곤문화의 조정 기능을 강조했고, 사회운동으로 어느 정도의 개혁을 달성할 수 있을 것이라는 희망을 가지고 있었다. Rigdon 1988; Valentine 1968 : chap.3 참조 공공 정책을 논할 때에 가장 주요하게 참고되는 연구 중 하나는 모너헌 리포트(Moynihan Report)이다. Daniel Patrick Moynihan(1981 : 5)은 특이한 가족 구조를 포함한 아프리카계 미국인 문화가 아프리카계 미국인의 가난의 근본적인 원인이라고 주장했다. 그는 '병리의 뒤엉킴'이 도심에 존재한다고 논했다. Moynihan은 아프리카계 미국인 가족을 파괴한 노예제도가 아프리카계 미국인 가족 불안정의 역사적 뿌리라고 주장했다. 노예제도로 인해 여성-가장 가구가 증가했다. 그는 "본질적으로, 흑인 사회는 미국사회의 구조와 크게 동떨어진 모계 구조 사회가 되었는데, 이는 집단의 전체적인 성장을 심각하게 저해했다"고 설명했다(1981 : 29). Frazier 1939 : 290; Clark 1965 : 81 참조

94 Ferguson and Rogers 1986; Edsall and Edsall 1991 : 232~244; Schaller 1992 : 35.

95 Omi and Winant 1986, chap.7.

96 1984 : 219.

97 p.58; Glazer 1988 : chap.1 참조

98 1987; Jencks and Peterson 1991 참조

99 Steinberg 1989 : chap.4; Gans 1990; Reed 1990; Franklin 1991 : 89~116; Henry 1992; Katz 1993.

100 Davis and Watson 1982; Boston 1988, chap.2; Jencks 1991 : 96~98도 참조

101 Zweigenhaft and Domhoff 1991 : chap.7; Cose 1993.

102 Muwakkil 1993.

103 "가난한 흑인이 밀집해 있는 지역들은 정치적으로 자립할 수 있었다. 가난한 흑인들은 강한 공동체 의식이 그들을 정치적 장으로 나아갈 수 있도록 도움을 준 것 같다"(Berry, Portney, and Thompson 1991 : 371). Stack 1974; Jewell 1988; Henry 1990 참조. Jones 1992 : 274 참조

104 미국 정부도 약물 사용을 막기 위해 'just say no' 캠페인을 활발하게 진행했다. 미국중앙정

보부(CIA)도 대규모 마약 거래를 적극적으로 수사했다(Chomsky 1991 : 114~120; 전반적인 내용은 Scott and Marshall 1990 참조).

105 레이건 행정부는 화이트칼라 범죄자들이 확산을 방관했다 : "1985년에 무장강도에 의한 6,000건의 은행 강도 사건의 피해액은 약 5,000만 달러였다. 1989년에 링컨 저축(Lincoln Savings)의 부채는 그 금액 50배에 달한다"(Schaller 1992 : 115; 전반적인 내용은 Stewart 1991 참조.

106 Rothman(1994 : 34)에 따르면, 미국인 100,000명 중 455명은 투옥된 경험이 있었다('백인' 289명과 '흑인' 1,860명, 네덜란드의 수치는 40명, 일본은 45명이다). 1992년에 교도소 시스템에 투입된 것으로 추산되는 비용은 250억 달러였다. Shapiro 1992 : 138 참조

107 McKibbin 1990 : 192~193.

108 Barringer 1992a : Al; Braun 1991 : 179~197; Goldsmith and Blakely 1992도 참조

109 Orfield and Ashkinaze 1991.

110 Salvador Martine.

111 Mydans 1992a : At.

112 Anderson 1992 : 33.

113 Schwarz and Volgy 1992 : 13~14.

114 Mattera 1990 : 150; Jennings 1992b도 참조

115 각각 Massey and Denton 1993; Ogbu 1978, chap.14; Kirschenman and Neckerman 1991 참조

116 Mattera 1990.

117 1991 : xvii.

118 레이건 대통령 관련 내용은 Wills(1987)의 연구 참조 신경 생리학자인 올리버 삭스(Oliver Sachs)는 거부에 대한 가장 좋은 은유를 보여주었다 : "실어증환자는 (…중략…) 대화가 단순한 단어의 조합이 아닌 내적 의미의 상호 교환으로 이루어진다는 점을 경험으로 이해하게 된다. 실어증 환자가 말을 이해하지 못한다고 해서 그들에게 거짓말을 하면 안 되고, 그들도 속지 않을 것이다. (…중략…) 실어증 환자는 화자의 목소리에서 진실성을 인식하기 때문에 다른 사람들이 생각하는 것처럼 상대에게 쉽게 속지 않는다. 레이건의 '찡그린 표정, 연극조의 말투, 거짓된 제스쳐, 거짓된 어조와 억양으로 인해 (…중략…) 예민한 실어증 환자들에게 그의 거짓이 탄로났다. (…중략…) '일반 청중들은, 그의 바람대로 잘 속

아 넘어갔다.' 대통령의 교활하고 '기만적인' 단어 사용과 어조로 일반 대중들이 속아 넘어간 반면, '뇌손상이 있는 사람들'은 속지 않았다."(Schaller 1992 : 59).

119 Shapiro(1992) 참조. 스테판 그라우바드(Stephen Graubard)는 격렬하게 비판했다 : "미국은 수년간의 자기방임, 자기기만, 그리고 자기자랑으로 인한 희생양이 되었다. 미국이 한때 진보적인 사회의 전형적인 모델이었다면 지금은 촌스럽고, 구식일 뿐이며, 그들은 자국민의 이질성이라는 단 하나 남은 중요한 국가적 자원을 감사하게 여기지 않았다"(1992 : 187).

120 1962 : 4.

121 1962 : xiv.

122 Schlozman and Verba 1979 : 103~138·346~351.

123 Edsall and Edsall 1991 : 277 참조. 이와 상반되는 의견은 Hunter 1991 참조. 수집된 기사들은 Aufderheide 1992 참조.

124 Kluegel and Smith(1986 : 52)는 미국인의 불평등에 대한 의견에 관한 연구를 다음과 같이 결론지었다 : "미국인의 대다수는 미국이 '기회의 땅'이라는 점을 당연하게 여겼다."

125 "필요 요건을 갖춘 상태라면 모든 사람들이 오로지 노력으로 자신이 뜻하는 성공을 이룰 수 있다는 믿음은 한 세기가 넘도록 널리 공유되었다"(Weiss 1969 : 3). Lipset 1979 : 2 참조.

126 벨라(Bellah)와 그의 동료들은 다음과 같이 기술했다 : "미국을 대표하는 새로운 캐릭터는 경쟁적이고 치열한, 막대한 부로 인해 외부의 제약으로부터 자유로운 기업가이다"(1985 : 44).

127 Shklar 1991 : chap.2; Rodgers 1978도 참조.

128 Piven and Cloward(1993 : chap.11)이 주장하는 바와 같이, 반-복지 이데올로기는 노동자들을 징계하는 데에도 작용했다.

129 Schwarz and Volgy 1992 : 133. 사회 복지의 사회적 악으로서의 변모는 1960년대와 1970년대에 미국의 정치적 논쟁에 큰 변화를 가져왔다. 그러나 한편으로 '위대한 사회 프로그램(Great Society program)'과 빈곤의 완화가 미국 시민들의 합의된 목표가 되었을 때, 미국의 사회 복지의 도덕적·철학적 토대는 여전히 안정적이거나 타당하지 않았다(Katz 1989 : chap.3 참조). 물론, 테어도어 마머어(Theodore

Marmor)와 그의 동료들이 주장한 '기회-보험(opportunity-insurance)'은 많은 시민들의 지지를 받았음에도 비난의 대상이었던 다른 사회 복지 제도와 같은 취급을 받으면서 잘시행되지 못했다(Marmor, Mashaw, and Harvey 1990 : 49).

130 벤자민 데모트(Benjamin DeMott)는 "미국에 계급차별이 존재하지 않을 것이라는 믿음은 기만이었다. 과거와 마찬가지로 이러한 믿음에 대한기만은 엄청난 도덕적·사회적 손상의 원인으로 작용한다"(1990 : 12). 미국인은 계급차별의 위험성을 인식하면서도 여전히 계급을 의식한다. Vanneman and Cannon(1987) 참조.

131 1980년대의 신보수주의 작가들은 이 점에 있어서 매우 단호했다. 아프리카계 미국인들에 대한 인종차별의 문제가 해결되고 있지 않다고 비난하는 것은 이들에게 경험적으로, 도덕적으로도 부적합한 비난이었다. 이 과정에서 그들은 1950년대와 1960년대의 시민권 운동에 의해 시작된 진보적인 인종 법률 제정의 흐름을 막으려고 했다. 1980년대에 영향력이 있었던 두 명의 아프리카계 미국인 지식인들은 궁극적으로 인간에게 있어서 인종은 무관하다고 주장했다. 경제학자인 토마스 소웰(Thomas Sowell)은 인종 간 차이의 영향력을 부정했다 : "소득 순위의 상단에 유대인계 미국인과 일본계 미국인이 위치한다는 사실은 차별은 사회-경제적 위치의 압도적인 결정 요인이라는 단순한 일반화를 약화시킨다"(1981b : 126)고 기술했다. 그의 베스트셀러『민족적 미국(Ethnic America)』에서 그는 "가시적인 민족 집단 간의 차이는 학습과 자기 개발에 대한 각 집단의 태도이다"(1981a : 280)라고 말하며 논의를 확장시켰다. 다시 말해서, 인종차별은 아프리카계 미국인들이 경험하는 엄청난 빈곤을 완벽하게 설명해내지 못한다. 이 논쟁에 대한 또 다른 견해로 셸비 스틸(Shelby Steele)은 인종차별을 근거로 아프리카계 미국인의 문제의 원인을 설명하려고 하는 시도에 결함이 있음을 강조했다 : "노력, 교육, 개인의 주도성, 안정적인 가정생활, 재산 등의 요소를 통해 각 민족 집단은 미국에서 앞서나갈 수 있었다"(1990 : 108). 이러한 성공의 과정을 고려할 때, 우리는 집단이 아닌 개인을 분석해야 하며 과거의 인종차별에 대한 기억과 이로 인한 희생을 의식하지 않아야 한다.

"우리가 미국 주류 사회에서의 성공을 위한 개인의 노력에 초점을 맞추지 않는다면 현재 우리가 직면하고 있는 문제에 대한 해결책을 찾지 못한 채 절망만이 계속될 것이다"(Steele 1990 : 173). 소웰과 스틸은 레이건과 부시 행정부에 의해 전적으로 지지된 이상들에 대한 견해를 밝혔다. 그러나 여기서 중요한 것은 인종차별이 미국에서 더 이상 유효한 요인으로 작용하지 않는다는 견해가 지배적 이데올로기와 함께 반향을 불러일으키고 있다는 것이다. 앞서 말했듯이 아시아계 미국인의 성공은 인종차별이 아프리카계 미국인의 실패의 주요 원인이라는 견해를 반증한다.

132 1990 : 317.

133 전 세계적 민족성(Universal ethnicity)은 마이클 노박(Michael Novak)의 주장과 같은 맥락에서 문화이전의 복잡성을 강조한다 : "감정, 본능, 기억, 상상, 열정, 인지의 방법이 대대로 전해지는 과정은 우리가 선택할 수 없으며, 이들은 우리의 삶과 너무도 긴밀하게 연결되어 있어서 우리 의식의 힘을 넘어 존재하며 우리가 제어하거나 변화시킬 수 없다. 한마디로 우리의 의지와는 별개로 우리 안에 내재된 가치와 행동들은 형언할 수 없을 정도의 민족성을 가진다"(1972 : xvi). 우리의 "형언할 수 없는 민족성"은 각 민족 집단의 성공과 실패에 대한 문화적 근거의 중요한 전제 조건이다.

134 Baritz 1989.

135 18세기 초반부터 기존의 가부장적 규범에서 새로운 개인주의적 이상으로의 변화가 시작되었다. 헬레나 월(Helena Wall)은 "식민지 사회는 지역사회의 요구에 대한 억제로 시작되었고 개인의 권리의 억제로 끝이 났다"고 기술했다(1990 : vii). 이 새로운 이상은 "자애롭고, 의지적이고, 개인적이라고 이해되었다"(p.138).

136 클로드 피셔(Claude Fischer)는 "좌익 혹은 우익에 속한 미국인들은 지역사회를 중요하게 여긴다. 이는 역설적이게도 미국의 최고의 가치인 개인주의와 가깝게 여겨지는 미국 시민종교의 판테온(pantheon)에 원인이 있다. 이러한 이데올로기에서 지역은 가족 다음으로 참다운 의미의 연대, 헌신, 친밀함이 실현되는 '공동체'의 중심이다'라고 기술했다"(1991 : 79). Cans 1988 : 64도 참조.

137 Reich 1991 : 277.

138 Skolnick 1991 : 2.

139 Fishman 1987; Hayden 1984; Jackson 1985 참조.

140 루이스 래펌(Lewis Lapham)은 "대도시에 대한 이상은 미국적 상상 가운데 제대로 실현되지 못한 이상이다. 미국의 정치적·문학적 역사 속에서 도시는 외국의 것과 불쾌한 것이 유입되는 곳으로 부패의 상징으로 자리했다"(1992 : 4)고 언급했다. White and White 1962 참조.

141 정치학자 에드워드 반필드(Edward Banfield)는 "도시 생활에서 가장 가시적인 문제는 인종 분열이다. (…중략…) 교외의 주거지역에는 주로 백인들이 거주했고, 도심 지역의 오래되고 황폐한 지구의 빈민가에는 주로 흑인들이 거주했다"고 기술했다(1974 : 77).

142 "19세기의 안정적 독립과 역동적인 기업가 활동을 자랑스럽게 여기는 주장들은 온전히 진실로 받아들여지기 어렵다. 거대한 복합기업들은 그들을 소규모 기업에 빗대어서 선전하기도 했다"(Berthoff 1980 : 42~43).

143 Burstein 1985 : 1 참조. 코넬 웨스트(Cornel West)는 다음과 같이 묘사했다 : "이 나라의 아프리카계 미국인들이 직면하는—흑인의 지성, 아름다움, 그리고 가능성에 대한 끊임없는 공격—절대적 부조리를 이해하기를 거부하는 대부분의 미국인들의 만성적 행위는 단순히 백인으로서의 특권을 보호하기 위함은 아니다. 이는 그들이 미국의 과거와 현재에 새겨져 있는 비극을 정면으로 맞서지 않으려고 저항하고 있다는 점을 시사한다"(1991 : 35). Shklar 1991; Gould 1992; T. Morrison 1992; Sundquist 1993 참조.

144 알렌 스콜닉(Arlene Skolnick)은 "시트콤에 나오는 동질적이고 이상적인 가족의 모습과는 대조적으로 실제의 미국 가정의 특징은 다양성에 있다"(1991 : 3)라고 기술했다. 또한, 그녀는 (pp.51~54) 1950년대는 '일탈의 시대(deviant decade)'였다고 말했다. Coontz 1992 참조.

145 Thorne 1992.

146 Zukin 1991.

결론

1 Church 1993 : 18.

2 Gerth 1993 : 32.
3 1993a : 1.
4 Clifford and McMillan 1992 : A1.
5 Serrano 1993.
6 Reinhold 1993a : 14.
7 Indiana 1993.
8 헤럴드 메이어슨(Harold Meyerson)은 "도
   심지역의 현실이 아득하고 동떨어져 보일수
   록 외부인들은 심각한 상황이 벌어지고 있다
   고 인지했다"라고 언급했다(1993a : 10).
9 Reinhold 1993a : 14.
10 1993 : 9.
11 1993a : 12; Martínez 1993 : 24도 참조
12 Rezendes 1993b : 1.
13 Mashberg and Gorov 1993b : 10.
14 Mydans 1993a : A1.
15 1993 : 18.
16 Stone(1993). 1993년 4월 29일의 『로스앤젤
   레스타임스』의 표지 기사는 다음과 같이 보도
   했다 : "폭동으로 인해 사우스 센트럴의 이미
   지는 악화되었고, 이는 사우스 센트럴과 피코
   유니온(Pico-Union)의 공터만큼이나 깊고
   추악한 상흔으로 남았다"(Ferrell 1993 : A1).
   에나 데버 스미스(Anna Deavere Smith)의 다
   큐멘터리 영화인 〈Twilight : Los Angeles〉,
   1992(1994) 참조
17 Reinhold 1993a : 14.
18 Goodman 1993 : C18.
19 "평결이 내려지기 전 몇 주동안 코리아타운에
   많은 수의 기자들이 머물렀음에도 자경단원
   들과 총기 애호가들에 대한 자세하고 정확한
   보도가 평장히 부족했다. 코리아타운의 유일
   한 총기 거래 상점인 웨스턴 건(Western Gun)
   상점은 전국의 네트워크 뉴스 프로그램과 신
   문 기자들을 맞이했다. 이 상점이 이들에게 심
   어준 이미지는 7,000여 명의 한인 상인들이 대
   전쟁을 준비하고 있으며, 웨스턴 건은 전쟁에
   필요한 장비를 제공하는 곳이라는 것이다. 하
   지만 현실은 이러한 이미지와는 달랐다. 웨스
   턴 에비뉴(Western Avenue)에 위치한 이 작
   은 상점은 총기 수요가 가장 높았던 폭동 직후
   에도 하루에 20개의 총기도 팔지 못했다"(J. H.
   Lee 1993 : 25). 1993년의 봄에 개봉한 조엘 슈
   마허(Joel Schumacher)의 영화 〈폴링 다운
   (Falling Down)〉은 "나의(주인공의) 언어(영

   어)를 배울·영광"이 없었던 무례한 한인 가게
   주인이 등장한다(Brown 1993 : 50).
20 Mashberg and Gorov 1993a : 17.
21 J. H. Lee 1993 : 25.
22 1993 : 1.
23 Korean American Inter-Agency Council
   1993 : 1. 사람들은 애초에 보험에 가입하지
   않았거나, 보험에 가입했다면 자신의 보험이
   효력이 없을 것이라고 생각했다. 280,000달러
   를 보장하는 보험 증서가 있었던 유기복의 사
   례가 이러한 상황을 잘 보여준다. "그녀는 정
   보가 없는 상태에서 빈곤 지역에서 흔히 볼 수
   있는 회색시장에서 보험증서를 구입했다. 하
   지만 그녀는 그녀가 청구한 보상금을 받기 위
   해서는 최소 몇 달에서 몇 년까지 기다려야 한
   다는 사실을 알고 충격을 받았다"(Kerr 1992
   : F1). 한인 식료품상인 협회에 따르면, 로스
   앤젤레스 사우스 센터럴에 위치한 170개의 파
   괴된 한인 상점 중에서 단 6개의 상점만이 1994
   년 1월의 지진 무렵에 다시 개업할 수 있었다
   (Emshwiller and Lubman 1994 : A1).
24 Carla Rivera(1993 : A1)는 폭동 피해자의
   50%에서 60%가 재난 구조금의 수여를 거절
   했다.
25 Korean American Inter-Agency Council
   1993 : 6.
26 Hamilton 1993 : J9.
27 ibid.
28 4·29영상(크리스틴 최(Christine Choy), 대
   실 김-깁슨(Dai Sil Kim-Gibson), 일레인 김
   (Elaine H. Kim) 제작)은 폭동 피해자들의 감
   정을 잘 묘사하여 공감을 불러일으킨다. E.
   H. Kim 1993b : 31 참조
29 Rutten 1992 : 53.
30 Kwoh, Oh, and Kim 1993 : B7; E. H. Kim
   1993c : 98~100.
31 1992 : 8.
   마이크 데이비스(Mike Davis)는 다음과 같
   이 말했다 : "불에 그슬린 쇼핑몰들이 재건되
   기도 전에 혹은 불과 몇주 만에, LA 폭동과
   LA 폭동으로 드러난 도심지역의 인종 문제
   는 정치적 기억 속에서 사실상 지워지고 말았
   다"(1993a : 4).
32 pp.8~9.
33 pp.9~10.

본문 주석

34 Davis 1993b : 48~49; Johnson, Farrell, and Jackson 1994 : 20~21.
35 Mydans 1994 : C20.
36 Meyerson 1993b.
37 Reich 1991; Galbraith 1992.
38 "계급 구분이 극심했던 미국에서 아메리칸 드림은 (…중략…) 더 이상 모두가 공유하는 꿈이 될 수 없었고, 기존의 이상은 찾아볼 수 없을 정도로 변해갔다. (…중략…) 하층계급에게 아메리칸 드림은 이룰 수 없는 환상이 되었다"(Derber 1992 : 14).
39 1959 : 271.
40 West 1962.
41 토니 모리슨(Toni Morrison)의 『가장 푸른 눈(The Bluest Eye)』(1970)에서 파란 눈을 동경했던 아프리카계 미국인 소녀의 모습처럼 한국계 미국인들이 공유한 아메리칸 드림은 인종차별의 현실을 간과하고 있었다.
42 Wallace and Kang 1993 : A26; Rodriguez 1993 : 20.
43 M. P. Lee 1990 : 103; cf. Mura 1992 : 14.
44 M. P. Lee 1990 : 130.
45 Martinez 1992 : 2; Patterson 1977도 참조

감수자 해설

　이번에 기획된 존 리John Lie 교수의 명저 6편을 번역하는 것은 그동안 오랫동안 숙원으로 여겨온 사업으로, 이번에 전권 출판이 순차적으로 기획되어 감개무량하기 그지없다. 이것이 가능하게 된 것은 우선 존 리 교수의 결단이 중요했었고, 이런 결단을 용감히 수락하고 출판을 허락하신 소명출판 박성모 대표의 혜량의 결실이다. 물론, 앞으로 차례대로 출판될 6편의 번역을 불철주야 노력하여 완벽에 가깝게 맺어주신 역자 선생님들의 노력이 가장 중요했던 것도 잊지 말아야 할 것이다. 감수자로서의 역할은 좋은 책을 올바른 문장으로 번역하여 독자들에게 쉽게 전달될 수 있도록 하는 길잡이의 노릇일 것이지만, 그에 아울러 번역된 책들에 적확한 해설을 함께 곁들어 줄 수 있어야 제법 그 격에 맞을 것이다.

존 리 교수의 연대기

　우선, 존 리 교수의 간단한 연대기적 설명이 필요할 것 같다. 내가 처음 리 교수와 만나게 된 것은 지금도 기억이 선명한 1990년 1월의 일이었다. 그는 1988년에 하버드대학교에서 사회학 박사를 받고, 원하던 아이비리그 대학의 사회학과 교수 자리를 얻지 못해, 결국 1년간의 휴가를 허용한 오레곤대학교University of Oregon의 사회학과 조교수로 부임하여, 1989년 가을학기부터 사회학 강의를 맡고 있었고, 나는 1990년 1월부터 동교 정치학과에서 박사 과정을 시작하고 있었다. 입학 전부터 그의 명성을 익히 들었던 나로서는 입학과 동시에 그의 수업에 등록했고, 과목명은 바로 '관료와 조직'이었다. 그는 1978년에 당시 미 대통령 지미 카터의 전액 장학금을 받고 하버드대학교에 입학하여, 학사학위와 박사학위를 10년에 걸쳐 수료한 한국이 낳은 몇 안 되는 사회과학계의 석학이었다(하버드대학 사회학과는 석사학위 과정이 없다). 그 10년 동안 그에게 영향을 준 교수들은 David Riesman, Judith Shklar, Michael Walker, Roberto Managerial Unget, Stephen Marlin, Harvey Cox, Michael Shifter, Michael Donnelly, Steve Retsina, Herbert Giants, Robert Paul Wolff, Stanley Tasmania, Daniel Bell, Harrison White, Orlando Patterson 등이었지만(Lie 2014 : 486), 그래도 그가 가장 지적 영감을 많이 받았던 교수는 로베르토 망가 베이라 웅거Roberto Managerial Unget였다. 그러므로 '관료와 조직' 수업에서 최고의 꽃은 당연히 웅거의 1987년 저서 『잘못된 당연성False Necessity』이었다. 웅거와 같이 존 리 교수의 사회과학적 방법론과 인식론의 근저에는 논리적 도덕적 '부정'이 있었다. 당연시되고 타당시되어 온 이론과 제도 그리고 사회과학적 진리에 대해 커다란 물음표를 던짐과 동시에 비판적 그리고 대안적 시각을 강조하는 것이 웅거와 리 교수의 공통된 학문적 자세이다. 또한, 웅거가 브라질의 정치에 활발히 참여하였을 뿐만 아니라, 그의 책에 바탕을 둔 급진적 민주주의의 새로운 제도를 건설하려고 했다면, 리 교수는 평생 자신이 몸담고 있는 고등교육기관 즉 대학의 교육 개혁을 위해 힘써 왔고, 전 세계의 여러 대학에서 대학 개혁과 대학의 새로운 지적 교육 방식의 개선에 대해서 강의와 컨설팅을 해왔다.

존 리 교수는 한국명 이제훈으로 1959년 서울에서 태어났다. 아버지 이관희Harry Lie 박사는 충남 남포가 고향으로 전통 지주 가문의 아들로 이승만 정권 시절에 행정고시를 통과하여, 군사 혁명 이후에는 경제기획원의 발족에 참여하였다. 어머니 제인 리Jane Lie 씨는 우리나라 신소설을 창시한 이해조 씨의 손녀로 전주 이씨 인평대군파의 일족이다. 형제로는 남동생과 여동생이 각각 한 명씩 있다. 리 교수의 가족은 그러나 1963년 당시 김종필 총리의 '자의 반, 타의 반'의 외유 때 총리를 수행했어야 했던 아버지와 같이 온 가족이 일본으로 이주하였다. 아버지는 주일 대사관에서 근무하고, 존 리는 일본의 초등학교에 입학하였으나, 한국식 이름을 쓰는 그는 다른 학급생들의 왕따 대상이 되어 여러 번 폭력을 당했던 기억이 아직도 생생하다고 했다. 일본에서의 생활은 전반적으로 윤택하고 행복한 것이었지만, 존 리의 인생에 중요한 기억으로 남았던 것은 여름방학 때 가족과 같이 서울에 귀국했던 경험들이다. 1960년대의 한국은 1964년 동경 올림픽을 개최했던 일본과 달리, 경제 성장을 막 시작한 지지리도 가난했던 군부 독재의 어두운 시기였다. 지금 젊은 세대들은 기억 못하는 가난과 암울의 시대를 존 리는 짧게나마 여름 방학 동안 한국에서 경험할 수 있었다. 서울의 외가는 잘 살았기 때문에 크나큰 불편은 없었지만, 충남 남포의 친가에 갈 때는 불편이 이만저만이 아니었다. 물론 한국말을 못하였기 때문에, 일본말로 외가 할아버지와 소통하면서 한국을 경험하였지만, 어린 존 리에게 한국은 충격적인 곳이었고, 이는 『한 언바운드Han Unbound』라는 책에서도 자세히 설명되고 있다. 리 교수가 혹시라도 아버지 말을 안 들으면, 아버지는 으레 '남포로 보낼 거야'라는 말로 자식에게 공포감을 주었다.

감수자 해설

일본에서 초등학교를 졸업한 존 리 교수는 아버지가 하와이로 이민 결정을 내려, 전 가족이 다시 도미하는 소위 '초국가적 디아스포라trans-national diaspora'를 경험하게 되었다. 호놀룰루에 정착한 리 교수의 가족은 아버지의 주문대로 엄격한 자녀 교육이 시작되어, 우선적으로 집안에서 일본어의 사용을 금하고, 영어만 사용하기 시작하였다. 이에 반발한 리 교수는 일본에서 가져온 책들을 아버지 몰래 읽으면서, 일본어를 잊지 않으려고 노력했다. 반면, 남동생과 여동생은 일본어를 잊어버렸다. 보통 중학생이 되면 부모 몰래 포르노 잡지를 볼 때이지만, 존 리 교수는 몰래 일본책을 읽는 '아이러니한' 신세였다고 회고했다. 미국에 정착하면서, 아버지는 자신뿐만 아니라 모든 가족들에게 영어 이름을 지었는데, 자신은 1950년대에 미국에 유학하면서 당시 미국 대통령이었던 해리 트루먼 대통령의 해리Harry와 당시 유엔 사무총장이었던 트리베 리Trygve Lie의 리Lie를 따 자신의 영어 이름을 만든 후, 큰 아들 이제훈에게는 존 리John Lie라고 명명했다.

영어와 일본어를 바탕으로 학문에 정진한 리 교수는 방대한 독서량을 자랑했다. 리 교수의 어머니도 살아생전 그렇게 책을 많이 읽은 아이들은 본 적이 없다고 했다. 리 교수는 돈이 생기면 무조건 책을 사는 소년이었다. 어린 시절부터 소장했던 책은 그 양이 너무 방대하여, 창고를 따로 빌려 보관할 정도였고, 하버드 시절 존 리 교수의 기숙사나 대학원생 대표로서 사용했던 연구실에는 책이 너무 많아 발을 딛고 들어갈 수도 없을 정도였다. 영어와 일본어로 학문에 정진하면서, 고교 시절에는 독일어, 프랑스어, 스페인어, 이태리어, 라틴어 등에 정진하여, 존 리 교수는 7~8개 이상의 외국어로 원전을 읽는다. 탁월한 언어

능력으로 무장한 리 교수는, 고교 시절에 수학과 과학에도 소홀히 하지 않았을 뿐 아니라, 고전음악에도 심취하여 오페라를 작곡하기도 하였다. 오바마 대통령이 다녔던 고등학교로 유명한 호놀룰루의 푸나호우 학교Punahou School를 졸업한 존 리 교수는 대입 시험에서 하와이 주 전체 수석을 차지하여, 각 주에서 두 명씩 뽑는 대통령 장학생에 선발되었던 것이다.

하버드에 진학해서 학부 시절에는 학제 간 프로그램이었던 사회과학부에서 공부하면서, 동아시아와 사회 이론 그리고 경제사에 심취했었다. 학부 졸업 시 성적이 4.0 만점에 3.8 이상을 획득하여 Magna cum laude(2015년의 경우 3.772가 컷라인)를 수상했다. 졸업 후 하버드 대학교 사회학과 박사 과정에 진학하여, 사회 이론과 경제 발전 그리고 정치 경제에 대한 관심을 보이면서 당시 개도국의 비참한 경제 상황, 특히 한국의 경제 발전이 낳은 각종 부조리와 모순에 대해 연구하였으며, 또한 일본에도 수차례 방문하여, 도쿄대학과 게이오대학에서 연구하면서, 재일동포의 차별 문제, 특히 강제 지문 날인과 위안부 문제 등에 대해 연구 논문을 발표하기도 하였다(Lie 1987b, 1997).

박사 과정 시절에 리 교수는 일본 우노학파의 저명한 마르크스주의 경제학자 바바 히로지 도쿄대 교수와『월간리뷰Monthly Review』지상에서 세 차례에 걸쳐 논쟁을 벌였다(Lie 1987a; Baba 1989; Lie 1989). 1987년에 발표한 논문에서 리 교수는 우노학파가 주장하는 경제 이론에서 사회주의 이데올로기의 배제가 어떠한 엄청난 오류를 야기시켰는가를 바바 교수의 저서『부유화와 금융자본』을 근간으로 비판하였다. 바바의 저서는 1980년대 황금기를 맞이했던 일본 경제 상황을 놓고, 소위 "집단 부유화"를 전면에 내세워 일본의 경제를 최고의 자본주의로 평가하고, 자본주의하에서 서서히 모든 사람이 부유화되는 지상 천국을 이루어내고 있다고 주장한 것인데, 이에 대해 리 교수는 허무맹랑한 데이터를 가지고 경제 상황을 정확히 분석하지 못한 졸저로 평가한 것이다. 특히, 자본주의가 영구히 가지 못하고 위기를 맞이할 수도 있으며, 이런 예상은 1990년대부터 일본 전역에 불어 닥친 반영구적 경제 공황으로 입증되었다. 이러한 비판적 시각은 당시 군사독재하의 한국에 대해서도 리 교수로 하여금 가차 없이 일격을 가하게 했다. 당시 하버드 대학교 사회학 박사 과정에는 임현진 교수(서울대), 이건 교수(서울시립대), 윤정로 교수(KAIST) 등이 공부하고 있었는데, 리 교수는 이 유학생들에게 "재벌 기업들이 당신들에게 주는 장학금으로 노동자들에게 월급을 더 주어야 한다"고 비판하여, 그들의 원망을 산 것은 유명한 일화이다.

리 교수의 박사 논문은 영국과 일본의 경제사를 비교하는 것으로 아담 스미스와 칼 폴라니의 경제사 이론을 정면으로 반박하는 것으로, 시장 경제의 발전이 원조 국가격인 영국이나 일본에서도 직선적으로 진화된 것이 아니라, 여러 형태의 자본 제도가 병행되거나 혼존했다는 것을 역사 자료를 근거로 증명한 것이다(Lie 1988, 1992). 불행히도 이 논문은 소련의 붕괴, 유럽과 일본의 자본주의 붕괴, 그리고 글로벌화 등의 새로운 시대적 상황과 맞물리지 못하여, 세인들의 기억에서 사라지고 말았고, 리 교수 자신도 이 논문의 내용을 더욱 더 발전시키지 않고 사장시켰다. 그러나 최근 동양의 경영 윤리가 계속적으로 문제가 되는 상황에서 동양의 경제 제도를 어떻게 발전시켜야 하느냐는 의문이 학계에서 지배적으로 대두되는 상황에서, 리 교수의 1988년 이론을 재조명해보려는 노력이 다시 고개를 들었다(Lie 2014; Oh 2014, 2016).

앞에서도 언급했지만 리 교수의 첫 직장은 오레곤대학교 사회학과였고, 1989년 가을에 부임하였다. 1988년부터 1989년까지는 서울에 있는 연세대학교에서 강의를 하면서, 이번 시리즈에서 같이 기획된 『한 언바운드』의 집필도 같이 하였다. 동시에 당시 아버지가 부회장으로 있었던 쌍용그룹에서 6개월간 연구원으로 근무하기도 하였다. 일 년간의 한국 생활은 리 교수에게 한국의 경제 발전에 대해 상당히 부정적인 견해를 확고히 하는 계기가 되었다. 오레곤에서의 생활은 강의와 연구의 연속이었고, 정혼한 약혼자 낸시 애이블만Nancy Abelmann 교수가 오레곤 인류학과에 채용되지 못하고, 일리노이대학교University of Illinois에 취직하는 바람에 단신 부임할 수밖에 없었고, 이것은 결국 리 교수가 일리노이로 옮겨야 하는 계기가 되었다. 이런 상황에서 자신의 박사 논문을 요약한 글이 사회학의 최고 저널인 『미국사회학 리뷰American Sociological Review』에 게재되는 쾌거를 얻었고, 3년간의 오레곤 생활을 접고, 1992년 가을 학기부터 일리노이로 전직하면서, 낸시 애이블만과 결혼도 그해 여름에 하였다.

일리노이에서 존 리는 애이블만 교수와 같이 동양학 센터를 이끌면서, 일리노이가 중서부에서 동양학 연구의 중심지로 성장하는 견인차 역할을 하였고, 지금 아시아 인스티튜트Asia Institute 원장으로 활약하는 이만열(미국명 Immanuel Pastreich) 씨도 이때 일리노이 동양학연구소의 조교수로 애이블만에 의해 임용되었었다. 일리노이 재직 시절 리 교수는 자신의 가장 중요한 연구 업적으로서 초기 작품인 『블루 드림즈Blue

Dreams』와 『한 언바운드』를 출간했다. 원래 『한 언바운드』가 먼저 탈고
된 것이었으나, 초기 원고가 너무나 비판적이고 반미적인 내용이 많다
고 하여, 하버드대학교 출판부에서 출판 거부를 당하여, 결국 스탠포
드대학교 출판부에서 『블루 드림즈』보다 3년이나 늦게 출판되었다.
『블루 드림즈』는 LA 흑인 폭동과 코리아타운을 다룬 민족지ethnography
적 연구서로 애이블만과 공저한 책이다. 이 시기 리 교수는 한신갑 전
서울대 교수도 임용하여, 경제사회학 분야를 강화하였고, 사회학과
내의 정량적 방법론자들을 퇴임시키는 대신 톰슨과 같은 정성적 방법
론자들을 다수 임용하였다. 1996년에는 「현대 일본 사회학Sociology of
Contemporary Japan」이라는 트렌드 리포트를 『당대사회학*Current Sociolog
y*』지 한 호 전면을 할애받아 게재하였다. 이 특집호에서 리 교수는 일
본에 대한 사회학적 이해가 현대 이론Modernization theory이나 마르크스 이
론처럼 일본의 특수성을 간과한 오점과, 일본의 특수성 이론Japanese uni-
quness theory은 일본의 단일 민족성을 믿는 오류와 일본 내의 계층 분화화
갈등을 무시하는 허점을 비판하였다. 또한 이러한 일반 이론과 특수
이론의 오류가 존재하는 한, 일본 사회학의 가능성은 희박하다고 결론
지었다(Lie 1996). 일리노이 시절 마지막으로 출판한 책은 『다민족 일본
Multiethnic Japan』이었다. 그리고 2001년 가을 학기에 미시간대학교로 이
직하게 되었다.

위의 세 책에서 알 수 있듯이, 리 교수는 사회학의 인식론적 차원을
개인의 경험과 사회의 문제, 그리고 역사적 현상으로 연장시키는 지적
노력을 실천하는 지식인이다. 한국인으로 태어나, 일본에서 유년 시
절을 보냈고, 그리고 미국에서 대학자로 성장한 그는, 한국의 격동적

인 정치 경제, 재일동포의 사회사, 그리고 재미동포에 대한 민족지적 연구를 통해, 자신의 경험을 사회과학적 이론으로 재구성한 디아스포라 학자이다.

미시간에서는 3년만 재직하였고, 두 번째 부인 톰슨 교수와 하버드 대학교에서 객원 교수의 시간도 보내면서, 모교인 하버드에로의 이직을 시도하였으나, 역시 아이비리그 대학들은 리 교수의 비판적 사회학을 수용할 의도가 없었다. 미시간 시절 그의 최고 역작으로 손꼽히는 『현대인족Modern Peoplehood』이 탈고되었고, 2003년 가을 학기에 UC버클리로 부인과 함께 최종 이직하게 되었다. 버클리에서는 한국학 센터장 겸 사회학과 교수로 처음 임용되었으나, 2004년부터 한국인 후예로서는 최초로 버클리의 국제학대학 학장으로 추대되어, 5년간 학장 겸 한국학 센터장으로 활약하면서, 한국학의 발전과 한국대학들과의 관계를 돈독히 하였다. 2009년 학장에서 사임한 뒤, 한국학 센터도 노라 넬슨Nora Nelson 교수에게 양보한 뒤, 현재는 전 세계의 여러 대학들을 순방하면서, 강의하고 집필하고 있다. 2008년에는 재일동포를 역사적으로 분석한 『자이니치Zainichi』를 출판하였다. 특히, 2010년부터 '한류' 현상에 대해 관심을 갖고 연구를 시작하여, 2012년부터 4년간 연속 고려대–버클리 한류 워크숍을 개최하였고, 그 연구를 바탕으로 6부작의 마지막 책인 『케이팝K-Pop』을 2015년 출간하였다.

『블루 드림즈』,『한 언바운드』,『다민족 일본』 – 디아스포라 사회학

이 세 권의 공통점은 위에서 잠시 언급한 대로 디아스포라 사회학을 전개하고 있다는 점이다. 사회학이 '사회학적 상상력'을 추구하는 학문이라면, 인식론적 방법론의 기저에 개인의 전대기-사회의 역사, 개인적 문제-사회적 문제, 그리고 개인적 동정-사회학적 상상력의 세 단계에 걸친 분석적 힘이 필요하다고 하겠다(Mills 1959). 디아스포라라는 개인적 전대기와 어려움을 겪은 리 교수로서 LA 폭동 사태와, 한국의 경제 발전의 부산물인 노동 착취, 환경 파괴, 그리고 심각한 계층화, 그리고 일본이라는 거대 자본주의 국가 내에서 벌어지는 소수민족에 대한 차별과 소외에 대한 거시적 문제에 대해 무감각할 수 없었고, 내리 세 권의 첫 시리즈를 써 내었다. 스스로 삼부작triology이라고 불렸던 이 세 권의 책은 LA, 한국(서울), 그리고 일본(도쿄)이라는 세 나라의 대형 도시를 배경으로 저술되었다. 그리고 리 교수는 이 세 나라에서 각각 개인적, 사회학적 경험과 상상력을 키워 왔다.

『블루 드림즈』의 이론적 진보성은 재미 동포를 단일 집단으로 보지 않고, 다민족적multiethnic 그리고 초국가적transnational인 다양한 집단으로 가정한다는 것이다. 이 가정이 사실이라면, 재미 한국인이나 동양인을 말없이 고분고분 백인들이 정한 규범과 법을 잘 따르며 열심히 일하거나 공부하면서, 미국의 꿈을 실현하는 모범적인 이민자들로만 판단하는 미국의 주류 대중매체의 미디어 프레이밍이 얼마나 잘못된 것인지 극명하게 보여주게 된다. 재미 한국인의 다양한 정체성에 더하여,『블루 드림즈』가 설득하려는 또다른 중요한 이론적 진보성은 초국가적 이민 집단이 고국과 연결된 디아스포라적 이민 생활을 영위하고

있다는 점이다. 그러므로 미국의 주류 대중매체가 표현하려는 재미 한국인이나 동양인과는 달리, 로스엔젤레스의 코리아타운은 미국적이지만 가장 한국적인 이유가 여기에 있는 것이고, 뉴욕이 가장 유럽적인 혹은 런던적인 도시인 이유가 또 여기에 있는 것이다. 미국의 백인들이 영국이나 유럽의 문화권과 단절하지 못하듯이, 코리아타운의 한국인들도 문화적으로 한국과 단절할 수 없는 것으로, 미국의 주류 이데올로기인 인종의 '녹는 솥melting pot'이 얼마나 허구인지 잘 알 수 있는 것이다. 즉, 백인들이 유럽의 문화를 지속적으로 향유하는 것은 당연하고, 한국의 이민자들이 한국 문화를 지속적으로 소비하는 것은 미국적이 아니라고 하는 논리 자체가 인종차별적인 이데올로기가 되는 것이다. 그러므로 가장 성공적이라고 주장한 재미 한국인과 가장 저질스럽다고 인지되는 흑인들을 한 곳에 모아 두고, 미국의 꿈을 추구하는 것은 폭동으로 이어질 당연한 수순이었다. 한국인들이 흑인들에 대해 편견을 갖는 것은 오히려 미국의 주류 사회에서는 당연시된 것이고, 다만 이들이 LA 폭동의 희생자가 된 것을 두고 재미 한국인들이 인종차별주의자들이라고 비평하는 것은 어불성설인 것이다.

『블루 드림즈』에서 보여준 명쾌하고 심도 깊은 한국 교민 사회의 분석은 존 리 교수와 낸시 애이블만 교수의 한국적 경험과 사회학적 상상력이 없었다면, 불가능했을 것이다. 리 교수는 『한 언바운드』에서도 통렬하게 한국의 경제 성장의 문제점과 이유를 분석한다. 겉으로 보기에 한국은 리 교수가 일본으로 건너갔던 1960년대 초나, 여름 방학 동안 방문했던 1960년대 말과 그가 다시 한국을 일 년간 방문했던 1980년대 말과는 하늘과 땅의 차이가 있었고, 그의 눈에도 분명히 한국은

감수자 해설

일본에 이어 두 번째로 OECD 국가가 된 발전된 국가로 비추어졌을 것이다. 그러나 역사적 방법론에 바탕을 둔 리 교수의 분석은 기존 연구에서 등한시하였던 여성 노동력의 착취, 월남전이나 서독에서의 남성 노동력의 착취, 그리고 재벌과 국가 간의 유착을 통한 재벌의 노동 착취 등을 심도 있게 분석하고 있다. 그는 역사적 증거물을 하나하나 나열하면서, 한국의 경제 발전은 결국 그 구조적 모순으로 인해, 경제 발전의 산파라고 자만했던 군사 정권이 아래로부터의 혁명에 의해 무너지고, 자연환경은 공해와 오염으로 파괴되고, 지옥 같은 교육열과 경쟁 사회 속에서 인간들은 고독과 소외, 그리고 구조적 가난으로 찌든 삶을 영위할 수밖에 없는 아무도 모방하고 싶지 않은 국가로 발전했다고 주장한다. 물론 그의 책이 1997년 환란 이후 지속적으로 발전한 한국의 경제력에 대한 예견은 없었다고는 하나, 지속적인 발전에도 불구하고, OECD 국가 중 자살률이 제일 높고, 노동 시간이 두 번째로 길며, 66세 이상 노인 인구의 가난률이 제일 높은 나라인 것은 리 교수의 예상대로다.

『다민족 일본』은 디아스포라 사회학과, 다음 절에서 논할 디아스포라 문화학의 경계선에 놓여 있는 책이다. 리 교수는 어릴 때부터 자란 일본에서 일본 국민은 단일 민족이라는 교육을 받고 자랐다. 자신을 비롯해 수많은 재일 동포가 살고 있었던 일본이 단일 민족이라는 허구를 통해 초등학생들마저 세뇌시키는 현실에 넌더리가 났던 것인데, 이번에는 하버드대학교 교수들이 일본학 수업에 일본은 단일 민족이라고 또 허구를 전파하고 있었던 것이다. 특히 하버드 에즈라 보겔 교수의 수업 시간 중에는 집중적으로 보겔 교수의 일본 사회론을 비판하였고, 일본은 단일 민족이지 않을 뿐더러, 세계 최고도 아니라고 보겔 교수의 오류를 바로잡으려고 노력하였다. 하버드에서 박사를 받고 리 교수의 목표 중의 하나는 일본이 단일 민족 국가가 아닌 다민족 국가라는 사실을 처음으로 전 세계에 밝히는 책을 쓰는 것이었고, 하버드 졸업 후 13년 만인 2001년에 드디어 출판이 되었다. 초기 계획과는 달리, 리 교수는 이 책을 쓸 때 이미 일본에는 여러 나라의 노동자들이 와서 공장에 취직하고 있는 상황이었고, 심지어 같은 일본 민족이면서도 브라질이나 남미에 이민 간 일본인의 후예라는 딱지 때문에 차별받고 있던 일본계 브라질인들도 많이 살고 있었다. 또한, 중국이나 한국에서 건너간 새로운 이민자들도 다수 존재하고 있었다. 이러한 새로운 변화를 다루면서, 또한 자신과 같이 과거에 일본으로 건너온 이민자들에 대해서도 역사적으로 분석해 보는 새로운 시도를 하였다.

새로 이민 온 외국인 노동자나 일본계 브라질인들을 통해서 '단일 민족론'이 외국인들뿐만 아니라 심지어는 자신들의 민족도 차별하는 특이한 상황을 설명하였고, 카레와 같이 자신들이 좋아하는 인도 음식이 있으면서도 불구하고, 카레를 일본 음식으로 착각하고 오히려 인도의 문화나 인도인들을 차별하는 자가당착을 잘 지적하고 있다. 카레와 같이 일본의 다민족성을 음식과 여러 문화적 유산으로부터 풀어보는 새로운 시도를 통해 미국이나 유럽의 일본 전문가들이 모르는 새로운 일본에 대한 사실들을 열거하면서, 일본의 단일 민족성의 허구를 타파했던 것이 이 책의 획기적인 특색이며, 디아스포라 문화학에 처음으로 접근하는 리 교수의 학문적 변화라고 할 것이다.

감수자 해설

『현대인족』, 『자이니치』, 『케이팝』 ─ 디아스포라 문화학

리 교수의 첫 3부작은 자신이 속했던 집단, 즉 미국, 한국, 일본에 대한 연구였다면, 『현대인족』은 그런 민족 혹은 현대 국가 집단이 '인족Peoplehood'이라는 개념을 어떻게 현대 국가와 결합시켜서 제도화시켰는가를 이론적으로 그리고 역사적으로 분석한 디아스포라 문화학의 첫 시도였다. 인류를 동질적 혹은 단일 민족적 집단으로 보지 않고, 이종족이 서로 함께 살았던 역사적 사실을 통해, 현대인족이 강조하는 민족 정통성, 민족 정체성, 민족 언어, 그리고 민족 문화가 얼마나 허구적인 사회 개념인가를 호탕하게 보여주는 이 책은, 현대인족이라는 허구적 문화 공동체를 통해 우리 인류의 역사를 왜곡하는 일련의 현대 국가의 정책과 행동에 이론적 경고문을 보낸다. 즉, 한국 민족이라는 현대의 허구적 개념을 가지고, 한반도에 살고 있는 사람들이 5천 년간 단일 민족이었고, 같은 언어를 썼고, 같은 문화를 영유해 왔다고 주장하는 것과 마찬가지로, 가령 신라나 고려시대가 마치 지금의 한민족이 생각하는 단일 민족의 국가였다고 주장하는 오류에 대해 학문적 비판을 가차없이 가하는 것이다. 다른 민족과 마찬가지로, 한국도 여러 민족의 지리적 역사적 이동 즉, 디아스포라로 이루어진 현대인족의 국가 공동체임을 잊어서는 안 된다는 것이다.

『현대인족』의 탄생은 그러나 전쟁, 학살 등과 같은 인류의 험난한 역사적 비극을 탑재하고 있었다. 한 나라의 현대인족이 형성되는 과정에는 국민이라는 자격증을 받기 위한 여러 가지 표준화된 테스트들이 있었고, 이 테스트는 현대 국가의 인종주의와 깊이 관여되어 있었다. 이런 인종주의적 현대인족은 테스트에 떨어진 사람들을 가차없이 국

가의 경계 밖으로 밀어내든가, 인종 말살 정책을 펴든가, 아니면 잔인하게 학살하였다. 독일의 나치스에 의한 유태인 학살, 터키군에 의한 아르메니아인 학살, 그리고 최근에는 유고슬라비아에서의 인종 청소, 루안다의 부족 학살 등이 현대 인류사의 끝없는 현대인족주의에 의한 인종 학살의 예이다. 그렇다고 이런 인종 학살의 희생자들이 모여 반인종적 투쟁을 조직하고 자신들의 정체성에 대해서도 논의하는 과정이 인종주의를 피할 수도 없다. 새롭게 생성되는 또다른 소수자들의 인족과 그들의 소수자 정체성도 사실 별반 큰 차이 없이 주류 인족의 인종주의적인 개념으로 발전하고 마는 사실을 리 교수가 간과하지 않기 때문이다. 이런 가해자와 피해자들 간의 정체성 논리와 인종주의-반인종주의의 싸움에서도 학살을 계속되고 있다. 그렇다면 우리 인류에게 이런 국가의 학살을 정지시킬 지적 감정적 힘은 없는 것일까? 이런 물음에 대해 리 교수는 적어도 유럽에서 시작된 계몽주의와 이성주의 그리고 소리는 적지만 아직도 그 파음이 강하게 떨리고 있는 휴머니즘에 희망을 가지고 공부하고, 가르치고, 실행에 옮겨 보자고 결론짓는다.

『현대인족』이 제시한 역사적 문화학적 방법론과 이론적 시사성이 우리에게 도움이 된다면, 한국 민족이 처했던 현대사의 학살 현장의 역사적 증좌로 남아 있는 재일 조선인·한국인(자이니치)이라는 소수자들의 인족을 이해하는 데 바로 적용해 볼 필요가 있을 것이다. 즉, 『현대인족』을 읽은 독자들은 자이니치라는 일본에 사는 소수인족을 더 이상 한국의 민족주의나 한국의 현대적 국가 인족적 시점으로 파악해서는 안 되며, 대신에 그들의 인종적, 반인종적, 민족적, 반민족적 제

현상에 대해 그들의 관점에서 올바로 파악해 볼 필요가 있음을 직시해야 할 것이다. 『자이니치』라는 책에서 리 교수는 이들 소수 인족 집단이 더 이상 단일 민족적 한국인족으로 오해되는 오류를 범해서는 안 되며, 한국인들이 자이니치를 그렇게 이해하려고 하면 할수록, 그들의 비극은 더 악화된다는 주장을 편다. 즉 다른 모든 현대인족들과 같이, 자이니치들도 스스로 조선이 싫어서 일본으로 향했다는 사실을 한국의 역사가들이나 민족학자들은 이해하여야 한다. 특히 강제 동원령이 내려지기 전까지 과연 얼마나 많은 조선인들이 일본으로 이주할 수 있었을까? 21세기 현재에도 한국인이 미국 영주권을 따려면, 높은 학력과 재력이 있어야 함은 당연하듯이, 1910년대부터 1930년대까지 일본에 도항해서 정착하려면, 조선에서도 상당한 재력의 소유자가 아니면 불가능했었다. 또한 그들은 상당수가 일본을 동경해서, 혹은 일본에서 출세하려고 도항한 것은 당연지사이다.

문제는 이들 상층 재일 조선인들이 1940년대에 대규모로 강제 연행되어 온 노동자들과 합쳐진 것은 물론이요, 이들과 같이 난리통에 일본인들로부터 학살을 당하고, 제도적으로 그리고 집단적으로 차별을 받고 살아왔다는 것이다. 그러므로 이들의 민족주의적 디아스포라^{na-}tionalistic diapsora는 이러한 학살과 차별에 의해서 생성된 피해자의 인종주의, 민족주의인 것으로 『현대인족』에서 다루었던 일반적 역사 현상과 일맥상통하는 지역적 예가 된다. 기본적으로 다양한 사회 경제 그리고 정치적 배경을 갖고 있던 자이니치들은 해방 후, 일본에 남느냐 귀국하느냐의 문제도 이런 자신들의 배경의 다양성과 상당한 관련이 있다. 『자이니치』에서 리 교수는 디아스포라 문화학의 방법론을 이용하여,

주요 재일 작가들의 수필이나 소설 등을 분석하여 그들의 디아스포라적 문화사를 재구성한다. 일본에 남아야 했던 이유 자체도 그들의 작품 속에 잘 드러나 있다. 가령, 해방된 한국에 돌아갔지만 말도 안 통하고, 직장도 없어 다시 일본으로 돌아간 경우도 있으며, 해방 전 일본에서 성취한 지위가 아쉬워 일본에 그냥 눌러앉은 경우도 있다. 그러나 『자이니치』에서 핵심적으로 다루어지고 있는 주요 재일 조선인 작가들은 소위 '유배'라는 멍에를 쓰고 사는 민족적 디아포라 그룹으로서, 고향인 한반도에 가고는 싶으나 가지 못하는 유배자의 신세이다. 우선, 북한에 돌아가지 못하는 현실은 1980년 이후 더 이상 북한에 대한 허상적 유토피아관이 통하지도 않았을 뿐만 아니라, 북송 사업 자체가 중단된 상황에서 거론할 필요도 없고, 그보다 1980년 이후 군사 정권 하에서의 남한에도 돌아갈 수 없는, 현실도 가로막고 있어, 고국에 돌아가는 것 자체가 어려운 상황을 일컫는다. 이것은 북한도 남한도 돌아갈 수 없는 미국이나 유럽의 소수 한국인 이민자들의 운명과 같은 것이다(한국에서는 1960년부터 연재된 최인훈의 『광장』에서 처음 보고된 남한도 북한도 돌아갈 수 없고, 제3국에서 살려고 하다가 자살하는 주인공 이명준의 삶으로 알려져 있는 민족적 디아스포라의 운명을 말한다). 결국 자이니치들이 1990년대 이후 민주화된 한국에 방문을 하더라도, 결국 한국은 극복할 수 없는 외국에 지나지 않는다. 그러나 중요한 차이점은 이들의 다양성 때문에 임진왜란 때 건너온 조선일들과는 달리, 현대인족으로 사는 자이니치들은 완전한 주류 사회에의 동화는 힘들다. 더 많은 수의 재일 동포들이 한국에 와서 한국어를 배우고, 미국에 가서 한국 유학생들과 사귀고, 그리고 아무리 귀화하고 일본 이름을 쓴다고 해도, 한국 커뮤니티에 계속적으로 참가하면서 살 수밖에 없는 현대적 혹은 초국가적 세계 체제가 그들을 지배하고 있기 때문이다. 현대인족으로서의 자이니치 는 그러므로 현대 동아시아사가 낳은 영원한 유배자들이거나 다국적 혹은 초국가적 디아스포라 그룹으로 이해되어야 한다. 이런 점에서 『자이니치』는 새로운 인식론적 해석이다.

『케이팝』은 앞에서도 잠시 언급했지만, 존 리 교수와 본 감수자가 4 회에 걸쳐 준비했던 고려대-버클리 한류 워크숍의 결과이다. 리 교수 는 드라마나 한국문학의 한류화 혹은 글로벌화 과정과 가능성에 대한 논문도 썼지만, 실질적으로 케이팝K-Pop이 한류의 유일한 글로벌 성공 장르로 인식하고 있다. 정치 경제와 인류의 정체성 문제에서 한국의 문화에 새롭게 도전장을 낸 리 교수는 디아스포라 문화학의 마지막 3 부작으로 한국의 디아스포라 문화 현상으로서의 케이팝을 선택한 것 이다. 그 이유는 간단하다. 『한 언바운드』를 집필할 당시에 그 누가 한 국의 대중가요가 전 세계를 뒤흔들 것으로 상상이나 했을까? 리 교수 는 이 책을 쓰게 된 이유를 프랑스 파리에서 목격한 케이팝 공연에 가 서 유럽의 백인 소녀들이 한국의 대중가요에 푹 빠져 열광하는 모습을 보고서야 케이팝의 진가를 뼈저리게 느낄 수 있었고, 그 누가 한류나 케이팝을 폄하하려 해도 반박할 자신이 있다고 했다. 한류의 가공할 만한 힘은 국내외의 반·혐한류를 외치는 파렴치한들이 제 아무리 하 늘을 그들의 손바닥으로 가리려고 해도 안 되는 것과 같다. 즉, 삼성전 자는 못사는 개도국의 조그마한 기업에 불과하다고 외치는 북한의 정 치가들의 망언과 차이가 없는 것이다. 그러므로 케이팝은 리 교수로 하여금 한국에 대해 자신이 과거에 가졌던 이론이나 설명을 보충해야 할 뿐만 아니라, 한 권의 책으로 마무리해야 할 크나큰 학문적 과제였던 것이다.

기존의 케이팝 개설서나 언론인들이 쓴 비전문적인 오류 투성이의 책들과는 달리, 『케이팝』은 '대한민국 대중음악과 문화 기억상실증과 경제 혁신'이라는 부제에서 보듯이, 음악학이나, 문화학이 아닌 문화사회학 혹은 문화경제학적 차원에서 쓰여진 것이다. 리 교수는 한국인들이 급격한 경제 발전과 현대화 때문에 자신의 전통문화를 '잊어버리고 살고 있는 것조차' 망각하고 산다고 규정 짓는다. 이것은 중요한 문화사회학적 발견이다. 즉, 과거 한국인들이 서양이나 일본의 문화를 어설프게 혹은 촌스럽게 모방하던 단계가 지나, 어느덧 그들이 서양인들이나 일본인들처럼 서구의 발전된 문화를 자신의 문화인 것처럼 전혀 거리낌 없이 재창조해내고 있다는 새로운 발견이기 때문이다. 이런 현상은 그러므로 한국인들이 이제 서양이나 일본의 문화 창조자들과 다름 없이 서양이나 일본인들도 소비할 수 있는 수준의 그들의 문화를 창조 혹은 재창조할 수 있다는 뜻이 되며, 한류나 케이팝의 성공이 절대 우연이나 기적이 아니라는 말이 된다. 또한 이것은 한류가 곧 사라질 것이라는 엉터리 문화비평가들의 헛된 기우가 정말로 기우에 불과하다는 것과 같다. 다시 말해 한강의 기적은 기적일 뿐이며, 곧 경제 발전은 끝나고 한국이 다시 가난하게 될 것이라는 생뚱맞은 억설과도 같다.

우리의 대중음악의 역사를 더듬으면서, 리 교수는 대중음악의 장르적, 예술적, 유흥적, 그리고 기술적 혁신innovation에 주목한다. 특히 여기서 리 교수의 관심을 끄는 것은 해외의 혁신을 여과 없이 받아들일 수 있었던 한국의 문화적 기억 상실을 중요한 사회적·조직적 조건으로 손꼽는다. 서태지의 춤과 음악적 혁신은 주류 유행가 시장에 구애받지 않던 그의 언더적 활동 영역이 서양의 랩 음악 혁신을 여과 없이 받아들일 수 있었던 것으로 분석한다. 특히 SM엔터테인먼트의 이수만 회장의 미국에서의 경험이 서양에서 개발된 뮤직비디오를 한국적으로 변환시키면서 드디어 전 세계를 정복하는 뮤직비디오로 승화시키는 과정도 놀랄 정도의 자세함과 실증적 자료를 가지고 분석한다(이 부분은 Lie and Oh 2014도 참조). 이러한 분석은 흔히 문화 혼종론이나 글로벌 문화론에서 다루는 편협한 한류의 이해와는 확연히 다른 차원에서의 설명이다.

결어

이제 한국의 독자들이 존 리 교수의 책을 한 권 한 권씩 정독해 가면서, 우리가 젊었을 때 그의 학생으로서 느꼈던 전율과 흥분을 되새겨 볼 차례이다. 그가 평생을 거쳐 연구한 미국, 한국, 일본, 그리고 이 세계는 아직도 건재하고 있다. 리 교수가 현대인족은 인종 학살을 필요로 하는 세계를 만들었다고 하였던 것처럼, 최근 전 세계는 IS라는 새로운 힘을 가진 적(마치 영화 〈스타 워즈〉의 다스 베이더처럼)과 전면전을 치루고 있고, 미국을 위주로 하는 백인인족의 국가들은 이들을 지구에서 아니면 적어도 중동에서 몰아내려고 하고 있다. 한국은 아직도 민족국가를 이루지 못한 채 동족 간에 이념과 체제를 담보로 전쟁과 같은 상황을 이어가고 있고, 일본은 제2차 세계대전 당시 인종 학살을 기도했던 중국이나 한국에 대해 완전한 사과나 용서를 구하지 않은 상태에서, 다시 재군비를 꾀하고 있다. 이제 이런 상황을 경험하면서 공부하는 새로운 젊은 세대들이 세계와, 미국, 한국, 그리고 일본에 대해서 자신들의 경험을 바탕으로 사회과학적인 스토리텔링을 준비해야 할 때가 왔다. 세계와, 미국, 한국, 그리고 일본을 동시에 강타하고 있는 한류 즉 한국의 대중문화도 아직 건재하고 그 영향력을 더 키우고 있으니, 당연히 앞으로 새로운 젊은 세대가 직접 경험하면서 느낀 한류에 대해서도 새로운 이론을 정립해야 할 필요가 있을 것이다.

　세계와 자신이 태어난 나라, 자신이 이동하면서 살아 본 나라들에 대해 글을 쓰는 작업이 존 리 교수가 꿈꾸던 디아스포라 문화학이며, 새로운 사회학적 인식론과 방법론이 아닐까 생각하면서, 언젠가 국내의 사회학과에서 존 리 교수의 책들이 강의될 수 있는 꿈을 꾸어 본다.

2019년 1월 오사카

오인규

감수자 해설

참고문헌

馬場宏二, 「富裕化と金融資本」, 東京 : ミネルヴァ書房, 1986.

C. Wright Mills, *The Sociological Imagination*, New York : Oxford University Press, 1959.

Hiroji Baba, "Revolution and Counterrevolution in Marxian Economics", *Monthly Review* 41(2), 1989.

Ingyu Oh, "Comparing State Economic Ideologies and Business Ethics in East Asia", *Korea Observer* 45(3), 2014.

Ingyu Oh and Youngran Koh, "The State as a Regulator of Business Ethics in Edo Japan : the Tokugawa Authority Structure and Private Interests", *Asia Pacific Business Review* DOI : 10.1080/13602381.2015.1129774, 2016.

John Lie, "Reactionary Marxism : The End of Ideology in Japan?" *Monthly Review* 38(11), 1987a.

_____, "The Discriminated Fingers : The Korean Minority in Japan", *Monthly Review* 38(8), 1987b.

_____, *Visualizing the Invisible Hand : From Market to Mode of Exchange*, Ph.D. Dissertation, Dept. of Sociology, Harvard University, 1988.

_____, "The Uno Schol : The Highest Stage of Marxism?" *Monthly Review* 41(2), 1989.

_____, "The Concept of Mode of Exchange", *American Sociological Review* 57(4), 1992.

_____, "Sociology of Contemporary Japan", *Current Sociology* 44(1), 1996.

_____, "The State as Pimp : Prostitution and the Patriarchal State in Japan in the 1940s", *The Sociological Quarterly* 38(2), 1997.

_____, "The Concept of Mode of Exchange : An Auto-Critique", *Korea Observer* 45(3), 2014.

John Lie and Ingyu Oh, "SMEntertainment and Soo Man Lee" In Fu Lai Tony Yu and Ho don Yan eds., *Handbook in East AsianEntrepreneurship*, London : Routledge, 2014.

Roberto Mangabeira Unger, *False Necessity : Anti-Necessitarian Social Theory in the Service of Radical Democracy*, Cambridge : Cambridge University Press, 1987.

역자 후기

우선, 오랜 시간 끝에 비로소 『블루 드림즈』 그리고 존 리 교수님의 명저 시리즈 번역본이 출판되었다는 점에 기쁨을 표하고 싶다. 부족한 실력이지만, 시리즈가 완성되는 데 기여할 수 있어서 기쁘게 생각한다. 사실 사회학을 전공하지 않았던 내가 존 리 교수님과 낸시 에이벨만 교수님의 저서를 번역하는 일은 쉽지 않았고, 코리안 디아스포라, 재외 한인의 이주 배경과 정체성과 관련한 공부를 통해 비로소 번역을 수월하게 진행할 수 있었다. 『블루 드림즈』는 흔히 '모델 소수민족'으로 선전되는 한국계 미국인들을 초국가적인 접근을 통해 재해석한다. 한국계 미국인에 대한 단편적 프레이밍에 대한 의문을 제기하면서, 한인 디아스포라의 이주의 역사, 미국 정착의 사회·경제적 배경, 고국과의 관계, 폭동 전후의 삶에 대한 다각적인 기술은 LA 폭동의 진상과 아메리칸 드림의 맹점을 분명하게 보여준다.

LA 폭동은 과거의 한 시점에 종료된 사건이 아니며, 그 여파는 지금까지도 이어지고 있다. 위기상황에서 누구도 구해주지 않는다는 것을 경험한 LA 한인들은 최근 코로나19 사태에서 총기를 추가로 구입하는 등 스스로 자구책을 마련하고 있었다. 반복될 수 있는 역사 속에서, LA 폭동 당시 한인 이민자들의 생생한 증언과 이들에 대한 통찰력 있는 논의가 독자들에게 고스란히 전해질 수 있기를 바란다.

2020년 6월
역자 이주윤

찾아보기